21世纪高等教育会计通用教材

Financial Management

财务管理

黎毅 齐灶娥 李建良 主编

东北财经大学出版社 大连
Dongbei University of Finance & Economics Press

图书在版编目（CIP）数据

财务管理 / 黎毅等主编．—大连 ：东北财经大学出版社，2015.6（2019.8 重印）
（21 世纪高等教育会计通用教材）
ISBN 978-7-5654-2016-0

Ⅰ. 财…　Ⅱ. 黎…　Ⅲ. 财务管理-高等学校-教材　Ⅳ. F275

中国版本图书馆 CIP 数据核字（2015）第 196859 号

东北财经大学出版社出版
（大连市黑石礁尖山街 217 号　邮政编码　116025）
教学支持：（0411）84710309
营 销 部：（0411）84710711
总 编 室：（0411）84710523
网　　址：http：//www. dufep. cn
读者信箱：dufep @ dufe. edu. cn
大连东泰彩印技术开发有限公司印刷　东北财经大学出版社发行

幅面尺寸：185mm×260mm　字数：588 千字　印张：25.5　插页：1
2015 年 6 月第 1 版　2019 年 8 月第 5 次印刷

责任编辑：王　莹　责任校对：四　仁
封面设计：冀贵收　版式设计：钟福建

定价：46.00 元

前 言

自从 2001 年编写的《财务管理》教材出版并于 2004 年荣获“江西省第一届普通高校优秀教材二等奖”以来，我们就一直在考虑是否需要在其基础上进行修订再版。但在这个期间我国经济发展很快，《企业财务通则》也发生了很大的变化，考虑到普通高等院校在财务管理教学方面重理论应用而非理论知识亦非操作技能的独有特点，我们决定重新编写本教材，力图打造成“一书两用”的多功能教材，即“专业课教材”+“备考复习书”，在强调财务管理基本理论、基本方法和基本技能的基础上，针对财务管理科目历年的中级会计师职称考试真题和注册会计师考试真题进行详细解析，帮助读者顺利考取会计师等从业资格，达成培养从事财务实务工作的应用型、复合型专业人才的目标。

本书共分十二章，分别阐述了财务管理的基本原理、基本知识和基本方法。在第一章和第二章，主要介绍财务管理学科的一些基本原理和概念，以及企业的理财环境和影响财务管理的一些基本因素。第三章至第九章是本书的主干内容，分别讲述资金筹集、资金运用、营运资金管理和企业利润分配等，这是企业财务管理的最主要部分。由于财务报表分析也是财务管理的重点，因此我们在第十章讨论了这个问题。在最后两章，我们详细介绍了财务管理的两个专题，即第十一章企业价值评估和第十二章企业并购，虽然它们不是财务管理中的基本业务，但在我国当前的经济形势下，对这些方面有所了解具有十分重要的现实意义。

本书有以下特点：一是全书的基本框架、体系和结构完整、清晰。全书从财务管理的一般原理出发，到具体财务活动的财务处理，章节安排合理，结构严谨，逻辑性强。二是将理论应用与职业资格考试备考复习相结合，即理论知识力求简明扼要，重在实务应用，并根据教材内容选取中级会计师职称考试和注册会计师等考试中的财务管理真题进行详细的解析。另外，为了帮助读者全面理解书中的内容，便于读者巩固和加深所学的知识，我们在每章末均附有课后习题，这些习题除了第十二章以外，也都来自中级会计师职称考试和注册会计师考试真题。为了方便教师上课和学生学习，我们制作了与本教材配套的多媒体教学课件，与课后习题参考答案一并保存在所附的光盘中。

在本教材的编写过程中，我们紧密结合财务管理实务和课堂教学的需要，十分注意正确性、及时性、实用性，力求做到内容新颖、科学规范、富有特色。本书可作为各类普通高校、成人院校和职业技术院校的教科书，也可作为广大财务教学工作者、经济理论工作者和实务工作者以及各类管理人员自学、培训、进修和提高业务水平的读物。

本教材由黎毅、齐灶娥、李建良任主编，杨家义、彭海红、杨青、晏会英、余慧敏等参加了本教材的编写。本教材的编写分工为：第一章和第二章由黎毅执笔；第三章和第四章由杨青执笔；第五章和第六章由杨家义执笔；第七章和第八章由齐灶娥执笔；第九章和第十二章由李建良执笔；第十章和第十一章由彭海红执笔。教材中历年中级会计师职称考试真题和注册会计师考试真题由晏会英和余慧敏收集整理，光盘中的课件由晏会英制作。

在本书的编写过程中，我们广泛查阅资料，借鉴了本学科的研究成果。本书的出版得到了东北财经大学出版社的大力支持。在此，我们一并表示衷心的感谢。

由于编者水平有限，书中难免会有疏漏和不足，恳请读者批评指正。

编　者
2015 年 5 月

目　录

第一章　绪论

学习目标

(1) 理解财务管理产生与发展的历史过程；

(2) 掌握财务管理目标的主要观点；

(3) 理解财务管理原则的含义与应用；

(4) 理解财务管理环节，了解财务管理体制及其设计原则；

(5) 理解财务管理的环境。

现代企业财务管理是一项涉及面广、综合性强的管理工作。本章将在简要回顾财务管理产生与发展的历史过程的基础上，就财务管理的内容、目标、原则、环境等基本问题进行阐述，以便读者了解财务管理的基本轮廓。

第一节　企业财务管理概述

财务管理（financial management）是指政府、企业和个人对资金这一资源的获得和管理，因此，国家财政、企业财务和个人理财均属财务管理的范畴。本书讲述的财务管理仅指企业财务管理，是研究企业对资金的筹集、使用和分配的管理工作，是企业管理的重要组成部分。

一、财务管理的产生与发展

西方企业财务管理产生于19世纪中叶，股份有限公司这一企业组织形式的出现，使企业大规模的对外筹资成为可能，企业的大规模发展也迫切需要从社会上筹集大量资金，从而使筹资问题成为当时企业经营管理中的一个重要领域并需要专门加以管理，对此的一系列研究就产生了企业的财务理论。美国学者汤姆斯·格林（Thomas L. Greene）于1897年出版的《公司财务》（Corporate Finance）一书，被认为是最早专门研究财务问题的著作。

在至今一个多世纪的时间里，财务管理迅速发展成为既具有相对独立性又融合多种学科知识并在经济管理中扮演着重要角色的一门科学。财务管理的发展大约经历了以下五个阶段。

（一）筹资管理阶段（19世纪中叶至20世纪20年代末）

在这一阶段，资本主义世界的工业化浪潮纷至沓来，科学技术日新月异，企业的生产规模不断扩大，这就迫使企业必须尽快筹措资金以满足生产不断发展的需要。然而，在当时的资本主义世界，尽管资本市场已初具规模，但却由于企业提供给投资大众的有关盈余和资产价值等方面的资料大多不实，无法取信于投资大众，再加上企业内线人士和股市操纵者参与股票交易，经常导致股价的大起大落，使社会资金很难从个别储蓄者转移到资金需要者。因而，此间的财务管理重点只是站在第三者的立场来研究与分析公司的成立、证券发行以及公司合并等有关法律性事务，为企业筹资服务。在这一阶段，筹资理论和方法得到迅速发展，为现代财务管理理论的产生和发展奠定了基础。

（二）资产管理阶段（20世纪30年代至50年代末）

筹资阶段的财务理论只注重研究资本筹集，却忽视了企业日常的资金周转和内部控制。20世纪30年代美国经济大萧条发生时，企业倒闭浪潮之大史无前例，迫使企业不仅开始将财务管理的研究重点由资金筹措转向资金运用，而且必须探讨有关企业的破产、重组以及政府对证券的管制等一系列问题。在经济危机的压迫下，企业财务管理的重心不再是公司的扩展，而是公司的生存。直至20世纪50年代，财务管理仍然主要站在第三者的角度来进行叙述性的研究，但同时也有一些可被用来协助管理层提高公司利润和股价的财务分析技术开始受到重视。

（三）投资管理理财阶段（20世纪60年代至70年代中期）

20世纪60年代以后，随着企业经营的不断变化和发展，资金运用日趋复杂，市场竞争更加激烈，投资风险不断加大，投资管理得到空前重视。这主要表现在：（1）确定了比较合理的投资决策程序；（2）建立了科学的投资决策指标；（3）建立了科学的投资决策方法；（4）创立了投资组合理论和资本资产定价理论。对投资财务管理理论做出重要贡献的学者是迪安（Joel Dean）、马科维茨（H. Markowitz）和夏普（William F. Sharp）。迪安在其所著的《资本预算》一书中，主要研究应用贴现现金流量法来确定最优投资决策问题；马科维茨致力于投资组合的研究，提出了投资组合理论；夏普提出了资本资产定价模型，揭示了风险与报酬的关系。

（四）通货膨胀理财阶段（20世纪70年代末至80年代早期）

20世纪70年代末至80年代早期，伴随石油价格的上涨，西方国家出现了严重的通货膨胀，持续的通货膨胀给财务管理带来了许多问题，在通货膨胀条件下如何有效地进行财务管理便成为重中之重。大规模的通货膨胀，使企业资金需求不断膨胀，货币资金不断贬值，资金成本不断升高，成本虚降，利润虚增，资金周转困难。为此，西方财务管理提出了许多对付通货膨胀的方法，企业筹资决策、投资决策、资金日常调度决策、股利分配决策，都根据通货膨胀的状况进行了相应的调整。

（五）国际经营理财阶段（20世纪80年代中后期至今）

20世纪80年代中后期，由于运输和通信技术的发展，市场竞争的加剧，企业跨国经营发展很快，国际企业财务管理越来越重要。当然，一国财务管理的基本原理对国际企业也是适用的。但是，由于国际企业涉及多个国家，要在不同制度、不同环境下做出决策，就会有一些特殊的问题需要解决，如外汇风险、多国融资、跨国资本预算、国际投资环境评价、内部转移价格等问题。20世纪80年代中期以来，国际财务管理的理论和方法得到迅速发展，并在财务管理实务中得到广泛应用，成为财务管理发展过程中的又一个高潮。

二、财务管理的内容

财务管理是在企业的整体目标下对企业资金进行的管理。企业财务管理包括以下内容：

（一）长期筹资决策

在市场经济条件下，企业要从事生产经营活动，必须具备一定数量的资金。长期筹资是指为企业筹措使用期限在一年以上的资金，包括权益资金和长期负债。此外，由于内部积累是企业重要的资金来源之一，而内部积累的高低又取决于企业的利润分配，所以，企业的利润分配有时也被看作企业筹资决策的一部分。

公司有很多的筹资渠道可以使用。在资本供给者所要求的成本、期限、可用性、资产抵押及其他条款上，每种筹资渠道都有自己的特点。筹资决策要解决的问题是如何取得企业所需要的资金，包括向谁、在什么时候、筹集多少资金。它要求企业选择最合适的筹资方式，确定最佳资本结构，以使筹资风险和筹资成本相配合。

（二）长期投资决策

长期投资是指影响所及超过一年的投资，如购买各种证券、兴建工厂、购买设备等，企业都要发生现金流出，并期望取得更多的现金流入。长期投资通常需要投入大量资金，对于任何一个企业来说，均将在较长时期内有持续影响；同时，这类投资大多要经过一定时期才能收回，企业需要承担较大的风险。很明显，一项长期投资决策的失误，必然会影响整个企业的财务状况和资金流转，给企业带来很大损失，甚至会造成企业的破产倒闭。因此，长期投资决策是企业财务管理中最为重要的一项决策，企业决策人员和财务管理人员在进行投资决策时必须谨慎从事，认真做好研究分析，特别要考虑投资收益的不确定性，要综合考虑收益与风险之间的关系，使两者达到一个好的均衡，最终实现企业财富最大化的目标。

（三）营运资金管理

营运资金有两个概念，即总营运资金和净营运资金。总营运资金是指企业对全部流动资产的投资；净营运资金是指流动资产减去流动负债后的差额。营运资金的管理主要是保证企业日常生产经营活动正常进行的资金需要和各类债务的按期偿还，以维护企业的商业信誉和生产经营活动的正常进行。在营运资金管理方面，企业同样面临着资金使用效率和资金运作安全的矛盾。它要求企业一方面要加速流动资产的周转，提高资金的使用效果；另一方面要合理配置资金，妥善安排流动资产和流动负债的比例关系，既要防止流动资产的闲置，又要保证有足够的偿债能力。

营运资本管理包括营运资本投资和营运资本筹资。营运资本投资的主要内容是决定持有多少现金、存货和应收账款；营运资本筹资主要是决定向谁借入短期资金，借多少短期资金，以及是否需要采用赊购融资等。

（四）股利分配决策

股利分配是指企业的利润如何分配，有多少用于给股东发放股利，有多少用于留存收益。企业制定股利分配政策，既要考虑股东的近期利益要求，又要考虑企业的长远发展目标，要按照规定程序进行分配。在利润分配时，一定要从全局出发，正确处理国家利益、企业利益、企业所有者利益和企业职工利益之间可能发生的矛盾。要统筹兼顾、合理安排，而不能只顾一头、不顾其他。

股利分配决策同时也是企业内部筹资决策。净利润都是属于股东的，应该分配给股东。留存收益就是留归公司的一部分税后利润，而不将其分给股东，实际上是向现有股东筹集权益资本。所以，内部筹资和股利分配是一个问题的两个方面。

除了上面所讲的以外，财务管理还包括企业设立、合并、分立、改组、解散、破产等方面的内容，它们共同构成企业财务管理不可分割的统一体。

三、财务管理的研究对象

财务管理主要是资金管理，其对象是资金及其循环。资金循环的起点和终点是现金，其他的资产都是现金在流转中的转化形式，因此，财务管理的研究对象也可说是现金及其循环。财务管理也会涉及成本、收入和利润问题，从财务管理的观点看，成本和费用是现金的耗费，收入和利润是现金的来源。财务管理主要在这种意义上研究成本和收入，而不同于一般意义上的成本管理和销售管理，也不同于计量收入、成本和利润的会计工作。

企业资金循环就是资金由货币形态开始，经过使用又回到货币形态的过程。为便于理解并准确把握企业资金运动的一般过程及特点，下面从短期资金循环和长期资金循环两个角度来描述企业资金运动。

（一）短期资金循环

资金由货币资金变为非货币资产，然后又回到货币资金，所需时间不超过一年的循环，称为短期资金循环。短期资金循环中的资产是流动资产，包括现金本身和企业正常经营周期内可以完全转变为现金的存货、应收账款、短期投资等。

就制造业企业而言，从现金开始，在周转过程的第一步是现金转变成原材料，然后加工为产成品。产成品出售后或者直接转变成现金，或者转变成应收账款。收到客户的账款以后，现金流回企业。图 1-1 是短期资金循环最基本的形式。

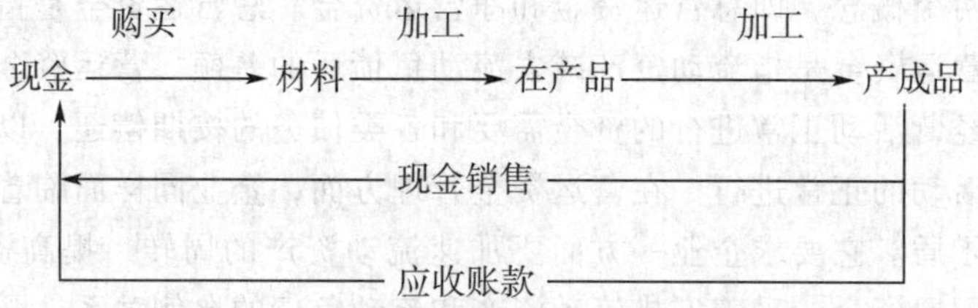

图 1-1　短期资金循环的基本形式

这个简化的图示省略了两个重要的情况：一是它只描绘了现金的运用，而没有描绘出它的来源。股东最初投入的现金，在后续的经营中经常需要补充，补充的来源包括增发股票、向银行借款、发行债券或利用商业信用解决资金需要等。二是只描述了流动资金的相互转换，没有反映资金的耗费。例如，用现金支付人工成本和其他营业费用等。企业不能把全部现金都投资于非现金资产，必须拿出一定数额用于发放工资、支付公共事业费等。这些支出要与原料成本加在一起，以确定产成品的销售价格，从而得到补偿。图 1-2 描述了扩大形式的现金流转概念。短期资金循环表明，资金顺利流转，对于企业生产经营的顺利进行，既是一个必要的前提，又是一个必不可少的媒介。

（二）长期资金循环

资金由货币资金变为非货币资产，然后又回到货币资金，所需时间在一年以上的循环，称为长期资金循环。长期资金循环中的非货币资产，包括固定资产、长期投资、递延资产等。

企业生产经营仅有流动资产是无法进行的，还必须拥有一定规模的固定资产。上述短期资金循环只描述了围绕流动资金而形成的资金运动，未包括固定资产在资金运动中的地

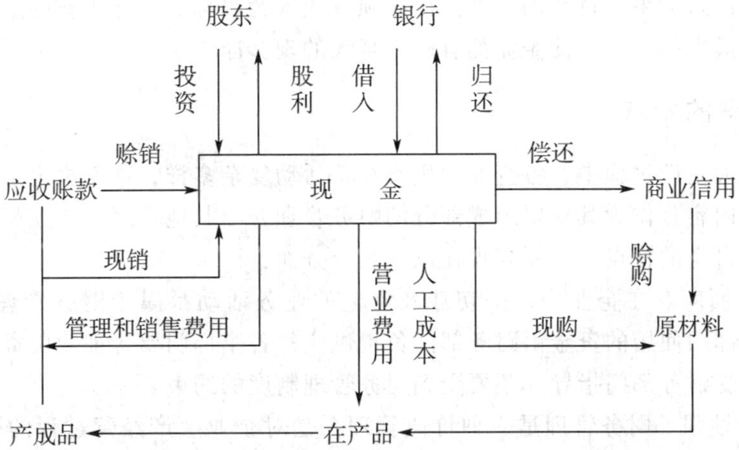

图 1-2 扩大形式的短期资金循环

位、作用及周转特点，因而是不完整的。把固定资产与流动资产一并考察，形成了长期资金循环。图 1-3 是长期资金循环的基本形式。

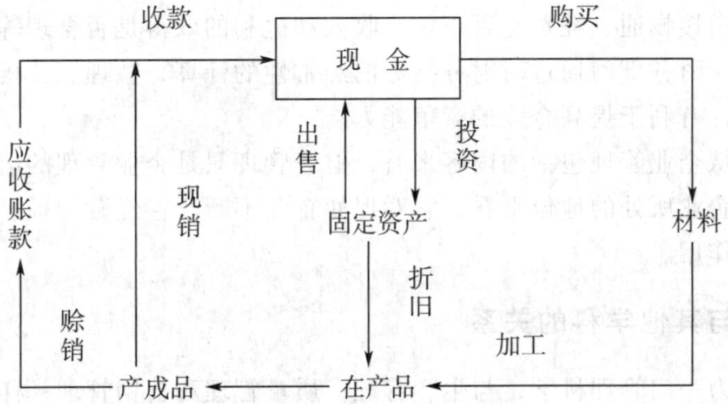

图 1-3 长期资金循环的基本形式

图 1-3 表现的是一个简单再生产方式下企业资金的循环周转。但是，经营规模迅速扩大的盈利企业，很可能由于增加存货、满足支付较大的营业费用的需要，以及因增加了销货而产生更多的应收账款等而发生相当严重的现金短缺情况。这种周转量（短期循环）的增加，往往还伴随着企业固定资产投资的扩大，从而激增了企业扩充阶段的现金需要，并加重了财务工作的难度。企业不仅要继续维持目前经营上现金收支的平衡，而且必须想方设法补充周转的资金，以便满足扩充项目的现金需要，还要努力使企业的扩充不致超越其曾预计在生产和销售水平下可能得到的现金流转量。为此，财务管理人员必须首先在企业内部筹措扩充业务所需的现金。他很可能廉价抛售临时性投资的证券，并建议减少付给股东的股利；他还会尽力加快收回应收账款，以及向外界筹措资金。由此可见，财务工作的很大一部分是对将来现金流入量与流出量的平衡。

长期资金循环表明，现金流入与流出即现金流量的平衡，对企业生产经营的顺利进行和稳定发展，以及提高企业的支付能力和盈利能力，都有决定性的意义。在企业，资金流出为因，资金流入为果，资金的一切流出必须以流入为目标。财务工作的重要任务是以最小的流出实现最大的流入，使企业拥有越来越大的现金净流量。

四、财务管理的特点

在社会化大生产过程中，各企业的生产经营活动复杂多样，这就决定了企业管理必须包括多方面的内容。作为其重要组成部分的财务管理，与其他管理工作互相配合、密切联系，但又具有自身的特点，主要表现在以下三个方面：

（1）涉及面广。在企业中，一切涉及资金的业务活动都属于财务管理的管辖范围。企业内部各个部门使用的资金由财务部门负责供应；各个部门要合理使用资金，提高经济效益，必须接受财务部门指导，还要受到财务管理制度的约束。

（2）综合性强。财务管理是一种价值管理，是对企业生产经营过程的价值方面即资金运动进行的管理。企业生产经营过程的各个方面以及企业其他管理工作的质量、效益、问题，绝大部分可以用价值形式——货币综合反映。

（3）灵敏度高。企业生产经营管理各方面的效益和问题会通过不同的财务指标及时反映出来。决策是否得当、经营是否有方、生产组织是否合理、产品质量及品种是否适合需要、产销是否衔接畅通、耗费是否正常、收入和盈利的取得是否合理等，都会对财务指标产生重大影响。财务部门通过对财务指标的经常性的计算、整理、分析，能及时掌握企业各方面的信息，有利于提高企业的竞争能力。

由此可见，从企业管理包括的内容来看，财务管理只是企业管理的组成部分之一，但从它的特点及在企业所处的地位来看，它对促使企业不断改善经营管理、提高经济效益将起到十分重要的作用。

五、财务管理与其他学科的关系

财务管理作为一门管理科学，与生产管理、质量管理和营销管理一样是管理学科的一个分支，都是研究企业的资源和行为的管理。只是财务管理以货币作为衡量的标准，研究货币在企业内部及企业和市场之间的流动与货币的增值。财务管理是企业管理中不可缺少的重要组成部分。

财务管理的基础是经济学中的微观经济理论，其中的消费理论、生产理论、市场均衡理论及生产要素价格理论为财务管理提供了理论基础，是财务理论研究的出发点。

会计学原理及会计处理信息和分析资料的技术为财务管理提供了研究的方法和途径，大量的会计信息成为管理人员和投资者研究企业现金流量和财务状况的重要依据。

财务管理中经常运用的数学工具是数理统计和优化方法。随着计算机的普遍使用，在管理目标一定的条件下，可通过数学模型把管理活动中的基本关系表达出来，然后输入各种参数作定量分析。数学方法的应用使财务管理中一些模糊问题和不确定性问题定量化，为财务决策提供了有力支持。因此，数量分析是财务管理研究的重要手段。

总之，财务管理和经济学、会计学、管理学及数学这四门学科的关系最为密切。它是建立在经济学的理论基础之上，利用会计提供的信息资料，运用数学方法和手段，按照管理学的一般原则进行研究的科学。

第二节　财务管理的目标

一、财务管理目标概述

财务管理目标是企业理财活动所希望实现的结果。明确财务管理的目标，是搞好财务管理工作的前提，是评价企业理财活动是否合理的基本标准。企业最具综合性的计量是财务计量，因此企业目标也称为企业的财务目标。在本书的以后论述中，我们把财务管理目标、财务目标和企业目标作为同义语使用。

（一）利润最大化

利润最大化就是企业财务管理以实现利润最大为目标。

以利润最大化作为财务管理的目标，有其合理的一面，企业追求利润最大化，就必须加强经济管理，改进技术，提高劳动生产率，降低产品成本，这些措施都有利于经济资源的合理配置，有利于经济效益的提高。

但以利润最大化为目标也存在一些缺点：（1）没有考虑所获利润和投入资本数额的关系。利润最大化中的利润额是一个绝对数，它没有反映出所得利润额同投入资本额的关系，因而不能科学地说明企业经济效益水平的高低，不便于在不同时期、不同企业之间进行比较。而且不考虑利润和投入资本的关系，会使财务决策优先选择高投入的项目而非高效率的项目。（2）没有考虑利润的取得时间和所承担的风险。利润最大化中的利润是一定时期内实现的利润，它没有说明利润的取得时间，没有考虑资金的时间价值，没有考虑获取利润和所承担风险的大小。不考虑风险，会使财务决策优先选择高风险的项目。一旦不利的事实出现，企业将陷入困境，甚至可能破产。（3）更重要的是，片面强调利润额的增加，往往使得企业产生追求短期利益的行为，即只顾实现目前的最大利润，而不顾企业的长远发展。

针对上述问题，在我国和西方一些国家，分别提出了把资本利润率和每股利润作为考核财务成果的重要指标。这两个指标的特点是把企业实现的利润额同投入的自有资本或股本进行对比，能够说明企业的盈利水平，因而对于进行财务分析、财务预测都有重要的作用。但是，这两个指标尚不能避免上述第二、三个缺陷。

（二）股东财富最大化

股东财富最大化是指企业财务管理以实现股东财富最大为目标。这种观点认为，股东创办企业的目的是增加财富。如果企业不能为股东创造价值，他们就不会为企业提供资本。没有了权益资本，企业也就不存在了。因此，企业要为股东创造价值，增加股东财富是财务管理的目标。在上市公司，股东财富是由其所拥有的股票数量和股票市场价格两方面来决定的。假设股东的股票数量不变，股票价格达到最高，股票财富也就达到最大。

与利润最大化相比，股东财富最大化有其积极的方面，这是因为：（1）股东财富最大化目标科学地考虑了风险因素，因为风险的高低会对股票价格产生重要影响。（2）股东财富最大化在一定程度上能够克服企业在追求利润上的短期行为，因为不仅目前的利润会影响股票价格，未来的利润预期也会对企业股票价格产生重要影响。（3）股东财富最大化目标比较容易量化，便于考核和奖惩。

但也应该看到，股东财富最大化仍然存在一些缺点：（1）它只适合上市公司，对非上市公司则很难适用。（2）它只强调股东的利益，而对企业其他利益相关者的利益重视不够。（3）股票价格受多种因素的影响，并非都是公司所能控制的，把不可控因素引入理财目标是不合理的。

（三）企业价值最大化

企业价值最大化是指企业财务管理以实现企业价值最大为目标。这里的价值主要指企业所有者权益和债权人权益的市场价值，或者是企业所创造的预计现金流量的现值。从实践上看，可以通过资产评估来确定企业价值的大小。从理论上来讲，企业价值可以通过下式进行计量：

$$V = \sum_{t=1}^{n} FCF_t \frac{1}{(1+i)^t}$$

上式中，V 代表企业价值；FCF_t 代表第 t 年的企业报酬，通常用现金流量来表示；i 代表与风险相适应的贴现率；t 代表取得报酬的具体时间；n 代表取得报酬的持续时间，在持续经营假设的条件下，n 为无穷大。

如果各年的自由现金流量相等，则可简化为：

$$V \approx \frac{FCF}{i}$$

从上式可以看出，企业的总价值 V 与 FCF 成正比，与 i 成反比。在 i 不变时，FCF 越大，则企业价值越大；在 FCF 不变时，i 越大，则企业价值越小。i 的高低，主要由企业风险的大小来决定，当风险大时，i 就高，当风险小时，i 就低。也就是说，企业的价值，与预期的报酬成正比，与预期的风险成反比。从财务管理假设可知，报酬和风险是同增的，即报酬越大，风险越大，报酬的增加是以风险的增加为代价的，而风险的增加将会直接威胁企业的生存。企业的价值只有在风险和报酬达到比较好的均衡时才能达到最大。

以企业价值最大化作为财务管理的目标，具有以下优点：（1）企业价值最大化考虑了取得报酬的时间，并用时间价值的原理进行了计量。（2）企业价值最大化目标科学地考虑了风险与报酬的联系。（3）企业价值最大化能克服企业在追求利润上的短期行为，因为不仅目前的利润会影响企业的价值，未来的利润预期对企业价值所产生的影响更大。进行企业财务管理，就是要正确权衡报酬增加与风险增加的得与失，努力实现两者之间的最佳平衡，使企业价值达到最大。

企业价值最大化也有一些缺点：一是过于理论化，现实中不易操作；二是只考虑了股东和债权人的利益，没有考虑其他利益相关者的利益。

（四）利益相关者利益最大化

利益相关者理论认为，任何一个企业都有众多的利益相关者，他们都对企业进行了专用性投资并承担由此带来的风险，企业的生存与发展取决于它能否有效地处理了各种利益相关者的利益。股东作为企业所有者，在企业中拥有最大的权利，并承担着最大的义务和风险，而债权人、员工、企业经营者、客户、供应商和政府也承担着企业风险。因此，企业的利益相关者不仅包括股东，还包括债权人、员工、企业经营者、客户、供应商、政府等。在确定企业财务管理目标时，不能忽视这些利益相关者群体的利益。

利益相关者利益最大化是指企业财务管理以实现利益相关者利益最大为目标，具体内容包括：(1) 强调风险与报酬的均衡，将风险限制在企业可以承受的范围内。(2) 强调股东的首要地位，并强调企业与股东之间的协调关系。(3) 强调对代理人即企业经营者的监督和控制，建立有效的激励机制以便顺利实现企业战略目标。(4) 关心本企业普通职工的利益，创造优美和谐的工作环境并提供合理恰当的福利待遇，培育职工长期努力为企业工作。(5) 不断加强与债权人的关系，培育可靠的资金供应者。(6) 关心客户的长期利益，以便保持销售收入的长期稳定增长。(7) 加强与供应商的协作，共同面对市场竞争，并注重企业形象的宣传，遵守承诺，讲究信誉。(8) 保持与政府部门的良好关系。

以利益相关者利益最大化为财务管理目标，具有以下优点：(1) 有利于企业长期稳定发展。这一目标注重企业在发展过程中考虑并满足各利益相关者的利益关系。在追求长期稳定的发展过程中，站在企业的角度上进行投资研究，避免只站在股东的角度进行投资可能导致的一系列问题。(2) 体现了合作共赢的价值理念，有利于实现企业经济效益和社会效益的统一。由于兼顾了企业、股东、政府、客户等的利益，企业就不是一个单纯谋利的组织，还承担了一定的社会责任。企业在寻求其自身的发展和利益最大化过程中，由于需维护客户及其他利益相关者的利益，就会依法经营，依法管理，正确处理各种财务关系，自觉维护和切实保障国家、集体和社会公众的合法权益。(3) 这一目标本身是一个多元化、多层次的目标体系，较好地兼顾了各利益主体的利益。这一目标可使企业各利益主体相互作用、相互协调，并在使企业利益、股东利益达到最大化的同时，也使其他利益相关者利益达到最大化。也就是将企业财富这块“蛋糕”做到最大的同时，保证每个利益主体所得的“蛋糕”更多。(4) 体现了前瞻性和现实性的统一。比如，企业作为利益相关者之一，有一套完善的评价体系，如未来企业报酬贴现值；股东的评价指标可以使用股票市价；债权人可以寻求风险最小、利息最大；工人可以确保工资福利；政府可考虑社会效益等。不同的利益相关者有各自的指标，只要合理合法、互利互惠、相互协调，就可以实现所有利益相关者的利益最大化。

（五）各种财务管理目标之间的关系

上述利润最大化、股东财富最大化、企业价值最大化和利益相关者利益最大化等各种财务管理目标，都是以股东财富最大化为基础的。这是因为，企业是市场经济的主要参与者，企业的创立和发展都必须以股东的投入为基础，离开了股东的投入，企业就不复存在；并且，在企业的日常经营中，作为所有者的股东，在企业中承担着最大的义务和风险，相应也需要享有最高的报酬，即股东财富最大化，否则就难以为市场经济的持续发展提供动力。

当然，以股东财富最大化为核心和基础，还应该考虑利益相关者的利益。各国公司法都规定，股东权益是剩余权益，只有满足了其他方面的利益之后才会有股东的利益。企业必须交税、给职工发工资、给顾客提供他们满意的产品和服务，然后才能获得税后收益。可见，其他利益相关者的要求先于股东被满足，因此这种满足必须是有限度的。如果对其他利益相关者的要求不加限制，股东就不会有“剩余”了。除非股东确信投资会带来满意的回报，否则股东不会出资。没有股东财富最大化的目标，利润最大化、企业价值最大化以及利益相关者利益最大化的目标也就无法实现。因此，在强调公司承担应尽的社会责任的前提下，应当允许企业以股东财富最大化为目标。

【例 1-1】（2012 年中级会计职称考试真题）根据利益相关者利益最大化的财务管理目标理论，承担最大风险并可能获得最大报酬的是（　　）。

A. 股东　　B. 债权人　　C. 经营者　　D. 供应商

参考答案：A。利益相关者利益最大化的观点中，股东作为企业的所有者，在企业中享有最大的权利和报酬，承担着最大的义务和风险。

二、利益冲突与协调

（一）股东与经营者的利益冲突与协调

1. 股东与经营者的目标

股东为企业提供了财务资源，但是他们处在企业之外，而经营者即管理层在企业里直接从事管理工作。企业是所有者即股东的企业，股东委托经营者管理企业，为实现股东的目标而努力，但经营者与股东的目标并不完全一致。

股东的目标是使自己的财富最大化，千方百计要求经营者以最大的努力去完成这个目标。

经营者也是最大合理效用的追求者，其具体行为目标与委托人并不一致。其目标是：（1）增加报酬，包括物质和非物质的报酬，如工资、奖金，提高荣誉和社会地位等。（2）增加闲暇时间，包括较少的工作时间、工作时间里较多的空闲和有效工作时间中较小的劳动强度等。两个目标之间有矛盾，增加闲暇时间可能减少当前或将来的报酬，努力增加报酬会牺牲闲暇时间。（3）避免风险。经营者努力工作可能得不到应有的报酬，他们的行为和结果之间的关系存在不确定性，经营者总是力图避免这种风险，希望付出一分劳动便得到一分报酬。

2. 经营者对股东目标的背离

经营者的目标和股东不完全一致，经营者有可能为了自身的目标而背离股东的利益。这种背离表现在两个方面：

（1）道德风险。经营者为了自己的目标而不尽最大努力去实现企业的目标。他们没有必要为提高股价而冒险，股价上涨的好处将归于股东，如若失败，他们的“身价”将下跌。他们不做什么错事，只是不十分卖力，以增加自己的闲暇时间。这样做不构成法律和行政责任问题，而只是道德问题，股东很难追究他们的责任。

（2）逆向选择。经营者为了自己的目标而背离股东的目标。例如，装修豪华的办公室，购置高档汽车等；借口工作需要乱花股东的钱；蓄意压低股票价格，自己借款买回，导致股东财富受损。

3. 防止经营者背离股东目标的方式

防止经营者背离股东目标一般有两种方式：

（1）监督。经营者背离股东目标的条件是双方信息不对称，经营者了解的企业信息比股东多。避免“道德风险”和“逆向选择”的出路之一是股东获取更多的信息，对经营者进行监督，在经营者背离股东目标时，减少其各种形式的报酬，甚至解雇他们。但是，全面监督在实际上是行不通的。股东是分散的或者远离经营者，得不到充分的信息；经营者比股东有更大的信息优势，比股东更清楚什么是对企业更有利的行动方案；全面监督管理行为的代价是高昂的，很可能超过它所带来的收益。因此，股东支付审计费聘请注册会计师，往往限于审计财务报表，而不是全面审查所有管理行为。股东对情况的了解和对经营者的监督始终是必要的，但受到监督成本的限制，不可能事事都监督。监督可以减少经营者违背股东意愿的行为，但不能解决全部问题。

（2）激励。防止经营者背离股东利益的另一种途径是采用激励计划，使经营者分享企业增加的财富，鼓励他们采取符合股东利益最大化的行动。例如，企业盈利率或股票价格提高后，给经营者以现金、股票期权奖励。支付报酬的方式和数量大小，有多种选择。报酬过低，不足以激励经营者，股东不能获得最大利益；报酬过高，股东付出的激励成本过大，也不能实现自己的最大利益。因此，激励可以减少经营者违背股东意愿的行为，但也不能解决全部问题。

通常，股东同时采取监督和激励两种方式来协调自己和经营者的目标。尽管如此，仍不可能使经营者完全按股东的意愿行动，经营者仍然可能采取一些对自己有利而不符合股东利益最大化的决策，并由此给股东带来一定的损失。监督成本、激励成本和偏离股东目标的损失之间此消彼长、相互制约，股东要权衡轻重，力求找出能使三项之和最小的解决办法，它就是最佳的解决办法。

（二）所有者和债权人的利益冲突与协调

1. 所有者和债权人的目标

当公司向债权人借入资金后，两者也形成一种委托代理关系。债权人把资金借给企业，其目标是到期时收回本金，并获得约定的利息收入；公司借款的目的是用它扩大经营，投入有风险的生产经营项目，两者的目标并不一致。

债权人事先知道借出资金是有风险的，并把这种风险的相应报酬纳入利率。通常要考虑的因素包括公司现有资产的风险、预计公司新增资产的风险、公司现有的负债比率、公司未来的资本结构等。

2. 所有者对债权人目标的背离

借款合同一旦成为事实，资金划到企业，债权人就失去了控制权，股东为了自身利益可以通过经营者伤害债权人的利益，其常用方式是：

（1）股东不经债权人的同意，投资于比债权人预期风险更高的新项目。如果高风险的计划侥幸成功，超额的利润归股东独享；如果计划不幸失败，公司无力偿债，债权人与股东将共同承担由此造成的损失。尽管按法律规定，债权人先于股东分配破产财产，但多数情况下，破产财产不足以偿债。所以，对债权人来说，超额利润肯定拿不到，发生损失却有可能要分担。

（2）股东为了提高公司的利润，不征得债权人的同意而指使管理层发行新债，致使旧债券的价值下降，使旧债权人蒙受损失。旧债券价值下降的原因是发新债后公司负债比率加大，公司破产的可能性增加。如果公司破产，旧债权人和新债权人要共同分配破产后的财产，使旧债券的风险增加，其价值下降。尤其是不能转让的债券或其他借款，债权人没有出售债权以摆脱困境的出路，处境更加不利。

3. 防止所有者背离债权人的方式

债权人为了防止其利益被伤害，除了寻求立法保护，如破产时优先接管、优先于股东分配剩余财产等外，通常采取以下措施：

（1）限制性借债。债权人在借款合同中加入限制性条款。如规定资金的用途、规定不得发行新债或限制发行新债的数额等，使所有者不能通过以上方式削弱债权人的债务价值。

（2）收回借款或停止借款。当债权人发现公司有损害其债权意图时，拒绝进一步合作，不再提供新的借款或提前收回借款，从而保护自身权益。

三、企业的社会责任

企业的社会责任是指企业在谋求所有者或股东权益最大化之外所负有的维护和增进社会利益的义务。具体来说，企业社会责任主要包括以下内容：

1. 对员工的责任

企业除了负有向员工支付报酬的法律责任外，还负有为员工提供安全工作环境和职业教育等保障员工利益的责任。企业对员工承担的社会责任有：（1）按时足额发放劳动报酬，并根据社会发展逐步提高工资水平。（2）提供安全健康的工作环境，加强劳动保护，实现安全生产，积极预防职业病。（3）建立公司职工的职业教育和岗位培训制度，不断提高职工的素质和能力。（4）完善工会、职工董事和职工监事制度，培育良好的企业文化。

2. 对债权人的责任

债权人是企业重要的利益相关者，企业应依据合同的约定以及法律的规定对债权人承担相应的义务，保障债权人合法权益。这种义务既是公司的民事义务，也可视为公司应承担的社会责任。公司对债权人承担的社会责任主要有：（1）按照法律、法规和公司章程的规定，真实、准确、完整、及时地披露公司信息。（2）诚实守信，不滥用公司人格。（3）主动偿债，不无故拖欠。（4）确保交易安全，切实履行合法订立的合同。

3. 对消费者的责任

公司的价值实现，在很大程度上取决于消费者的选择，企业理应重视对消费者承担的社会责任。企业对消费者承担的社会责任主要有：（1）确保产品质量，保障消费安全。（2）诚实守信，确保消费者的知情权。（3）提供完整的售后服务，及时为消费者排忧解难。

4. 对社会公益的责任

企业对社会公益的责任主要涉及慈善、社区等。企业对慈善事业的社会责任是指承担扶贫济困和发展慈善事业的责任，表现为对不确定的社会群体（尤指弱势群体）提供帮助。捐赠是其最主要的表现形式，受捐赠的对象主要有社会福利院、医疗服务机构、教育事业、贫困地区、特殊困难人群等。此外，还包括招聘残疾人、生活困难的人、缺乏就业竞争力的人到企业工作，以及举办与公司营业范围有关的各种公益性的社会教育宣传活动等。

5. 对环境和资源的责任

企业对环境和资源的社会责任可以概括为两大方面：一是承担可持续发展与节约资源的责任；二是承担保护环境和维护自然和谐的责任。

此外，企业还有义务和责任遵从政府的管理、接受政府的监督。企业要在政府的指引下合法经营、自觉履行法律规定的义务，同时尽可能地为政府献计献策、分担社会压力、支持政府的各项事业。

一般而言，对一个利润率或投资报酬率处于较低水平的公司，在激烈竞争的市场环境下，是难以承担额外增加其成本的社会责任的；而那些利润超常的公司，则可以适当地承担而且有些企业也确已承担一定的社会责任。因为对利润超常的公司来说，适当地从事一些社会公益活动，有助于提高公司的知名度，促进其业务活动的开展，进而使股价升高。但不管怎样，任何企业都无法长期独自负担因承担社会责任而增加的成本。过分地强调社会责任而使企业价值减少，就可能导致整个社会资金运用的次优化，从而使社会经济发展步伐减缓。事实上，大多数社会责任都必须通过立法以强制的方式让每一个企业平均负担。然而，企业是社会的经济细胞，理应关注并自觉改善自身的生态环境，重视履行对员工、消费者、环境、社区等利益相关者的责任，重视其生产行为可能对未来环境的影响，特别是在员工健康与安全、废弃物处理、污染等方面应尽早采取相应的措施，减少企业在这些方面可能会遭遇的各种困扰，从而有助于企业可持续发展。

【例1-2】（2010年注册会计师考试真题）下列关于企业履行社会责任的说法中，正确的是（　　）。

A. 履行社会责任主要是指满足合同利益相关者的基本利益要求

B. 提供劳动合同规定的职工福利是企业应尽的社会责任

C. 企业只要依法经营就是履行了社会责任

D. 履行社会责任有利于企业的长期生存与发展

参考答案：D。社会责任是道德范畴的事情，财务道德与企业的生存和发展是相关的，所以，履行社会责任有利于企业的长期生存与发展。

第三节　财务管理的原则

一、财务管理原则的含义与特征

财务管理的原则，也称理财原则，是指人们对财务活动的共同认识。财务管理的原则是企业财务管理工作必须遵循的准则，它是从企业理财实践中抽象出来的并在实践中证明是正确的行为规范，它反映着理财活动的内在要求。企业财务管理原则具有以下特征。

（1）财务管理原则必须符合大量观察和事实，被多数人所接受。财务理论有不同的流派和争论，甚至存在完全相反的理论，而财务管理原则却不同，它们被现实反复证明并被多数人接受，具有共同认识的特征。

（2）财务管理原则是财务交易和财务决策的基础。财务管理实务是应用性的，“应用”是指理财原则的应用。各种财务管理程序和方法，是根据理财原则建立的。

（3）财务管理原则为解决新的问题提供指引。已经开发出来的、被广泛应用的程序和方法，只能解决常规问题，当问题不符合任何既定程序和方法时，原则为解决新问题提供预先的感性认识，指导人们寻找解决问题的方法。

（4）财务管理原则并非在任何情况下都绝对正确，这与应用环境有关。财务管理原则在一般情况下是正确的，而在特殊情况下不一定正确。

二、财务管理原则的种类及其内容

对于如何概括理财原则，人们的认识不完全相同。道格拉斯·R. 爱默瑞和约翰·D. 芬尼特的观点具有代表性，他们将理财原则概括为 3 类共 12 条。

（一）有关竞争环境的原则

有关竞争环境的原则是对资本市场中人的行为规律的基本认识。

1. 自利行为原则

自利行为原则是指人们在进行决策时按照自己的财务利益行事，在其他条件相同的情况下人们会选择自身经济利益最大的行动。

自利行为原则的依据是理性经济人假设。该假设认为，人们对每一项交易都会衡量其代价和利益，并且会选择对自己最有利的方案来行动。自利行为原则假设企业决策人对企业目标具有合理的认识程度，并且对如何达到目标具有合理的理解。在这种假设情况下，企业会采取对自己最有利的行动。问题在于商业交易的目的是获利，在从事商业交易时人们总是为了自身的利益做出选择和决定，否则他们就不必从事商业交易。自利行为原则并不认为钱是任何人生活中最重要的东西，或者说钱可以代表一切，而是说在“其他条件都相同时”，所有财务交易参与者都会选择对自己经济利益最大的行动。

自利行为原则的一个重要应用是委托代理理论。根据该理论，应当把企业看成是各种自利的人的集合。如果企业只有业主一个人，他的行为将十分明确和统一。如果企业是一个大型公司，情况就变得非常复杂，因为这些利益相关者之间存在利益冲突。一个公司涉及的利益相关者包括普通股股东、优先股股东、债券持有者、银行、短期债权人、政府、社会公众、经理人员、员工、客户、供应商、社区等。这些人或集团，都是按自利行为原则行事的。企业和各种利益相关者之间的关系，大部分属于委托代理关系。这种既相互依赖又相互冲突的利益关系，需要通过“契约”来协调。因此，委托代理理论是以自利行为原则为基础的。有人主张把“委托代理关系”单独作为一条理财原则，可见其重要性。

自利行为原则的另一个应用是机会成本的概念。当一个人采取某个行动时，就等于取消了其他可能的行动。因此，他必然要用这个行动与其他可能的行动相比，看该行动是否对自己最有利。采用一个方案而放弃另一个方案时，被放弃方案的收益是被采用方案的机会成本，也称择机代价。尽管人们对机会成本的概念有分歧，它们的计算也经常会遇到困难，但是人们都不否定机会成本是决策时不能不考虑的重要问题之一。

2. 双方交易原则

双方交易原则是指每一项交易都至少存在两方，在一方根据自己的经济利益做出决策时，另一方也会按照自己的经济利益采取行动，并且对方和你一样聪明、勤奋和富有创造力。因此，一方在做出决策时要正确预见对方的反应。

双方交易原则的建立依据是商业交易至少有两方、交易是“零和博弈”，以及各方都是自利的。每一项交易都有一个买方和一个卖方，这是不争的事实。无论是买方市场还是卖方市场，在已经成为事实的交易中，买进的资产和卖出的资产总是一样多。例如，在证券市场上卖出一股就一定有一股买入。既然买入的总量与卖出的总量永远一样多，那么一个人的获利只能以一个人的付出为基础。一个高的价格使购买人受损而使卖方受益，一个低的价格使购买人受益而使卖方受损，一方得到的与另一方失去的一样多，从总体上看双方收益之和等于零，故称为“零和博弈”。在“零和博弈”中，双方都按照自利行为原则行事，谁都想获利而不是吃亏。那么，为什么还会成交呢？这与现实中人们的信息不对称有关。买卖双方由于信息不对称，因而对金融证券产生不同的预期。不同的预期导致了证券的买卖，高估股票价值的人买进，低估股票价值的人卖出，直到市场价格达到他们一致的预期时交易停止。如果双方中有一方不认为对自己有利，就不会成交。因此，在决策时不仅要考虑自利行为原则，还要使对方有利，否则交易就无法实现。

双方交易原则要求在理解财务交易时不能“以我为中心”，在谋求自身利益的同时要注意到对方的存在以及对方也在遵循自利行为原则行事。双方交易原则要求我们不要总是“自以为是”，错误地认为自己优于对手。例如，收购公司的经理经常声称他们可以更好地管理目标公司，从而提高它的价值。因此，出高价购进目标公司。实际上，他们不仅低估了目标公司管理层的能力，更重要的是他们低估了市场的评价能力。这些人自以为比市场高明，发现了被市场低估的公司。但实际经验表明，一家公司决定收购另一家公司的时候，多数情况下收购公司的股价不是提高而是降低了，这说明收购公司的出价过高，降低了本公司的价值。

双方交易原则还要求在理解财务交易时要注意税收的影响。由于税收的存在，主要是利息的税前扣除，使得一些交易表现为“非零和博弈”。政府是不请自来的交易第三方。凡是交易，政府都要从中收取税金。减少政府的税收，交易双方都可以受益。避税就是寻求减少政府税收的合法交易形式。避税的结果使交易双方受益但其他纳税人会承担更大的税收份额，从更大范围来看并没有改变“零和博弈”的性质。有人主张，把“税收影响决策”单独作为一条理财原则，因为税收会影响所有的交易。

3. 信号传递原则

信号传递原则是指行动可以传递信息，并且比公司的声明更有说服力。

信号传递原则是自利行为原则的延伸。由于人们或公司是遵循自利行为原则的，所以一项资产的买进能暗示该资产“物有所值”，买进的行为提供了有关决策者对未来的预期或计划的信息。例如，一个公司决定进入一个新领域，反映出管理者对自己公司的实力以及新领域的未来前景充满信心。

信号传递原则要求根据公司的行为判断它未来的收益状况。例如，一个经常用配股的办法找股东要钱的公司，很可能自身产生现金的能力较差；一个大量购买国库券的公司，很可能缺少净现值为正的投资机会；内部持股人出售股份，常常是公司盈利能力恶化的重要信号。例如，安然公司在破产前报告的利润一直不断上升，但是其内部人士在一年前就开始陆续抛售股票，并且没有任何内部人士购进安然股票的记录。这一行动表明，安然公司的管理层已经知道公司遇到了麻烦。特别是在公司的公告（包括财务报表）与其行动不一致时，行动通常比语言更具说服力。这就是通常所说的“不但要听其言，更要观其行”。

信号传递原则还要求公司在决策时不仅要考虑行动方案本身，还要考虑该项行动可能给人们传达的信息。在资本市场上，每个人都在利用他人交易的信息，自己交易的信息也会被别人所利用。因此，应考虑交易的信息效应。例如，当把一件商品的价格降至难以置信的程度时，人们就会认为它的质量不好，它本来就不值钱。又如，一家会计师事务所从简陋的办公室迁入豪华的写字楼时，会向客户传达收费高、服务质量高、值得信赖的信息。在决定降价或迁址时，不仅要考虑决策本身的收益和成本，还要考虑信息效应的收益和成本。

4. **引导原则**

引导原则是指当所有办法都失败时，寻找一个可以信赖的榜样作为自己的引导。所谓“当所有办法都失败”，是指我们的理解力存在局限性，不知道如何做对自己有利；或者寻找最准确答案的成本过高，以至于不值得把问题完全搞清楚。在这种情况下，不要继续坚持采用正式的决策分析程序，包括收集信息、建立备选方案、采用模型评价方案等，而是直接模仿成功榜样或者大多数人的做法。例如，你在一个自己从未到过的城市寻找一个就餐的饭馆，不值得或者没时间调查每个饭馆的有关信息，你应当找一个顾客较多的饭馆去就餐，而不要去顾客很少的地方，那里不是价格很贵就是服务很差。

引导原则是信号传递原则的一种运用。很多人去这家饭馆就餐的事实，意味着很多人对它的评价不错。承认行动传递信号，就必然承认引导原则。

不要把引导原则混同于“盲目模仿”。它只在两种情况下适用：一是理解存在局限性，认识能力有限，找不到最优的解决办法；二是寻找最优方案的成本过高。在这种情况下，跟随值得信任的人或者大多数人才是有利的。引导原则不会帮你找到最好的方案，却常常可以使你避免采取最差的行动。它是一个次优化原则，最好的结果是得出近似最优的结论，最差的结果是模仿了别人的错误。这一原则虽然有潜在的问题，但是我们经常会遇到理解力、成本或信息受到限制的情况，无法找到最优方案，需要采用引导原则解决问题。

引导原则的一个重要应用是行业标准概念。例如，资本结构的选择问题，理论不能提供公司最优资本结构的实用化模型。观察本行业成功企业的资本结构或者多数企业的资本结构，不要与它们的水平偏离太远，就成了资本结构决策的一种简便、有效的方法。再如，对一项房地产的估价，如果系统的估价方法成本过高，就不如观察一下近期类似房地产的成交价格。

引导原则的另一个重要应用就是“免费跟庄（搭便车）”的概念。一个“领头人”花费资源得出一个最佳的行动方案，其他“追随者”通过模仿节约了信息处理成本。有时领头人甚至成了“革命烈士”，而追随者却成了“成功人士”。《中华人民共和国专利法》和《中华人民共和国著作权法》是在知识产权领域中保护领头人的法律，强制追随者向领头人付费，以避免免费跟庄问题的影响。在财务领域中并不存在这种限制。许多小股民经常跟随“庄家”或机构投资者，以节约信息成本。当然，“庄家”也会利用免费跟庄（搭便车）现象，进行恶意炒作，损害小股民的利益。因此，各国的证券监管机构都禁止操纵股价的恶意炒作，以维持证券市场的公平性。

（二）有关创造价值的原则

有关创造价值的原则，是人们对增加企业财富基本规律的认识。

1. **有价值的创意原则**

有价值的创意原则是指创意能获得额外报酬。

竞争理论认为，企业的竞争优势主要来源于产品（或服务）差异化和成本领先两方面。产品差异化是指产品本身、销售交货、营销渠道等客户广泛重视的方面在产业内独树一帜。任何独树一帜都来源于新的创意。创造和保持产品差异化的企业，如果其产品溢价超过了为产品的独特性而附加的成本，它就能获得高于平均水平的利润。正是许多新产品的发明，使得发明人和生产企业变得非常富有。

有价值的创意原则主要应用于直接投资项目。一个项目依靠什么取得正的净现值？它必须是一个有创意的投资项目。重复过去的投资项目或者别人的已有做法，最多只能取得平均报酬率，维持而不是增加股东财富。新的创意迟早要被别人效仿，失去原有的优势。因此，创新的优势都是暂时的。企业长期的竞争优势，只有通过一系列的短期优势才能维持。只有不断创新，才能维持产品的差异化，不断增加股东财富。

该项原则还应用于经营和销售活动。例如，连锁经营方式的创意使得麦当劳的投资人变得非常富有。

2. **比较优势原则**

比较优势原则是指专长能创造价值。

在市场上，大家都想赚钱，而你凭什么能赚到钱？你必须在某一方面比别人强，并依靠你的强项来赚钱。迈克尔·乔丹的专长是打篮球，他改行去打棒球就违背了比较优势原则。没有比较优势的人，很难取得超出平均水平的收入；没有比较优势的企业，很难增加股东财富。

比较优势原则的依据是分工理论。让每一个人做最适合他做的工作，让每一个企业生产最适合它生产的产品，社会的经济效率才会提高。

比较优势原则的一个应用是“人尽其才，物尽其用”。在有效的市场中，你不必要求自己什么都能做得最好，但要知道谁能做得最好。对于某一件事情，如果有人比你自己做得更好，就支付报酬让他代你去做。同时，你去做比别人做得更好的事情，让别人给你支付报酬。如果每个人都去做能够做得最好的事情，每项工作就找到了最称职的人，就会产生经济效率。每个企业做自己能做得最好的事情，一个国家的效率就提高了。国际贸易的基础，就是每个国家生产它最能有效生产的产品和劳务，这样可以使每个国家都受益。

比较优势原则的另一个应用是优势互补。合资、合并、收购等，都是基于优势互补的理念。一方有某种优势，如独特的生产技术，另一方有其他优势，如杰出的销售网络，两者结合可以使各自的优势快速融合，并形成新的优势。

比较优势原则要求企业把主要精力放在自己的比较优势上，而不是日常运行上。建立和维护自己的比较优势，是企业长期获利的根本。

3. **期权原则**

期权是指不附带义务的权利，它是有经济价值的。期权原则是指在估价时要考虑期权的价值。

期权概念最早产生于金融期权交易，它是指所有权（期权购买者）能够要求出票人（期权出售者）履行期权合同上载明的交易，而出票人不能要求所有者去做任何事情。在财务上，一个明确的期权合约经常是指按照预先约定的价格买卖一项资产的权利。

广义的期权不限于金融合约，任何不附带义务的权利都属于期权。许多资产都存在隐含的期权。例如，一个企业可以决定某个资产出售或者不出售，如果价格不令人满意就什么事也不做，如果价格令人满意就出售，这种选择权是广泛存在的。一个投资项目，本来预期有正的净现值，因此，被采纳并实施了，上马以后发现它并没有原来设想得那么好。此时，决策人不会让事情按原计划一直发展下去，而会决定方案下马或者修改方案，使损失减少到最低。这种后续的选择是有价值的，它增加了项目的净现值。在评价项目时就应考虑到后续选择权是否存在以及它的价值有多大。有时一项资产附带的期权比该资产本身更有价值。

4. **净增效益原则**

净增效益原则是指财务决策建立在净增效益的基础上，一项决策的价值取决于它和替代方案相比所增加的净收益。

一项决策的优劣，是与其他可替代方案（包括维持现状而不采取行动）相比较而言的。如果一个方案的净收益大于替代方案，我们就认为它是一个比替代方案好的决策，其价值是增加的净收益。在财务决策中，净收益通常用现金流量计量，一个方案的净收益是指该方案现金流入减去现金流出的差额，也称为现金流量净额。一个方案的现金流入是指该方案引起的现金流入量的增加额；一个方案的现金流出是指该方案引起的现金流出量的增加额。“方案引起的增加额”是指这些现金流量依存于特定方案，如果不采纳该方案就不会发生这些现金流入和流出。

净增效益原则的应用领域之一是差额分析法，也就是在分析投资方案时只分析它们有区别的部分，而省略其相同的部分。净增效益原则初看似乎很容易理解，但实际贯彻起来需要非常清醒的头脑，需要周密考察方案对企业现金流量总额的直接和间接影响。例如，一项新产品投产的决策引起的现金流量，不仅包括新设备投资，还包括动用企业现有非货币资产对现金流量的影响；不仅包括固定资产投资，还包括需要追加的营运资本；不仅包括新产品的销售收入，还包括对现有产品销售的积极或消极影响；不仅包括产品直接引起的现金流入和流出，还包括对公司税务负担的影响等。

净增效益原则的另一个应用是沉没成本概念。沉没成本是指已经发生、不会被以后的决策改变的成本。沉没成本与将要采纳的决策无关。因此，在分析决策方案时应将其排除。

（三）有关财务交易的原则

有关财务交易的原则，是人们对于财务交易基本规律的认识。

1. **风险—报酬权衡原则**

风险—报酬权衡原则是指风险和报酬之间存在一个权衡关系，投资人必须对报酬和风险做出权衡，为追求较高报酬而承担较大风险，或者为减少风险而接受较低的报酬。所谓“权衡关系”，是指高收益的投资机会必然伴随巨大风险，风险小的投资机会必然只有较低的收益。

在财务交易中，当其他一切条件相同时人们倾向于高报酬和低风险。如果两个投资机会除了报酬不同以外，其他条件（包括风险）都相同，人们会选择报酬较高的投资机会，这是自利行为原则所决定的。如果两个投资机会除了风险不同以外，其他条件（包括报酬）都相同，人们会选择风险小的投资机会，这是风险反感决定的。“风险反感”是指人们普遍对风险有反感，认为风险是不利的事情。肯定的1元钱，其经济价值要大于不肯定的1元钱。

如果人们都倾向于高报酬和低风险，而且都在按照他们自己的经济利益行事，那么竞争结果就产生了风险和报酬之间的权衡。你不可能在低风险的同时获取高报酬，因为这是每个人都想得到的。即使你最先发现了这样的机会并率先行动，别人也会迅速跟进，竞争会使报酬率降至与风险相当的水平。因此，现实的市场中只有高报酬伴随高风险和低报酬伴随低风险的投资机会。

如果你想有一个获得巨大收益的机会，你就必须冒可能遭受巨大损失的风险，每一个市场参与者都在他的风险和报酬之间作权衡。有的人偏好高风险、高报酬，有的人偏好低风险、低报酬，但是每个人都要求风险与报酬对等，不会去冒没有价值的风险。

2. **投资分散化原则**

投资分散化原则是指不要把全部财富投资于一个项目，而要分散投资。

投资分散化原则的理论依据是投资组合理论。马科维茨的投资组合理论认为，若干种股票组成的投资组合，其收益是这些股票收益的加权平均数，但其风险要小于这些股票的加权平均风险，所以投资组合能降低风险。

如果一个人把他的全部财富投资于一个公司，这个公司破产了，他就失去了全部财富。如果他投资于10个公司，只有10个公司全部破产，他才会失去全部财富。10个公司全部破产的概率，比一个公司破产的概率要小得多，所以投资分散化可以降低风险。

投资分散化原则具有普遍意义，不仅仅适用于证券投资，公司各项决策都应注意分散化原则。不应当把公司的全部投资集中于个别项目或个别产品；不应当把销售集中于少数客户；不应当使资源供应集中于个别供应商；重要的事情不要依赖一个人完成；重要的决策不要由一个人做出。凡是有风险的事项，都要贯彻分散化原则，以降低风险。

3. **资本市场有效原则**

资本市场是指证券买卖的市场。资本市场有效原则，是指在资本市场上频繁交易的金融资产的市场价格反映了所有可获得的信息，而且面对新信息完全能迅速地做出调整。

资本市场有效原则要求理财时重视市场对企业的估价。资本市场是企业的一面镜子，又是企业行为的校正器。股价可以综合反映公司的业绩，弄虚作假、人为改变会计方法对于企业价值的提高毫无用处。一些公司把巨大的精力和智慧放在报告信息的操纵上，通过“创造性会计处理”来提高报告利润，企图用财务报表给使用人制造幻觉，这在有效市场中是无济于事的。用资产置换、关联交易操纵利润，只能得逞于一时，最终会付出代价，甚至导致公司破产。市场对公司的评价降低时，应分析公司的行为是否出了问题并设法改进，而不应设法欺骗市场。妄图欺骗市场的人，最终会被市场所抛弃。

资本市场有效原则要求理财时慎重使用金融工具。如果资本市场是完全有效的，购买或出售金融工具的交易的净现值就为零。公司作为从资本市场上取得资金的一方，很难通过筹资获取正的净现值（增加股东财富）。公司的生产经营性投资带来的竞争，是在少数公司之间展开的，竞争不充分。一个公司因为有专利权、专有技术、良好的商誉、较大的市场份额等比较优势，可以在某些直接投资中取得正的净现值。资本市场与商品市场不同，其竞争程度高、交易规模大、交易费用低、资产具有同质性，使得其有效性比商品市场要高得多。所有需要资本的公司都在寻找资本成本低的资金来源，大家都平起平坐。机会均等的竞争，使财务交易基本上是公平交易。在有效资本市场上，只获得与投资风险相称的报酬，也就是与资本成本相同的报酬，很难增加股东财富。

4. **货币时间价值原则**

货币时间价值原则，是指在进行财务计量时要考虑货币时间价值因素。“货币的时间价值”是指货币在经过一定时间的投资和再投资后所增加的价值。

货币具有时间价值的依据是货币投入市场后其数额会随着时间的延续而不断增加。这是一种普遍的客观经济现象。要想让投资人把钱拿出来，市场必须给他们一定的报酬。

货币时间价值原则的首要应用是现值概念。由于现在的1元货币比将来的1元货币经济价值大，不同时间的货币价值不能直接加减运算，需要进行折算。通常，要把不同时间的货币价值折算到“现在”时点，然后进行运算或比较。把不同时点的货币折算为“现在”时点的过程称为“折现”，折现使用的百分率称为“折现率”，折现后的价值称为“现值”。财务估价中，广泛使用现值计量资产的价值。

货币时间价值的另一个重要应用是“早收晚付”观念。对于不附带利息的货币收支，与其晚收不如早收，与其早付不如晚付。货币在自己手上，可以立即用于消费而不必等待将来消费，可以投资获利而无损于原来的价值，可以用于预料不到的支付，因此早收晚付在经济上是有利的。

【例1-3】（2013年注册会计师考试真题）企业在进行财务决策时不考虑沉没成本，这主要体现了财务管理的（　　）。

A. 有价值的创意原则　　B. 比较优势原则

C. 期权原则　　D. 净增效益原则

参考答案：D。净增效益原则的一个应用是沉没成本。

第四节　财务管理环节和财务管理体制

一、财务管理环节

财务管理环节是企业财务管理的工作步骤和一般工作程序。一般而言，企业财务管理环节包括财务预测、财务决策、财务计划、财务预算、财务控制、财务分析、财务考核等步骤。

（一）财务预测

财务预测是财务人员根据企业财务活动的历史资料，结合企业的现实条件，运用特定的方法对企业未来的财务状况做出的科学预计和测算。财务预测是财务决策的基础，是编制财务计划的前提，也是企业组织日常财务活动的必要条件。

财务预测的基本程序一般包括如下几个方面：（1）确定财务预测的对象和目的；（2）搜集和整理有关信息资料；（3）选用合适的预测方法进行预测；（4）检查和修正预测结果，分析产生误差的原因，以保证目标的实现。

财务预测的方法很多，归纳起来有定性和定量两类预测方法。

1. **定性预测法**

定性预测法又称判断预测法，是利用直观材料，依靠个人经验的主观判断和综合分析能力，对事物未来的状况和趋势做出预测的一种方法。这种方法一般是在企业缺乏完备、准确的历史资料的情况下采用的。定性预测法的具体方式主要有意见汇集法、专家小组法、德尔菲法。

2. **定量预测法**

定量预测法主要是根据变量之间存在的数量关系建立数学模型来进行预测的方法。定量预测法又可分为趋势预测法和因果预测法。趋势预测法是将历史资料按照时间顺序排列，根据事物发展趋势来进行预测的一种方法。这类方法又可细分为算术平均法、加权平均法、指数平滑法、直线回归趋势法、曲线回归趋势法等。因果预测法是根据历史资料，找出要预测因素与其他因素之间明确的因果关系，建立数学模型来进行预测的一种方法。这类方法又可分为一元回归分析法、多元回归分析法等。

定性预测法和定量预测法各有优缺点，在实际工作中可把两者结合起来应用，既进行定性分析，又进行定量分析。

（二）财务决策

财务决策是指企业为了实现财务目标，从财务预测的若干个备选方案中选出最优方案的过程。如果备选方案只有一个，则决策就是确定是否采用该方案。在市场经济条件下，财务管理的核心是财务决策，财务决策的正确与否，往往关系到企业的兴亡。

财务决策的基本程序一般包括：（1）根据财务预测信息发现和确定问题；（2）提出各种备选方案；（3）分析、评价、对比各种方案；⑷拟定择优标准，选择最佳方案。事实上，这四个阶段并不是按顺序一次完成的，经常需要返回到以前的阶段。

财务决策的常见方法主要是以下几种：

1. **比较分析法**

比较分析法是用简单的数学方法，对各种方案进行优选比较分析，进而做出决策的方法。比较分析法是财务决策的基本方法，按其对比方式的不同，又可分为总量比较分析法、差量比较分析法、指标比较分析法等。

2. **数学微分法**

数学微分法是根据边际分析原理，运用数学上的微分方法，对具有曲线联系的极值问题进行求解，进而确定最优方案的一种决策方法。在财务决策中，现金最佳余额决策、存货的经济批量决策等都要用到数学微分法。

3. **线性规划法**

线性规划法是根据运筹学原理，对具有线性联系的极值问题进行研究，建立和求解有关变量之间的数学模型，进而确定最优方案的一种方法。在有若干个约束条件（如资金供应、人工工时数量、产品销售数量）的情况下，这种方法能帮助管理者合理组织人力、物力、财力。

4. **概率决策法**

概率决策法是运用概率来进行风险决策的一种主要方法。现代财务决策都会或多或少地具有风险性，因而，必须用概率法来计算各个方案的期望值和标准离差进而做出决策。这种方法往往把各个概率分枝用树形图表示出来，故有时也称之为决策树法。

5. **损益决策法**

损益决策法是在不确定情况下进行决策的一种方法。在不确定情况下决策是十分困难的，财务管理中常采用最大最小收益值法或最小最大后悔值法来进行决策，统称为损益决策法。最大最小收益值法又称小中取大法，是把各个方案的最小收益值都计算出来，然后取其最大者，最小最大后悔值法又叫大中取小法，是把各方案的最大损失值计算出来，然后取其最小者。

（三）财务计划

财务计划是在一定时期内以货币形式综合反映企业生产经营活动所需要的资金及其来源、财务收入和支出、财务成果及其分配的计划。财务计划是以财务决策确立的方案的财务预测提供的信息为基础来编制的，是财务预测和财务决策的具体化，是控制财务活动的依据。

财务计划的基本程序一般包括：（1）根据财务决策的要求，全面安排计划指标；（2）结合企业各项计划，对各项指标进行协调，实现计划的综合平衡；（3）在先进合理的技术经济定额的基础上，调整各项指标，提出计划表格。

编制财务计划的方法通常有以下几种：

1. **平衡法**

平衡法是指在编制财务计划时，利用有关指标客观存在的内在平衡关系计算确定计划指标的方法。例如，在确定一定时期存货期末余额时，便可利用如下公式：期末存货=期初存货+本期进货-本期销货。平衡法的优点是便于分析计算，且工作量不大，结果比较准确明了，适用于那些具有平衡关系的计划指标的确定。但在运用平衡法时要注意，具有平衡关系的每一个指标因素不能发生重复或遗漏，并且计算口径要一致。

2. **因素法**

因素法是指在编制财务计划时，根据影响某项指标的各种因素来推算该指标计划数的方法。如在计算产品成本时应根据材料的价格变动因素调整材料的成本价格。因素法计算出的结果一般比较准确，但计算过程较复杂。

3. **比例法**

比例法是指在编制财务计划时，根据企业历史已经形成而又比较稳定的各项指标之间的比例关系来计算计划指标的方法。例如，在推算一定时期的资金占用量时，便可根据历史上的资金占用额占销售收入的比例和计划期销售收入来计算确定。比例法的优点是计算简便，但所使用的比例必须恰当，否则会出现偏差。

4. **定额法**

定额法是指在编制财务计划时，以企业规定的定额作为计划指标的一种方法。如对某一种产品规定一定的材料消耗定额，就可以按产品数量计算材料耗用计划。在定额管理基础比较好的企业，采用定额法确定的计划指标不仅切合实际，而且有利于定额管理和计划管理相结合，但要经常注意根据实际变化情况不断修改定额，使定额切实可行。

（四）财务预算

财务管理中的预算是根据财务战略、财务计划和各种预测信息，确定预算期内各种预算指标的过程。它是财务战略的具体化，是财务计划的分解和落实。

预算的编制方法主要包括固定预算与弹性预算、增量预算与零基预算、定期预算和滚动预算等。

1. 固定预算与弹性预算

固定预算又称静态预算，是把企业预算期的业务量固定在某一预计水平上，以此为基础来确定其他项目预计数的预算方法。弹性预算是固定预算的对称，关键在于把所有成本按其性态分为变动成本与固定成本两大部分。固定预算与弹性预算的主要区别是，固定预算是针对某一特定业务量编制的，弹性预算是针对一系列可能达到的预计业务量水平编制的。

2. 增量预算和零基预算

增量预算是指在基期成本费用水平的基础上，结合预算期业务量水平及有关降低成本的措施，通过调整原有关成本费用项目来编制预算的方法。零基预算，或称零底预算，是指在编制预算时，对于所有的预算支出以零为基础，不考虑其以往情况如何，从实际需要与可能出发，研究分析各项预算费用开支是否必要合理，进行综合平衡，从而确定预算费用。增量预算与零基预算的区别是，增量预算以基期成本费用水平为基础，零基预算是一切从零开始。相比之下，增量预算较易编制，但容易造成预算冗余，从而不能很好地控制一些不必要发生的费用。零基预算能对环境变化做出较快反应，能够紧密地复核成本状况，但耗时巨大，对于参加预算工作的人员先要进行培训，并且需要全员参与。

3. 定期预算和滚动预算

定期预算就是以会计年度为单位编制的各类预算。滚动预算又称永续预算，其主要特点在于，不将预算期与会计年度挂钩，而是始终保持 12 个月，每过去一个月，就根据新的情况进行调整，修订后几个月的预算，并在原预算基础上增补下一个月预算，从而逐期向后滚动，连续不断地以预算形式规划未来经营活动。定期预算与滚动预算的区别是，定期预算一般以会计年度为单位定期编制，滚动预算不将预算期与会计年度挂钩，而是连续不断向后滚动，始终保持 12 个月。

（五）财务控制

财务控制是指在企业经营过程中以计划的各项定额为依据，利用有关信息和措施，对企业的财务活动进行计算和审核，以实现财务目标的过程。

财务控制的方法有很多，以下是最常见的几种：

1. 事前控制

事前控制是指在财务活动发生前就制定一系列制度和规定，把可能产生的差异予以排除的一种控制方法。例如，为了保证现金的安全和完整，就要规定现金的使用范围，制定好内部牵制制度；为了节约各种费用开支，则可事先规定开支标准等。

2. 事中控制

事中控制是对企业生产经营过程中实际发生的各项业务活动按照计划和制度的要求进行审查，并采取措施加以控制。如为了控制企业的短期偿债能力，就需要随时分析企业的流动比率，当预测到这一比率将变得不合理时，就要采用措施加以调整。

3. **事后控制**

事后控制是指在计划执行后，认真分析实际与计划之间的差异，确定差异产生的原因，采取切实有效的措施，消除差异或调整计划，使差异不致扩大。在财务控制中，最常用的控制方法便是事后控制。

（六）财务分析

财务分析是根据有关信息资料，运用特定方法，对企业财务活动过程及其结果进行分析和评价的一项工作。通过财务分析，可以掌握各项财务计划指标的完成情况，评价财务状况，研究和掌握企业财务活动的规律性，改善财务预测、决策、计划和控制，提高企业经济效益，改善企业管理水平。

财务分析的一般程序是：（1）确立题目，明确目标；（2）收集资料，掌握情况；（3）运用方法，揭示问题；（4）提出措施，改进工作。

财务分析的方法有许多，现说明常用的分析方法。

1. **对比分析法**

对比分析法是通过将有关指标进行对比来分析企业财务情况的一种方法。对比分析法要对同一指标的不同方面进行比较，从数量上确定差异，为进一步查找差异原因提供依据。例如，通过同计划数的对比，可以查明该项指标完成计划的程度；通过同历史时期有关数字的对比，可以发现有关财务指标的变动趋势；通过与同类企业之间的有关指标的对比，可以发现先进和落后之间的差距。对比分析法是一种比较好的分析方法，它具有适应面广、分析过程简单、揭示问题清楚等特点。但任何事物之间，只有遵循一定条件，才具有可比性，因此，在运用对比分析法时，必须注意各种指标之间是否可比。

2. **比率分析法**

比率分析法是将有关指标进行对比，用比率来反映它们之间的财务关系，以揭示企业财务状况的一种分析方法。根据分析的内容和要求不同，可以计算各种比率。其中最主要的比率有相关指标比率、构成比率、动态比率等。比率分析法是财务分析的一种重要方法。通过各种比率的计算和对比，基本上能反映出一个企业的偿债能力、盈利能力、资产周转状况和盈余分配情况，该方法具有简明扼要、通俗易懂的特点，很受各种人员的欢迎。

3. **综合分析法**

综合分析法是把有关财务指标和影响企业财务状况的各种因素都有序地排列在一起，综合地分析企业财务状况和经营成果的一种方法。对任何单一指标、单一因素进行分析，都不能全面评价企业的财务状况及其发展变动趋势，必须进行综合分析，才能对企业财务状况做出全面、系统的评价。在进行综合分析时，可采用财务比率综合分析法、因素综合分析法和杜邦体系分析法等。综合分析法是一种重要的分析方法，它对全面、系统、综合地评价企业财务状况具有十分重要的意义。但综合分析法一般都比较复杂，所需资料很多，工作量比较大。

（七）财务考核

财务考核是将报告期实际完成数与规定的考核指标进行对比，确定有关责任单位和个人是否完成任务的过程。财务考核与奖罚紧密联系，是贯彻责任制原则的要求，也是构建激励与约束机制的关键环节。

财务考核的形式多种多样，可以用绝对指标、相对指标、完成百分比考核，也可用多种财务指标进行综合评价考核。

此外，企业财务管理的各个环节，都要在遵循企业内部控制规范体系关于全面性、重要性、制衡性、适应性、成本效益五项原则的基础上，合理保证企业经营管理合法合规、资产安全、财务报告及相关信息真实完整，提高经营效率和效果，促进企业实现发展战略。

二、财务管理体制

财务管理体制是明确企业各财务层级财务权限、责任和利益的制度。其核心问题是如何配置财务管理权限。企业财务管理体制决定着企业财务管理的运行机制和实施模式。

（一）企业财务管理体制的一般模式

企业财务管理体制概括地说可分为三种类型：

1. 集权型财务管理体制

集权型财务管理体制是指企业对各所属单位的所有财务管理决策都进行集中统一，各所属单位没有财务决策权，企业总部财务部门不但参与决策，在特定情况下还直接参与各所属单位的决策执行过程。

集权型财务管理体制下企业内部的主要管理权限集中于企业总部，各所属单位执行企业总部的各项指令。它的优点在于，企业内部的各项决策均由企业总部制定和部署，企业内部可充分展现其一体化管理的优势，利用企业的人才、智力、信息资源，努力降低资金成本和风险损失，使决策的统一化、制度化得到有力的保障。采用集权型财务管理体制，有利于在整个企业内部优化配置资源，有利于实行内部调拨价格，有利于内部采取避税措施及防范汇率风险等。它的缺点是，集权过度会使各所属单位缺乏主动性、积极性，丧失活力，也可能因为决策程序相对复杂而失去适应市场的弹性，丧失市场机会。

2. 分权型财务管理体制

分权型财务管理体制是指企业将财务决策权与管理权完全下放到各所属单位，各所属单位只需对一些决策结果报请企业总部备案即可。

分权型财务管理体制下企业内部的管理权限分散于各所属单位，各所属单位在人、财、物、供、产、销等方面有决定权。它的优点是，由于各所属单位负责人有权对影响经营成果的因素进行控制，加之身在基层，了解情况，有利于针对本单位存在的问题及时做出有效决策，因地制宜地搞好各项业务，也有利于分散经营风险，促进各所属单位管理人员及财务人员的成长。它的缺点是，各所属单位大都从本位利益出发安排财务活动，缺乏全局观念和整体意识，从而可能导致资金管理分散、资金成本增大、费用失控、利润分配无序。

3. 集权与分权相结合型财务管理体制

集权与分权相结合型财务管理体制，其实质就是集权下的分权，企业对各所属单位在所有重大问题的决策与处理上实行高度集权，各所属单位则对日常经营活动具有较大的自主权。

集权与分权相结合型财务管理体制意在以企业发展战略和经营目标为核心，将企业内重大决策权集中于企业总部，而赋予各所属单位自主经营权。其主要特点是：

（1）在制度上，应制定统一的内部管理制度，明确财务权限及收益分配方法，各所属单位应遵照执行，并根据自身的特点加以补充。

（2）在管理上，利用企业的各项优势，对部分权限集中管理。

（3）在经营上，充分调动各所属单位的生产经营积极性。各所属单位围绕企业发展战略和经营目标，在遵守企业统一制度的前提下，可自主制定生产经营的各项决策。为避免配合失误，明确责任，凡需要由企业总部决定的事项，在规定时间内，企业总部应明确答复，否则，各所属单位有权自行处置。

正因为具有以上特点，集权与分权相结合型财务管理体制吸收了集权型和分权型财务管理体制各自的优点，避免了两者各自的缺点，从而具有较大的优越性。

（二）集权与分权的选择

企业的财务特征决定了分权的必然性，而企业的规模效益、风险防范又要求集权。集权和分权各有特点，各有利弊。对集权与分权的选择、分权程度的把握，历来是企业管理的一个难点。

从聚合资源优势、贯彻实施企业发展战略和经营目标的角度，集权型财务管理体制显然是最具保障力的。但是，企业意欲采用集权型财务管理体制，除了企业管理层必须拥有优良的素质和能力外，在企业内部还必须有一个能及时、准确地传递信息的网络系统，并通过信息传递过程的严格控制以保障信息的质量。如果这些要求能够达到的话，集权型财务管理体制的优势便有了充分发挥的可能性。但与此同时，信息传递及过程控制有关的成本问题也会随之产生。此外，随着集权程度的提高，集权型财务管理体制的复合优势会不断强化，但各所属单位或组织机构的积极性、创造性与应变能力却可能会不断削弱。

分权型财务管理体制实质上是把决策管理权在不同程度上下放到比较接近信息源的各所属单位或组织机构，这样便可以在相当程度上缩短信息传递的时间，减少信息传递过程中的控制问题，从而使信息传递与过程控制等的相关成本得以节约，并能大大提高信息的决策价值与利用效率。但随着权力的分散，会产生企业管理目标换位问题，这是采用分权型财务管理体制通常无法完全避免的一种成本或代价。集权型或分权型财务管理体制的选择，本质上体现着企业的管理政策，是企业基于环境约束与发展战略考虑顺势而定的权变性策略。

依托环境预期与战略发展规划，企业总部必须根据企业的不同类型、发展的不同阶段以及不同阶段的战略目标取向等因素，对不同的财务管理体制及其权力的层次结构做出相应的选择与安排。

财务决策权的集中与分散没有固定的模式，同时选择的模式也不是一成不变的。财务管理体制的集权和分权，需要考虑企业与各所属单位之间的资本关系和业务关系的具体特征，以及集权与分权的“成本”和“利益”。作为实体的企业，特别是那些实施纵向一体化战略的企业，要求各所属单位保持密切的业务联系。各所属单位之间业务联系越密切，就越有必要采用相对集中的财务管理体制。反之，则相反。如果说各所属单位之间业务联系的必要程度是企业有无必要实施相对集中的财务管理体制的一个基本因素，那么，企业与各所属单位之间的资本关系特征则是企业能否采取相对集中的财务管理体制的一个基本条件。只有当企业掌握了各所属单位一定比例有表决权的股份（如50%以上）之后，企业才有可能通过指派较多董事去有效地影响各所属单位的财务决策，也只有这样，各所属单位的财务决策才有可能相对“集中”于企业总部。

事实上，考虑财务管理体制的集中与分散，除了受制于以上两点外，还取决于集中与分散的“成本”和“利益”差异。集中的“成本”主要是各所属单位积极性的损失和财务决策效率的下降，分散的“成本”主要是可能发生的各所属单位财务决策目标及财务行为与企业整体财务目标的背离以及财务资源利用效率的下降；集中的“利益”主要是容易使企业财务目标协调和提高财务资源的利用效率，分散的“利益”主要是提高财务决策效率和调动各所属单位的积极性。

此外，集权和分权应该考虑的因素还包括环境、规模和管理者的管理水平。由管理者的素质、管理方法和管理手段等因素所决定的企业及各所属单位的管理水平，对财权的集中和分散也具有重要影响。较高的管理水平，有助于企业更多地集中财权，否则，财权过于集中只会导致决策效率的低下。

三、企业财务管理体制的设计原则

一个企业如何选择适应自身需要的财务管理体制，如何在不同的发展阶段更新财务管理模式，在企业管理中占据着重要地位。从企业的角度出发，其财务管理体制的设定或变更应当遵循如下四项原则：

（一）与现代企业制度的要求相适应的原则

现代企业制度是一种产权制度，它以产权为依托，对各种经济主体在产权关系中的权利、责任、义务进行合理有效的组织、调节与制度安排，具有“产权清晰、责任明确、政企分开、管理科学”的特征。

企业内部相互间关系的处理应以产权制度安排为基本依据。企业作为各所属单位的股东，根据产权关系享有作为终极股东的基本权利，特别是对所属单位资产的收益权、管理者的选择权、重大事项的决策权等，但是，企业各所属单位往往不是企业的分支机构或分公司，其经营权是其行使民事责任的基本保障，它以自己的经营与资产对其盈亏负责。

企业与各所属单位之间的产权关系确认了两个不同主体的存在，这是现代企业制度特别是现代企业产权制度的根本要求。在西方，在处理母子公司关系时，法律明确要求保护子公司权益，其制度安排大致如下：（1）确定与规定董事的诚信义务与法律责任，实现对子公司的保护；（2）保护子公司不受母公司不利指示的损害，从而保护子公司权益；（3）规定子公司有权向母公司起诉，从而保护自身利益与权利。

按照现代企业制度的要求，企业财务管理体制必须以产权管理为核心、以财务管理为主线、以财务制度为依据，体现现代企业制度特别是现代企业产权制度管理的思想。

（二）明确企业对各所属单位管理中的决策权、执行权与监督权三权分立的原则

现代企业要做到管理科学，首先要从决策与管理程序上做到科学、民主，因此，决策权、执行权与监督权三权分立的制度必不可少。这一管理原则的作用就在于加强决策的科

学性与民主性，强化决策执行的刚性和可考核性，强化监督的独立性和公正性，从而形成良性循环。

（三）明确财务综合管理和分层管理思想的原则

现代企业制度要求管理是一种综合管理、战略管理，因此，企业财务管理不是也不可能是企业总部财务部门单一职能部门的财务管理，当然也不是各所属单位财务部门的财务管理，它是一种战略管理。这种管理要求：（1）从企业整体角度对企业的财务战略进行定位；（2）对企业的财务管理行为进行统一规范，做到高层的决策结果能被低层战略经营单位完全执行；（3）以制度管理代替个人的行为管理，从而保证企业管理的连续性；（4）以现代企业财务分层管理思想指导具体的管理实践。

（四）与企业组织体制相适应的原则

企业组织体制主要有U型组织、H型组织和M型组织三种基本形式。U型组织产生于现代企业的早期阶段，是现代企业最为基本的一种组织结构形式。U型组织以职能化管理为核心，最典型的特征是在管理分工下实行集权控制，没有中间管理层，依靠总部的采购、营销、财务等职能部门直接控制各业务单元，子公司的自主权较小。H型组织即控股公司体制，集团总部下设若干子公司，每家子公司都拥有独立的法人地位和比较完整的职能部门。集团总部即控股公司，利用股权关系以出资者身份行使对子公司的管理权。它的典型特征是过度分权，各子公司保持了较大的独立性，总部缺乏有效的监控约束力度。M型组织即事业部制，就是按照企业所经营的事业，包括按产品、按地区、按顾客（市场）来划分部门，设立若干事业部。事业部是总部设置的中间管理组织，不是独立法人，不能够独立对外从事生产经营活动。因此，从这个意义上说，M型组织比H型组织集权程度更高。

但是，随着企业管理实践的深入，H型组织的财务管理体制也在不断演化。总部作为子公司的出资人对子公司的重大事项拥有最后的决定权。因此，也就拥有了对子公司“集权”的法律基础。现代意义上的H型组织既可以分权管理，也可以集权管理。

同时，M型组织下的事业部在企业统一领导下，可以拥有一定的经营自主权，实行独立经营、独立核算，甚至可以在总部授权下进行兼并、收购和增加新的生产线等重大事项决策。

四、集权与分权相结合型财务管理体制的一般内容

总结中国企业的实践，集权与分权相结合型财务管理体制的核心内容是企业总部应做到制度统一、资金集中、信息集成和人员委派。具体应集中制度制定权、筹资权和融资权、投资权、用资权和担保权、固定资产购置权、财务机构设置权、收益分配权，分散经营自主权、经营管理权、业务定价权、费用开支审批权。

（一）集中制度制定权

企业总部根据国家法律法规和《企业会计准则》、《企业财务通则》的要求，结合企业自身的实际情况和发展战略、管理需要，制定统一的财务管理制度，在全企业范围内统一施行。各所属单位只有制度执行权，而无制度制定权和解释权，但各所属单位可以根据自身需要制定实施细则和补充规定。

（二）集中筹资权和融资权

资金筹集是企业资金运动的起点，为了使企业内部筹资风险最小，筹资成本最低，应由企业总部统一筹集资金，各所属单位有偿使用。如需银行贷款，可由企业总部办理贷款总额，各所属单位分别办理贷款手续，按规定自行付息；如需发行短期商业票据，企业总部应充分考虑企业资金占用情况，并注意在到期日存足款项，不要因为票据到期不能兑现而影响企业信誉；如需利用海外兵团筹集外资，应统一由企业总部根据国家现行政策办理相关手续，并严格审查贷款合同条款，注意汇率及利率变动因素，防止出现损失。企业总部对各所属单位追踪审查现金使用状况，具体做法是各所属单位按规定时间向企业总部上报“现金流量表”，动态地描述各所属单位现金增减状况，分析各所属单位资金存量是否合理。遇有部分所属单位资金存量过多、运用不畅，而其他所属单位又急需资金时，企业总部可调动资金，并应支付利息。企业内部应严禁各所属单位之间放贷，如需临时拆借资金，在规定金额之上的，应报企业总部批准。

（三）集中投资权

企业对外投资必须遵守的原则为效益性、分散风险性、安全性、整体性及合理性。无论企业总部还是各所属单位的对外投资都必须经过立项、可行性研究、论证、决策的过程，其间除专业人员外，必须有财务人员参加。财务人员应会同有关专业人员，通过仔细调查了解，开展可行性分析，预测今后若干年内市场变化趋势及可能发生风险的概率、投资该项目的建设期、投资回收期、投资回报率等，写出财务报告，报送领导参考。为了保证投资效益实现，分散及减少投资风险，企业对外投资可实行限额管理，超过限额的投资其决策权属企业总部。被投资项目一经批准确立，财务部门应协助有关部门对项目进行跟踪管理，对出现的与可行性报告的偏差，应及时报有关部门予以纠正。对投资效益不能达到预期目的的项目应及时清理解决，并应追究有关人员的责任。同时，应完善投资管理，企业可根据自身特点建立一套具有可操作性的财务考核指标体系，规避财务风险。

（四）集中用资权和担保权

企业总部应加强资金使用安全性的管理，对大额资金拨付要严格监督，建立审批手续，并严格执行。这是因为各所属单位财务状况的好坏关系到企业所投资本的保值和增值问题，同时各所属单位因资金受阻导致获利能力下降，会降低企业的投资回报率。因此，各所属单位用于经营项目的资金，要按照经营规划范围使用，用于资本项目上的资金支付，应履行企业规定的报批手续。

担保不慎，会引起信用风险。企业对外担保权应归企业总部管理，未经批准，各所属单位不得为外企业提供担保，企业内部各所属单位相互担保，应经企业总部同意。对于企业总部为各所属单位提供担保，应制定相应的审批程序，可由各所属单位与银行签订贷款协议，企业总部为各所属单位作贷款担保，同时要求各所属单位向企业总部提供“反担保”，保证资金的使用合理及按时归还，使贷款得到监控。

同时，企业对逾期未收货款，应作硬性规定。对过去的逾期未收货款，指定专人，统一步调，积极清理，谁经手，谁批准，由谁去收回货款。

（五）集中固定资产购置权

各所属单位需要购置固定资产必须说明理由，提出申请报企业总部审批，经批准后方可购置。各所属单位资金不得自行用于资本性支出。

（六）集中财务机构设置权

各所属单位财务机构设置必须报企业总部批准，财务人员由企业总部统一招聘，财务负责人或财务主管人员由企业总部统一委派。

（七）集中收益分配权

企业内部应统一收益分配制度，各所属单位应客观、真实、及时地反映其财务状况及经营成果。各所属单位收益的分配，属于法律法规明确规定的按规定分配，剩余部分由企业总部本着长远利益与现实利益相结合的原则，确定分留比例。各所属单位留存的收益原则上可自行分配，但应报企业总部备案。

（八）分散经营自主权

各所属单位负责人主持本企业的生产经营管理工作，组织实施年度经营计划，决定生产和销售，研究和考虑市场周围的环境，了解和注意同行业的经营情况和战略措施，按所规定时间向企业总部汇报生产管理工作情况。对突发的重大事件，要及时向企业总部汇报。

（九）分散经营管理权

各所属单位负责人有权任免下属管理人员，有权决定员工的聘用与辞退，企业总部原则上不应干预，但其财务主管人员的任免应报经企业总部批准或由企业总部统一委派。一般财务人员必须获得“上岗证”，才能从事财会工作。

（十）分散业务定价权

各所属单位所经营的业务均不相同，因此，业务的定价应由各所属单位经营部门自行拟订，但必须遵守加速资金流转、保证经营质量、提高经济效益的原则。

（十一）分散费用开支审批权

各所属单位在经营中必然发生各种费用，企业总部没必要进行集中管理，各所属单位在遵守财务制度的原则下，由其负责人批准各种合理的用于企业经营管理的费用开支。

【例 1-4】（2012 年中级会计职称考试真题）某集团公司有 A、B 两个控股子公司，采用集权与分权相结合的财务管理体制，下列各项中，集团总部应当分权给子公司的是（　　）。

A. 担保权　　B. 收益分配权　　C. 投资权　　D. 费用开支审批权

参考答案：D。采用集权与分权相结合的财务管理体制时，具体应集中制度制定权、筹资权和融资权、投资权、用资权和担保权、固定资产购置权、财务机构设置权、收益分配权，分散经营自主权、经营管理权、业务定价权、费用开支审批权。

第五节　财务管理环境

企业的财务管理环境又称理财环境，是指对企业的财务活动产生影响的内部和外部的各种因素。它既包括宏观的理财环境，也包括微观的理财环境。财务管理工作是在一定的环境条件下进行的实践活动，只有适应环境，才能有生命力。在市场经济条件下，财务管理环境具有构成复杂、变化快速等特点，对财务管理工作产生重大影响，财务管理人员必须对环境进行认真的调查和分析，预测财务管理环境的发展变化趋势，采取相应的财务策略，以始终立于不败之地。

一、企业组织形式与财务管理

任何一个企业的财务活动都离不开它的经营环境，不同企业组织形式的财务管理具有不同的特点，而这些特点会具体表现在企业的筹资、投资、营运资本管理和利润分配等各个方面。因此，了解各类企业的组织形式是有针对性实施财务管理的前提和基础。

企业的组织形式主要有三种：个体企业、合伙企业和公司。随着我国现代企业制度的建立，公司制将是大部分国有企业的基本形式。就企业的数量而言，个体企业的数量最大。就销售额而言，公司的销售额占全国销售额的绝大部分。由于公司对国民经济的重要性，财务管理理论和方法的研究重点是公司，但财务管理中的概念、原则和方法同样适用于个体企业和合伙企业。

（一）个体企业（sole proprietorship）

个体企业又称个人独资企业，是由单一的业主独自拥有，一般是一人所有的企业。个体企业不是法人，业主对企业的经营有绝对控制权，企业的所有利润归业主个人，并向国家缴纳个人所得税。个体企业的优点是：（1）企业组建简单，维持个人独资企业的固定成本较低，只要向政府的工商管理部门申请营业执照即可；（2）无须向社会公布企业的财务报表；（3）所有权和经营权合一，经营者有最大的激励因素；（4）政府对个体企业的管制较少，没有直接针对个体企业的法律，个体企业只要遵守政府的有关规定即可，不需要缴纳企业所得税。

但个体企业也存在着无法克服的缺点，主要有：（1）个体企业对自己的债务负有无限责任，当个人投入企业的资产不足以抵偿债务时，业主的个人财产也将被追索；（2）个体企业的寿命最长也就随业主的死亡而告终，因此企业只能是有限寿命；（3）个体企业的资本由个人筹集，一般为个人积蓄、企业利润的再投资及银行个人贷款，难以从外部获得大量资金用于经营。

由于以上原因，个体企业建立得多，消失得也快，其规模较小。当个体形式妨碍企业的进一步发展时，它们会转向其他更有利的形式。

（二）合伙企业（partnership）

由两个或更多的人合伙经营的企业称合伙企业。每个合伙人各自出资，按共同商定的合约确定每人分担的责任和分享的利润。合伙企业不是法人，它与个体企业一样要承担无限责任，缴纳个人所得税。按每个合伙人所负担的责任的差别，合伙企业可分为一般合伙（general partnership）和有限合伙（limited partnership）两种。前者的一般合伙人每人均可代表企业，以企业的名义签订合同。每人都负有无限责任，即当企业的资产不足以抵债时，每个合伙人都有连带责任，要以自己的个人财产承担公司的债务。而有限合伙企业只有一个合伙人负无限责任，其他人负有限责任，但企业只能由负无限责任的合伙人经营，其他合伙人不得干预。有限合伙人类似于一般投资者，他们不参与企业经营，仅以自己投入的资本对企业的债务负责。

合伙企业的组建比较容易，它的寿命是有限的。当某个合伙人退出或死亡，合伙关系即告终止，即合伙企业消失。只要形成新的合伙关系，即预示着一个新合伙企业的诞生。

与个人独资企业类似，合伙企业也有它的缺点，只是程度有些区别：(1) 合伙人对企业债务须承担无限连带责任；(2) 企业的存续年限取决于合伙人卖出所持有的份额或死亡。

合伙企业可把不同个人的资本、技术和能力聚合起来，形成比个体更强、更有创造力的经营实体，但它在无限责任和有限生命这两点上与个体企业是一致的。此外，合伙企业的资本不以股票形式出现，不能转让和变现，因此与公司相比，所有权的转移比较困难，也较难筹集大量资金。故合伙企业适用于小型企业。一般高技术的风险投资刚起步时，往往采用合伙形式。在北美，有些合伙企业也有股票，而且可以买卖。政府为鼓励高科技风险资本的投资，还对这些合伙企业的股票收益征收较轻的税。会计师事务所和律师事务所一般也是合伙企业。这些行业的特点要求事务所必须保持其声誉，而合伙企业无限责任这一点对维护声誉是很有效的。

（三）公司（corporation）

公司是由股东们集资建立经政府批准的合法经济实体。公司是法人，具有企业法人财产权并承担企业的法律责任。公司归全体股东所有，其所有权与经营权是分离的。

公司的组建比较复杂，要向政府有关部门提出申请，要有公司章程和章程细则，经国务院授权的部门或者省级人民政府批准后方能设立。公司的开办费也比较大，但公司这种组织形式的优点较多，主要有以下方面：(1) 公司的债务责任与股东个人财产无关，股东的偿债责任只限于他们投资在公司资产上的资本，因此只负有限责任；(2) 公司发行股票和债券筹集资金，这些证券可在金融市场流通，因此公司的所有权能方便地转移，企业的股票有很好的流动性； (3) 公司容易筹集到资金，因此具有较多的增长机会；(4) 公司有无限寿命，即使所有权转移仍能保持其法人地位，因此公司能保持经营的连续性；(5) 公司所有权和经营权的分离使企业能聘用管理素质高的经理人员，提高经营管理的效率。

公司组织形式的主要缺点是双重纳税。公司在经营活动中获得的利润要缴纳企业所得税，股东分红所得还要缴纳个人所得税。此外，上市公司要定期公布财务报表，政府对上市公司的法律管制也较严密。企业经营权和所有权的分离在给企业带来管理效率的同时，也给经理利用职权为自己和职工谋利而损害所有者利益带来可乘之机。为此，必须加强对经营者的监督和激励，这会加大企业的代理成本。

不同的企业组织形式对企业理财有重要影响。如果是个体企业，理财比较简单，重点利用的是业主自己的资金和供应商提供的商业信用。由于信用有限，其利用借款筹资的能力亦相当有限，银行和其他人都不太愿意借钱给个体企业。个体企业的业主要抽回资金，也比较简单，无任何法律限制。合伙企业的资金来源和信用能力比个体企业有所增加，收益分配也更加复杂，因此，合伙企业的财务管理比个体企业复杂得多。公司引起的财务问题最多，企业不仅要争取获得最大利润，而且要争取使企业的价值增加；公司的资金来源多种多样，筹资方式也很多，需要进行认真的分析和选择；盈余分配也不像个体企业和合伙企业那样简单，要考虑企业内部和外部的许多因素。

二、经济环境

财务管理的经济环境是指对企业财务管理有重大影响的各种经济因素，如经济周期、经济发展水平、通货膨胀状况、经济体制等。经济环境的好坏对企业的投资、筹资、营运资金管理和利润分配等重要财务决策都会产生重要影响。

（一）经济周期

在市场经济条件下，经济通常不会出现较长时间的持续增长或较长时间的衰退，而是带有一定的波动性。这种波动大体上经历复苏、繁荣、衰退、萧条四个阶段的循环，这种循环被称为经济周期。

经济周期是经济活动的客观规律，它对企业的生产经营活动具有重要的影响。西方财务学者曾探讨过经济周期中企业的经营理财策略，现归纳为表 1-1。

表 1-1 **经济周期中企业的经营理财策略**

复苏	繁荣	衰退	萧条
1. 增加厂房投资 2. 实行长期租赁 3. 建立存货 4. 引入新产品 5. 增加劳动力	1. 扩充厂房设备 2. 继续建立存货 3. 提高价格 4. 开展营销规划 5. 增加劳动力	1. 停止扩张 2. 出售多余设备 3. 停产不利产品 4. 停止长期采购 5. 削减存货 6. 停止雇员	1. 建立投资标准 2. 保持市场份额 3. 缩减管理费用 4. 放弃次要利益 5. 削减存货 6. 裁减雇员

我国的经济发展与运行呈现其特有的周期特征，带有一定的经济波动，过去曾多次出现过经济超高速增长、发展过快、不得不进行治理整顿或宏观调控的情况。经济周期性波动对企业理财有重要影响。一般而言，在萧条阶段，由于整个宏观环境的不景气，企业很可能处于紧缩状态，产量和销售量下降，投资锐减，有时资金紧张，有时又出现资金闲置。在扩张阶段，一般来说，市场需求旺盛，销售大幅度上升，企业为了扩大生产，就要扩大投资，以增添机器设备、存货和劳动力，这就要求财务人员迅速筹集所需资金。此外，由于国际经济交流与合作的发展，西方的经济周期影响也不同程度地波及我国。面对周期性波动，财务人员必须预测经济变化情况，适当调整财务政策。

（二）经济发展水平

财务管理的发展水平是和经济发展水平密切相关的，经济发展水平越高，财务管理水平就越高。经济发展水平是一个相对概念，在世界范围内说明各个国家所处的经济发展阶段及其目前的经济发展水平，是相当困难的。所以，我们也只能按照常用的概念，把不同的国家分别归于发达国家、发展中国家和不发达国家三大群体，并以此来说明经济发展水平对财务管理的影响。

发达国家经历了较长时间的资本主义经济发展历程，经济发展水平、资本的集中和垄断已达到了相当高的程度，经济发展水平在世界处于领先地位，这些国家的财务管理水平比较高。这是因为：（1）高度发达的经济水平必然要求进行完善的、科学的财务管理，这就决定了随着经济水平的发展，必然创造出越来越多的先进的理财方法；（2）经济生活中许多新的内容、更复杂的经济关系以及更完善的生产方式，也往往首先出现于这些国家，这就决定了发达国家的财务管理内容是不断创新的；（3）随着经济的发展，新的计算设备、通信设备不断涌现，为财务管理采用更复杂的方法创造了条件。

发展中国家的经济水平不是很高，但都在千方百计地提高经济发展水平，目前一般呈现以下特征：基础较薄弱、发展速度较快、经济政策变更频繁、国际交往日益增多。这些因素决定了发展中国家的财务管理具有以下特征：（1）财务管理的总体发展水平在世界上处于中间地位，但发展速度比较快；（2）与财务管理有关的法律政策频繁变更，给企业理财造成许多困难；（3）财务管理实践中还存在着财务管理目标不明、财务管理方法简单等不尽如人意之处。

不发达国家是经济发展水平很低的那一部分国家，这些国家的共同特征一般表现为以农业为主要经济部门，工业特别是加工工业很不发达，企业规模小、组织结构简单，这就决定了这些国家的财务管理呈现水平很低、发展较慢、作用不能很好发挥等特征。

就我国经济发展水平来看，南方比北方发达，东部比西部发达，沿海比内陆发达，但不发达地区却在资源上占有较大的优势。经济发展水平的各个因素都将影响着企业的发展，从小的方面看会影响企业的供产销各环节，从大的方面看关系着企业现在和未来的投资发展战略。

因此，企业财务管理人员要充分重视和研究经济发展水平问题，从而有效制定和实施财务策略。

（三）通货膨胀

通货膨胀（inflation）是指一个时期的物价普遍上涨，货币购买力下降，相同数量的货币只能购买较少的商品。对于通货膨胀的起因，目前经济学界存在不同的看法，主要有需求拉动论、成本推动论、充分就业论、过多货币发行论等。

通货膨胀不仅对消费者不利，给企业理财也带来很大的困难，主要表现在：

1. 通货膨胀对财务信息资料的影响

由于通货膨胀必然导致物价变动，但会计核算一般采取历史成本计价原则，导致资产负债表所反映的资产价值低估，不能反映企业的真实财务状况；由于资产低估，又会造成产品成本中原材料、折旧费等低估，而收入又按现时价格计算，使企业收益情况不真实；由于固定资产价值低估，造成提取折旧不足，造成实物资产和生产能力的减损；由于收入高估，成本费用低估使利润虚增，税负增加，资本流失，再加上资产不实，使投资者无法确定资本的保全情况。

2. 通货膨胀对现金流量的影响

由于通货膨胀率上升，企业原材料价格上升，保持存货所需的现金增加，职工和其他费用的现金支付增加，售价提高使应收账款占用的资金也增加。企业唯一的希望是利润也增加，否则现金会越来越紧张。提高利润，不外乎是增收节支。增加收入，受到市场竞争的限制。企业若不降低成本，就难以对付通货膨胀造成的财务困难。

除此以外，通货膨胀会使预测、决策及预算不实，将使财务控制失去意义。如果企业持有债券，则债券价格将随通货膨胀、市场利率的提高而下降，使企业遭受损失。

（四）政府的经济政策

我国是社会主义国家，政府具有调控宏观经济的职能。国家在财税体制、金融体制、外汇体制、计划体制、价格体制、外贸体制、投资体制等方面制定的若干政策和规定，对企业的财务活动都有重大的影响。

例如，信贷规模会影响企业投资的资金来源和投资收益，财税政策会影响资金结构和投资项目的选择，价格政策将影响资金的投向和投资的预期收益。再如，国家对某些地区、某些行业、某些经济行为的优惠、鼓励和有利倾斜构成了政府政策的主要内容。从另一方面看，政府政策也是对另外一些地区、行业和经济行为的限制。企业在财务决策时，要认真研究政府政策，按照政策导向行事，才能趋利除弊。

问题的复杂性在于政府政策会因经济状况的变化而调整。企业在财务决策时为政策变化留有余地，甚至预见到变化的趋势，对企业理财大有好处。

（五）市场环境

在商品经济条件下，每个企业都面临着不同的市场环境，而不同的市场环境会影响和制约企业的理财行为。构成市场环境的要素主要有两项：一项是参加市场交易的生产者及消费者的数量；二是参加市场交易的商品的差异程度。一般而言，参加交易的生产者和消费者的数量越多，竞争越大；反之，竞争越小。参加交易的商品的差异程度越小，竞争程度越大；商品的差异程度越大，竞争程度就越小。

企业所处的市场环境通常有下列四种：

（1）完全垄断市场，又称“纯粹垄断市场”或“独占市场”，是指整个行业只有一个销售者或竞争者，它可以决定商品的供应数量和价格。这类市场实际上不存在竞争。公用事业，如煤气公司、自来水公司一般都属于此。另外，有的公司可能因取得专利而形成垄断。

（2）完全竞争市场，又称“纯粹竞争市场”，是指竞争不受任何因素的阻碍和干扰，完全由买卖双方自由竞争的市场。在这种市场上，生产者和消费者的数量都很多，但都不能控制市场价格，只能接受现行的市场价格。这类市场上的商品一般都非常标准，无任何差异，如玉米、大豆、小麦等农产品市场都属于此市场。

（3）不完全竞争市场，是指存在一定程度控制力的竞争市场。在这类市场上有许多商品生产者，但不同生产厂家的产品存在一定的差异（如质量、品牌等）。这样，消费者在购买时会有所选择，使得这些厂家（如名牌产品的生产企业）可以在一定程度上控制和影响市场。

（4）寡头垄断市场，是指由少数几家生产者控制的市场，这几家企业通常控制该种产品销售量的70% ~80%，剩余的较少部分由其他许多企业经营。

企业所处的市场环境，对财务管理有着重要影响。处于完全垄断市场中的企业，销售一般都不成问题，价格波动也不会很大，企业的利润稳中有升，不会产生太大的波动，因而风险较小，可利用较多的债务来筹集资金；而处于完全竞争市场上的企业，销售价格完全由市场来决定，被市场所左右，价格容易出现上下波动，企业利润也会出现上下波动，因而不宜过多地采用负债方式去筹集资金；处于不完全竞争市场和寡头垄断市场上的企业，关键是要使自己的产品超越其他企业的产品，创出特色，创出名牌，这就需要在研究与开发上投入大量资金，研制出新的优质产品，并做好广告，搞好售后服务，给予优惠的信用条件等。为此，财务人员要筹集足够的资金，用于研究开发与产品推销。

（六）采购环境

采购环境又称物资来源环境，对企业理财有重要影响。按不同的标准可对采购环境进行不同的分类。

采购环境按物资来源是否稳定，可分为稳定的采购环境和波动的采购环境。前者对企业所需资源有比较稳定的来源，后者则不稳定，甚至有时采购不到。企业如果处于稳定的采购环境中，可少储存存货，减少存货占用的资金；反之，则必须增加存货的保险储备，以防存货不足影响生产，这就要求财务人员把较多的资金投资于存货的保险储备。

采购环境按价格变动情况，可分为物价上涨的采购环境和物价下降的采购环境。在物价上涨的情况下，企业应尽量提前进货，以防物价进一步上涨而遭受损失，这就要求在存货上投入较多的资金；反之，在物价下降的环境里，应尽量随用随采，以便在价格上得到实惠，也可在存货上尽量少占用资金。

（七）生产环境

不同的生产企业和服务企业具有不同的生产环境，这些生产环境对于财务管理有着重要影响。比如，如果企业生产是技术密集型的，那就有比较多的固定资产而只有少数的生产工人，这类企业在固定资产上占用的资金比较多，而工薪费用较少，这就要求企业财务人员必须筹集到足够的长期资金以满足固定资产投资；如果企业生产是劳动密集型的，则可较多地利用短期资金。再如，生产轮船、飞机的企业，生产周期较长，企业要比较多地利用长期资金；反之，生产食品的企业，生产周期很短，可以比较多地利用短期资金。

三、法律环境

财务管理的法律环境是指企业和外部发生经济关系时所应遵守的各种法律、法规和规章。企业的理财活动，无论是筹资、投资、营运资金管理还是利润分配，都要和企业外部发生经济关系。在处理这些经济关系时，应当遵守有关的法律规范。而法律环境既为企业生产经营规定了行为准则及限制条件，又为企业合法经营提供了保障。

（一）企业组织法规

企业组织必须依法成立。组建不同的企业，要依照不同的法律规范。它们包括《中华人民共和国公司法》（以下简称《公司法》）、《中华人民共和国全民所有制工业企业法》、《中华人民共和国外资企业法》、《中华人民共和国中外合资经营企业法》、《中华人民共和国中外合作经营企业法》、《中华人民共和国私营企业暂行条例》、《中华人民共和国合伙企业法》等。

上述法规既是企业的组织法，又是企业的行为法。例如，《公司法》对公司的设立条件、设立程序、组织机构、组织变更和终止的条件与程序等都作了规定，包括股东人数、法定资本的最低限额、资本的筹集方式等。只有按其规定的条件和程序建立的企业，才能称为“公司”。《公司法》还对公司生产经营的主要方面做出了规定，包括股票的发行和交易、债券的发行和转让、利润的分配等。公司一旦成立，其主要的活动，包括财务管理活动，都要按照《公司法》的规定来进行。因此，《公司法》是公司制企业财务管理最重要的强制性规范，公司的理财活动不能违反该法律，公司的自主权不能超过该法律的限制。其他企业也要按照相应的企业法来进行其理财活动。

（二）财务法规

财务法规主要是企业财务通则和分行业的财务制度。

《企业财务通则》是各类企业进行财务活动、实施财务管理的基本规范。它对以下问题做出了规定：（1）建立资本金制度；（2）固定资产的折旧；（3）成本的开支范围；（4）利润的分配。主要内容包括总则、企业财务管理体制、资金筹集、资产营运、成本控制、收益分配、重组清算、信息管理、财务监督、附则等。

行业财务制度是根据《企业财务通则》的规定，为适应不同行业的特点和管理要求，由财政部制定的行业规范。

（三）税务法规

税收是国家财政收入的重要源泉，是国家进行宏观调控的重要工具和手段，任何企业都有依法纳税的义务。

我国现行税法体系中，按照税法相关税种征收对象的不同，可分为以下五种：

（1）商品和劳务税类，这类税法与商品生产、流通、消费关系密切，包括增值税、消费税、营业税和关税。

（2）所得税类，这类税法可以调节纳税人收入，发挥公平税负、调整分配关系的作用，包括企业所得税、个人所得税。

（3）财产和行为税类，这类税法是对财产的价值或某种行为课税，包括房产税、车船税、印花税、契税。

（4）资源税类，这类税法用于保护和合理使用国家自然资源，包括资源税、土地增值税和城镇土地使用税。

（5）特定目的税类，这类税法旨在对某些特定对象和特定行为发挥特定调节作用，包括城市维护建设税、车辆购置税、耕地占用税、船舶吨税和烟叶税。

以上是我国现行税收体系中涉及企业的主要税种，而不同国家和地区的税务环境往往有很大差别，如税率、税种设置、征税范围、对会计科目的定义、地方税和国家税的划分等。

对于企业来说，税负会增加现金流出，因此，税务问题是各个企业在决策中都要考虑的重要问题。具体来讲，税收对企业财务管理的影响主要表现在以下几个方面：

（1）对企业组织形式的影响。对于不同组织形式的企业，国家采用不同的税收政策。如对于公司制企业股东的收益要双重征税，而个体企业、合伙企业只对业主个人计征所得税，对企业不征所得税，因此，选择适当的组织形式是投资人在投资时需考虑的重要因素。

（2）对企业筹资决策的影响。企业筹集资金有不同的渠道：一类是权益式筹资，如通过发行股票筹集资金；另一类是负债式筹资，如通过发行债券获得所需资金。税收制度对这两类的筹资成本采取不同的处理方法：对于权益性筹资，其股息只能用税后利润支付；对于负债式筹资，其利息费用可以在所得税前支付，通常由于利息费用的抵税作用而使该类筹资成本较低。因此，从税收对筹资成本的影响来看，企业必须在权益式筹资和负债式筹资之间做出权衡，以获取成本尽可能低的资金。

（3）对企业投资决策的影响。当企业有剩余资金时，要考虑如何使这部分资金取得最大收益。如企业可以购买股票以获得股息收入，也可以将资金借给其他资金需求者以获得利息收入。由于税收制度上规定，企业获取的其他企业以股息形式分配的税后利润在计算本企业应纳税所得额时可进行调整，而企业购买国债获得的利息收入则不计入应纳税所得额，因而单从税收方面出发，企业在进行投资决策时应考虑这些税收政策。又比如，企业进行固定资产投资，由于折旧费能在税前作为费用扣除，因而具有抵税作用，这对企业现金流量分析将产生重大影响，从而也影响了最终的投资决策。

此外，税收制度中对流转环节的规定会使企业纳税时点发生变化，从而影响企业资金流转，这对于企业的采购、生产、销售决策都会产生影响。

由于税收对企业财务活动具有非常重要的影响，所以，许多国家的企业在进行商业决策（包括本国商业决策和跨国商业决策）的过程中，都必须有税务方面的考虑。跨国公司往往在对投资国家或地区税务问题进行全面研究后，确定公司内部价格转移政策和利润转移政策。例如，某跨国公司准备在某地区投资建设生产性机构，需要研究的众多重要问题之一就是当地税收政策对获得收益和公司整体利润的影响。一个国家或地区为吸引外部投资而制定的优惠政策的主要内容之一，就是税收优惠。我国改革开放吸引外资的一个重要的优惠条件就是税收减免。深圳等沿海开放城市吸引投资发展经济的主要手段也是许多地区性税收减免政策，许多企业利用当时的税收优惠政策迅速发展起来，从一个侧面说明了税收问题对企业发展所产生的影响。

因此，财务管理人员需要熟悉国家税收法律、法规的规定，不仅要懂得各种税的计征范围、计税依据和税率，依法纳税，而且要了解差别税率的制定精神、减免税及优惠政策的规定及原则。在遵守税法法规的前提下，分析和研究税收政策及其变动对企业产生的影响，在此基础上制订出相应的税务计划，以便合理地减少企业税负，使企业保持良好的财务状况。

（四）证券法律制度

证券法律制度是确认和调整在证券管理、发行与交易过程中各主体的地位及权利义务关系的法律规范。现行的《中华人民共和国证券法》（以下简称《证券法》）共12章240条，内容包括总则、证券发行、证券交易、上市公司的收购、证券交易所、证券公司、证券登记结算机构、证券服务机构、证券业协会、证券监督管理机构、法律责任、附则。以《证券法》与《公司法》中关于股票发行、转让及上市的规定，国务院发布的行政法规以及若干地方性法规为主，辅之以中国证券监督管理委员会（以下简称证监会）发布的行政规章，再加上证券交易所的自律性规则，构成了我国当前的证券法律体系。

除了上述法规之外，与企业财务管理有关的其他经济法规还有许多，包括各种结算法规、合同法规等。财务管理人员应熟悉这些法规，遵从法律规定，以实现企业的财务目标。

四、金融市场环境

企业总是需要资金从事投资和经营活动。而资金的取得，除了自有资金外，主要是从金融市场取得的，金融市场的变化必然影响企业的筹资、投资和资本运营活动。

金融市场（financial markets）是资金供应者和需求者双方通过某种方式融通资金、达成交易的场所。其主要功能是聚集社会剩余资金，再有条件地供应给需求者，促进资金的合理流通，提高使用效益。金融市场类似于商品市场，主要通过竞争方式进行交易活动，但它又比商品市场灵活、敏感，对社会的影响也更大，所以，各国政府对金融市场的管理较严，一般通过制定完善的金融法规和制度加以规范。从这点看，它又和商品市场的高度自由竞争有区别。在社会主义市场经济条件下，企业无论作为投资者还是作为资金的借贷者都会与金融市场发生密切联系，企业财务人员也只有对金融市场有较深入的了解，并保持经常性的联系，才能及时得到信息，做出最佳的筹资和投资决策，为企业发展创造条件。

（一）金融资产的概念、特点及种类

1. 金融资产的概念

金融资产是指以价值形态存在的、可以直接进入金融市场交易的各种资产，包括现金、银行存款、股票、债券等表示所有权和债权的凭证。金融资产是相对于实物资产而言的，一般来说，它不具有实物形态，仅表现为债权或所有权。

每一个企业都拥有一定数量的金融资产，以适应生产经营活动的多种需要。随着改革开放政策的不断深化、金融体制的变革，企业持有的金融资产的数量和种类必将增加，并将在企业经营中发挥重要作用。

2. 金融资产的特点

金融资产具有资产的一般属性，一是收益性，即预期可以产生回报；二是风险性，即预期回报具有不确定性。

金融资产与实物资产相比，具有以下特点：

（1）流动性：一般说来，金融资产的流动性比实物资产强。

（2）人为的可分性：金融资产可以人为设定最小的交换单位；实物资产单位由其物理特征决定，不可以人为划分。

（3）人为的期限性：期限是指从发行至最终支付的时间长度。金融资产中，债务工具的期限是有限的，权益工具没有到期期限，或者说事先规定其期限为无限长；实物资产的期限不是人为设定的，而是由自然属性决定的。

（4）名义价值不变性。通货膨胀时，金融资产名义价值不变，而按购买力衡量的价值下降；实物资产名义价值上升，而按购买力衡量的价值不变。

3. 金融资产的种类

按其收益的特征，金融资产分为以下三种：

（1）固定收益证券，是指能够提供固定的或根据固定公式计算出来的现金流的证券。收益与发行人的财务状况相关程度低，除非发行人破产或违约，证券持有人将按规定数额取得收益。

（2）权益证券：①收益多少不确定，要看公司经营业绩和公司净资产价值；②权益证券风险高于固定收益证券。

（3）衍生证券：①衍生品的价值依赖于其他证券；②衍生证券是公司进行套期保值或者转移风险的工具；③根据公司理财的原则，企业不应依靠衍生证券投机获利。

（二）金融市场的组成和分类

1. **金融市场的组成**

金融市场由主体、客体和参加人组成。

主体是指银行和非银行金融机构，它们是金融市场的中介机构，是连接筹资人和投资人的桥梁。

客体是指金融市场上的买卖对象，如商业票据、政府债券、公司股票等各种信用工具。

金融市场的参加人是指客体的供给者和需求者，如企业、事业单位、政府部门、城乡居民等。

2. **金融市场的分类**

金融市场按照不同的标准可以进行以下分类：

（1）按照交易的期限划分为短期资金市场和长期资金市场。

短期资金市场是指办理一年以内的短期资金借贷业务的市场。由于短期资金易于变成货币或作为货币使用，所以也叫货币市场（money market）。参与市场的交易者通常是短期资金需求者和短期闲置资金持有者，而在货币市场上进行买卖或转让的则是各种短期信用票据和证券。它们具有偿还期短、流动性强和风险小等特点。货币市场按交易对象的不同可分为银行拆借市场、票据贴现市场和短期证券市场等。

长期资金市场是指办理一年以上的长期资金借贷业务的市场。由于长期资金主要用于固定资产购置等资本性支出，所以也叫资本市场（capital market）。资本市场按照借贷资金方式的不同又可分为长期存贷款市场、股票市场和债券市场。其中，股票市场和债券市场又称为证券市场。

（2）按照交割的时间划分为现货市场和期货市场。

现货市场是指买卖双方成交后，当场或几天之内进行交割的资金市场。现货市场的特点为：①成交和交割同时进行；②进行的是实物交易，即卖方向买方转移的是各种证券；③在交割时买方必须支付现款；④买方交易的目的是进行投资。

期货市场是指买卖双方成交后，在双方约定的未来某一特定的时间才交割的资金市场。期货市场的特点是：①成交和交割不同步，允许买方在成交后的某一特定日期，如30天、60天、90天后进行交割；②成交价格事先约定，并通过签订契约确定，成交价格与实际交割时的时价往往不一致，可见，期货交易有风险；③期货交易的目的是保值，避免价格风险，但也不排除投机行为。

（3）按照交易的性质分为发行市场和流通市场。

发行市场是指从事新证券和票据等金融工具买卖的转让市场，也叫初级市场或一级市场（primary market）。

流通市场是指从事已上市的旧证券或票据等金融工具买卖的转让市场，也叫次级市场或二级市场（secondary market）。

（三）金融机构

凡是在融资活动中居于中介地位并且发行间接证券的机构就是金融机构。所谓间接证券是指金融机构发行的证券；而直接证券是指债务人（如政府、工商企业乃至个人）发行的证券。目前，从事资金融通的金融中介机构基本上可以分为银行和非银行金融机构两类。

1. **银行**

银行是指通过存款、放款、汇兑、储蓄等业务承担信用中介的信用机构，包括中国人民银行、国有商业银行、国家政策性银行及其他银行。

中国人民银行是我国的中央银行。中央银行一般不经营普通银行业务，不以营利为目的，主要是制定金融工作的方针、政策、法令、制度，经批准后组织实施；调控货币供应量，促进国内信用和货币流通，保持币值稳定；对商业银行的经营管理、业务活动实行监督；代理国家发行债券；管理国家黄金和外汇储备等。

国有商业银行的前身是国家专业银行，包括中国工商银行、中国农业银行、中国银行、中国人民建设银行和1981年成立的中国投资银行。1994年起，我国进一步深化金融体制改革，各专业银行原经营的政策性业务与商业性业务分离，政策性业务由新成立的国家政策性银行办理，专业银行逐步向国有商业银行转轨。

国家政策性银行是直属国务院领导的政策性金融机构，实行独立核算，自主保本经营，包括中国进出口银行和国家开发银行等。

其他银行是指改革开放以后新成立的一些经营全面银行业务的综合性银行或股份制银行，包括1986年重新组建的交通银行，1987年成立的中信实业银行，还有广东发展银行、光大银行等。外国的一些银行也在我国设立了分支机构。

2. **非银行金融机构**

非银行金融机构也是从事资金融通的中介机构，包括保险公司、信托投资公司、证券公司、信用合作社、邮政储蓄机构、租赁公司、集团财务公司等。

保险公司是办理国内国际保险业务的专业公司，其主要职责是聚集社会分散资金、组织经济补偿、增进社会福利、增强防灾能力、促进并保障社会安定。

信托投资公司是通过办理委托业务、代理业务、租赁业务和咨询业务来为客户服务的金融机构。其中，委托业务包括信托存款、信托贷款、财产信托、委托贷款、委托投资等。

证券公司主要是办理证券的承销、摊销、自营买卖、投资、信托及融资，办理证券的登记、结算兑付、集中保管、财务代理或代办过户，提供证券发行和投资的咨询等。

信用合作社是办理集体经济组织和个体户的存款、贷款、结算和储蓄等业务的金融机构。

邮政储蓄机构是办理个人人民币储蓄和互助储金会储蓄等业务的金融机构。

租赁公司是指通过办理融资租赁业务，包括整租、回租、转租等业务，提供金融服务的公司。

集团财务公司是企业集团的下属机构，主要办理企业集团内部各成员单位的金融业务。

3. **国际金融机构**

企业除了通过国内金融机构筹集资金，还可经政府有关部门批准，通过国际金融机构进行融资。与我国外资来源有密切联系的国际金融机构主要有世界银行及其所属的国际开发协会、亚洲开发银行、国际农业发展基金会、国际银行及其他金融机构。它们是我国从国际金融机构中获取贷款的重要来源。但是，这些国际性金融组织和机构在贷款的申请、审批和使用上有不同的特点。

由此可见，各金融机构有着不同的业务范围，在资金市场中起着不同的作用。但这种状态并不是固定不变的，随着市场经济的发展，金融机构增多，竞争加剧，各类金融机构的经营形态和业务范围都会发生变化。企业财务人员应随时关注这种变化，不断修订筹资、投资决策，不断提高企业效益。

（四）利息率

利息率简称利率（interest），是一定时期内利息额与借贷资本金（本金）的比率。资金作为一种特殊商品，在金融市场上进行交易活动时，一般是以利率作为价格标准的，资金的融通实际上是资源通过利率这个价格体系在市场机制作用下实现再分配。利率是国家对经济实施宏观调控的重要杠杆，也是影响企业财务活动和财务决策的重要因素。为此，企业财务人员必须了解利率的概念和确定因素，了解利率变动对企业财务活动的影响，在此基础上随时进行预测，掌握利率变动的规律，做好财务决策。

1. 利率的构成要素

在金融市场上，利率的构成要素包括纯粹利率、通货膨胀附加率、变现能力附加率、违约风险附加率和到期风险附加率，用公式表示如下：

利率=实际无风险利率+通货膨胀附加率+变现能力附加率+违约风险附加率+到期风险附加率

（1）实际无风险利率（real risk-free rate of interest）。纯粹利率是指无通货膨胀、无风险情况下的平均利率。例如，在没有通货膨胀时，国库券的利率可以视为纯粹利率。纯粹利率的高低受平均利润率、资金供求关系和国家调节的影响。

（2）通货膨胀附加率（inflation premium）。通货膨胀附加率是指在通货膨胀条件下，资金供应者要求的实际报酬率超出纯粹利率的部分，目的是补偿因通货膨胀、货币贬值使货币实际购买力降低而带来的损失。

（3）变现能力附加率（liquidity premium）。变现能力附加率是指投资者在投资于变现能力较低的证券时所要求的额外报酬，目的是补偿证券到期时不能及时变现所遭受的损失。

（4）违约风险附加率（default risk premium）。违约是指借款人未能按时支付利息或未如期偿还贷款本金。提供资金的人拿出款项后所承担的这种风险叫违约风险。违约风险越大，投资人要求的利率报酬越高。

（5）到期风险附加率（maturity risk premium）。到期风险附加率是指因到期期间长短不同而形成的利率差别。一般而言，因受到风险的影响，长期利率会高于短期利率，但有时也会出现相反的情况。这是因为短期投资有另一种风险，即购买短期债券的投资人在债券到期时，由于市场利率下降，找不到获利较高的投资机会，还不如当初投资于长期债券。

由此看出，在资金市场中，即使是同样性质的借贷资金的利率也会因时、因地、因人、因条件的不同而有所差别。

2. 影响利率水平的宏观因素

影响利率的因素除了供求关系、社会平均利润率等因素外，主要宏观因素有：

（1）生产机会。生产机会大，会刺激资本需求，对利率的上升有正面影响。

（2）消费的时间倾向。如果社会倾向于现在消费，则资本供应减少，利率升高；如果倾向于未来消费，则资本供应增多，利率降低。

（3）通货膨胀率。它影响利率构成中的通货膨胀附加率。

（4）中央政府货币政策。货币紧缩时期，社会资金供应紧张，利率会上升；货币扩展时期，资本供应宽松，利率会降低。

（5）国家财政政策。如果国家存在财政赤字，弥补的办法只有两个：一是政府借款，这会扩大货币需求，导致利率上升；二是多发钞票，这会引起通货膨胀，也将导致利率上升。

（6）国际收支状况。一个国家的国际收支状况会影响该国货币与外国货币之间的汇率。根据国际费雪效应（international fisher effect），汇率的变化将引起利率的变化。如果各国的实际无风险利率趋于一致，则贬值的货币利率将提高，升值的货币利率将降低。

3. 利率对企业财务活动的影响

利率对企业财务活动有着非常重要的影响，主要表现为：

（1）利率对企业筹资和投资决策的影响。由于利息是企业使用资金必须支付的代价，而这种资金使用费也同样要用企业收入进行补偿，所以，利率越高，说明企业所要支付的使用资金的代价就越高，要用企业收入补偿的数额也就越大，为此，利率高低对企业收益将产生直接影响。另外，企业筹集借贷资金的目的是用于投资，如果投资收益不足以抵偿利率，则该项投资就无利可图。只有当利率小于投资收益率，投资才是可取的。所以，利率高低也是企业进行筹资、投资决策必须考虑的重要因素。

（2）利率高低对证券价格的影响。利率水平的高低对上市公司发行的股票、债券价格将产生双重影响。一方面，利率是公司使用资金的代价，它将直接影响企业财务费用，进而影响利润，而上市公司利润的升降将会对股价产生直接影响。另一方面，如果在证券市场上债券利率上升，投资者就会把投资于股票的资金转向债券，以取得较高的投资报酬，这样就会造成股价下跌；相反，如果债券利率下降，投资者就会转向购买股票，股票价格就会上升。

【例 1-5】（2014 年中级会计职称考试真题）下列金融市场类型中，能够为企业提供中长期资金来源的有（　　）。

A. 拆借市场　　B. 股票市场

C. 融资租赁市场　　D. 票据贴现市场

参考答案：BC。资本市场又称长期金融市场，是指以期限在一年以上的金融工具为媒介，进行长期资金交易活动的市场，包括股票市场、债券市场和融资租赁市场等。

课后习题

一、单项选择题

1.（2014 年注册会计师考试真题）在股东投资资本不变的情况下，下列各项中能够体现股东财富最大化这一财务管理目标的是（　　）。

A. 利润最大化　　B. 每股收益最大化

C. 每股股价最大化　　　　　　D. 企业价值最大化

2.（2014年注册会计师考试真题）下列关于财务管理“引导原则”的表述中，错误的是（　）。

A. 引导原则可以帮你找到最优方案

B. 引导原则可以帮你避免最差行动

C. 引导原则可能让你重复别人的错误

D. 引导原则可以帮你节约信息处理成本

3.（2013年注册会计师考试真题）企业在进行财务决策时不考虑沉没成本，这主要体现了财务管理的（　）。

A. 有价值的创意原则　　　　　　B. 比较优势原则

C. 期权原则　　　　　　D. 净增效益原则

4.（2014年中级会计职称考试真题）U型组织是以职能化管理为核心的一种最基本的企业组织结构，其典型特征是（　）。

A. 集权控制　　B. 分权控制　　C. 多元控制　　D. 分层控制

5.（2013年中级会计职称考试真题）与普通合伙企业相比，下列各项中，属于股份有限公司缺点的是（　）。

A. 筹资渠道少　　　　　　B. 承担无限责任

C. 企业组建成本高　　　　　　D. 所有权转移较困难

6.（2010年中级会计职称考试真题）下列应对通货膨胀风险的各种策略中，不正确的是（　）。

A. 进行长期投资　　　　　　B. 签订长期购货合同

C. 取得长期借款　　　　　　D. 签订长期销货合同

7.（2010年中级会计职称考试真题）下列各项中，不能作为无形资产出资的是（　）。

A. 专利权　　B. 商标权　　C. 非专利技术　　D. 特许经营权

二、多项选择题

1.（2013年注册会计师考试真题）下列金融工具在货币市场中交易的有（　）。

A. 股票　　　　　　B. 银行承兑汇票

C. 期限为3个月的政府债券　　　　　　D. 期限为12个月的可转让定期存单

2.（2014年注册会计师考试真题）下列金融资产中，属于固定收益证券的有（　）。

A. 固定利率债券　　　　　　B. 浮动利率债券

C. 可转换债券　　　　　　D. 优先股

3.（2010年中级会计职称考试真题）某公司有A、B两个子公司，采用集权与分权相结合的财务管理体制，根据我国企业的实践，公司总部一般应该集权的有（　）。

A. 融资权　　　　　　B. 担保权

C. 收益分配权　　　　　　D. 经营权

4.（2012年中级会计职称考试真题）在进行财务管理体制设计时，应当遵循的原则有（　　）。

A. 明确分层管理思想　　B. 与现代企业制度相适应

C. 决策权、执行权与监督权分立　　D. 与控制股东所有制形式相对应

5.（2013 年中级会计职称考试真题）与资本性金融工具相比，下列各项中，属于货币性金融工具特点的有（　　）。

A. 期限较长　　B. 流动性强

C. 风险较小　　D. 价格平稳

6.（2009 年注册会计师考试真题）下列行为中，通常会导致纯粹利率水平提高的有(　　)。

A. 中央银行提高存款准备金率　　B. 中央银行降低存款准备金率

C. 中央银行发行央行票据回笼货币　　D. 中央银行增加货币发行

三、判断题

1.（2014 年中级会计职称考试真题）企业的社会责任是企业在谋求所有者权益最大化之外所承担的维护和增进社会利益的义务，一般划分为企业对社会公益的责任和对债权人的责任两大类。（　　）

2.（2010 年中级会计职称考试真题）在经济衰退初期，公司一般应当出售多余设备，停止长期采购。（　　）

3.（2013 年中级会计职称考试真题）由于控股公司组织（H 型组织）的母、子公司均为独立的法人，是典型的分权组织，因而不能进行集权管理。（　　）

第二章 财务管理基础

学习目标

（1）掌握货币时间价值的概念和方法；

（2）掌握风险与报酬的概念和基本方法；

（3）理解证券股价的基本原理，掌握不同证券的价值评估方法。

财务管理的三大基础，即货币时间价值、风险与报酬、证券估价，对于企业筹资管理、投资管理、营运资金管理等具有重要作用。因此，在学习各项具体的财务管理内容之前，有必要掌握和理解货币时间价值、风险与报酬、证券估价的基本概念及有关计算方法。

第一节 货币时间价值

在企业的财务活动中，货币时间价值是客观存在的经济范畴，也是企业财务管理必须考虑的重要因素。财务管理中对货币时间价值的研究，主要是对货币的筹集、投放、使用和收回等从量上进行分析，以便找出适用于分析方案的数学模型，改善财务决策的质量。

一、货币时间价值的定义

货币时间价值（time value of money）是指货币经过一定时间的投资和再投资所增加的价值，也称为资金时间价值。在市场经济中有这样一种现象，即在不考虑风险和通货膨胀的条件下，一定数量的货币在不同时点上具有不同的价值，即现在的 1 元钱和一年后的 1 元钱其经济价值不相等。关于货币时间价值的成因，人们的认识与理解并不完全一致。从企业财务管理和货币运动的角度，货币时间价值是针对货币在运用过程中可以不断增值这一现象而言的。货币时间价值是市场经济和借贷关系高度发展的产物，是货币所有者和使用者分离的结果。在市场经济高度发展的条件下，货币所有者将货币让渡给使用者，由其将货币投入再生产过程以获取利润；货币使用者在获取利润后，要将其中一部分作为货币的使用费支付给货币所有者。承认并重视货币的时间价值，就会对货币的使用者形成一种压力，促使他们不断挖掘货币潜力，努力提高货币使用的经济效益。

作为一种生产要素，货币可以投资于不同的行业，而不同的行业因其对货币的需求程度不同，运用货币的效率不同，给予货币的报酬也会不同。但是，货币为了追逐尽可能高的利润，会不断地从利润低的部门向利润高的部门转移，最终会在各行业之间形成一个大体相当的平均利润率，这个平均利润率就构成了货币时间价值的基础。所以说，货币时间价值从量的规定性来看，是没有风险和没有通货膨胀条件下的社会平均货币利润率。

货币时间价值可以用两种方法表示：一种是绝对数，即用投入货币在再生产过程中的增加价值表示；另一种是相对数，即用增加价值占投入货币的百分数表示。后一种方法便于比较，所以是实践中常用的表示方法。

由于单位货币在不同时间的价值不相等，因此，不同时间的货币收入或支出不宜直接进行比较，需要将它换算到相同的时间价值基础上，方可进行比较与分析。

二、货币时间价值的计算

由于货币的增值额在一般情况下作为追加资本继续留在企业使用，所以，货币时间价值的计算方法一般采用复利方法。而复利又是在单利基础上产生的，为此，要了解复利的计算方法，首先必须了解单利的计算方法。

（一）单利

单利（simple interest），又称为单利计息，是指在规定期限内只对本金计算利息，每期的利息收入在下一期不作为本金，不产生新的利息收入。

单利的利息额是三个变量的函数：借（贷）的原始金额或本金、单位时间段的利息率和本金被借（贷）的期限长短。单利利息的公式为：

$$I=P\cdot i\cdot n$$

式中，I 为利息；P 为本金，又称期初金额或现值；i 为利率，通常指每年利息与本金之比；n 为时间，通常以年为单位。

在计算利息时，除非特别指明，给出的利率通常是指年利率。对于不足一年的利息，以一年等于 360 天折算。

1. 单利终值

终值（future value/terminal value）是指现在的一笔钱或一系列支付款项按给定的利息率计算所得到的在某个未来时间点的价值。单利终值的计算公式为：

$$F=P+P\cdot i\cdot n$$
$$=P\cdot(1+i\cdot n)$$

式中，F 为本金与利息之和，又称本利和或终值。

2. 单利现值

现值（present value）是指未来的一笔钱或一系列支付款项按给定的利息率计算所得到的在现在的价值，单利现值计算是单利终值的逆运算，主要是计算其贴现值。单利现值的计算公式为：

$$P=F/(1+i\cdot n)$$

（二）复利

在复利（compound interest）方式下，利息的计算与单利不同，按照这种方法，每经过一个计息期，要将所生利息加入本金再计利息，逐年滚算，俗称“利滚利”。这里所说的计息期，是指相邻两次计息的时间间隔，如年、月、日等。除非特别指明，计息期为一年。

反映货币时间价值的复利指标有下面几种：

1. 复利终值

复利终值就是按复利计算的本利和，计算公式为：

$$F=P(1+i)^n$$

式中，$(1+i)^n$ 被称为复利终值系数或 1 元的复利终值，用符号（F/P，i，n）表示。为了简化和加速计算，可编制“复利终值系数表”备用（见本书附表一）。该表的第一行是利率 i，第一列是计息期数 n，相应的 $(1+i)^n$ 值在其纵横相交处。该表的作用不仅在于已知

i 和 n 时查找 1 元的复利终值，而且可在已知 1 元复利终值和 n 时查找 i，或已知 1 元复利终值和 i 时查找 n。

【例 2-1】某企业现在存入银行本金 100 000 元，存期为 3 年，若银行存款年利率为 10%，那么 3 年到期时的本利和为多少？

此即求终值的问题，由附表一可知，(F/P，10%，3) = 1.3310，则 3 年到期时的本利和为：

F=100 000×1.3310=133 100（元）

由复利终值计算公式或终值系数表可见，复利终值随利率和时期同方向变动，利率越大，同期的复利终值越大；时期越长，同利率的复利终值也越大。

2. **复利现值**

复利现值是指一定时期后的一定货币量，按复利计算法折算所得的现在的价值，复利现值与复利终值互为逆运算。复利现值的计算公式为：

$P=F(1+i)^{-n}$

上式中的 $(1+i)^{-n}$ 是把终值折算为现值的系数，称复利现值系数，或称 1 元的复利现值，用符号（P/F，i，n）来表示。为了简化计算，也可编制“复利现值系数表”（见本书附表二），该表的使用方法与“复利终值系数表”相同。

【例 2-2】某企业为了在 5 年后得款 100 000 元用于设备投资，若银行存款年利率为 10%，那么该企业现在应存款多少？

此即求现值的问题，由附表二可知，(P/F，10%，5) = 0.6209，那么，该企业现在应存入银行的款项为：

P=100 000×0.6209=62 090（元）

由复利现值计算公式或现值系数表可见，复利现值与贴现率和时期反方向变动。贴现率越大，同期贴现的现值越小；时期越长，相同贴现率时的现值也越小。

复利终值、复利现值适用于一次性收款、付款时间价值的计算。

3. **报价利率、计息期利率和有效年利率**

复利的计息期间不一定是一年，有可能是季度、月份或日。在复利计算中，如按年复利计息，一年就是一个计息期；如按季复利计息，一季就是一个计息期，一年就有四个计息期。计息期越短，一年中按复利计息的次数就越多，每年的利息额就会越大。这就需要明确三个概念：报价利率、计息期利率和有效年利率。

（1）报价利率。报价利率是指银行等金融机构提供的利率，也叫名义利率。报价利率是包含了通货膨胀的利率。报价利率不变时，有效年利率随着每年复利次数的增加而递增。

（2）计息期利率。计息期利率是指借款人每期支付的利息与借款额的比。它可以是年利率，也可以是半年利率、季度利率、每月或每日利率等。

计息期利率=报价利率/每年复利次数

（3）有效年利率。有效年利率是指按给定的期间利率每年复利 m 次时，能够产生相同结果的年利率，也称等价年利率。当每年计息一次时，有效年利率就等于报价利率；当每年计息多次时，有效年利率大于报价利率。报价利率与有效年利率的换算公式为：

$$有效年利率=\left(1+\frac{报价利率}{m}\right)^{m}-1$$

式中，m 为一年计息次数。

【例 2-3】（2010 年注册会计师考试真题）下列关于报价利率与有效年利率的说法中，正确的是（　　）。

A. 报价利率是不包含通货膨胀的金融机构报价利率

B. 计息期小于一年时，有效年利率大于报价利率

C. 报价利率不变时，有效年利率随着每年复利次数的增加而呈线性递减

D. 报价利率不变时，有效年利率随着计息期利率的递减而呈线性递增

参考答案：B。报价利率是指银行等金融机构提供的利率，也叫名义利率，报价利率是包含了通货膨胀的利率，选项 A 错误；报价利率不变时，有效年利率随着每年复利次数的增加而递增，选项 C、D 都是错误的。

（三）年金

年金（annuities）是指依照相同间隔时间每期相等金额的收付款项。它必须同时具备两个特征：一是时间间隔相等，年金中收付的间隔时间不一定是一年，可以是半年、一个月等，但间隔应相等；二是每次收付的数额相等。折旧、利息、租金等通常表现为年金形式。年金按付款方式可分为普通年金、预付年金、递延年金和永续年金。

1. 普通年金

普通年金（ordinary annuity），又称后付年金，是指收付发生在每期期末的年金。在现实生活中这种年金最为常见。

（1）普通年金终值

普通年金终值犹如零存整取的本利和，它是一定期间内每期期末等额收付款项的复利终值之和。普通年金终值的计算可用图 2-1 来说明。

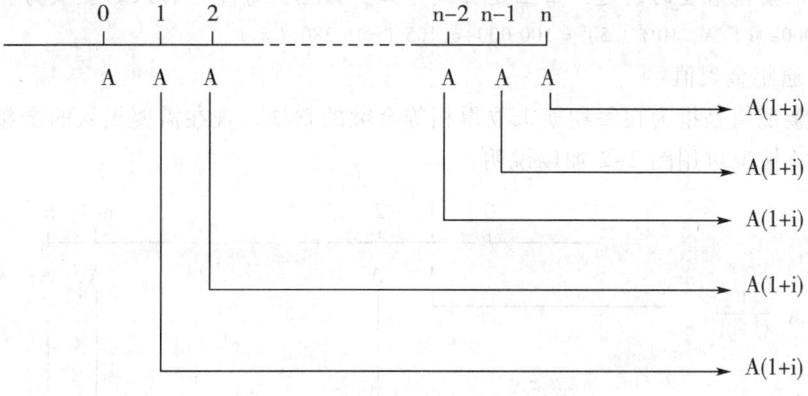

图 2-1　普通年金终值的计算示意图

由图 2-1 所示，普通年金终值的计算公式为：

$$F=A(1+i)^0+A(1+i)^1+A(1+i)^2+\cdots\cdots+A(1+i)^{n-2}+A(1+i)^{n-1} \quad (2.1)$$

如果年金的期数很多，用上述公式计算终值显然相当繁琐。由于每年支付额相等，折算终值的系数是规律的，所以，可找出简便的计算方式。将（2.1）式两边同乘（1+i），得：

$$(1+i)F=A(1+i)^1+A(1+i)^2+A(1+i)^3+\cdots\cdots+A(1+i)^{n-1}+A(1+i)^n \quad (2.2)$$

(2.2) - (2.1)，得：

$$F=A\cdot\frac{(1+i)^n-1}{i}$$

式中，$\frac{(1+i)^n-1}{i}$是普通年金为 1 元、利率为 i、经过 n 期的年金终值，记作（F/A，i，n），可据此编制“年金终值系数表”（见本书附表三），以供查阅。

【例 2-4】某企业每年末存入银行 100 000 元，准备 5 年后用于某项更新改造，若银行利率为 10%，5 年后该企业可提出多少款项？

这就是求普通年金终值的问题，由附表三可知，（F/A，10%，5）= 6.105 1，5 年后该企业可提出的款项为：

F = 100 000×6.105 1 = 610 510（元）

（2）偿债基金

偿债基金是指为使年金终值达到既定金额每年应支付的年金数额。

根据年金终值计算公式，可知：

$$A=F\cdot\frac{i}{(1+i)^n-1}$$

式中，$\frac{i}{(1+i)^n-1}$是年金终值系数的倒数，称偿债基金系数，记作（A/F，i，n）。它可以把年金终值折算为每年需要支付的金额。偿债基金系数可以制成表格备查，亦可根据年金终值系数求倒数确定。

【例 2-5】某企业 5 年后需偿还一笔数额为 100 000 元的债务，为保证如期还款，该企业准备每年预存一笔钱。若银行利率为 10%，该企业每年应存入多少？

这就是求偿债基金的问题，由上述公式可知，该企业每年应存入的款项为：

A = 100 000÷（F/A，10%，5）= 100 000÷6.105 1 = 16 380（元）

（3）普通年金现值

普通年金现值是指为在每期期末取得相等金额的款项，现在需要投入的金额。普通年金现值的计算情况可用图 2-2 加以说明。

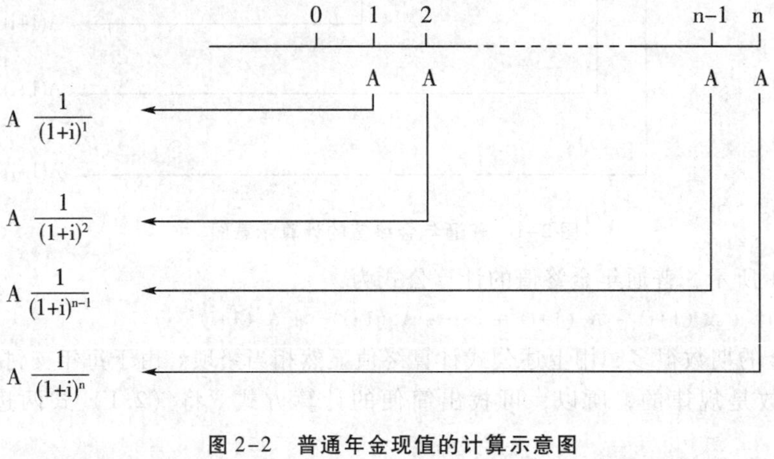

图 2-2 普通年金现值的计算示意图

由图 2-2 得，普通年金现值的计算公式为：

$$P=A\frac{1}{(1+i)^{1}}+A\frac{1}{(1+i)^{2}}+\cdots\cdots+A\frac{1}{(1+i)^{n-1}}+A\frac{1}{(1+i)^{n}} \quad (2.3)$$

（2.3）式两边同乘（1+i），得：

$$P(1+i)=A+A\frac{1}{(1+i)^{1}}+\cdots\cdots+A\frac{1}{(1+i)^{n-2}}+A\frac{1}{(1+i)^{n-1}} \quad (2.4)$$

（2.4）－（2.3），得：

$$P=A\cdot\frac{1-(1+i)^{-n}}{i}$$

式中，$\frac{1-(1+i)^{-n}}{i}$是普通年金为 1 元、利率为 i、经过 n 期的年金现值，记作（P/A，i，n），可据此编制“年金现值系数表”（见本书附表四），以供查阅。

【例 2-6】某企业需要在今后 5 年内每年末提取 100 000 元现金用于发放奖金，若银行存款利率为 10%，问企业应一次存入多少钱？

此即求普通年金现值问题，查附表四得，（P/A，10%，5）＝3.7908，则该企业应一次存入的款项为：

P＝100 000×3.790 8＝379 080（元）

2. **预付年金**

预付年金（annuity due），又称先付年金、即付年金，是指在一定时期内各期期初等额的系列收付款项。预付年金与普通年金的区别仅在于付款时间的不同。由于普通年金是最常见的，因此，年金终值系数表和年金现值系数表是按普通年金编制的。利用普通年金系数表计算预付年金的终值和现值时，可在普通年金的基础上用终值和现值的计算公式进行调整。

（1）预付年金终值

预付年金终值的计算情况可用图 2-3 加以说明。

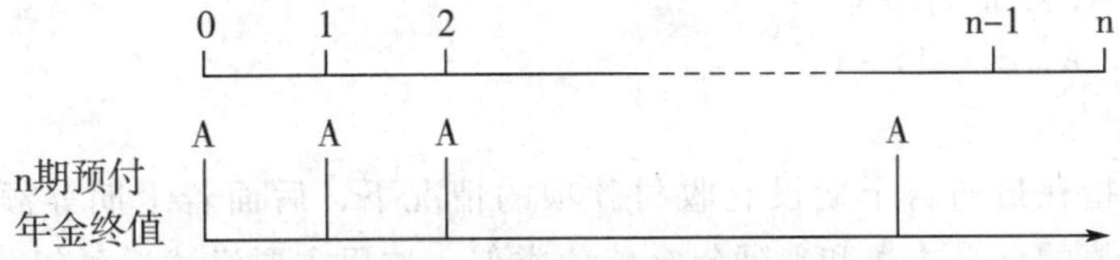

图 2-3　预付年金终值的计算示意图

从图 2-3 可以看出，n 期预付年金与 n 期普通年金的付款次数相同，但由于付款时间的不同，n 期预付年金终值比 n 期普通年金终值多计算一期利息。所以，可以先求出 n 期普通年金终值，然后再乘以 1+i 便可求出 n 期预付年金的终值。其计算公式为：

$$S_A=A\cdot(F/A,i,n)\cdot(1+i)$$

此外，还可根据 n 期预付年金与 n+1 期普通年金的关系推导出另一公式。n 期预付年金与 n+1 期普通年金的计息期数相同，但比 n+1 期普通年金少付一次款，因此，只要将 n+1 期普通年金减去一期付款额 A，便可求出 n 期预付年金终值，计算公式为：

$$S_A=A\cdot(F/A,i,n+1)-A$$
$$=A\cdot[(F/A,i,n+1)-1]$$

【例 2-7】（2009 年中级会计师职称考试真题）已知（F/A，10%，9）= 13.579，（F/A，10%，11）= 18.531，10 年期，利率为 10% 的即付年金终值系数值为（　　）。

A. 17.531　　B. 15.937

C. 14.579　　D. 12.579

参考答案：A。即付年金终值系数是在普通年金终值系数的基础上“期数加 1，系数减 1”，所以，10 年期、利率为 10% 的即付年金终值系数 =（F/A，10%，11）-1 = 18.531-1 = 17.531。

（2）预付年金现值

预付年金现值的计算情况可用图 2-4 加以说明。

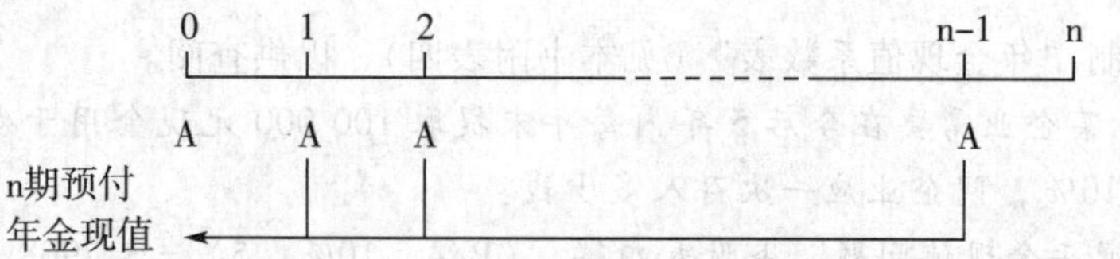

图 2-4　预付年金现值的计算示意图

从图 2-4 中可以看出，n 期普通年金现值与 n 期预付年金现值的付款次数相同，但由于付款时间的不同，在计算现值时，n 期普通年金现值比 n 期预付年金现值多贴现一期。所以，可以先求出 n 期普通年金现值，然后再乘以（1+i）便可求出 n 期预付年金的现值。其计算公式为：

$P_A = A \cdot (P/A, i, n) \cdot (1+i)$

此外，还可根据 n 期预付年金与 n-1 期普通年金现值的关系推导出另一公式。n 期预付年金现值与 n-1 期普通年金现值的贴现期数相同，但 n 期预付年金比 n-1 期普通年金多一期不用贴现的付款 A，因此，先计算 n-1 期普通年金的现值，然后再加上一期不需要贴现的付款 A，便可求出 n 期预付年金的现值，计算公式为：

$$V_0 = A \cdot (P/A, i, n-1) + A = A \cdot [(P/A, i, n-1) + 1]$$

3. **递延年金**

递延年金是指在最初若干期没有收付款项的情况下，后面若干期等额的系列收付款项。递延年金终值的计算方法和普通年金终值类似，这里主要讲述递延年金现值。假设最初有 m 期没有收付款项，后面 n 期有等额的收付款项，则递延年金的现值即为后 n 期年金贴现至 m 期第一期期初的现值。这可用图 2-5 说明。

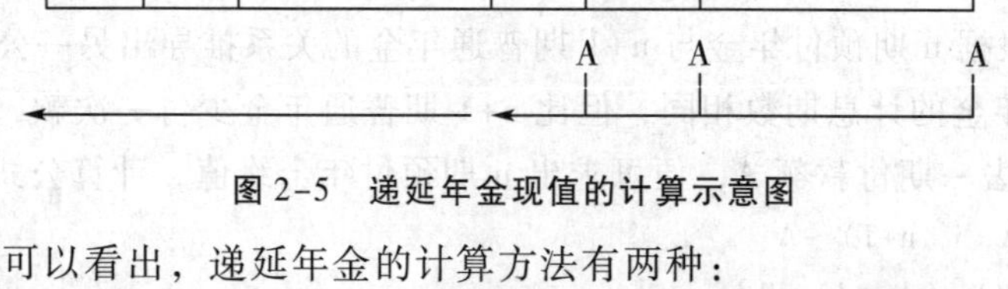

图 2-5　递延年金现值的计算示意图

从图 2-5 中可以看出，递延年金的计算方法有两种：

第一种方法：先求出递延年金在 n 期期初（m 期期末）的现值，再将它作为终值贴现至 m 期的第一期期初，便可求出递延年金的现值。其计算公式为：

$P_0=A\cdot(P/A,\ i,\ n)\cdot(P/F,\ i,\ m)$

第二种方法：假设递延期间也进行支付，先求出 m+n 期普通年金现值，然后扣除实际并未支付的递延期（m）的普通年金现值，即可得出最终结果。其计算公式为：

$$P_0=A\cdot(P/A,\ i,\ m+n)-A\cdot(P/A,\ i,\ m)$$
$$=A\cdot[(P/A,\ i,\ m+n)-(P/A,\ i,\ m)]$$

【例 2-8】（1999 年注册会计师考试真题）有一项年金，前 3 年无流入，后 5 年每年年初流入 500 万元，假设年利率为 10%，其现值为（　　）万元。

A. 1 994. 59　　B. 1 566. 36　　C. 1 813. 48　　D. 1 423. 21

参考答案：B。本题是递延年金现值计算的问题，对于递延年金现值计算的关键是确定正确的递延期。本题总的期限为 8 年，由于后 5 年每年年初有流量，即在第 4 ~ 8 年的每年年初也就是第 3 ~ 7 年的每年年末有流量，少了第 1 年末和第 2 年末的两期 A，所以递延期为 2，因此现值 = 500×（P/A，10%，5）×（P/F，10%，2）= 500×3. 790 8×0. 826 4 = 1 566. 36（万元）。

4. **永续年金**

如果年金为定期等额收付，期限为无穷大，则称为永续年金（perpetuity）。西方有些债券为无期限债券，这些债券的利息可视为永续年金。优先股因为有固定的股利而又无到期日，因而，优先股股利有时可以看作是永续年金。

永续年金没有终止的时间，也就没有终值。永续年金的现值可以通过普通年金现值的计算公式导出：

$$P=A\cdot\frac{1-(1+i)^{-n}}{i}$$

当 n→∞ 时，$(1+i)^{-n}$的极限为零，故上式可写成：

$$P=A\cdot\frac{1}{i}$$

【例 2-9】（2001 年注册会计师考试真题）某人退休时有现金 10 万元，拟选择一项回报比较稳定的投资，希望每个季度能收入 2 000 元，用以补贴生活。那么，该项投资的有效年利率应为（　　）。

A. 2%　　B. 8%　　C. 8. 24%　　D. 10. 04%

参考答案：C。本题为按季度的永续年金问题，由于永续年金现值 P = A/i，所以 i = A/P，季度报酬率 = 2 000÷100 000 = 2%，有效年利率 = $(1+2\%)^4-1$ = 8. 24%。

（四）时间价值计算中的几个特殊问题

以上介绍的都是时间价值计算的基本原理，现对时间价值计算中的几个特殊问题说明如下：

1. **不等额现金流量现值的计算**

前面讲的年金是指每次收入或付出的款项都是相等的，但在企业管理中，更多的情况是每次收入或付出的款项并不相等。财务管理中，也经常需要计算这些不等额现金流入量或流出量的现值之和。

假设 A_0 为第 0 年末的付款，A_1 为第 1 年末的付款，A_2 为第 2 年末的付款，…，A_n 为第 n 年末的付款，则其现值计算公式为：

$$PV_0 = A_0\frac{1}{(1+i)^0} + A_1\frac{1}{(1+i)^1} + A_2\frac{1}{(1+i)^2} + \cdots + A_{n-1}\frac{1}{(1+i)^{n-1}} + A_n\frac{1}{(1+i)^n}$$

$$= \sum_{t=0}^{n} A_t \frac{1}{(1+i)^t}$$

2. **年金和不等额现金流量混合情况下的现值**

在年金和不等额现金流量混合的情况下，能用年金公式计算现值便用年金公式计算，不能用年金公式计算的部分便用复利公式计算，然后把它们加总，得出年金和不等额现金流量混合情况下的现值。

3. **计息期短于一年时时间价值的计算**

终值和现值通常是按年来计算的，但在有些时候，也会遇到计息期短于一年的情况。当计息期短于一年，而使用的利率又是年利率时，计息期数和计息率均应按下式进行换算：

$$r = \frac{i}{m}$$

$$t = m \cdot n$$

式中，r 为期利率；i 为年利率；m 为每年的计息次数；n 为年数；t 为换算后的计息期数。

4. **贴现率的计算**

在前面计算现值和终值时，都假定利率是给定的，但在财务管理中，经常会遇到已知计息期数、终值和现值，求贴现率（discount rate）的问题。一般来说，求贴现率可分为两步：第一步根据复利终值、复利现值、年金终值和年金现值的公式求出换算系数；第二步根据换算系数求出贴现率。

第二节　风险与报酬

企业的财务管理工作几乎都是在有风险和不确定的情况下进行的，离开了风险因素，就无法正确评价企业报酬的高低。企业理财时必须研究风险、计量风险，并设法控制风险，以求最大限度地扩大企业财富。

一、风险和风险报酬的概念

（一）资产报酬的含义与计算

资产的报酬是指资产的价值在一定时期的增值。一般情况下，有两种表述资产报酬的方式：第一种方式是以金额表示的，称为资产的报酬额，通常以资产价值在一定期限内的增值量来表示，该增值量来源于两部分：一是期限内资产的现金净收入；二是期末资产的价值（或市场价格）相对于期初价值（价格）的升值。前者多为利息、红利或股息收益，后者称为资本利得。第二种方式是以百分数表示的，称为资本的报酬率或收益率，是资产增值量与期初资产价值（价格）的比值，该报酬也包括两部分：一是利息（股息）的报酬率；二是资本利得的报酬率。显然，以金额表示的报酬与期初资产的价值（价格）相关，不利于不同规模资产之间收益的比较，而以百分数表示的报酬则是一个相对指标，便于不同规模下资产报酬的比较和分析。所以，通常情况下，我们都是用报酬率的方式来表示资产的报酬。

（二）风险的概念

一般来说，风险（risk）是指在特定的条件和时期，某一事项产生的实际结果与预期结果之间的变动程度。企业财务决策按决策者掌握信息的不同可分为确定型决策、不确定型决策和风险型决策三种。

确定型决策是指决策者对未来的情况是完全确定的或已知的决策；不确定型决策是指决策者对未来的情况不仅不能完全确定，而且对其可能出现的概率也不清楚；风险型决策是指决策者对未来的情况不能完全确定，但事前可以知道所有可能的后果以及每种后果的概率。在企业财务决策中，真正的确定型决策几乎是不存在的。

从理论上讲，不确定性是无法计量的，但在财务管理中，人们为了进行定量分析，通常根据有限资料和经验，为不确定型决策规定一些主观概率。不确定型决策规定了主观概率后，与风险型决策就十分相似了。因此，在企业财务管理中，对风险和不确定性并不作严格区分，当谈到风险时，可能指风险，更可能指不确定性。

风险可能给投资人带来出乎意料的收益，也可能带来出乎意料的损失。一般来说，投资人对意外损失的关注比对意外收益要强烈得多，因此人们研究风险时侧重减少损失，主要从不利的方面来考察风险，经常把风险看成是不利事件发生的可能性。从财务管理的角度来说，风险是指无法达到预期报酬的可能性。

当我们从单个投资主体的角度来看时，可以把风险分为市场风险和公司特有风险两类；从公司本身来看，风险可分为经营风险和财务风险两类。这方面的具体内容我们将在后面的章节中进行详细的讨论，并分析应如何控制这些风险。在各种决策方案中风险大小不一，一般来说，投资者都讨厌风险，并力求回避风险。那么，为什么还有人进行风险投资呢？这里有两个原因：第一，如前所述，对投资者而言，世界上几乎不存在完全确定的经济活动，要想避免一切不确定性，绝对回避风险，就意味着什么事情也不能做。而一旦真的什么事情也不做，则自身的生存就失去了保证。因此，对企业而言，不管它是否愿意，都必须从事某种风险性活动。第二，风险是指实际结果对预期结果的偏离，这种偏离既包括负向的损失，也包括正向的收益。因此，风险同时意味着危险和机会。一方面是可能遭受损失，蒙受不利的影响；另一方面是可能取得很大的收益，获得令人惊喜的成果。而且，风险越大，一旦取得成功，其收益也越大（当然，一旦失败，其损失也越大）。为了取得成功，人们宁愿去承担一定程度的风险，即在做好应付损失的准备的同时，尽最大努力去争取成功。事实证明，所有成功的投资，都是在风险中冲杀出来的。

（三）资产报酬率的类型

在实际的财务工作中，由于工作角度和出发点的不同，收益率可以有以下一些类型：

1. 实际报酬率

实际报酬率表示已经实现或者确定可以实现的资产收益率，表述为已实现或确定可以实现的利息（股息）率与资本利得率之和。当然，当存在通货膨胀时，还应当扣除通货膨胀率的影响，才是真实的报酬率。

2. **预期报酬率**

预期报酬率也称为期望报酬率，是指在不确定的条件下，预测的某资产未来可能实现的报酬率。对期望报酬率的计算，可参考以下两种方法：

第一种方法是：首先描述影响报酬率的各种可能情况，然后预测各种可能发生的概率，以及在各种可能情况下报酬率的大小，那么期望报酬率就是各种情况下报酬率的加权平均，权数是各种可能情况发生的概率。

第二种方法是：首先收集事后报酬率（即历史数据），将这些历史数据按照不同的经济状况分类，并计算发生在各类经济状况下的报酬率观测值的百分比，将所得百分比作为各类经济情况可能出现的概率，然后计算各类经济情况下所有报酬率观测值的平均值作为该类情况下的报酬率，最后计算各类情况下报酬率的加权平均数，就得到预期报酬率。

尽管这种利用历史数据去预测未来的方法有一定的局限性，但至少可以作为预测的参考依据，而且这种方法简便，易于使用。

3. **必要报酬率**

必要报酬率也称最低必要报酬率或最低要求的报酬率，表示投资者对某资产合理要求的最低报酬率。这里所说的投资者可以是每个个体，也可以是全体投资者，但如果不作特殊说明的话，通常指全体投资者。每个人对某特定资产（如股票）会要求不同的报酬率，如果某股票的报酬率超过大多数人对该股票要求的至少应得到的报酬率时，实际的投资行为就会发生。也就是说，只要他们认为至少能够获得他们所要求的必要报酬率时，他们才会购买该股票。

必要报酬率与认识到的风险有关，人们对资产的安全性有不同的看法。如果某公司陷入财务困难的可能性较大，也就是说投资该公司股票产生损失的可能性很大，那么投资于该公司股票将会要求一个较高的报酬率，所以该股票的必要报酬率就会较高；反之，对这项资产要求的必要报酬率也就小。因此，必要报酬率由两部分构成：

（1）无风险报酬率。无风险报酬率也称无风险利率，是指无风险资产的报酬率，它的大小由纯粹利率（货币的时间价值）和通货膨胀补贴两部分组成。无风险资产一般满足两个条件：一是不存在违约风险；二是存在再投资报酬率的不确定性。实际上，满足这两个条件的资产几乎是不存在的，一般用与所分析的货币的现金流量期限相同的国债来表示。因此，一般用国债的利率表示无风险利率，该国债应该与所分析的资产的现金流量有相同的期限。一般情况下，为了方便起见，通常用短期国债的利率近似地代替无风险报酬率。

（2）风险报酬率。通常人们只把国家发行的公债或国库券的利息或利率称为没有风险的货币时间价值。至于其他各种投资，由于或多或少都要冒一定程度的风险，因而对投资者来说，投资报酬来自两个方面：一是货币的时间价值；二是投资的风险报酬。风险报酬是指投资者因冒风险进行投资而获得的超过时间价值的那部分额外报酬。风险报酬在一般情况下用风险报酬率（风险报酬额与投资总额的比率）表示。在财务决策中，要取得报酬就会有风险，要求的报酬越高，风险就越大。因此，如果风险已确定，则应尽可能选择报酬率高的方案；如果报酬率一定，则要选择风险小的方案，使损失降到最低限度。

二、单项资产的风险和报酬

（一）单项资产的风险和报酬的衡量

如前所述，风险是与投资收益的可能结果和结果发生的概率分布相联系的，因此，要利用概率和统计方法，按未来年度预期收益的平均程度来对风险进行估算。具体计算步骤是：

1. **确定概率分布**

概率是指随机事件发生的可能性。通常把必然发生的事件的概率定为1，把不可能发生的事件的概率定为0，而一般事件的概率是介于0与1之间的一个数，概率越大就表示该事件发生的可能性越大。如果把所有可能的结果都列示出来，且对每一结果都给予一种概率，把它们列示在一起，便构成了概率分布（probability distribution）。

【例2-10】甲公司有三个投资机会，假定未来的经济情况只有三种：好，一般和差。有关的概率分布和预期报酬率见表2-1。

表2-1　　**甲公司未来经济情况的概率分布**

经济情况	发生概率	预期报酬率（%）		
		A项目	B项目	C项目
好	0.35	12	16	20
一般	0.40	9	10	12
差	0.25	3	4	-5

概率分布必须满足两个条件：（1）概率不能为负；（2）所有可能结果的概率之和为1。

2. **计算期望报酬率**

期望报酬率（expected return）是各个方案按其可能的报酬率和不同的概率计算出来的加权平均报酬率，它反映随机变量取值的平均值。计算公式为：

$$\overline{K}=\sum_{i=1}^{n}K_iP_i$$

式中，$\overline{K}$表示期望报酬率；K_i表示第i种可能结果的报酬率；P_i表示第i种可能结果的概率；n表示可能结果的个数。

根据上述公式，我们可以分别计算【例2-10】中甲公司A、B、C三个项目的期望报酬率。

A项目：$\overline{K}=12\%\times0.35+9\%\times0.40+3\%\times0.25=8.55\%$

B项目：$\overline{K}=16\%\times0.35+10\%\times0.40+4\%\times0.25=10.6\%$

C项目：$\overline{K}=20\%\times0.35+12\%\times0.40+(-5\%)\times0.25=10.55\%$

通过以上计算可以看出，B项目和C项目的预期报酬相当，A项目预期报酬率略低于B、C项目。为了衡量这三个项目风险的大小，还要使用统计学中衡量概率分布离散程度的指标。

【例2-11】（2014年注册会计师考试真题）证券市场组合的期望报酬率是16%，甲投资人以自有资金 100 万元和按 6% 的无风险利率借入的资金 40 万元进行证券投资，甲投资人的期望报酬率是（ ）。

A. 20%　　B. 18%　　C. 19%　　D. 22.4%

参考答案：A。总期望报酬率 = 16% ×140/100+（1-140/100）×6% = 20%

3. **计算标准离差**

标准离差（standard deviation）是各种可能的报酬率偏离期望报酬率的综合差异，是反映离散程度的指标，其计算公式为：

$$\delta = \sqrt{\sum_{i=1}^{n} (K_i - \overline{K})^2 \cdot P_i}$$

式中，δ 表示期望报酬率标准离差

标准离差越小，说明实际报酬率围绕预期风险率波动的程度越小，投资者不能实现预期报酬率的可能性也越小，归结到一点，就是投资的风险越小。

将【例 2-10】中甲公司 A、B、C 三个项目的资料代入上述公式得到三个方案的标准离差：

A 项目：

$$\delta = \sqrt{(12\% - 8.55\%)^2 \times 0.35 + (9\% - 8.55\%)^2 \times 0.40 + (3\% - 8.55\%)^2 \times 0.25} = 3.46\%$$

B 项目：

$$\delta = \sqrt{(16\% - 10.6\%)^2 \times 0.35 + (10\% - 10.6\%)^2 \times 0.40 + (4\% - 10.6\%)^2 \times 0.25} = 4.61\%$$

C 项目：

$$\delta = \sqrt{(20\% - 10.55\%)^2 \times 0.35 + (12\% - 10.55\%)^2 \times 0.40 + (-5\% - 10.55\%)^2 \times 0.25}$$

$$= 9.62\%$$

从标准离差的计算过程中可以看出，它们的大小取决于两个因素：第一，各种可能的结果与期望值的绝对偏离程度，偏离越大，对标准离差的影响越大；第二，每一可能的结果发生的概率大小，发生的概率越大，对标准离差的影响越大。

4. **计算标准离差率**

用标准离差的大小来反映不同投资方案风险的大小有其局限性，它只能对期望报酬率相同的各种投资方案进行比较，而不能用来比较期望报酬率不同的各项投资的风险程度。为了能够比较期望报酬率不同的各项投资的风险程度，人们引入了标准离差率的概念。

标准离差率是标准离差与期望报酬率的比率，是用相对数来比较离散程度即风险的指标。标准离差率的计算公式为：

$$V = \frac{\delta}{\overline{K}} \times 100\%$$

式中，V 表示标准离差率，V 越小，则风险越小。

根据上述公式可计算出【例 2-10】中 A、B、C 三个项目的标准离差率分别为：

A 项目：$V = \frac{3.5\%}{8.55\%} \times 100\% = 41\%$

B 项目：$V = \frac{4.6\%}{10.6\%} \times 100\% = 43\%$

C 项目：$V = \frac{9.6\%}{10.55\%} \times 100\% = 91\%$

【例 2-12】(2009 年中级会计师考试真题) 已知甲、乙两个方案投资收益率的期望值分别为 10% 和 12%，两个方案都存在投资风险，在比较甲、乙两个方案风险大小时应使用的指标是（　　）。

A. 标准离差率　　B. 标准差　　C. 协方差　　D. 方差

参考答案：A。在两个方案投资收益率的期望值不相同的情况下，应该用标准离差率来比较两个方案的风险。

标准离差率是以标准差为基础度量投资风险的一种方法，但不是唯一的方法。在企业财务管理及金融和投资证券的分析活动中，人们还常用其他以标准差为基础的指标作为风险的度量标准（如 β 值等），我们在下面还会介绍。另外，对风险大小的判断还与投资者的风险偏好有关，因此，不能脱离投资者的风险偏好，单凭标准离差率的大小决定投资的取舍。

（二）风险应对策略

1. **规避风险**

当风险所造成的损失不能由该项目可能获得的利润予以抵消时，避免风险是最可行的简单方法。避免风险的例子包括：拒绝与不守信用的厂商保持业务往来；放弃可能明显导致亏损的投资项目；新产品在试制阶段发现诸多问题而果断停止试制。

2. **减少风险**

减少风险主要有两方面意思：一是控制风险因素，减少风险的发生；二是控制风险发生的频率和降低风险损害程度。减少风险的常用方法有：进行准确的预测，如汇率预测、利率预测、债务人信用评估等；对决策进行多方案优选和相机替代；及时与政府部门沟通获取政策信息；在开发新产品前，充分进行市场调研；实行设备预防检修制度以减少设备事故；选择有弹性的、抗风险能力强的技术方案，进行预先的技术模拟试验，采用可靠的保护和安全措施；采用多领域、多地域、多项目、多品种的投资以分散风险。

3. **转移风险**

企业以一定代价（如保险费、赢利机会、担保费和利息等），采取某种方式（如参加保险、信用担保、租赁经营、套期交易、票据贴现等），将风险损失转嫁给他人承担，以避免可能给企业带来灾难性损失。如向专业性保险公司投保；采取合资、联营、增发新股、发行债券、联合开发等措施实现风险共担；通过技术转让、特许经营、战略联盟、租赁经营和业务外包等实现风险转移。

4. **接受风险**

接受风险包括风险自担和风险自保两种。风险自担是指风险损失发生时，直接将损失摊入成本或费用，或冲减利润；风险自保是指企业预留一笔风险金或随着生产经营的进行，有计划地计提资产减值准备等。

（三）风险偏好

风险偏好是指为了实现目标，企业或个体投资者在承担风险的种类、大小等方面的基本态度。风险就是一种不确定性，投资者面对这种不确定性所表现出的态度、倾向便是其风险偏好的具体体现。

根据人们的效用函数的不同，可以按照其对风险的偏好分为风险回避者、风险追求者和风险中立者。

1. **风险回避者**

当预期收益率相同时，风险回避者会偏好于具有低风险的资产；而对于同样风险的资产，他们则钟情于具有高预期收益的资产。但当面临以下两种资产时，他们的选择就要取决于他们对待风险的不同态度：一项资产具有较高的预期收益率同时也具有较高的风险；另一项资产虽然预期收益率低，但风险水平也低。风险回避者在承担风险时，就会因承担风险而要求额外收益，额外收益要求的多少不仅与所承担风险的大小有关（风险越高，要求的风险收益就越大），还取决于他们的风险偏好。对风险回避的愿望越强烈，要求的风险收益就越高。一般的投资者和企业管理者都是风险回避者，因此财务管理的理论框架和实务方法都是针对风险回避者的，并不涉及风险追求者和中立者的行为。

2. **风险追求者**

与风险回避者恰恰相反，风险追求者主动追求风险，喜欢收益的波动性胜于喜欢收益的稳定性。他们选择资产的原则是：当预期收益相同时，选择风险大的，因为这会给他们带来更大的效用。

3. **风险中立者**

风险中立者既不回避风险，也不主动追求风险。他们选择资产的唯一标准是预期收益的大小，而不管风险状况如何，这是因为所有预期收益相同的资产将给他们带来同样的效用。

三、投资组合的风险和报酬

两个或两个以上的资产所构成的集合，称为投资组合。如果资产组合中的资产均为有价证券，则该资产的组合也称为证券组合。投资组合的风险与收益具有与单个资产不同的特征。投资组合理论认为，若干种证券组成的投资组合，其收益是这些证券收益的加权平均数，但是其风险不是这些证券风险的加权平均风险，投资组合能降低风险。

（一）证券组合的预期报酬率

证券资产组合的预期报酬率是组成证券资产组合的各种资产报酬率的加权平均数，其权数为各种资产在组合中的价值比例，即：

$$E(R_P) = \sum W_i \times E(R_i)$$

式中，$E(R_p)$ 表示证券资产组合的预期报酬率；$E(R_i)$ 表示组合内第 i 项资产的预期报酬率；W_i 表示第 i 项资产在整个组合中所占的价值比例。

公式表明，组合报酬率的影响因素有两点：一是投资比重；二是个别资产的报酬率。

（二）投资组合的风险计量

证券资产组合的风险并不是单个证券标准差的简单加权平均数，证券组合的风险不仅取决于组合内各证券的风险，还取决于各证券之间的关系。

【例 2-13】设 W 和 M 股票构成一个证券组合，每种股票在证券组合中各占 50%。它们的报酬率和风险的详细情况见表 2-2。

表 2-2　　完全负相关的两种股票构成的组合收益情况

年（t）	W 股票 k_w（%）	M 股票 k_m（%）	WM 的组合 k_p（%）
20×1	40	-10	15
20×2	-10	40	15
20×3	35	-5	15
20×4	-5	35	15
20×5	15	15	15
平均报酬率	15	15	15
标准差	20.2	20.2	0

根据上表的资料，可以绘制两种股票以及由它们构成的证券组合报酬率图（如图 2-6 所示）。

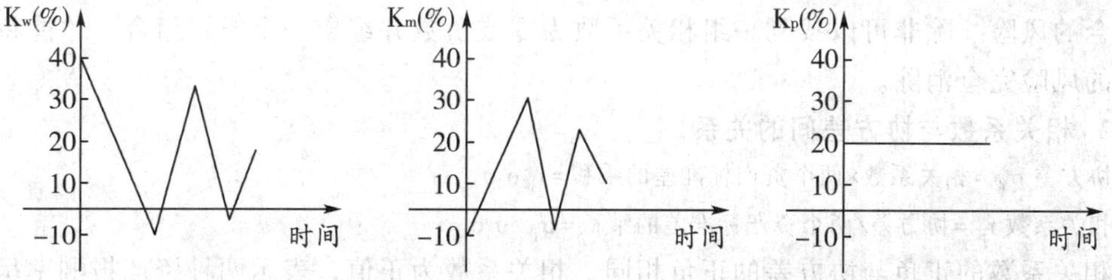

图 2-6　两种股票以及由它们构成的证券组合报酬率图

从表 2-2 和图 2-6 可以看出，如果分别持有两种股票，都有很大的风险，但如果把它们组成一个证券组合，则没有风险。W 股票和 M 股票之所以能结合起来组成一个无风险的证券组合，是因为它们收益的变化正好相反——当 W 股票的报酬率下降时，M 股票的报酬率正好上升；反之亦然。我们把股票 W 和 M 叫做完全负相关。与完全负相关相反的是完全正相关，两个完全正相关的股票的收益将一起上升或下降。这样的两种股票组成的证券组合不能抵消任何风险。

投资组合报酬率概率分布的标准差为：

$$\sigma_p = \sqrt{\sum_{j=1}^{m}\sum_{k=1}^{m} A_j A_k \sigma_{jk}}$$

式中，m 是组合内证券种类总数；A_j 是第 j 种证券在投资总额中的比例；A_k 是第 k 种证券在投资总额中的比例；σ_{jk}是第 j 种证券与第 k 种证券报酬率的协方差。

1. **协方差的计算**

两种证券报酬率的协方差，用来衡量它们之间共同变动的程度：

$\sigma_{jk} = r_{jk}\sigma_j\sigma_k$，

r_{jk}是第 j 种证券与第 k 种证券报酬率之间的预期相关系数，σ_j 是第 j 种证券的标准差，σ_k 是第 k 种证券的标准差。

两种证券相关系数的计算公式为：

$$相关系数(r)=\frac{\sum[(X_1-\overline{X})\times(Y_1-\overline{Y})]}{\sqrt{\sum(X_1-X)^2}\times\sqrt{\sum(Y_1-Y)^2}}$$

相关系数介于区间［-1，1］内。当相关系数为-1时，表示完全负相关，表明两项证券的报酬率变化方向和变化幅度完全相反。由此形成的投资组合，可以完全消除风险。当相关系数为+1时，表示完全正相关，表明两项证券的报酬率变化方向和变化幅度完全相同。由此形成的投资组合的风险将等于个别投资风险的加权平均数。

这是两个极端的情况，事实上，许多证券之间存在相关性，但不完全正相关或负相关，相关系数在大多数情况下为0.5~0.7。由此可推断，有效的投资组合可以降低风险，但无法完全消除风险。

那么，如果投资组合由两种以上的个别投资组成，其结果又如何呢？一般而言，随着投资组合的个别投资数目的增加，投资组合的风险会减少，究竟能减少到何种程度则要看各种投资之间的相关系数，即相关系数越低，投资组合的风险就越小。

个别投资的数目大大增加能否完全消除投资组合风险呢？一般而言，不能完全消除投资组合的风险。除非可以找到一组相关系数为零或负数并组成一个投资组合，才能将投资组合的风险完全消除。

2. 相关系数与协方差间的关系

协方差 σ_{jk} = 相关系数×两个资产标准差的乘积 = $r_{jk}\sigma_j\sigma_k$

相关系数 r_{jk} = 协方差/两个资产标准差的乘积 = $\sigma_{jk}/\sigma_j\sigma_k$

相关系数的正负与协方差的正负相同。相关系数为正值，表示两种资产报酬率呈同方向变化，组合抵消的风险较少；负值则意味着反方向变化，抵消的风险较多。

3. 协方差比方差重要

该公式表明，影响证券组合的标准差不仅取决于单个证券的标准差，还取决于证券之间的协方差。随着证券组合中证券个数的增加，协方差比方差更重要。

【例2-14】假设A证券的预期报酬率为10%，标准差是15%。B证券的预期报酬率是16%，标准差是20%。假设等比例投资于两种证券，即各占50%。

该组合的预期报酬率为：

$r_p = 10\% \times 0.50 + 16\% \times 0.50 = 13\%$

（1）如果两种证券的相关系数等于1，没有任何抵消作用，在等比例投资的情况下，该组合的标准差等于两种证券各自标准差的简单算术平均数，即17.5%。

相关系数为1时，其协方差就是各证券自身的方差。

（2）如果两种证券之间的预期相关系数是0.4，其标准差是：

$$\sigma_p = \sqrt{(0.5\times0.15)^2+(0.5\times0.20)^2+2\times(0.5\times0.15)\times(0.5\times0.20)\times0.4} = 14.71\%$$

从这个计算公式可以看出，只要两种证券之间的相关系数小于1，证券组合报酬率的标准差就小于各证券报酬率标准差的加权平均数，而且需要计算两次A证券和B证券的协方差。

在【例2-14】中增加证券C。即假设A证券的预期报酬率为10%，标准差为15%；B证券的预期报酬率为16%，标准差为20%；C证券的预期报酬率为18%，标准差为24%；它们在证券组合中所占的比例分别为30%、50%、20%，若A、B之间的相关系数为0.4，A、C之间的相关系数为0.25，B、C之间的相关系数为0.3，计算三种证券组合的预期报酬率和三种证券组合的标准差。

组合的预期报酬率 = 10% ×30% +16% ×50% +18% ×20% = 14.6%

证券组合的方差 = $(0.3\times15\%)^2+(0.5\times20\%)^2+(0.2\times24\%)^2+2\times(0.3\times15\%)\times(0.5\times20\%)\times0.4+2\times(0.3\times15\%)\times(0.2\times24\%)\times0.25+2\times(0.5\times20\%)\times(0.2\times24\%)\times0.3$
= 0.021889

证券组合的标准差 = $\sqrt{0.021889}$ = 14.79%

双重求和符号，就是把由各种可能配对组合的矩阵中的所有方差项和协方差项加起来。3种证券的组合，一共有9项，由3个方差项和6个协方差项（3个计算了两次的协方差项）组成。

因此，当组合中证券数量较多时，总方差主要取决于各证券间的协方差。充分投资组合的风险，只受证券之间协方差的影响，而与各证券本身的方差无关。

（三）资本市场线

如图2-7所示，从无风险资产的报酬率（Y轴的 R_f）开始，做有效边界的切线，切点为M，该直线被称为资本市场线。

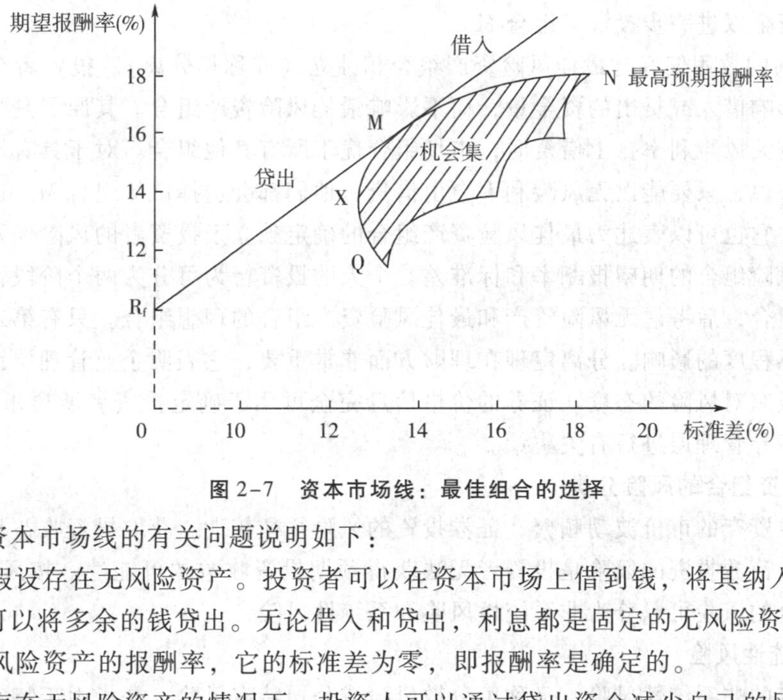

图2-7　资本市场线：最佳组合的选择

现将资本市场线的有关问题说明如下：

（1）假设存在无风险资产。投资者可以在资本市场上借到钱，将其纳入自己的投资总额，也可以将多余的钱贷出。无论借入和贷出，利息都是固定的无风险资产的报酬率。R_f 代表无风险资产的报酬率，它的标准差为零，即报酬率是确定的。

（2）存在无风险资产的情况下，投资人可以通过贷出资金减少自己的风险，当然也会同时降低预期的报酬率。最厌恶风险的人可以全部将资金贷出，例如购买政府债券并持有至到期。偏好风险的人可以借入资金（对无风险资产的负投资），增加购买风险资产的资本，以使预期报酬率增加。

总期望收益率 = Q×风险组合的期望收益率+（1-Q）×无风险利率

式中，Q代表投资总额中投资于风险组合M的比例，1-Q代表投资于无风险资产的比例。

如果贷出资金，Q将小于1；如果借入资金，Q会大于1。

总标准差 = Q×风险组合的标准差

此时不用考虑无风险资产，因为无风险资产的标准差等于零。如果贷出资金，Q 小于 1，投资人承担的风险小于市场平均风险；如果借入资金，Q 大于 1，投资人承担的风险大于市场平均风险。

（3）切点 M 是市场均衡点，它代表唯一最有效的风险资产组合，它是所有证券以各自的总市场价值为权数的加权平均组合，我们将其定义为“市场组合”。虽然理智的投资者可能选择 XMN 线上的任何有效组合（它们在任何给定风险水平下收益最大），但是无风险资产的存在使投资者可以同时持有无风险资产和市场组合（M），从而位于 MR_f 上的某点。MR_f 上的组合与 XMN 上的组合相比，它的风险小而报酬率与之相同，或者报酬率高而风险与之相同，或者报酬高且风险小。

（4）图 2-7 中的直线揭示出持有不同比例的无风险资产和市场组合情况下风险和预期报酬率的权衡关系。直线的截距表示无风险利率，它可以视为等待的报酬率。直线的斜率代表风险的市场价格，它告诉我们当标准差增长某一幅度时相应要求的报酬率的增长幅度。直线上的任何一点都可以告诉我们投资于市场组合和无风险资产的比例。在 M 点的左侧，将同时持有无风险资产和风险资产组合。在 M 点的右侧，将仅持有市场组合 M，并且会借入资金以进一步投资于组合 M。

（5）个人的效用偏好与最佳风险资产组合相独立（或称相分离）。投资者个人对风险的态度仅仅影响借入或贷出的资金量，而不影响最佳风险资产组合。其原因是当存在无风险资产并可按无风险利率自由借贷时，市场组合优于所有其他组合。对于具有不同风险偏好的投资者来说，只要能以无风险利率自由借贷，他们都会选择市场组合 M。这就是所谓的分离定理。它也可以表述为最佳风险资产组合的确定独立于投资者的风险偏好。它取决于各种可能风险组合的期望报酬率和标准差。个人的投资行为可分为两个阶段：先确定最佳风险资产组合，后考虑无风险资产和最佳风险资产组合的理想组合。只有第二阶段受投资人风险反感程度的影响。分离定理在理财方面非常重要，它表明企业管理层在决策时不必考虑每位股东对风险的态度。证券的价格信息完全可用于确定投资者所要求的报酬率，该报酬率可指导管理层进行有关决策。

（四）投资组合的风险分类

由于证券资产的市价波动频繁，证券投资的风险往往较大。获取投资收益是证券投资的主要目的，证券投资的风险是投资者无法获得预期投资收益的可能性。按风险性质分，证券投资组合的风险可以分为非系统性风险和系统性风险。

1. 非系统性风险

证券资产的非系统性风险，又称可分散风险或公司特有风险，是指由于特定经营环境或特定事件变化引起的不确定性，从而对个别证券资产产生影响的特有风险。非系统性风险源于每个公司自身特有的营业活动和财务活动，与某个具体的证券资产相关联，同整个证券资产市场无关。非系统性风险可以通过持有证券资产的多元化抵消，即多买几家公司的股票，其中某些公司的股票的报酬率上升，另一些股票的收益下降，从而将风险抵消。因而，这种风险称为可分散风险。如果股票种类较多，则能分散掉大部分风险，而当股票种类足够多时，几乎能把所有的非系统性风险分散掉。

从公司内部管理的角度考察，公司特有风险的主要表现形式是公司经营风险和财务风险。从公司外部的证券资产市场投资者的角度考察，公司经营风险和财务风险的特征无法明确区分，公司特有风险是以违约风险、变现风险、破产风险等形式表现出来的。

（1）违约风险。违约风险是指证券资产发行者无法按时兑付证券资产利息和偿还本金的可能性。有价证券资产本身就是一种契约性权利资产，经济合同的任何一方违约都会给另一方造成损失。违约风险是投资于收益固定型有价证券资产的投资者经常面临的，多发生于债券投资中。违约风险产生的原因可能是公司产品经销不善，也可能是公司现金周转不灵。

（2）变现风险。变现风险是指证券资产持有者无法在市场上以正常价格平仓出货的可能性。持有证券资产的投资者，可能会在证券资产持有期限内出售现有证券资产投资于另一项目，但在短期内找不到愿意出合理价格的买主，投资者就会丧失新的投资机会或面临降价出售的损失。在同一证券资产市场上，各种有价证券资产的变现能力是不同的。交易越频繁的证券资产，其变现能力越强。

（3）破产风险。破产风险是指在证券资产发行者破产清算时，投资者无法收回应得权益的可能性。证券资产发行者由于经营不善而持续亏损、现金周转不畅而无力清偿债务或其他原因导致难以持续经营时，可能会申请破产保护。破产保护会导致债务豁免、退资，使得投资者无法取得应得的投资收益，甚至无法收回投资的本金。

非系统性风险是指某些因素对单个证券造成经济损失的可能性，如公司在市场中的失败等。这种风险可以通过证券持有的多样化来抵消。

【例 2-15】（2014 年中级会计师职称考试真题）证券投资的风险分为可分散风险和不可分散风险两大类。下列各项中，属于可分散风险的有（　）。

A. 研发失败风险　　B. 生产事故风险

C. 通货膨胀风险　　D. 利率变动风险

参考答案：AB。可分散风险是特定企业或特定行业所持有的，与政治、经济和其他影响所有资产的市场因素无关。

2. 系统性风险

证券资产的系统性风险又称不可分散风险或市场风险，是指由外部经济环境因素变化引起整个资本市场不确定性增强，从而对所有证券都产生影响的共同性风险。如宏观经济状况的变化、国家职能的变化、国家财政政策和货币政策的变化、世界能源状况的改变都会使股票收益发生变动。系统性风险影响到资本市场上的所有证券，无法通过投资多元化的组合来加以避免。这种风险对不同企业也有不同影响。

（1）利率风险。利率风险是由于市场利率变动引起证券资产价值变化的可能性。市场利率反映了社会平均报酬率，投资者对证券资产投资报酬率的预期总是在市场利率的基础上进行的，只有当证券资产的投资报酬率大于市场利率时，证券资产的价值才会高于其市场价格。一旦市场利率提高，就会引起证券资产价值的下降，投资者就不易得到超过社会平均报酬率的超额报酬。市场利率的变动会造成证券资产价格的普遍波动，两者呈反向变化，市场利率上升，证券资产价格下跌；市场利率下降，证券资产价格上升。需要说明的是，这里的证券资产价格波动并不是指证券资产发行者的经营业绩变化引起的个别证券资产的价格波动，而是由于资本供应关系引起的全体证券资产的价格波动。

（2）再投资风险。再投资风险是由于市场利率下降而造成的无法通过再投资实现预期收益的可能性。根据流动性偏好理论，长期证券资产的报酬率应当高于短期证券资产，这是因为：第一，期限越长，不确定性就越强。证券资产投资者一般喜欢持有短期证券资产，因为它们较易变现而收回本金。因此，投资者愿意接受持有短期证券资产的低报酬率。第二，证券资产发行者一般喜欢发行长期证券资产，因为长期证券资产可以筹集到长期资金，而不必经常面对筹集不到资金的困境。因此，证券资产发行者愿意为长期证券资产支付较高的报酬率。为了避免市场利率上升的风险，投资者可能会投资于短期证券资产，但短期证券资产又会面临市场利率下降的风险，即无法按预定报酬率进行再投资而实现所要求的预期收益。

（3）购买力风险。购买力风险是指由于通货膨胀而使货币购买力下降的可能性，在持续而剧烈的物价波动环境下，货币性资产会产生购买力损益：物价持续上升时，货币性资产会遭受购买力损失；当物价持续下跌时，货币性资产会带来购买力收益。证券资产作为一种货币性资产，通货膨胀会使证券资产投资的本金和收益贬值，名义报酬率不变而实际报酬率降低。购买力风险对具有收款权利性质的资产影响很大，债券市场的购买力风险远大于股票投资。如果通货膨胀长期延续，投资人会把资本投向实体性资产以求保值，对证券资产的需求量减少，引起证券资产的价格下跌。

3. 系统风险的度量

系统风险的程度通常用 β 系数来计算。

（1）单项资产的 β 系数

个别股票随着市场变动的趋势可以通过贝塔系数（β 系数）反映出来，它能够衡量出个别股票相对于平均风险的股票的变动程度。

β 系数的计算方式很多，通常用回归直线法，即利用该股票报酬率与整个资本市场平均报酬率的线性关系，利用回归直线方程求斜率的公式计算。也就是通过以整个市场作为参照物，用单项资产的风险报酬率与整个市场的平均风险报酬率作比较，即可得到该股票的 β 值。

$$\beta_a=\frac{Cov(r_a, r_m)}{\sigma_m^2}$$

式中，$Cov(r_a, r_m)$ 是证券 a 的收益与市场收益的协方差；σ_m^2 是市场收益的方差。

公式也可以写成：

$$\beta_a=\beta_{am}\cdot\frac{\sigma_a}{\sigma_m}$$

式中，ρ_{am} 为证券 a 的收益与市场收益的相关系数；σ_a 为证券 a 的标准差；σ_m 为市场收益的标准差。

根据投资理论，整个市场本身的 β 系数为 1。β 系数较大的证券，通常是投机性较强的证券。$\beta=1$，说明该单项资产的风险报酬率与市场组合平均风险报酬率呈同比例变化，其风险情况与整个市场投资组合的风险情况一致；$\beta>1$，说明该单项资产的风险报酬率高于市场组合平均风险报酬率，则该单项资产的风险大于整个市场投资组合的风险；$\beta<1$，

说明该单项资产的风险报酬率低于市场组合平均风险报酬率，则该单项资产的风险小于整个市场投资组合的风险。$\beta=1$，表示某种股票随着一般市场的变动而变动，就称该种股票为平均风险股票。$\beta=0$，说明该资产的系统风险程度等于0。

β系数反映了相对于市场组合的平均风险而言单项资产系统风险的大小。大多数股票的β系数介于0.5～1.5。如果β系数是负数，表明这类资产收益与市场平均收益的变化方向相反。

（2）投资组合的β系数

投资组合的β系数是所有单项资产β系数的加权平均数，权数为各种资产在投资组合中所占的比重。其计算公式如下：

$$\beta_p=\sum_{i=1}^{n}X_i\beta_i$$

式中，β_p 为证券组合的β系数；X_i 为证券组合中第i种股票所占比重；β_i 为第i种股票的系数；n为证券组合中股票的数量。

【例2-16】（2013年注册会计师考试真题）以下关于标准差和贝塔系数的异同，说法正确的有（　　）。

A. 贝塔值反映的是系统风险

B. 标准差反映非系统风险

C. 证券组合的β系数可以用加权平均计算得出

D. 证券组合的标准差可以用加权平均计算得出

参考答案：AC。贝塔值反映的是系统风险，标准差反映的是整体风险，选项A对，选项B错。资产组合不能抵消系统风险，因此证券组合的β系数是所有单项资产β系数的加权平均数，而资产组合可以抵消非系统风险，因此证券组合的标准差不是所有单项资产标准差的加权平均数，选项C对，选项D错。

总之，一个股票的风险由两部分组成，即可分散风险和不可分散风险。可分散风险可以通过证券组合来消减，而股票的不可分散风险由市场变化所产生，它对所有股票都有影响，不能通过证券组合来消除。不可分散风险可以通过β系数来测量。图2-8为证券组合的风险。

β系数有多种计算方法，实际计算过程十分复杂。但幸运的是β系数一般不需投资者自己计算，而由一些投资服务机构定期计算并公布。

（五）证券组合的风险收益

投资者进行证券组合投资与进行单项投资一样，都要求对承担的风险进行补偿。股票的风险越大，要求的收益就越高。但是，与单项投资不同，证券组合投资者要求补偿的风险只是不可分散风险，而不要求对可分散风险进行补偿。如果有可分散风险的补偿存在，善于科学地进行投资组合的投资者将购买这部分股票，并提高其价格，其最后的报酬率只反映不能分散的风险。因此，证券组合的风险收益是投资者因承担不可分散风险而要求获得的超过时间价值的那部分额外收益，可用以下公式计算：

$$R_p=\beta_p(R_m-R_F)$$

式中，R_P 为证券组合的风险报酬率；β_p 为证券组合的β系数；R_m 为所有股票的平均报酬率或市场报酬率；R_F 为无风险报酬率，一般用政府公债的利率来衡量。

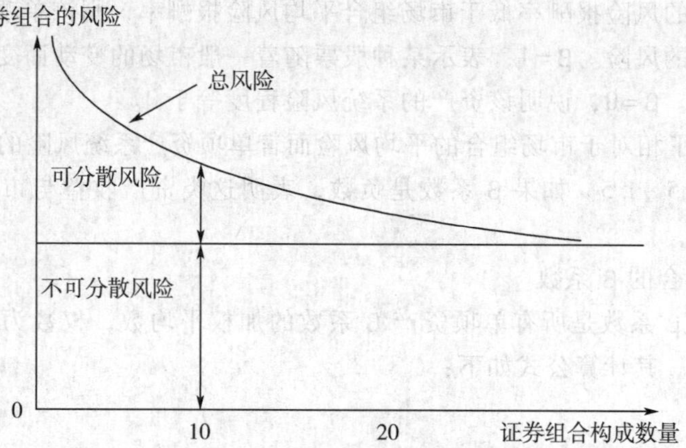

图 2-8　证券组合的风险

【例 2-17】某公司持有 A、B、C 三种股票构成的证券组合，它们的 β 系数分别为 2、1 和 1.5，它们在证券组合中所占的比重分别为 50%、30% 和 20%。股票的市场报酬率为 14%，无风险报酬率为 10%。请确定这种证券组合的风险报酬率。

（1）确定证券组合的 β 系数：

$\beta_p = \sum X_i\beta_i = 50\% \times 2 + 30\% \times 1 + 20\% \times 1.5 = 1.6$

（2）计算证券组合的风险报酬率：

$R_p = \beta_p (R_m - R_F) = 1.6 \times (14\% - 10\%) = 6.4\%$

当然，计算出风险报酬率后，便可依据投资额和风险报酬率计算出风险收益的数额。通过以上计算可以看出，在其他因素不变的情况下，风险报酬率取决于证券组合的 β 系数，β 系数越大，风险报酬率就越大；反之亦然。

在【例 2-17】中，某公司为降低风险，售出部分 A 股票，买进部分 C 股票，使 A、B、C 三种股票在证券组合中所占的比重变为 20%、30% 和 50%。试计算此时的风险报酬率。

此时，证券组合的 β 值为：

$\beta_p = \sum X_i\beta_i = 20\% \times 2 + 30\% \times 1 + 50\% \times 1.5 = 1.45$

那么，此时的证券组合的风险报酬率应为：

$R_p = \beta_p (R_m - R_F) = 1.45 \times (14\% - 10\%) = 5.8\%$

（六）风险与收益的关系

在西方金融学和财务管理学中，有许多模型论述风险与收益的关系，其中最重要的模型为资本资产定价模型（capital asset pricing model，CAPM）。按照资本资产定价模型理论，单一证券的系统风险可由 β 系数来度量，而且其风险与收益之间的关系可由证券市场线来描述。证券市场线的公式如下：

$R_i = R_F + \beta_i (R_m - R_F)$

这个等式被称为资本资产定价模型。式中，R_i 是第 i 种股票或第 i 种证券组合的必要报酬率；R_f 是无风险收益率（通常以国库券的收益率作为无风险收益率）；β_i 为第 i 种股票或第 i 种证券组合的 β 系数；R_m 为所有股票或所有证券的平均报酬率。

公式表明，必要投资报酬率包括两部分：一部分是无风险报酬率，它是加上通货膨胀贴水后的货币时间价值，是最低的社会平均报酬率，在财务管理中，通常把国库券的报酬率作为无风险报酬率来确定；另一部分是风险报酬率，它与风险有关，风险越大则要求报酬越高，是风险的函数。

【例2-18】（2014年中级会计师职称考试真题）某上市公司2013年β系数为1.24，短期国债利率为3.5%，市场组合的收益率为8%，投资者投资该公司股票的必要收益率是（　）。

A. 5.58%　　B. 9.08%　　C. 13.52%　　D. 17.76%

参考答案：B。必要收益率=3.5%+1.24×（8%-3.5%）=9.08%，也就是说，该公司股票的报酬率达到或超过9.08%时，投资者方肯进行投资。如果低于9.08%，则投资者不会购买该公司股票。

在均衡状态下，R_m-R_f是投资者为补偿承担超过无风险收益的平均风险而要求的额外收益，即风险价格（如图2-9所示）。

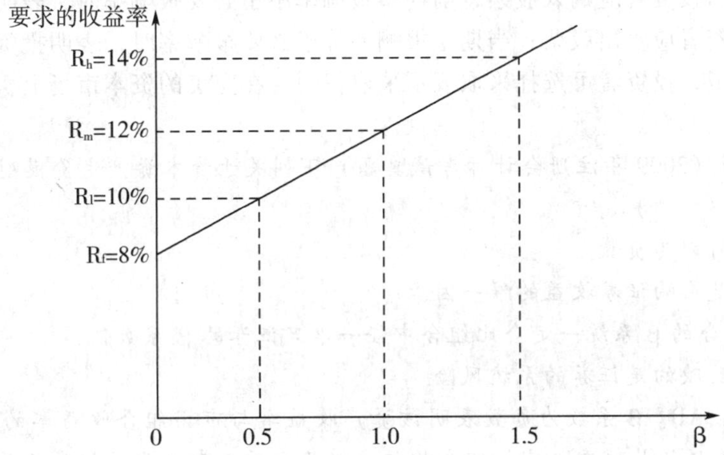

图2-9　β值与要求的收益率

证券市场线的主要含义如下：

（1）纵轴为要求的收益率，横轴则是以β值表示的风险。

（2）无风险证券的β=0，故R_f成为证券市场线在纵轴的截距。

（3）证券市场线的斜率，如$\triangle Y/\triangle X$=（R_m-R_f）/（1.0-0）=12%-8%=4%，表示经济系统中风险厌恶感的程度。一般来说，投资者对风险的厌恶感越强，证券市场线的斜率越大，对风险资产所要求的风险补偿越大，对风险资产的要求收益率越高。

（4）在β值分别为0.5、1.0和1.5的情况下，必要报酬率由最低的R_l=10%，到市场平均的R_m=12%，再到最高的R_h=14%。β值越大，要求的收益率越高。

从证券市场线可以看出，投资者的期望收益率不仅取决于市场风险，而且取决于无风险利率（证券市场线的截距）和市场风险补偿程度（证券市场线的斜率）。由于这些因素始终处于变动之中，所以证券市场线也不会一成不变。预计通货膨胀提高时，无风险利率会随之提高，进而导致证券市场线向上平移。风险厌恶感的加强，会提高证券市场线的斜率。

需要说明的是，图 2-9 的证券市场线与资本市场线两者是两条完全不同的直线，它们之间有着明显的区别。资本市场线描述的是由风险资产和无风险资产构成的投资组合的有效边界。其中最优投资组合由两部分组成：一部分是无风险资产，另一部分则是风险资产组合有效集上的一个风险组合。资本市场线上的 M 点代表的就是这一风险组合；而资本市场线上的其他点，则表示由 M 点与无风险资产以不同比例所构成的投资组合。其测度风险的工具是整个资产组合的标准差，此直线只适用于有效组合。而证券市场线描述的则是在市场均衡条件下单项资产或资产组合（不论它是否已经有效地分散风险）的期望收益与风险之间的关系。测度风险的工具是单项资产或资产组合对于整个市场组合方差的贡献程度即 β 系数。

此外，需要注意的是，必要报酬率也称最低要求报酬率，是指准确反映预期未来现金流量风险的报酬率；期望报酬率则是使净现值为零的报酬率。期望报酬率和必要报酬率的关系决定了投资者的行为。以股票投资为例，当期望报酬率大于必要报酬率时，表明投资会有超额回报，投资者应购入股票；当期望报酬率小于必要报酬率时，表明投资无法获得应有回报，投资者应卖出股票；当期望报酬率等于必要报酬率时，表明投资获得与所承担风险相应的回报，投资者可选择采取或不采取行动。在完美的资本市场上，投资的期望报酬率等于必要报酬率。

【例 2-19】（2009 年注册会计师考试真题）下列关于资本资产定价模型 β 系数的表述中，正确的有（　　）。

A. β 系数可以为负数

B. β 系统是影响证券收益的唯一因素

C. 投资组合的 β 系统一定会比组合中任一单只证券的 β 系数低

D. β 系统反映的是证券的系统风险

参考答案：AD。β 系数为负数表明该资产收益率与市场组合收益率的变动方向不一致，A 正确；无风险收益率、市场组合收益率以及 β 系数都会影响证券收益，B 错误；投资组合的 β 系数是加权平均的 β 系数，β 系数衡量的是系统风险所以不能分散，因此不能说 β 系数一定会比组合中任一单只证券的 β 系数低，C 错误，D 正确。

综上所述，风险是指企业组织决策的实际结果与预期结果不一致的可能性。风险观念因人而异。由于个人自身独特的具体条件差异，不同的人对同样事件表现出来的风险态度也不同，甚至可能出现“我之甘露，彼之毒药”的情况。

风险与收益权衡观念的基本要义在于投资者对于风险程度较高的投资项目要求较高的报酬率作为补偿，而不能理解为投资于风险程度较高的项目就一定能够获得较高的报酬率。例如，投资于夕阳产业，其风险程度可能比较高，但这并不意味着其报酬率也比较高。最后值得指出的是，风险是客观存在的，企业组织规避或分散了风险，并不意味着该风险就不存在。有鉴于此，企业组织一味规避或分散风险未必就能实现价值最大化。企业组织应该理解风险，从而应对风险。

尽管资本资产定价模型存在争议，但是它揭示了风险与收益的关系。必要报酬率等于无风险报酬率加上风险补偿。资本资产定价模型为计算风险补偿提供了基本思路。投资者能够期望得到补偿的风险是市场风险。投资者不能期望市场对企业组织的特有风险有任何超额补偿，这就是资本资产定价模型隐含的逻辑思路。

（七）证券投资组合的策略与方法

通过以上分析可知，通过证券投资组合能有效地分散风险，那么，企业在进行证券投资组合时，应采用什么策略，用何种方法进行风险组合呢？对此，简要说明如下：

1. **证券投资组合策略**

在证券投资理论的发展过程中，形成了各种各样的派别，从而也形成了不同的组合策略。现介绍其中最常见的几种：

（1）保守型策略。这种策略认为，最佳证券投资组合策略是要尽量模拟市场现状，将尽可能多的证券包括进来，以分散掉全部可分散风险，得到与市场所有证券的平均收益相同的收益。这种投资组合有以下好处：①能分散掉全部可分散风险；②不需要高深的证券投资的专业知识；③证券投资的管理费比较低，但这种组合获得的收益不会高于证券市场上所有证券的平均收益。因此，此种策略属于收益不高、风险不大的策略，故称它为保守型策略。

（2）冒险型策略。这种策略认为，与市场完全一样的组合不是最佳组合，只要投资组合做得好，就能击败市场或超越市场，取得远远高于平均水平的收益。在这种组合中，一些成长型的股票比较多，而那些低风险、低收益的证券不多。另外，其组合的随意性强、变动频繁。采用这种策略的人认为，收益就在眼前，何必死守苦等，对于追随市场的保守派则是不屑一顾的。这种策略收益高、风险大，因此被称为冒险型策略。

（3）适中型策略。这种策略认为，证券的价格特别是股票的价格是由特定企业的经营业绩来决定的，市场上股票价格的一时沉浮并不重要，只要企业经营业绩好，股票一定会升到其本来的价值水平。采用这种策略的人一般都善于对证券进行分析，如行业分析、企业业绩分析、财务分析等。通过分析，选择高质量的股票和债券组成投资组合。适中型策略如果做得好，可获得较高的效益，而且不会承担太大的风险。但进行这种组合的人必须具备丰富的投资经验，拥有进行证券投资的各种专业知识。这种投资策略风险不太大，收益却比较高，所以是一种最常见的投资组合策略。各种金融机构、投资基金和企业等单位在进行证券投资时一般都采用此种策略。

2. **证券投资组合的方法**

进行证券投资组合的方法有很多，但最常见的方法通常有以下几种：

（1）选择数量足够多的证券进行组合。这是一种最简单的证券投资组合方法。在采用这种方法时，不是进行有目的的组合，而是随机选择证券。随着证券数量的增加，可分散风险会逐步减少。当数量足够时，大部分可分散风险都能分散掉。根据专家们估计，在纽约证券交易所中随机购买 40 种股票，其大多数可分散风险都能被分散掉。投资者为了有效地分散风险，每个投资者拥有股票的数量最好不少于 14 种。我国股票种类还不太多，同时投资于 10 种股票，就能达到分散风险的目的了。

（2）1/3 法，即把风险大、风险中等、风险小的放在一起进行组合。把全部货币的 1/3 投资于风险大的证券，1/3 投资于风险中等的证券，1/3 投资于风险小的证券。一般而言，风险大的证券对经济形式的变化比较敏感，当经济处于繁荣时期，风险大的证券获得高额收益，但当经济处于衰退时，风险大的证券就会遭受巨额损失；相反，风险小的证券对经济形势的变化则不十分敏感，一般能获得稳定收益，而不致遭受损失。因此，这种1/3 的投资组合法是一种进可攻、退可守的组合法，虽然不会获得太高的收益，但也不会承担巨大风险，是一种常见的组合方法。

（3）把投资收益负相关的证券放在一起进行组合。一种股票收益上升而另一种股票收益下降的两种股票，称为负相关股票。把收益负相关的股票组合在一起能有效地分散风险，这种组合对降低风险有十分重要的意义。

第三节　证券估价

资产估价特别是证券估价是公司理财的一个重要内容。证券估价的基本目的包括：第一，判断证券的内在价值在市场上是否得到充分显示（高估和低估都没有充分显示证券的内在价值）；第二，判断公司理财目标的实现程度。

一、证券估价基本原理

（一）价值的含义

证券估价就是对证券的价值进行合理的评定。证券价值包括账面价值、清算价值、持续经营价值、市场价值和内在价值。

账面价值包括资产的账面价值和企业组织的账面价值。资产的账面价值是指资产的入账价值；企业组织的账面价值则是企业组织的资产负债表列示的各项资产价值与各项负债价值之差。

清算价值是指一项或一组资产从正在运营的企业组织中分离出来单独出售所能获得的货币额。清算价值与企业组织的持续经营价值相对应。

持续经营价值是指将正在持续运营的企业组织出售所能获得的货币额。清算价值与持续经营价值通常不相等。就经营管理不善的企业组织而言，其清算价值可能大于持续经营价值。

一项资产的市场价值就是该项资产或类似资产在公开市场交易的市场价格或交易价格。这是市场上买卖双方竞价之后产生的双方都能接受的价格。对于一个企业组织而言，市场价值是清算价值与持续经营价值之中的较大者。

资产或证券的内在价值是指在对所有影响价值的因素（如资产、收益或现金流量、预期和管理等）都正确估价之后，该资产或证券应得的价值。内在价值是一种经济价值。如果证券市场是有效的，信息是完全披露的，那么，证券的市场价值与内在价值应该相等。证券估价的“价值”指的就是内在价值。证券的内在价值是投资者获得的现金流入量按要求的报酬率在一定期间内折算的现值。

根据证券的内在价值与市场价值的关系，可以判断某种证券的内在价值究竟被高估（内在价值低于市场价值）还是被低估（内在价值高于市场价值），并以此为基础做出投资决策或筹资决策。

（二）证券估价的基本原理

证券的价值就是其未来预期现金流入量的现值。这样，所有与证券相关的现金流入量都要按投资者要求的报酬率折算为现值。这是所有资产估价的基础。

证券估价受到资产的特征和投资者要求的报酬率两个因素的影响。资产或证券估价主要涉及如下过程：第一，对资产或证券的特征进行评估，如资产或证券的预期现金流入量、持续时间和风险；第二，估计投资者要求的报酬率，它体现了投资者对资产或证券的特征的评估；第三，将资产或证券按投资者要求的报酬率折算为现值。

证券估价的基本模型为：

$$V = \sum_{t=1}^{n} \frac{CI_t}{(1+i)^t}$$

这是证券估价的基础，也是所有资产估价的基础。实际上，债券和股票估价也都以此为出发点。

【例 2-20】（2013 年中级会计师职称考试真题）证券资产不能脱离实体资产而独立存在，因此，证券资产的价值取决于实体资产的现实经营活动所带来的现金流量。（　　）

参考答案：×。证券资产不能脱离实体资产而完全独立存在，但证券资产的价值不是完全由实体资产的现实生产经营活动决定的，而是取决于契约性权利所能带来的未来现金流量，是一种未来现金流量折现的资本化价值。

（三）证券投资

证券投资是企业对证券资产所进行的投资。证券投资不同于项目投资，项目投资的对象是实体性经营资产，经营资产是直接为企业生产经营服务的资产，如固定资产、无形资产等，它们往往是一种服务能力递减的消耗性资产。证券投资的对象是证券资产，证券资产是一种以凭证、票据或者合同合约形式存在的权利性资产，如股票、债券及其衍生证券等。

1. 证券资产的特点

（1）价值虚拟性。证券资产不能脱离实体资产而完全独立存在，但证券资产的价值不是完全由实体资本的现实生产经营活动决定的，而是取决于契约性权利所能带来的未来现金流量，是一种未来现金流量折现的资本化价值。如债券投资代表的是未来按合同规定收取债息和收回本金的权利，股票投资代表的是对发行股票企业的经营控制权、财务控制权、收益分配权、剩余财产追索权等股东权利。证券资产的服务能力在于它能带来未来的现金流量，按未来现金流量折现即资本化价值，是证券资产价值的统一表达。

（2）可分割性。实体项目投资的经营资产一般具有整体性要求，如购建新的生产能力往往是厂房、设备、配套流动资产的结合。证券资产可以分割为一个最小的投资单位，如一股股票、一份债券，这就决定了证券资产的现金流量比较单一，往往由原始投资、未来收益或资本利得、本金回收所构成。

（3）持有目的的多元性。实体项目投资的经营资产往往是为消耗而持有的，为流动资产的加工提供生产条件。证券资产的持有目的是多元的，既可能是为未来积累现金即为未来变现而持有，还有可能是为取得对其他企业的控制权而持有。

（4）强流动性。证券资产具有很强的流动性，其流动性表现在：①变现能力强。证券资产往往是上市证券，一般有活跃的交易市场可供及时转让。②持有目的可以相互转换。当企业急需现金时，可以立即将为其他目的而持有的证券资产变现。证券资产本身的变现能力虽然较强，但其实际周转速度取决于企业对证券资产的持有目的。作为长期投资的形式，企业持有的证券资产的周转一次一般都会经历一个会计年度以上。

（5）高风险性。证券资产是一种虚拟资产，决定了金融投资受公司风险和市场风险的双重影响，不仅发行证券资产的公司业绩影响着证券资产投资的报酬率，资本市场的市场平均报酬率变化也会给金融投资带来直接的市场风险。

【例 2-21】（2013 年中级会计师职称考试真题）下列各项中，属于证券资产特点的有（　　）。

A. 可分割性　　B. 高风险性

C. 强流动性　　D. 持有目的多元性

参考答案：ABCD。本题考核“证券资产的特点”，证券资产的特点包括：价值虚拟性、可分割性、持有目的多元性、强流动性、高风险性。

2. **证券投资的目的**

（1）分散资金投向，降低投资风险。投资分散化，即将资金投资于多个相关程度较低的项目，实行多元化经营，能够有效地分散投资风险。当某个项目经营不景气而致使利润下降甚至导致亏损时，其他项目可能会获得较高的收益。将企业的资金分成内部经营投资和对外证券投资两个部分，实现了企业投资的多元化。而且，与对内投资相比，对外证券投资不受地域和经营范围的限制，投资选择面非常广，投资资金的退出和收回也比较容易，是多元化投资的主要方式。

（2）利用闲置资金，增加企业收益。企业在生产经营过程中，由于各种原因有时会出现资金闲置、现金结余较多的情况。这些闲置的资金可以投资于股票、债券等有价证券上，谋取投资收益，这些投资收益主要表现在股利收入、债息收入、证券买卖差价等方面。有时，企业资金的闲置是暂时性的，可以投资于在资本市场上流通性和变现能力较强的有价证券，这类证券能够随时变卖，收回资金。

（3）稳定客户关系，保障生产经营。在企业生产经营环节中，供应和销售是企业与市场相联系的重要通道。没有稳定的原材料供应来源，没有稳定的销售客户，都会使企业的生产经营中断。为了保持与供销客户良好而稳定的业务关系，可以对业务关系链的供销企业进行投资，保持对它们一定的债权或股权，甚至控股。这样就能够以债权或股权对关联企业的生产经营施加影响和控制，保障本企业的生产经营顺利进行。

（4）提高资产的流动性，增强偿债能力。资产流动性强弱是影响企业财务安全性的主要因素。除现金等货币资产外，有价证券投资是企业流动性最强的资产，是企业速动资产的主要构成部分。在企业需要支付大量现金，而现有现金储备又不足时，可以通过变卖有价证券迅速取得大量现金，保证企业的及时支付。

二、债券估价

（一）债券的定义及基本要素

债券（bond）是发行者为筹集货币发行的、在约定时间支付一定比例的利息，并在到期时偿还本金的一种有价证券，它反映证券发行者与持有者之间的债权债务关系。债券一般包含以下几个基本要素：

1. **债券面值**

债券面值，也称到期值，即债券到期时，债券发行公司应偿付给持券人的本金数额。债券面值包括两方面的内容：（1）票面币种，即以何种货币作为债券的计量单位，一般而言，在国内发行的债券，发行的对象是国内有关经济主体，则选择本国货币，若在国外发行，则选择发行地国家或地区的货币或国际通用货币（如美元）作为债券的币种。（2）票面金额。票面金额对债券的发行成本、发行数量和持有者的分布具有影响，票面金额小，有利于小额投资者购买，从而有利于债券发行，但发行费用可能增加；票面金额大，会降低发行成本，但可能减少发行量。

2. **债券利率**

债券利率是指债券发行公司应付给持票人的年利率，有时也称票面利率，一般在债券的发行契约中规定。与票面利率相对的是市场利率，即债券发行时，金融市场通行的利率。在多数情况下债券的票面利率与市场利率是不一致的。正是由于这种不一致，使得债券的购入价格与债券面值不一致。

3. **还本期和付息期**

还本期是指承诺偿还债券本金的未来某一特定日期。付息期是指举债企业按债券上载明的期限和规定的利率向持有人支付利息的时间间隔。付息期又分为分期付息和一次付息。分期付息即在债券到期期限内支付利息的时间间隔通常为一年或半年；一次付息就是在债券到期时，本金和利息一次偿付。债券投资是投资者通过购买其他企业发行的企业债券或其他类型的债券而进行的对外投资活动。作为长期投资而购买的债券，债券持有期在一年以上。债券投资属于债券性投资，具有风险小、收益比较固定等特点。企业进行债券投资的目的主要在于：（1）获得高于银行存款利息的固定收益；（2）积累货币以便用于未来的某项大型项目；（3）为分散有价证券的投资风险，选择风险较小的债券与其他有价证券进行组合投资。

（二）债券估价模型

1. **债券估价的基本模型**

企业决定是否购买一种债券，要估计其收益和风险。企业的目标是高收益低风险。债券的价值由每期支付的利息和到期日价值组成，因此我们可以根据货币的时间价值原理推导出债券价值的估计模型：

$$PV = \frac{I_1}{(1+i)^1} + \frac{I_2}{(1+i)^2} + \frac{I_3}{(1+i)^3} + \cdots + \frac{I_n}{(1+i)^n} + \frac{M_n}{(1+i)^n}$$

$$= \sum_{t=1}^{n} \frac{I_t}{(1+i)^t} + \frac{M_n}{(1+i)^n}$$

债券价值=未来各期利息收入的现值合计+未来到期本金或售价的现值

式中，PV 为债券价值；I 为每期支付的债券利息，等于票面利率与面值乘积；M 为债券面值或到期值；i 为贴现率，一般采用当时的市场利率或投资人要求最低报酬率；n 为债券的到期期限。

从债券估价公式可以得到：

第一，债券价值与投资者要求的报酬率（当前市场利率）的变动呈相反方向，即要求的报酬率越高，债券价值越低，反之亦然。这就是利率风险。

第二，投资者要求的报酬率高于债券票面利率，债券市场价值低于债券面值（折价发行）；投资者要求的报酬率低于债券票面利率，债券市场价值高于债券面值（溢价发行）；投资者要求的报酬率等于债券票面利率，债券市场价值等于债券面值（面值发行）。

第三，当债券接近到期日时，债券市场价值向债券面值回归。到期日，债券市场价值等于债券面值。

第四，长期债券的利率风险大于短期债券。

第五，债券价值对市场利率的敏感性与债券未来预期现金流量期限结构有关。货币时间价值观念在这里起作用。

如果不考虑其他市场影响因素的话，以此确定的债券内在价值就是债券的发行价格。

【例 2-22】ABC 公司 20×5 年 2 月 1 日购买了一张面额为 100 万元的债券，其票面利率为 8%，每年 2 月 1 日计算并支付一次利息，并于 5 年后的 1 月 31 日到期。当时的市场利率为 10%，债券的市场价是 92 万元。是否应购买该债券？

$$PV = 100\times8\%\div(1+10\%)^1+100\times8\%\div(1+10\%)^2+100\times8\%\div(1+10\%)^3+100\times8\%\div(1+10\%)^4+100\times8\%\div(1+10\%)^5+100\div(1+10\%)^5$$

$$=\sum_{t=1}^{5}\frac{8}{(1+10\%)^t}+\frac{100}{(1+10\%)^5}$$

$$=8\times(P/A,\ 10\%,\ 5)+100\times(P/F,\ 10\%,\ 5)$$

$$=8\times3.790\,8+100\times0.620\,9$$

$$=92.42(\text{万元})$$

由于债券的价值大于市价，如不考虑风险问题，购买此债券是合算的，它可获得大于 10% 的收益。

2. 其他模型

（1）平息债券。平息债券是指利息在到期时间内平均支付的债券。支付的频率可能是一年一次、半年一次或每季度一次等。计算时应注意的是，凡是利率都可以分为报价利率和有效年利率。当一年内要复利几次时，给出的利率是报价利率，报价利率除以年内复利次数得出计息周期利率，根据计息周期利率可以换算出有效年利率。对于这一规则，利率和折现率都要遵守，否则就破坏了估价规则的内在统一性，也就失去了估价的科学性。

在【例 2-22】中，ABC 公司将“每年付息一次”改为“每半年付息一次”，其他条件不变，是否应购买该债券？

按惯例，票面利率为按年计算的报价利率，每半年计息时按报价利率的 1/2 计算利息，即按 4% 计息，每次支付 40 元。折现率按同样方法处理，每半年期的折现率按 5% 确定。该债券的价值为：

$$PV=(8/2)\cdot(P/A,\ 10\%/2,\ 5\times2)+100\cdot(P/F,\ 10\%/2,\ 5\times2)$$

$$=4\times7.721\,7+100\times0.613\,9$$

$$=92.28(\text{元})$$

由于债券的价值大于市价，如不考虑风险问题，购买此债券是合算的，它可获得大于 10% 的收益。

（2）纯贴现债券（零息债券）。纯贴现债券是指承诺在未来某一确定日期作某一单笔支付的债券。这种债券在到期日前购买人不能得到任何现金支付，因此也称为“零息债券”。如果债券属于零息债券，即在到期之前的各个期间都不向债券持有者支付利息，而是以大大低于面值的价格出售。这两者之间的差异就是债券持有者的收益。其估价公式为：

$$PV=\frac{MV}{(1+K_b)^n}$$

【例 2-23】有一纯贴现债券，面值 1 000 元，20 年期。假设折现率为 10%，其价值为：

$$PV=\frac{1\ 000}{(1+10\%)^{20}}=148.64\ (元)$$

(3) 永久债券。如果债券属于永久债券，即没有到期日，将无限期地支付利息，那么，其估价公式为：

$$V_b=\frac{I_t}{K_b}$$

(4) 流通债券的价值。流通债券是指已发行并在二级市场上流通的债券。流通债券的特点是，到期时间小于债券发行在外的时间。估价的时点不在发行日，可以是任何时点，会产生“非整数计息期”问题。

(三) 债券价值的影响因素

通过债券估价的基本模型可以看出，债券面值、债券期限、票面利率、市场利率、利息支付频率、到期日等是影响债券价值的基本因素。例如，面值越大，债券价值越大；票面利率越大，债券价值越大；折现率越大，债券价值越小；到期时间越短，债券价值越接近其票面价值；从利息支付频率来看，折价出售时债券付息期越短价值越低，溢价出售时情况则恰好相反。这里主要分析债券期限和市场利率对债券价值的敏感性。

1. **债券期限对债券价值的敏感性**

选择长期债券还是短期债券，是公司财务经理经常面临的投资选择问题。由于票面利率的不同，当债券期限发生变化时，债券的价值也会随之波动。

【例 2-24】假定市场利率为 10%，面值 100 元，每年支付一次利息，到期归还本金，票面利率分别为 8%、10% 和 12% 的三种债券，在债券到期日发生变化时的债券价值见表 2-3。

表 2-3　**债券期限变化的敏感性**　单位：元

债券期限	债券价值				
	票面利率 10%	票面利率 8%	环比差异	票面利率 12%	环比差异
0 年期	100	100	—	100	—
1 年期	100	98.172	-1.828	101.808	+1.808
2 年期	100	96.488	-1.684	103.432	+1.624
5 年期	100	92.428	-4.060	107.592	+4.160
10 年期	100	87.760	-4.668	112.340	+4.748
15 年期	100	84.748	-3.012	115.172	+2.832
20 年期	100	83.012	-1.736	117.068	+1.896

通过对表 2-3 中债券期限与债券价值的数据关系分析，可以得出如下结论：

（1）引起债券价值随债券期限的变化而波动的原因是债券票面利率与市场利率的不一致。如果债券票面利率与市场利率之间没有差异，债券期限的变化不会引起债券价值的变动。也就是说，只有溢价债券或折价债券，才产生不同期限下债券价值有所不同的现象。

（2）债券期限越短，债券票面利率对债券价值的影响越小。不论是溢价债券还是折价债券，当债券期限较短时，票面利率与市场利率的差异，不会使债券价值过于偏离债券面值。

（3）债券期限越长，债券价值越偏离于债券面值。而且，溢价债券的期限对债券价值的敏感性会大于折价债券。

（4）随着债券期限的延长，债券价值会越偏离债券面值，但这种偏离的变化幅度最终会趋于平稳。或者说，超长期债券的期限差异，对债券价值的影响不大。

根据上述分析结论，在进行债券投资决策时应当注意，短期的溢价或折价债券对决策的影响并不大；就长期债券来说，溢价债券的价值与票面金额的偏离度较高，会给债券市场价格提供较大的波动空间，应当利用这个波动空间谋取投资的资本价差利得。

2. 市场利率对债券价值的敏感性

债券一旦发行，其面值、期限、票面利率都相对固定了，市场利率成为债券持有期间影响债券价值的主要因素。市场利率是决定债券价值的贴现率，市场利率的变化会造成系统性的利率风险。

【例 2-25】假定现有面值 100 元、票面利率 15% 的 2 年期和 20 年期两种债券，每年付息一次，到期归还本金。当市场利率发生变化时的债券价值见表 2-4。

表 2-4 **市场利率变化的敏感性** 单位：元

市场利率	债券价值	
	2 年期债券	20 年期债券
5%	118.585	224.630
10%	108.640	142.610
15%	100.000	100.000
20%	92.320	75.650
25%	85.600	60.510
30%	79.615	50.240

通过对表 2-4 中债券价值和市场利率的相关数据分析，可以得出如下结论：

（1）市场利率的上升会导致债券价值的下降，市场利率的下降会导致债券价值的上升。

（2）长期债券对市场利率的敏感性会大于短期债券，在市场利率较低时，长期债券的价值远高于短期债券，在市场利率较高时，长期债券的价值远低于短期债券。

（3）市场利率低于票面利率时，债券价值对市场利率的变化较为敏感，市场利率稍有变动，债券价值就会发生剧烈波动；市场利率超过票面利率后，债券价值对市场利率变化的敏感性减弱，市场利率的提高不会使债券价值过分降低。

根据上述分析结论，财务经理在进行债券投资决策时应当注意，长期债券的价值波动较大，特别是票面利率高于市场利率的长期溢价债券，容易获取投资收益但安全性较低，利率风险较大。如果市场利率波动频繁，利用长期债券来储备现金显然是不明智的，将为较高的收益率而付出安全性的代价。

（四）债券的报酬率

1. 债券投资报酬的来源

债券的到期报酬率是指购进债券后一直持有该债券至到期日可获取的报酬率。这个报酬率是按复利计算的报酬率，是能使未来现金流入现值等于债券购入价格的贴现率。

债券投资报酬来源于三个方面：

（1）名义利息收益。债券各期的名义利息收益是其面值与票面利率的乘积。

（2）利息再投资收益。债券投资评价时，有两个重要的假定：第一，债券本金是到期收回的，而债券利息是分期收取的；第二，将分期收取的利息重新投资于同一项目，并取得与本金同等的利息收益率。

【例 2-26】某 5 年期债券面值 100 元，票面利率 12%。如果每期的利息不进行再投资，5 年共获取利息收益 60 元。如果将每期利息进行再投资，第 1 年获利息 12 元；第 2 年 100 元本金获利息 12 元，第 1 年的利息 12 元在第 2 年又获利息收益 1.44 元，第 2 年共获利息收益 13.44 元；以此类推，到第 5 年末累计获利息 76.234 元。事实上，按 12% 的利率水平，100 元本金在第 5 年末的复利终值为 176.234 元，按货币时间价值的原理计算债券投资收益，就已经考虑了再投资因素。在取得再投资收益的同时，承担着再投资风险。

（3）价差收益。它是指债券尚未到期时投资者中途转让债券，在卖价和买价之间的价差上所获得的收益，也称为资本利得收益。

2. 债券的内部收益率

计算债券到期报酬率的方法为“试误法”，求解含有折现率的方程与项目投资中计算内含报酬率的方法相同。

现金流出 = 现金流入

购进价格 = 每年利息×年金现值系数+面值×复利现值系数

$$V=I\cdot(P/A,i,n)+M\cdot(P/F,i,n)$$

式中，V 为债券的价值或购进价格；I 为每期的利息；M 为面值；n 为到期的期数；i 为贴现率。

【例 2-27】（2007 年注册会计师考试真题）资料：2007 年 7 月 1 日发行的某债券，面值 100 元，期限 3 年，票面年利率 8%，每半年付息一次，付息日为 6 月 30 日和 12 月 31 日。

要求：

（1）假设等风险证券的市场利率为 8%，计算该债券的有效年利率和全部利息在 2007 年 7 月 1 日的现值。

（2）假设等风险证券的市场利率为 10%，计算 2007 年 7 月 1 日该债券的价值。

(3) 假设等风险证券的市场利率为12%，2008 年 7 月 1 日该债券的市价是 85 元，试问该债券当时是否值得购买？

(4) 某投资者 2009 年 7 月 1 日以 97 元购入，试问该投资者持有该债券至到期日的报酬率是多少？

参考答案：

(1) 该债券的有效年利率：

$$(1+\frac{8\%}{2})^2-1=8.16\%$$

该债券全部利息的现值：

4×（P/A，4%，6）=4×5.242 1=20.97（元）

(2) 2007 年 7 月 1 日该债券的价值：

4×（P/A，5%，6）+100×（P/F，5%，6）=4×5.075 7+100×0.746 2=94.92（元）

(3) 2008 年 7 月 1 日该债券的市价是 85 元，该债券的价值为：

4×（P/A，6%，4）+100×（P/F，6%，4）=4×3.465 1+100×0.792 1=93.07（元）

该债券价值高于市价，故值得购买。

(4) 该债券的到期报酬率：

4×（P/A，$I_半$，2）+100×（P/F，$I_半$，2）=97

先用 $I_半=5\%$ 试算：

4×（P/A，5%，2）+100×（P/F，5%，2）=4×1.859 4+100×0.907 0=98.14（元）

再用 $I_半=6\%$ 试算：

4×（P/A，6%，2）+100×（P/F，6%，2）=4×1.833 4+100×0.890 0=96.33（元）

用插值法计算：

$$I_半=5\%+\frac{98.14-97}{98.14-96.33}\times(6\%-5\%)=5.63\%$$

年到期报酬率=5.63%×2=11.26%

所以，该债券的到期报酬率为 11.26%。

从此例可以看出，如果买价和面值不等，则报酬率和票面利率不同。

结论如下：(1) 平价发行的债券，其到期报酬率等于票面利率；(2) 溢价发行的债券，其到期报酬率低于票面利率；(3) 折价发行的债券，其到期报酬率高于票面利率。

三、股票估价

(一) 股票的定义及有关概念

股票是股份公司发给股东的所有权凭证，是股东借以取得股利的一种证券。股票持有者即为该公司的股东，对该公司财产有要求权。股票投资具有风险大、收益高的特点，必须进行认真分析和研究，以选择最合适的股票。为了评价股票投资的报酬和风险，要使用以下有关概念：

1. 股票价值

购入股票可在预期的未来获得现金流入。股票的未来现金流入包括两部分，即每期预期股利和出售时得到的价格收入。

股票价值是指其预期的未来现金流入的现值。有时，为了和股票的市价相区别，把股票预期的未来现金流入的现值称为“股票的内在价值”。它是股票的真实价值，也叫理论价值。

2. **股票价格**

股票本身是没有价值的，仅是一种凭证。它之所以有价格，可以买卖，是因为它能定期给持有人带来收入。一般说来，公司第一次发行时，有规定发行总额和每股金额，一旦股票发行后上市买卖，股票价格就与原来的面值分离。这时的价格主要由预期的股利和当时的市场利率决定，即股利的资本化价值决定了股票价格。此外，股票价格还受整个经济环境变化和投资者心理等复杂因素的影响。

股票上市的价格分为开盘价、收盘价、最高价和最低价等。投资人在进行股票评价时主要使用收盘价。股票的价格会随经济形势和公司的经营状况而升降，总的长期趋势是上升。一般情况下，P_0 表示目前普通股市价，P_t 表示在第 t 年底的价格，g 表示股票价格的预期增长率。

3. **股利**

股利是股息和红利的总称。股利是公司从其税后利润中分配给股东的，是公司对股东投资的一种报酬。股利是股东所有权在分配上的体现。股份公司的分配问题主要是股利分配。一般情况下，D 表示股利，D_0 表示最近刚支付的股利，D_t 表示股东预期在第 t 年底收到的股利。

4. **股票的预期报酬率**

股票的预期报酬率不是过去的实际报酬率。股票的预期报酬率包括两部分：预期股利报酬率和预期资本利得报酬率。

股票估价的主要方法是计算其价值，然后和股票的市价比较，视其低于、高于或等于市价，决定其买入、卖出或继续持有。

（二）股票估价

1. **股票估价基本模型**

从理论上说，如果股东不中途转让股票，股票投资没有到期日，投资于股票所得到的未来现金流量是各期的股利。假定某股票未来各期股利为 D_t（t 为期数），R_s 为估价所采用的贴现率即所期望的最低收益率，股票价值的估价模型为：

$$V_s = \frac{D_1}{(1+R_s)^1} + \frac{D_2}{(1+R_s)^2} + \cdots + \frac{D_n}{(1+R_s)^n}$$

$$= \sum_{t=1}^{\infty} \frac{D_t}{(1+R_s)^t}$$

股票根据其持有者的权利不同可以分为优先股与普通股。相应地，股票估价也可以分为优先股估价与普通股估价。

2. **优先股估价**

优先股是特殊的股票，优先股股东每期在固定的时点收到相等的股利，没有到期日，未来的现金流量是一种永续年金，这与前述的永久债券类似。正是由于这个特征，优先股的估价类似于永久债券的估价。其价值的估价公式为：

$$V_{ps}=\sum_{t=1}^{\infty}\frac{I_t}{(1+K_{ps})^t}=\frac{D_t}{K_{ps}}$$

如果以市场价值代替内在价值，可以得到优先股股东预期报酬率：

$$K_{ps}=\frac{D_t}{P_{ps}}$$

如果不考虑发行优先股所涉及的费用项目，这里的优先股股东预期报酬率就是优先股筹资的资本成本率。

3. **普通股估价**

与债券和优先股不同的是，持有期限、股利、贴现率是影响普通股价值的重要因素。如果投资者准备永久持有该股票，未来的贴现率也是固定不变的，那么未来各期不断变化的股利就成为评价股票价值的难题。为此，我们不得不假定未来的股利按一定的规律变化，从而形成几种常用的普通股估价模式。

（1）短期持有股票、未来准备出售的股票估价模型

在一般情况下，股票投资者不仅希望得到股利收入，还希望在持有股票时从股票价格的上涨中获取好处，此时的股票估价模型为：

$$V=\sum_{t=1}^{n}\frac{D_t}{(1+R_s)^t}+\frac{P_n}{(1+R_s)^n}$$

式中，V 为股票的内在价格；P_n 为未来出售时预计的股票价格；R_s 为投资人要求的必要货币报酬率；D_t 为第 t 期的预期股利；n 为预计持有股票的期数。

（2）长期持有股票的股票估价模型

如果公司未来各期发放的股利都相等，并且投资者准备永久持有，那么这种股票与优先股是相类似的。或者说，当固定增长模式中 $g=0$ 时，股票估价模型可简化为：

$$V=\sum_{t=1}^{\infty}\frac{D_t}{(1+R_s)^t}=\frac{D}{R_s}$$

如每年分配股利 3 元，最低报酬率 16%，则：

$$V=\frac{D}{R_s}=\frac{3}{16\%}=18.75\text{（元）}$$

这就是说，该股票每年给你带来 3 元的收益。在市场利率为 16% 即投资人要求的必要货币报酬率的条件下，它相当于 18.75 元资本的收益，所以其价值是 18.75 元。

当然，股票的市价不一定就是 18.75 元，可能高于或低于 18.75 元，这主要取决于投资者对风险的态度。如果当时的市价不等于股票价格，假设市价为 18 元，每年固定股利 3 元，则该股票的预期报酬率为：

$$R_s=\frac{D}{V}\times100\%=\frac{3}{18}\times100\%=16.67\%$$

可见，市价低于股票的价格时，预期报酬率高于最低报酬率。

（3）股利固定增长的股票估价模型

一般来说，公司并没有把每年的盈余全部作为股利分配出去，留存的收益扩大了公司的资本额，不断增长的资本会创造更多的盈余，进一步又引起下期股利的增长。如果公司本期的股利为 D_0，未来各期的股利按上期股利的 g 速度呈几何级数增长，根据股票估价基本模型，股票价值为：

$$V=\sum_{t=1}^{n}\frac{D_0(1+g)^t}{(1+R_s)^t}$$

因为 g 是一个固定的常数，上式可以化简为：

$$V=\frac{D_1}{R_s-g}$$

【例 2-28】（2013 年中级会计师职称考试真题）某投资者购买 A 公司股票，并且准备长期持有，要求的最低收益率为 11%，该公司本年的股利为 0.6 元/股，预计未来股利年增长率为 5%，则该股票的内在价值是每股（　　）元。

A. 10.0　　B. 10.5　　C. 11.5　　D. 12.0

参考答案：B。本题考核股票的价值。股票的内在价值 = 0.6×（1+5%）/（11% - 5%）= 10.5（元）。

（4）股利非固定增长的股票估价模型

在现实生活中有的公司股利是不固定的，在这种情况下，就要分期（分段）计算，才能确定股票的价值。

【例 2-29】一个投资者持有某公司的股票，他的最低投资报酬率为 15%。预期该公司未来 3 年股利将高速增长，增长率为 18%。在此以后转为正常的增长，增长率为 12%。该公司最近支付的股利是 3 元，现计算该公司股票的内在价值。

首先，计算非正常增长期的股利现值（即前 3 年的股利现值），见表 2-5。

表 2-5　前 3 年的股利现值　单位：元

年份	股利	现值系数	现值
1	3×1.18=3.54	0.869 6	3.08
2	3.54×1.18=4.177	0.756 1	3.16
3	4.177×1.18=4.929	0.657 5	3.24
合计			9.48

其次，计算第 3 年底的普通股内在价值为：

$$P_3=\frac{D_4}{R_s-g}=\frac{D_3(1+g)}{R_s-g}=\frac{4.929\times(1+12\%)}{0.15-0.12}=184.02\ (元)$$

其现值 = 184.02×0.658 = 121.09（元）

最后，计算股票目前的内在价值为：

V = 9.48+121.09 = 130.57（元）

（5）市盈率分析

①用市盈率估计股价高低

市盈率是股票市价和每股盈利之比，以股价是每股盈利的倍数表示。这样，市盈率可以粗略反映股价的高低，表明投资者愿意用盈利的多少倍的货币来购买这种股票，是市场对该股票的评价。

股票市价 = 该股票市盈率×该股票每股盈利

股票价值 = 行业平均市盈率×该股票每股盈利

根据证券机构或刊物提供的同类股票过去若干年的平均市盈率，乘以当前的每股盈利，可以得出股票的公平价值，用它和当前市价比较，可以看出所付价格是否合理。例如，某公司的股票每股盈利 2 元，市盈率是 9，行业类似股票的平均市盈率是 10，则：

股票价值 = 3×10 = 30（元）

股票市价 = 3×9 = 27（元）

说明市场对该股票的评价略低，股票基本正常，有一定吸引力。

②用市盈率估计股票的风险

一般认为，股票的市盈率比较高，表明投资者对公司的未来充满信任。愿意为每 1 元盈利多付买价，这种股票的风险较小。但是，当股市受到不正常因素干扰时，某种股票的市价被哄抬到不应有的高度，市盈率会很高，很可能是股价下跌的前兆，风险相当大。如果股票的市盈率比较低，表明投资者对公司的未来缺乏信心，不愿意为每 1 元盈利多付买价。这种股票的前景比较悲观，其风险比较大。

过高或过低的市盈率都不是好兆头，西方国家的平均市盈率为 10 ~ 11。市盈率为 5 ~ 20 比较正常。应研究投资股票市盈率的长期变化，估计其正常值，作为分析的基础。各行业的正常值是有区别的，预期将发生通货膨胀或提高利率时，市盈率会普遍下降，债务比重大的公司市盈率比较低，预期公司利润增长时，市盈率会上升。

（三）股票投资的收益率

1. 股票收益的来源

股票投资的收益由股利收益、股利再投资收益、转让价差收益三部分构成。并且，只要按货币时间价值的原理计算股票投资收益，就无须单独考虑再投资收益的因素。

2. 股票的内部收益率

股票的内部收益率，是使得股票未来现金流量贴现值等于目前的购买价格时的贴现率，也就是股票投资项目的内含报酬率。股票的内部收益率高于投资者所要求的最低报酬率时，投资者才愿意购买该股票。在固定增长股票估价模型中，用股票的购买价格 P_0 代替内在价值 V_s，有：

$$R=\frac{D_1}{P_0}+g$$

从上式可以看出，股票投资内部收益率由两部分构成：一部分是预期股利收益率 D_1/P_0；另一部分是股利增长率 g。

如果投资者不打算长期持有股票，而将股票转让出去，则股票投资的收益由股利收益和资本利得（转让价差收益）构成。这时，股票内部收益率 R 是使股票投资净现值为零时的贴现率，计算公式为：

$$NPV=\sum_{t=1}^{n}\frac{D_t}{(1+R)^t}+\frac{P_t}{(1+R)^n}-P_0=0$$

【例 2-30】某投资者 2012 年 3 月购入 A 公司股票 1 000 股，每股购买价 3.2 元；A 公司 2013 年、2014 年、2015 年分别派发现金股利 0.25 元/股、0.32 元/股、0.45 元/股；该投资者 2015 年 3 月以每股 3.5 元的价格售出该股票，则 A 股票内部收益率的计算为：

$$NPV=\frac{0.25}{1+R}+\frac{0.32}{(1+R)^2}+\frac{0.45}{(1+R)^3}+\frac{3.5}{(1+R)^3}-3.2=0$$

当 R = 12% 时，

NPV=45.35（元）

当 R=14%时，

NPV=-34.21（元）

用插值法计算：

$$R=12\%+2\%\times\frac{45.35}{45.35+34.21}=13.14\%$$

课后习题

一、单项选择题

1.（2009年中级会计师职称考试真题）已知某公司股票的β系数为0.5，短期国债收益率为6%，市场组合收益率为10%，则该公司股票的必要收益率为（　　）。

A. 6%　　B. 8%　　C. 10%　　D. 16%

2.（2009年中级会计师职称考试真题）企业进行多元化投资，其目的之一是（　　）。

A. 追求风险　B. 消除风险　C. 减少风险　D. 接受风险

3.（2013年中级会计师职称考试真题）下列各种风险应对措施中，能够转移风险的是（　　）。

A. 业务外包　　B. 多元化投资

C. 放弃亏损项目　　D. 计提资产减值准备

4.（2009年注册会计师考试真题）下列事项中，能够改变特定企业非系统风险的是（　　）。

A. 竞争对手被外资并购　　B. 国家加入世界贸易组织

C. 汇率波动　　D. 货币政策变化

5.（2011年注册会计师考试真题）下列关于投资组合的说法中，错误的是（　　）。

A. 有效投资组合的期望收益与风险之间的关系，既可以用资本市场线描述，也可以用证券市场线描述

B. 用证券市场线描述投资组合（无论是否有效地分散风险）的期望收益与风险之间的关系的前提条件是市场处于均衡状态

C. 当投资组合只有两种证券时，该组合收益率的标准差等于这两种证券收益率标准差的加权平均值

D. 当投资组合包含所有证券时，该组合收益率的标准差主要取决于证券收益率之间的协方差

6.（2013年注册会计师考试真题）下列关于两种证券组合的机会集曲线的说法中，正确的是（　　）。

A. 曲线上的点均为有效组合

B. 曲线上报酬率最低点是最小方差组合点

C. 两种证券报酬率的相关系数越大，曲线弯曲程度越小

D. 两种证券报酬率的标准差越接近，曲线弯曲程度越小

7.（2013年注册会计师考试真题）证券市场线可以用来描述市场均衡条件下单项资产或资产组合的期望收益与风险之间的关系。当投资者的风险厌恶感普遍减弱时，会导致证券市场线（　　）。

A. 向上平行移动　　B. 向下平行移动

C. 斜率上升　　D. 斜率下降

8.（2014年注册会计师考试真题）假设银行利率为i，从现在开始每年年末存款1元，n年后的本利和为$\frac{(1+i)^{n}-1}{i}$元。如果改为每年年初存款，存款期数不变，n年后的本利和应为（　　）元。

A. $\frac{(1+i)^{n+1}-1}{i}$　　B. $\frac{(1+i)^{n+1}-1}{i}-1$

C. $\frac{(1+i)^{n+1}-1}{i}+1$　　D. $\frac{(1+i)^{n-1}-1}{i}+1$

9.（2013年注册会计师考试真题）甲公司平价发行5年期的公司债券，债券票面利率为10%，每半年付息一次，到期一次偿还本金。该债券的有效年利率是（　　）。

A. 9.5%　　B. 10%　　C. 10.25%　　D. 10.5%

10.（2009年中级会计师职称考试真题）债券的年实际利息收入与买入该债券实际价格的比率是（　　）。

A. 票面收益率　B. 必要收益率　C. 直接收益率　D. 持有期收益率

11.（2013年中级会计师职称考试真题）已知（P/A，8%，5）= 3.992 7，（P/A，8%，6）= 4.622 9，（P/A，8%，7）= 5.206 4，则6年期、折现率为8%的预付年金现值系数是（　　）。

A. 2.992 7　　B. 4.206 4　　C. 4.992 7　　D. 6.206 4

12.（2009年注册会计师考试真题）甲投资方案的寿命期为1年，初始投资额为6 000万元，预计第1年年末扣除通货膨胀影响后的实际现金流为7 200万元，投资当年的预期通货膨胀率为5%，名义折现率为11.3%，则该方案能够提高的公司价值为（　　）。

A. 469万元　　B. 668万元　　C. 792万元　　D. 857万元

13.（2014年注册会计师考试真题）假设折现率保持不变，溢价发行的平息债券自发行后债券价值（　　）。

A. 直线下降，至到期日等于债券面值

B. 波动下降，到期日之前一直高于债券面值

C. 波动下降，到期日之前可能等于债券面值

D. 波动下降，到期日之前可能低于债券面值

14.（2013年注册会计师考试真题）资本市场有效，股利稳定增长，股票资本利得收益等于流动股票的（　　）。

A. 股利收益率　　B. 持续增长率

C. 期望收益率　　D. 风险收益率

15.（2009年中级会计师职称考试真题）投资者对股票、短期债券和长期债券进行投资，共同的目的是（　　）。

A. 合理利用暂时闲置资金　　B. 获取长期资金

C. 获取控股权　　D. 获取收益

16.（2014年中级会计师职称考试真题）持续通货膨胀期间，投资人会把资本投向实体性资产，减持证券资产，这种行为所规避的证券投资风险类别是（　　）。

A. 经营风险　　B. 变现风险

C. 在投资风险　　D. 购买力风险

17.（2010年注册会计师考试真题）某公司拟使用短期借款进行筹资。下列借款条件中，不会导致实际利率（利息与可用贷款额的比率）高于名义利率（借款合同规定的利率）的是（　　）。

A. 按贷款一定比例在银行保持补偿性余额

B. 按贴现法支付银行利息

C. 按收款法支付银行利息

D. 按加息法支付银行利息

18.（2013年注册会计师考试真题）甲公司按年利率10%向银行借款1 000万元，期限1年。若银行要求甲公司维持借款金额10%的补偿性余额，该项借款的有效年利率为(　　)。

A. 9.09%　　B. 10%　　C. 11%　　D. 11.11%

二、多项选择题

1.（2014年注册会计师考试真题）下列因素中，影响资本市场线中市场均衡点的位置的有（　　）。

A. 无风险利率　　B. 风险组合的期望报酬率

C. 风险组合的标准差　　D. 投资者个人的风险偏好

2.（2009年注册会计师考试真题）下列关于资金时间价值系数关系的表述中，正确的有（　　）。

A. 普通年金现值系数×投资回收系数=1

B. 普通年金终值系数×偿债基金系数=1

C. 普通年金现值系数×（1+折现率）= 预付年金现值系数

D. 普通年金终值系数×（1+折现率）= 预付年金终值系数

3.（2014年中级会计师职称考试真题）根据资本资产定价模型，下列关于β系数的说法中，正确的有（　　）。

A. β值恒大于0

B. 市场组合的β值恒等于1

C. β系数为0表示无系统风险

D. β系数既能衡量系统风险也能衡量非系统风险

4.（2009年中级会计师职称考试真题）企业发行票面利率为i的债券时，市场利率为 k，下列说法中正确的有（　　）。

A. 若 $i<k$，债券溢价发行　　B. 若 $i>k$，债券折价发行

C. 若 $i>k$，债券溢价发行　　D. 若 $i<k$，债券折价发行

5.（2012 年注册会计师考试真题）下列关于债券价值的说法中，正确的有（　　）。

A. 当市场利率高于票面利率时，债券价值高于债券面值

B. 当市场利率不变时，随着债券到期时间的缩短，溢价发行债券的价值逐渐下降，最终等于债券面值

C. 当市场利率发生变化时，随着债券到期时间的缩短，市场利率变化对债券价值的影响越来越小

D. 当票面利率不变时，溢价出售债券的计息期越短，债券价值越大

6.（2009 年注册会计师考试真题）应用市盈率模型评估企业的股权价值，在确定可比企业时需要考虑的因素有（　　）。

A. 收益增长率　　B. 销售净利率

C. 未来风险　　D. 股利支付率

三、判断题

1.（2013 年中级会计师职称考试真题）当通货膨胀率大于名义利率时，实际利率为负值。（　　）

2.（2014 年中级会计师职称考试真题）根据证券投资组合理论，在其他条件不变的情况下，如果两项贷款的收益率具有完全正相关关系，则该证券投资组合不能够分散风险。（　　）

3.（2009 年中级会计师职称考试真题）在资产组合中，单项资产 β 系数不尽相同，通过替换资产组合中的资产或改变资产组合中不同资产的价值比例，可能改变该组合的风险大小。（　　）

4.（2009 年中级会计师职称考试真题）某期即付年金现值系数等于 $1+i$ 乘以同期普通年金现值系数。（　　）

四、计算题

（2013 年中级会计师职称考试真题）丙公司是一家汽车配件制造企业，近期的销售量迅速增加。为满足生产和销售的需求，丙公司需要筹集资金 495 000 元用于增加存货，占用期限为 30 天。现有 3 个可满足资金需求的筹资方案。

方案 1：利用供应商提供的商业信用，选择放弃现金折扣，信用条件为“2/10，N/40”。

方案 2：向银行贷款，借款期限为 30 天，年利率为 8%。银行要求的补偿性金额为借款额的 20%。

方案 3：以贴现法向银行借款，借款期限为 30 天，月利率为 1%。

要求：

（1）如果丙公司选择方案 1，计算其放弃现金折扣的机会成本。

（2）如果丙公司选择方案 2，为获得 495 000 元的实际用款额，计算该公司应借款总

额和该笔借款的实际年利率。

（3）如果丙公司选择方案3，为获得495 000元的实际用款额，计算该公司应借款总额和该笔借款的实际年利率。

（4）根据以上各方案的计算结果，为丙公司选择最优筹资方案。

第三章 长期筹资

学习目标

（1）理解企业的筹资动机、掌握筹资规模预测方法；

（2）掌握长期债务筹资的种类、借款程序、债券发行资格与条件、融资租赁的测算方法；

（3）掌握普通股筹资的发行条件、发售方式、发行价格及股票上市条件等；

（4）掌握优先股与普通股的区别、特点，掌握可转换债券的特性及其基本要素，了解认股权证的特点及其在筹资决策中的应用。

任何企业在创业和发展过程中都需要筹资。企业筹资活动是企业重要的财务活动之一，是企业财务管理的一项重要内容。企业筹资活动是指企业作为筹资主体，根据经营活动、投资活动和资本结构调整等需要，通过一定的金融市场和筹资渠道，采用一定的筹资方式，经济有效地筹措和集中资本的活动。因此，本章首先对长期筹资的动机、渠道、筹资规模预测方法进行概述，在此基础上主要介绍长期筹资的具体方式，即长期债务筹资、股权筹资和混合筹资。

第一节 长期筹资概述

长期筹资是企业筹资的主要方面。本节主要介绍企业筹资的动机、渠道与方式、筹资规模的预测方法，以便对企业长期筹资有总体的把握。

一、企业筹资的动机

企业筹资的基本目的是维持自身的生存与发展，而每次筹资活动又通常受特定的筹资动机所驱使。具体说来，企业筹资的动机有以下几种：

1. **扩张性筹资动机**

扩张性筹资动机是企业为扩大生产经营规模或增加对外投资而产生的追加筹资的动机。处于成长时期、具有良好发展前景的企业通常会产生这种筹资需求。例如，企业产品供不应求、需要增加市场供应，开发生产适销对路的新产品，追加有利的对外投资规模，开拓有发展前途的对外投资领域等，往往需要追加筹资。扩张性筹资动机所产生的直接结果，是企业资产总额和资本总额的增加。

【例 3-1】M 公司根据扩大生产经营的需要，现追加筹资 1 000 万元，用于追加存货价值 500 万元、追加固定资产 500 万元，企业采取借款方式筹集资金，短期借款和长期借款各追加 500 万元，其他项目没有发生变化。在采取这种扩张性筹资后，该公司的资产和资本总额见表 3-1。

表 3-1　　**M 公司扩张性筹资资产资本变动表**　　单位：万元

资产	扩张前	扩张后	负债和权益	扩张前	扩张后
现金	100	100	应付账款	500	500

续表

资产	扩张前	扩张后	负债和权益	扩张前	扩张后
应收账款	2 000	2 000	短期借款	600	1 100
存货	500	1 000	长期借款	3 000	3 500
长期股权投资	1 000	1 000	应付债券	500	500
固定资产	4 000	4 500	股东权益	3 000	3 000
资产总额	7 600	8 600	资本总额	7 600	8 600

通过表 3-1 可以看出，该公司采取扩张性筹资后，资产总额从 7 600 万元增加到 8 600万元，相应地，资本总额也从 7 600 万元增加到 8 600 万元，这是公司扩张性筹资带来的直接结果。

2. **调整性筹资动机**

调整性筹资动机是企业因调整现有资本结构的需要而产生的筹资动机。

资本结构是指企业各种筹资的构成及其比例关系，企业的资本结构是由企业采取的各种筹资方式组合而成的。一个企业在不同时期由于筹资方式的不同组合会形成不尽相同的资本结构，随着相关情况的变化，现有的资本结构可能不再合理，需要相应地予以调整，使之趋于合理。

在【例 3-1】中，M 企业由于客观情况的变化，现有的资本结构中债务筹资所占比例过大，财务风险过高，偿债压力过大，需要降低债务筹资的比例，因而采取债转股等措施予以调整，使资本结构适应客观情况的变化而趋于合理。在采取这种调整性筹资后，该公司的资产和资本变化见表 3-2。

表 3-2　**M 公司调整性筹资资产资本变动表**　单位：万元

资产	扩张前	扩张后	负债和权益	扩张前	扩张后
现金	100	100	应付账款	500	500
应收账款	2 000	2 000	短期借款	600	600
存货	500	500	长期借款	3 000	1 000
长期股权投资	1 000	1 000	应付债券	500	500
固定资产	4 000	4 000	股东权益	3 000	5 000
资产总额	7 600	7 600	资本总额	7 600	7 600

通过表 3-2 可以看出，该公司采取调整性筹资后，企业的资产总额和资本总额并未发生变化，但资本结构发生了变化，长期借款从 3 000 万元降至了 1 000 万元，与此同时，股东权益却从 3 000 万元增至了 5 000 万元。

【例 3-2】(2014 年中级会计师资格考试真题) 调整性筹资动机是指企业因调整公司业务所产生的筹资动机。(　　)

参考答案：×。调整性筹资动机是指企业因调整资本结构而产生的筹资动机。

3. **混合性筹资动机**。

企业既为扩大生产经营规模或投资规模又为调整资本结构而产生的筹资动机，称为混合性筹资动机，这种动机中兼容了扩张性筹资和调整性筹资两种筹资动机，在这种混合性筹资动机的驱使下，企业通过筹资，既扩大了资产和资本的规模，又调整了资本结构。

在【例3-1】中，M公司根据扩大经营规模的需要，追加存货和固定资产投资各500万元，共需筹资1 000万元，同时也为了调整现有的资本结构，通过债转股的方式予以调整1 000万元。在采取这种混合性筹资后，该公司的资产和资本变化见表3-3。

表3-3　**M公司混合性筹资资产资本变动表**　单位：万元

资产	扩张前	扩张后	负债和权益	扩张前	扩张后
现金	100	100	应付账款	500	500
应收账款	2 000	2 000	短期借款	600	600
存货	500	1 000	长期借款	3 000	2 000
长期股权投资	1 000	1 000	应付债券	500	500
固定资产	4 000	4 500	股东权益	3 000	5 000
资产总额	7 600	8 600	资本总额	7 600	8 600

通过表3-3可以看出，该公司采取混合性筹资后，公司的资产总额和资本总额发生了变化，从7 600万元增至8 600万元；公司的资本结构也发生了变化，长期借款从3 000万元降至2 000万元，与此同时，股东权益却从3 000万元增至5 000万元。这说明，一方面，企业扩张性需求也是通过增加股东权益1 000万元来完成的；另一方面，公司利用债转股使长期借款1 000万元变成了股东权益1 000万元。

二、企业筹资规模的预测

筹资规模是指一定时期内企业筹资总额。为了确保筹集来的资金既能满足生产经营的需要，又不会有太多的闲置，企业必须在筹资之前，采用一定的方法，合理预测其所需资金数量，即确定筹资规模。常用的预测资金需要量的方法如下：

1. **定性预测法**

定性预测法主要是利用直观的材料，依靠个人经验的主观判断和分析能力，对未来资金的需要数量做出预测。这种方法一般是在企业缺乏完备、准确的历史资料的情况下采用的。其预测过程是：首先由熟悉财务情况和生产经营情况的专家，根据过去所积累的经验，进行分析判断，提出预测的初步意见，然后，通过召开座谈会或发出各种表格等形式，对上述预测的初步意见进行修正补充。这样经过一次或几次以后，得出预测的最终结果。

定性预测法尽管十分有用，但不能揭示资金需要量与有关因素之间的数量关系。例如，预测资金需要量应和企业生产经营规模相联系。生产规模扩大、销售数量增加，会引起资金需求量增加；反之，则会使资金需求量减少。

2. **销售百分比法**

销售百分比法是首先假设收入、费用、资产、负债与销售收入存在稳定的百分比关系，根据预计销售额和相应的百分比预计资产、负债和所有者权益，然后利用会计等式确定资金需要量，即筹资规模。

这种方法的主要优点是成本低，便于了解主要变量之间的关系，能为财务管理提供短期预计的财务报表，以适应外部筹资的需要，且易于使用。但这种方法也有一定的局限性，倘若有关固定比率的假定失实，据以进行预测就会形成错误的结果。由于存在规模经济现象和批量购销问题，资产、负债、收入、成本与销售额不一定成正比。因此，在有关因素发生变动的情况下，必须相应地进行调整。

【例 3-3】（2012 年注册会计师考试真题）销售百分比法是预测企业未来融资需求的一种方法。下列关于应用销售百分比法的说法中，错误的是（ ）。

A. 根据预计存货/销售百分比和预计销售收入，可以预测存货的资金需求

B. 根据预计应付账款/销售百分比和预计销售收入，可以预测应付账款的资金需求

C. 根据预计金融资产/销售百分比和预计销售收入，可以预测可动用的金融资产

D. 根据预计销售净利率和预计销售收入，可以预测净利润

参考答案：C。销售百分比法下，经营资产和经营负债通常与销售收入成正比，但是金融资产和销售收入之间不存在正比例变动的关系，因此不能根据金融资产与销售收入的百分比来预测可动用的金融资产，所以，选项 C 不正确。

具体的计算方法有两种：一是先根据销售总额预计资产、负债和所有者权益的总额，然后确定资金的需要量；二是根据销售的增加额预计资产、负债和所有者权益的增加额，然后确定资金的需要量。

（1）根据销售总额确定资金需要量。

【例 3-4】假设 M 企业本年销售额为 4 000 万元，净利润为 136 万元，年末资产、负债和所有者权益见表 3-4，下年预计销售额为 5 000 万元，则预测的步骤如下：

第一步，确定销售百分比。

资产负债表项目占销售额的百分比，可以根据上年有关数据确定，也可以根据以前若干年度的平均数确定。但要注意区分直接随销售额变动的资产、负债项目与不随销售额变动的资产、负债项目。不同企业销售额变动引起资产、负债变化的项目及比率是不同的，需要根据历史数据逐项研究确定。就本例而言，流动资产和固定资产都随销售额变动，并假设成正比；应付账款和预提费用与销售额成正比；而其他负债项目（包括短期借款、应付票据、长期负债）和股东权益项目与销售无关（表 3-4 中以 N 表示）。

表 3-4 **M 企业的资金需要量** 金额单位：万元

项 目	年末实际金额	销售百分比（%）（本年销售额 4 000 万元）	下年计划金额（下年销售额 5 000 万元）
资产：			
流动资产	700	17.5	875
非流动资产	1 300	32.5	1 625
资产合计	2 000		2 500
负债及所有者权益：			
短期借款	60	N	60

续表

项　目	年末实际金额	销售百分比（%）（本年销售额 4 000 万元）	下年计划金额（下年销售额 5 000 万元）
应付票据	5	N	5
应付账款	176	4.4	220
应交税费	9	0.225	11.25
非流动负债	810	N	810
负债合计	1 060		1 106.25
实收资本	100	N	100
资本公积	16	N	16
留存收益	824	N	943
所有者权益合计	940		1 059
外部筹资额			334.75
总　计	2 000		2 500

第二步，计算预计销售额下的资产和负债。

资产（负债）= 预计销售额×各项目的销售百分比

流动资产 = 5 000×17.5% = 875（万元）

非流动资产 = 5 000×32.5% = 1 625（万元）

应付账款 = 5 000×4.4% = 220（万元）

应交税费 = 5 000×0.225% = 11.25（万元）

在此基础上预计总资产：

总资产 = 875+1 625 = 2 500（万元）

预计不增加借款情况下的总负债（无关项目按上年数计算）：

总负债 = 60+5+220+11.25+810 = 1 106.25（万元）

第三步，预计留存收益，以确定内部资金来源的数额。

留存收益是公司内部筹资来源。只要企业有盈利并且不是全部支付股利，留存收益就会使所有者权益自然增长。留存收益可以全部满足或部分满足企业的资金需要。这部分资金的多少，取决于收益的多少和股利支付率的高低。

留存收益增加 = 预计销售额×销售净利率×（1-股利支付率）

假设股利支付率为 30%，销售净利率与上年相同为 3.4%（136÷4 000），则留存收益增加额为：

留存收益增加额 = 5 000×3.4%×（1-30%）= 119（万元）

企业可以从内部筹到的资金数额为 119 万元。

所有者权益总额 = 940+119 = 1 059（万元）

第四步，计算外部筹资额。

外部筹资额 = 预计总资产-预计总负债-预计所有者权益

= 2 500-1 106.25-1 059 = 334.75（万元）

该企业为完成销售额 5 000 万元，需要增加 500 万元（2 500-2 000）资金，负债的自然增长提供 46.25 万元（220+11.25-176-9），留存收益提供 119 万元，本年应从外部再筹资 334.75 万元（500-46.25-119）。

（2）根据销售增加额确定资金需要量。

外部筹资额=资产增加-负债自然增加额-留存收益增加额

$$=\left(\frac{资产销售}{百分比}\times\frac{新增}{销售额}\right)-\left(\frac{负债销售}{百分比}\times\frac{新增}{销售额}\right)-\left[\frac{预测期}{销售收入}\times\frac{预测期销售}{净利率}\times\left(1-\frac{股利}{支付率}\right)\right]$$

在【例 3-4】中，外部筹资额为：

外部筹资额=（50%×1 000）-（4.625%×1 000）-［5 000×3.4%×（1-30%）］

=500 - 46.25 - 119

=334.75（万元）

【例 3-5】（2011 年中级会计师职称考试真题）某公司 2011 年预计营业收入为 50 000 万元，预计销售净利率为 10%，股利支付率为 60%。据此可以测算出该公司 2011 年内部资金来源的金额为（　　）。

A. 2 000 万元　　　　B. 3 000 万元

C. 5 000 万元　　　　D. 8 000 万元

参考答案：A。本题考核的是销售百分比法。预测期内部资金来源=预测期销售收入×预测期销售净利率×（1-股利支付率），则 2011 年内部资金来源的金额=50 000×10%×（1-60%）=2 000（万元）。所以本题选 A。

3. 回归直线法

回归直线法是假定资金需要量与销售额之间存在线性关系从而建立数学模型，然后根据历史有关资料，用回归直线方程确定参数预测资金需要量的方法。在这种方法下，按照资金同销售额之间的储存关系，把资金区分为不变资金和变动资金。因变量 y 为预计资金需要量，自变量 x 为预计销售额，a 为不变资金，b 为变动资金，建立数学模型“y=a+bx”，根据历史资料和回归分析的最小二乘法可以求出直线方程的系数 a 和 b，然后根据预计销售额和直线方程预计资金需要量。

这是一种简单而又准确的预测方法，但在运用时必须注意：资金需要量与销售额之间应具有一定的相关性，否则不宜采用；为了提高结果的准确性，利用的历史资料应不少于 3 年；在具体测算中，应考虑通货膨胀等因素对资金需要量的影响。

【例 3-6】（2014 年中级会计师职称考试真题）下列销售预测方法中，属于因果预测分析的是（　）。

A. 指数平衡法　　　　B. 移动平均法

C. 专家小组法　　　　D. 回归直线法

参考答案：D。因果预测分析法是指通过影响产品销售量的相关因素以及它们之间的函数关系，并利用这种函数关系进行产品销售预测的方法。因果预测分析法最常用的是回归直线法。

4. 其他方法

（1）使用计算机进行财务预测。对于大型企业来说，无论是销售百分比法还是回归直线法都显得过于简化。实际上影响筹资需求的变量很多，如产品的组合、信用政策、价格政策等。把这些变量纳入预测模型后，计算量大增，手工处理已很难胜任，使用计算机是必要的。其主要优点是：速度比手工快得多，特别当预测期间是几年或者要分月时；如果要改变一个输入参数，软件能自动重新计算所有预测数据，更能适应环境的变化。

（2）通过编制现金预算预测资金的需要量。现金预算是对未来现金流量进行详尽的描述，它不仅是计划工具，也是预测工具。

三、企业筹资的渠道与方式

企业筹资活动需要通过一定的渠道并采用一定的方式来完成。筹资渠道就是指企业筹措资金的来源与通道。筹资方式是指可供企业筹措资金时选用的具体筹资形式。资金从哪里来和如何取得资金既有联系，又有区别。同一渠道的资金往往可以采用不同的方式取得，而同一筹资方式又往往适用于不同的资金渠道。

（一）筹资渠道

目前，我国企业的筹资渠道主要包括：

1. 国家财政资金

国家财政资金历来是国有企业筹资的主要来源，政策性很强，通常只有国有独资或国有控股企业才能使用。由于国家财政资金有稳固的基础，并在国有企业资本金预算中安排，今后仍然是国有独资或国有控股企业股权资本筹资的重要渠道。

2. 银行信贷资金

银行信贷资金是各类企业筹资的重要来源。银行一般分为商业银行和政策性银行。商业银行（如中国工商银行、中国农业银行、中国建设银行、中国银行、交通银行等）可以为各类企业提供各种商业性贷款；政策性银行（如国家开发银行、中国农业发展银行和中国进出口银行）主要为特定企业提供一定的政策性贷款。银行信贷方式灵活多样，可以适应各类企业长短期债务资本筹集的需要。

3. 非银行金融机构资金

非银行金融机构资金也可以为一些企业提供一定的筹资来源。非银行金融机构是指除银行以外的各种金融机构及金融中介机构，如租赁公司、保险公司、企业集团的财务公司、信托投资公司和证券公司等。

4. 其他法人资金

其他法人资金有时也可以为筹资企业提供一定的筹资来源。在我国，法人包括企业法人、事业单位法人和团体法人等。它们在日常的资本运营中，也可能形成部分闲置的资本，为了让其发挥一定的效用，需要相互融通，这就为企业提供了一定的筹资来源。

5. 企业内部积累资金

企业内部积累资金是企业的盈余公积和未分配利润累积起来的资金，这是企业内部筹资的主要渠道，比较便捷，有盈利的企业都可以加以利用。

6. 民间资金

民间资金可以为企业直接提供筹资来源。我国众多的民营企业和城乡居民持有大量的货币资本，可以直接对一些企业进行投资。

7. 外资和港澳台资金

对于外国资金以及我国香港、澳门和台湾地区的投资者持有的资金，企业也可以吸收利用。

对我国企业而言，在上述各种筹资渠道中，国家财政资金、其他法人资金、企业内部积累资金、民间资金、外资和港澳台资金，可以成为特定企业股权资本的筹资渠道；银行信贷资金、非银行金融机构资金、其他法人资金、民间资金、外资和港澳台资金，可以成为特定企业债务资本的筹资渠道。

（二）筹资方式

筹资方式是指企业筹集资金所采用的具体形式。不同的筹资方式各具特点，企业应根据自身条件选择适当的筹资方式以及进行不同筹资方式的有效组合，以达到提高筹资效益和降低筹资风险的目的。

目前，我国企业的筹资方式主要有：（1）吸收直接投资；（2）发行股票；（3）发行公司债券；（4）银行借款；（5）商业信用；（6）利用留存收益；（7）融资租赁。其中，吸收直接投资和发行股票属于权益性筹资方式，其余几种属于债务性筹资方式。下文将按照资本属性的不同，将企业筹资的具体方式分为长期债务筹资、股权筹资和混合筹资三大类，并进行详细阐述。

（三）筹资渠道与筹资方式的对应关系

筹资渠道解决的是资金来源问题，筹资方式则解决通过何种方式取得资金的问题，它们之间存在一定的对应关系。一定的筹资方式可能只适用于某一特定的筹资渠道，但是同一渠道的资金往往可采用不同的方式去取得。它们之间的对应关系可用表 3-5 体现。

表 3-5　**筹资方式与筹资渠道之间的对应关系**

	吸收直接投资	发行股票	银行借款	发行公司债券	商业信用	融资租赁
国家财政资金	√	√				
银行信贷资金			√	√		
非银行金融机构资金				√		
其他法人资金	√	√		√	√	
企业内部积累资金	√	√				
民间资金	√	√		√		
外资和港澳台资金	√	√		√		√

四、筹资管理的原则

企业筹资管理的基本要求是要在严格遵守国家法律法规的基础上，分析影响筹资的各种因素，权衡资金的性质、数量、成本和风险，合理选择筹资方式，提高筹资效果。

（一）依法筹资

企业的筹资行为和筹资活动必须遵循国家的相关法律法规，依法履行法律法规和投资合同约定的责任，合法合规筹资，依法披露信息，维护各方的合法权益。

（二）规模适度

企业要根据生产经营及其发展的需要，合理预测资金的需要量。筹资规模与资金需要量应当匹配一致。

（三）取得及时

企业筹集资金，要根据资金需求的具体情况，合理安排资金的筹集到位时间，适时取得资金，使筹资与用资在时间上相衔接。

（四）来源经济

企业应当了解各种筹资渠道，在考虑筹资难易程度和筹资成本后，认真选择筹资渠道，并选择经济可行的筹资方式，力求降低筹资成本。

（五）结构合理

企业筹资要综合考虑股权资金与债务资金的关系、长期资金与短期资金的关系、内部筹资与外部筹资的关系，优化资本结构，保持适当的偿债能力，防范企业财务危机。

【例3-7】（2012年中级会计师职称考试真题）下列各项中，属于企业筹资管理应当遵循的原则有（　　）。

A. 依法筹资　　B. 负债最低

C. 规模适度　　D. 结构合理

参考答案：ACD。筹资管理的原则有：（1）依法筹资；（2）规模适度；（3）取得及时；（4）来源经济；（5）结构合理。

第二节　长期债务筹资

债务资本是企业的借入资本，是企业一项重要的资金来源。债务筹资即通过负债筹集资金，是企业筹集资金的主要方式。按所筹资金可使用时间的长短，债务资本筹资可分为长期债务资本筹资和短期债务资本筹资两类。长期债务资本，是指偿还期在一年或超过一年的一个营业周期以上的债务。长期债务资本的筹资方式主要有长期借款、发行债券和融资租赁。

一、长期借款

长期借款（long-term loans）是指企业向银行或其他非银行金融机构借入的使用期超过一年的各种借款，主要用于购建固定资产和满足长期资金占用的需要。长期借款是各类企业筹集长期资金的一种重要方式。

（一）长期借款的种类

长期借款的种类很多，各企业可根据自身的情况和各种借款条件选用。

（1）按提供贷款的机构不同可分为政策性银行贷款、商业银行贷款和非银行金融机构贷款。

（2）按贷款用途可分为固定资产贷款、更新改造贷款、科技开发和新产品试制贷款等。

（3）按有无担保可分为信用贷款和抵押贷款。信用贷款（unsecured loans）是指不需要企业提供抵押品，仅凭其信用或担保人信誉而发放的贷款。抵押贷款（mortgage loans）是指要求企业以抵押品作为担保的贷款。抵押品可以是汇票、支票、债券、存款单、提单等信用凭证，也可以是依法可以转让的股份、股票等有价证券，还可以是依法可以转让的商标专用权、专利权、著作权中的财产权等。抵押贷款有利于降低银行贷款的风险，提高贷款的安全性。

【例 3-8】（2014 年中级会计师职称考试真题）企业可以将某些资产作为质押品向商业银行申请质押贷款。下列各项中，不能作为质押品的是（　　）。

A. 厂房　　B. 股票

C. 汇票　　D. 专利权

参考答案：A。作为贷款担保的质押品，可以是汇票、支票、债券、存款单、提单等信用凭证，也可以是依法可以转让的股份、股票等有价证券，还可以是依法可以转让的商标专用权、专利权、著作权中的财产权等。

（二）长期借款的程序

1. **企业提出申请**

申请借款的企业必须符合如下条件：

（1）独立核算、自负盈亏，并具有法人资格；

（2）经营方向和业务范围符合国家产业政策，借款用途属于银行贷款办法规定的范围；

（3）借款企业具有一定的物资和财产保证，担保企业具有相应的经济实力；

（4）具有偿还贷款的能力；

（5）财务管理和经济核算制度健全，资金使用效益及企业经济效益良好；

（6）在银行设有账户，以便结算。

企业提出的借款申请，应说明借款原因与金额、使用时间与计划、还款期限与计划等，并提供以下资料：

（1）借款人及保证人的基本情况；

（2）财政部门或会计师事务所核准的上年度财务报告；

（3）原有不合理借款的纠正情况；

（4）抵押物清单及同意抵押的证明，保证人拟同意保证的有关证明文件；

（5）项目建议书和可行性报告；

（6）贷款银行需要提交的其他资料。

2. **银行审核申请**

银行针对企业的申请，按有关政策和贷款条件，对借款企业进行调查，依据审批权限，核准是否对企业借款以及借款的金额和用款计划。银行审查的主要内容有：（1）企业的财务状况；（2）企业的信用情况；（3）企业的盈利稳定性；（4）发展前景；（5）借款投资项目的可行性等。

3. **签订借款合同**

借款合同是规定借款企业与银行双方的权利、义务和经济责任的法律文件。银行审查同意贷款后，将与借款企业在平等协商的基础上签订借款合同。借款合同一经签订后便具有法律效力，当事人双方必须严格遵守合同，履行合同约定的义务。

（1）借款合同的基本条款：贷款的种类、用途、金额、利率、期限、还款的资金来源及方式、保证条款、违约责任等。其中，保证条款是规定借款企业申请借款应具有银行规定比例的自有资本；必须要有一定的财产物资作担保，当借款企业无力偿还到期贷款时，银行有权处理这些财产物资；必要时还可规定保证人，保证人必须具有足够代偿借款的财产，当借款企业不履行合同时，由保证人连带承担偿付本息的责任。

（2）借款合同的限制条款。由于长期借款的期限长，风险较大，因此，按照国际惯例，金融机构通常在合同中对借款企业提出一些有助于保证借款按时足额偿还的条件，也就是保证自己合法权益的保护性条款，而这些条款对于借款企业来讲就形成了限制条款。借款合同的限制条款主要有：

①一般性限制条款，即为保持借款企业资产合理流动性及偿债能力方面的要求条款，主要包括：借款企业须保持一定的流动资金；限制现金股利的支出；限制企业资本支出规模；限制借入其他长期债务，防止其他贷款人取得对该企业资产的优先求偿权。

②例行性限制条款。此条款作为例行常规，在大多数借款合同中都会出现，主要包括：借款企业必须定期及时提供财务报表；不准在正常情况下出售较多资产，以保持企业正常的生产经营能力；如期清偿应缴纳的税金和其他到期债务，以防被罚款而造成现金流失；不准以任何资产作为其他承诺的担保或抵押，以避免企业过重的负担；不准贴现应收票据或出售应收账款，以避免或有负债；不得擅自改变经营方向等。

③特殊性限制条款。此条款是针对特殊情况而制定的规定，主要包括：贷款专款专用；不准企业投资于短期内不能收回资金的项目；要求公司为那些对企业的有效经营产生实质性影响的高级管理人员购买人身保险，保险收入可以给公司或直接给贷款人用以偿还贷款；限制企业高级职员的薪金和奖金总额，防止滥发，降低利润，同时可以防止身为公司高层人员的大股东通过提高薪水来代替支付贷款协议中限制的高额股利；要求某些关键管理人员的职务在合同有效期内不得改变等。

此外，“短期借款筹资”中的周转信贷协定（revolving credits）、补偿性余额（compensating balances）等条件，也同样适用于长期借款。

4. **企业取得借款**

借款合同签订后，银行应按合同规定的用款计划和实际需要，一次或分次将贷款转入借款企业的账户，以便企业安排使用。

5. **企业偿还借款**

企业应按合同规定按期还本付息。企业偿还贷款的方式通常有三种：（1）到期日一次偿还；（2）定期偿还相等本金；（3）分批偿还。

一般来说，贷款银行会在到期一个月之前，向借款企业发送还本付息通知单，企业在接到通知单后，要及时筹备资金，按期还本付息。如果企业因财务困难不能按期归还借款，应在借款到期之前，向银行申请贷款展期，经银行审核，续签合同，但通常要加收利息。

（三）长期借款的利率

长期借款的利率一般要高于短期借款的利率。长期借款利率水平取决于当时的资本供求关系、企业的贷款金额有无担保以及企业的资信状况等。

长期借款利率有固定利率、变动利率和浮动利率三种。

1. **固定利率**

固定利率是指在签订借款合同时就约定，不管未来金融市场利率是否变化，借款企业均按照固定不变的利率支付利息。

2. **变动利率**

变动利率是指在长期借款的期限内，利率可以定期调整，一般根据金融市场的行情每半年或一年调整一次。调整后尚未偿还的借款余额按新利率计息。

3. **浮动利率**

浮动利率是随市场利率变化而进行调整的利率，一般会确定上限、下限，以限制浮动利率的波动范围。对于借款企业来讲，若预测市场利率将上升，应与银行签订固定利率合同；反之，则应签订浮动利率合同。

除利息成本之外，借款人还须支付银行其他费用。例如，实行周转信贷协定时，借款人需为承诺期内未利用的贷款额度支付承诺费；借款人需支付为在银行中保持补偿性余额所形成的间接费用；支付银行为签订贷款协议所发生的法律费用。这些费用会加大长期借款的成本。

（四）长期借款的优缺点

1. 长期借款的优点

（1）筹资速度快。长期借款的手续和程序比发行股票、债券等简单，所需时间较短，可以快速获得资金。

（2）资本成本低。与股票筹资相比，利息在所得税前列支，可减少企业的实际负担，成本较低；与发行债券相比，长期借款的利率一般低于债券利率；此外，借款属于直接筹资，筹资费用较少。

（3）借款弹性大。借款时，企业与银行直接交涉，通过协商确定借款的有关事项；借款期间，如果有关情况发生变化，也可与银行进行协商，改变借款的数量和条件；借款到期后，若有正当理由，还可延期归还。

（4）可发挥财务杠杆作用。企业借入款项后，如能使投资收益率大于长期借款的利率，企业即可获得财务杠杆利益。

【例 3-9】（2010 年中级会计师职称考试真题）对于股权融资而言，长期借款筹资的优点有（　　）。

A. 筹资风险小　　B. 筹资速度快

C. 资本成本低　　D. 筹资数额大

参考答案：BC。相对于股权筹资来说，长期借款筹资的优点有：①筹资速度快；②筹资成本低；③筹资弹性大；④可发挥财务杠杆作用。

2. 长期借款的缺点

（1）融资风险较高。借款有固定的利息负担和固定的偿付期限，因此筹资风险较高。

（2）限制条件较多。银行为保证贷款的安全性，对借款附加很多限制性条款，这些条款约束了企业的生产经营和借款的使用，也会影响到企业今后的筹资和投资活动。

（3）融资数量有限。长期借款一般不像股票、债券那样可以筹集到大笔资金。

二、发行债券

债券（bonds）是债务人为筹集资金而发行的，承诺按期向债权人支付利息并偿还本金的一种有价证券。发行债券筹集资金是企业借入资金的一种重要方式。按照《公司法》，股份有限公司和有限责任公司发行债券称为公司债券，简称公司债。其发行目的通常是为建设大型项目筹集大笔长期资金。

（一）债券的种类

1. 按债券上是否记有持券人的姓名或名称分类

债券按债券上是否记有持券人的姓名或名称分为记名债券和无记名债券。记名债券的本息只偿付给票面上的记名人，债券转让时要办理过户手续；无记名债券的还本付息仅以债券为凭证，流动方便，转让无须过户。

2. 按能否转换为公司股票分类

债券按能否转换为公司股票分为可转换债券和不可转换债券。公司发行可转换债券（convertible bonds），应规定转换办法（包括转换价格、转换比率等），并应按规定的办法向债券持有人核发股票，债券持有人有权选择是否将债券转换为股票。采取发行可转换债券这种筹资方式的优点是，既有利于发债公司筹集更多的资金，又有利于发债公司调整资本结构和减缓财务压力。但其缺点是，若发债公司业绩不佳，可转换债券的持有人不愿转股时，发债公司将承受债务压力；若可转换债券转股时股价高于转换价格，则发债公司会遭受筹资损失，而且可转换债券转换后，发债公司会失去低利率筹资的好处。一般来讲，可转换债券的利率要低于不可转换债券。我国《公司法》规定，发行可转换债券的主体只限于股份有限公司中的上市公司。

【例 3-10】（2012 年中级会计师职称考试真题）企业在发行可转换债券时，可通过赎回条款来避免市场利率大幅下降后仍需支付较高利息的损失。（　　）

参考答案：√。赎回条款能使发债公司避免在市场利率下降后，继续向债券持有人支付较高的债券利率所蒙受的损失。

3. 按有无特定的财产担保分类

债券按有无特定的财产担保分为抵押债券和信用债券。

抵押债券（mortgage bonds）是指发行公司以特定财产作为抵押品而发行的债券。它按抵押品的不同又分为一般抵押债券、不动产抵押债券、设备抵押债券和证券信托债券。其中，一般抵押债券是指以公司产业的全部作为抵押品而发行的债券；证券信托债券是指以公司持有的股票证券以及其他担保证书交付给信托公司作为抵押而发行的债券。

信用债券（debentures）是指发行时无抵押担保品，完全凭企业的信誉而发行的债券。信用债券通常只有实力雄厚、信誉良好的公司才能发行，其利率略高于抵押债券。政府债券一般均属于信用债券。

4. 按是否参与公司盈余分配分类

债券按是否参与公司盈余分配分为参与债券和非参与债券。如果债权人除享有到期向公司请求还本付息的权利外，还有权按规定参与公司盈余分配的债券，为参与债券（participating bonds）；反之，则为非参与债券。

5. **按利率不同分类**

债券按利率不同分为固定利率债券、浮动利率债券、零息债券和指数债券。

（1）固定利率债券，是将利率明确记载于债券上，并按这一固定利率向债权人支付利息的债券。

（2）浮动利率债券（floating rate bond），是债券上明确利率，发放利息时利率水平按某一标准（如政府债券利率、银行存款利率）的变化而同方向调整的债券。

（3）零息债券（zero coupon bond），又称零票面利率债券，是指其票面利率为零，不必支付利息，但却以低于面值的价格折价出售给投资者的债券，到期按面值归还本金。

（4）指数债券（indexed bond），又称购买力债券。它与一般债券相同，只是债券利率随价格指数的变动而变动。当通货膨胀时，债券利率也随之上调，因而可以保护债券持有人不因通货膨胀而受到损害。

6. **按能否上市分类**

债券按能否上市分为上市债券和非上市债券。可在证券交易所挂牌交易的债券为上市债券（listed bonds）；反之，则为非上市债券。上市债券信用度高，价值高，且变现速度快，更易于吸引投资者，但上市条件严格，并要承担上市费用。

7. **按照特征分类**

债券按照特征不同分为收益公司债券和附认股权证债券。

（1）收益公司债券（income bonds），是只有当公司获得盈利时才向持券人支付利息的债券。这种债券不会给发债公司带来固定的利息费用，对投资者而言风险较大，因此不受投资者的欢迎，主要是在企业重整时才发行。

（2）附认股权证债券（equity warrant bonds），也称附认股权债券，是附带允许债券持有人按特定价格认购公司股票权利的债券。这种认购股权通常随债券发放，具有与可转换债券类似的属性。附认股权证债券与可转换公司债券一样，票面利率通常低于一般公司债券。

【例 3-11】（2012 年注册会计师考试真题）下列关于附认股权证债券的说法中，错误的有（　　）。

A. 附认股权证债券的筹资成本略高于公司直接增发普通股的筹资成本

B. 每张认股权证的价值等于附认股权证债券的发行价格减去纯债券价值

C. 附认股权证债券可以吸引投资者购买票面利率低于市场利率的长期债券

D. 认股权证在认购股份时会给公司带来新的权益资本，行权后股价不会被稀释

参考答案：ABD。认股权证筹资的主要优点是可以降低相应债券的利率，所以附认股权证债券的筹资成本低于公司直接发行债券的成本，而公司直接发行债券的成本是低于普通股筹资的成本的，所以选项 A 的说法错误；每张认股权证的价值等于附认股权证债券的发行价格减去纯债券价值的差额再除以每张债券附送的认股权证张数，所以选项 B 的说法错误；发行附有认股权证的债券，是以潜在的股权稀释为代价换取较低的利息，所以选项 D 的说法错误。

（二）债券的发行

1. 债券的含义及发行债券的条件

（1）债券的含义

我国《公司法》规定，公司债券，是指公司依照法定程序发行、约定在一定期限还本付息的有价证券。

（2）发行债券的条件

我国《证券法》规定，公开发行公司债券，应当符合下列条件：

①股份有限公司的净资产不低于人民币 3 000 万元，有限责任公司的净资产不低于人民币 6 000 万元；

②累计债券总额不超过公司净资产的 40%；

③最近 3 年平均可分配利润足以支付公司债券 1 年的利息；

④筹集的资金投向符合国家产业政策；

⑤债券的利率不超过国务院限定的利率水平；

⑥国务院规定的其他条件。

公开发行公司债券筹集的资金，必须用于核准的用途，不得用于弥补亏损和非生产性支出。上市公司发行可转换为股票的公司债券，除应当符合上述规定的条件外，还应当符合《证券法》关于公开发行股票的条件，并报国务院证券监督管理机构核准。

有下列情形之一的，不得再次公开发行公司债券：

①前一次公开发行的公司债券尚未募足；

②对已公开发行的公司债券或者其他债务有违约或者延迟支付本息的事实，仍处于继续状态；

③违反本法规定，改变公开发行公司债券所募资金的用途。

2. 发行债券的程序

公开发行公司债券需要遵循一定的程序，办理规定的手续。

（1）做出发行债券的决议或决定。我国股份有限公司、有限责任公司发行公司债券，由董事会制订方案，股东大会做出决议；国有独资公司发行公司债券，由国家授权投资的机构或者国家授权的部门做出决定。在国外，公司发行债券一般须经董事会决议，由 2/3 以上董事出席，且超过出席董事的半数通过。

（2）提出发行债券的申请。我国规定，公司要发行债券，必须先要向国务院证券监督管理机构提出申请，并提交公司营业执照、公司章程、公司债券募集办法、资产评估报告和验资报告等文件。国务院证券监督管理机构根据《公司法》的规定和国务院确定的公司债券发行规模等，对公司的申请予以审批。

（3）公告债券募集办法。发行公司债券的申请经国务院授权的部门核准后，应当公告公司债券募集办法。公司债券募集办法中应当载明的主要事项有：债券募集资金的用途、债券总额和债券的票面金额、债券利率的确定方式、还本付息的期限和方式、债券担保情况、债券的发行价格、发行的起止日期、公司净资产额、已发行的尚未到期的公司债券总额、公司债券的承销机构。

（4）委托证券机构发售。公司的债券发行方式一般有私募发行和公募发行两种。私募发行是指由发债公司将债券直接发售给投资者的一种发行方式。这种发行方式因受限制，极少采用。公募发行是指发债公司通过承销团向社会发售债券的一种发行方式。发债公司与承销机构签订承销协议后，由承销机构发售债券。投资人直接向承销机构付款购买债券，承销机构代理收取债券款、交付债券给投资人。然后，承销机构向发债公司办理债券款的结算。公募发行是世界各国通常采用的债券发行方式。我国相关法律法规要求公募发行债券。美国强制某些债券如电力、制造业公司债券必须采用公募发行方式。

（5）登记债券存根簿。公司发行公司债券应置备公司债券存根簿。其意义一方面在于起公示作用，使股东、债权人可以查阅了解，并便于有关机关监督；另一方面便于公司随时掌握债券的发行情况。发行记名公司债券的，应当在公司债券存根簿上载明下列事项：债券持有人的姓名或名称及住所；债券持有人取得债券的日期及债券的编号；债券总额，债券的票面金额、利率、还本付息的期限和方式；债券的发行日期。发行无记名公司债券的，应当在公司债券存根簿上载明债券总额、利率、偿还期限和方式、发行日期及债券的编号。

3. **债券的发行价格**

债券的发行价格是债券发行时使用的价格，亦即投资者购买债券时所支付的价格。

债券发行价格的高低主要取决于四个因素：（1）债券面额；（2）票面利率；（3）市场利率；（4）债券期限。虽然债券的票面金额、票面利率在债券发行前已参照市场利率和发行公司的具体情况确定下来，并载明于债券之上，但在发行债券时票面利率与市场利率很可能不一致，所以，债券的发行价格不一定就等于债券面额。

在实务中，债券的发行价格通常有三种：平价发行、溢价发行和折价发行。当票面利率等于市场利率时，公司债券按面值出售即平价发行债券；当票面利率高于市场利率时，以高于债券面值的价格出售即溢价发行债券；当票面利率低于市场利率时，以低于债券面值的价格出售即折价发行债券。

债券发行价格的计算公式为：

$$债券发行价格=\frac{票面金额}{(1+市场利率)^n}+\sum_{t=1}^{n}\frac{票面金额\times票面利率}{(1+市场利率)^t}$$

式中，n 为债券期限；t 为付息期数；市场利率指债券发行时的市场利率。

【例 3-12】某公司发行面额 1 000 元、票面利率 10%、期限 5 年的债券，每年年末付息一次。

当市场利率为 10% 时，发行价格为：

$$\frac{1\ 000}{(1+10\%)^5}+\sum_{t=1}^{5}\frac{1\ 000\times10\%}{(1+10\%)^t}=1\ 000(元)$$

当市场利率为 8% 时，发行价格为：

$$\frac{1\ 000}{(1+8\%)^5}+\sum_{t=1}^{5}\frac{1\ 000\times10\%}{(1+8\%)^t}=1\ 079.85(元)$$

当市场利率为 12% 时，发行价格为：

$$\frac{1\ 000}{(1+12\%)^5}+\sum_{t=1}^{5}\frac{1\ 000\times10\%}{(1+12\%)^t}=927.90(元)$$

【例 3-13】（2013 年中级会计师职称考试真题）市场利率上升时，债券价值的变动方向是（ ）。

A. 上升　B. 下降　C. 不变　D. 随机变化

参考答案：B。

（三）债券的信用评级

根据《上市公司债券发行与交易管理办法》的规定，公开发行公司债券，应当委托具有从事证券服务业务资格的资信评级机构进行信用评级。

1. 债券信用评级的意义

债券的信用评级（bond ratings）对于发行债券的公司和债券投资者都有重要的影响。它直接影响公司发行债券的效果和债券投资者的投资选择。

对于发行债券的公司而言，信用等级较高的债券，能以较低的利率发行，借以降低债券筹资的成本；对于债券投资者而言，信用等级较高的债券，易得到债券投资者的信任；信用等级较低的债券，表示风险较大，投资者一般都会谨慎选择。

2. 债券的信用等级

国际上流行的债券信用等级是 3 等 9 级，即美国信用评定机构标准普尔公司和穆迪公司采用的债券信用等级（见表 3-6）。

表 3-6　**债券信用等级表**

标准普尔公司		穆迪公司	
AAA	最高级	Aaa	最高质量
AA	高级	Aa	高质量
A	上中级	A	上中质量
BBB	中级	Baa	下中质量
BB	中下级	Ba	具有投机因素
B	投机级	B	通常不值得投资
CCC	完全投机级	Caa	可能违约
CC	最大投机级	Ca	高投机，常违约
C	最低级	C	未能付息

随着债券等级的下降，债券的还本付息能力越来越弱，但风险却越来越大。一般认为，只有前三个级别的债券是值得进行投资的债券。

我国的债券信用评级工作，一般主要考察企业概况、企业素质、财务质量、项目状况、项目前景和偿债能力，以此评定信用级别，具体见表 3-7。

表 3-7　**我国债券信用评级评分表**

影响信用评级因素	因素释义	评分占比（%）	评级方法
企业概况	企业经营概况	只作参考，不计入总分	定性分析
企业素质	领导素质、经营管理状况与竞争能力等	10	定性分析
财务质量	资金实力、周转能力、经济效益等	35	定量分析

续表

影响信用评级因素	因素释义	评分占比（%）	评级方法
项目状况	项目的必要性和可行性分析等	15	定性分析
项目前景	项目在行业中的地位、市场竞争能力、主要经济指标增长前景预测等	10	定性分析
偿债能力	债券到期偿还资金来源的能力	30	定性分析

（四）发行债券筹资的优缺点

企业发行债券筹资，有利有弊，企业在发行前应有充分认识，权衡利弊，以便抉择。

1. 债券筹资的优点

（1）资金成本较低。与股票相比较而言，债券利息是在所得税前列支，发行公司可享受税上利益，因此企业实际负担的债券成本一般低于股票成本。

（2）保障股东的控制权。债券持有人无权参与企业的管理决策，因此发行债券筹资不会分散企业的控制权。

（3）可获得财务杠杆利益。无论发行公司盈利多少，债券持有人一般只收取固定的利息，这样有利于企业利用财务杠杆作用增加股东财富和企业价值。

（4）便于调整资本结构。公司在发行可转换债券和可提前赎回债券的情况下，可以主动地、合理地调整资本结构，确定负债与资本的合理比例。

2. 债券筹资的缺点

（1）财务风险较高。债券有固定的到期日，并需定期支付利息，发债公司必须承担按期还本付息的责任。当企业经营不景气时，会加重企业财务负担，有时甚至导致企业破产。

（2）限制条件严格。发行债券的限制条件一般要比长期借款、租赁筹资的限制条件多且严格，从而限制了公司对债券筹资方式的使用。

（3）筹资数量有限。多数国家对公司利用债券筹资有一定额度的限制。我国《证券法》规定，发债公司的累计债券余额不超过公司净资产的40%。

【例3-14】（2013年中级会计师职称考试真题）与银行借款相比，下列各项中，属于发行债券筹资特点的有（　　）。

A. 资本成本较高　　B. 一次筹资数额较大

C. 扩大公司的社会影响　　D. 募集资金使用限制较多

参考答案：ABC。本题考核“发行公司债券的筹资特点”。发行公司债券的筹资特点是一次筹资数额较大、筹集资金使用限制较少、资本成本负担较高、提高公司的社会声誉。

三、融资租赁

租赁（leases）是指出租人以收取租金为条件，在契约或合同规定的期限内，将资产租借给承租人使用的一种经济行为。租赁行为实质上具有借贷性质，但它直接涉及的是实物而不是资金。在租赁业务中，出租人主要是各种专业租赁公司，承租人主要是其他各类企业，租赁物主要是机器设备等固定资产。

租赁业是在20世纪开始发展起来的。首先在美国出现了租赁公司，以后又迅速传播到其他资本主义国家。目前，现代租赁已经成为企业筹集资金的主要的特殊方式之一，为企业所普遍采用。

租赁的种类很多，按照租赁性质基本上分成经营租赁和融资租赁两大类。由于经营租赁是短期租赁，可视为企业短期筹资的一种，因此这里主要介绍融资租赁。

（一）租赁的类型及特点

1. 经营租赁

经营租赁（operating leases）是短期租赁，是以满足承租人临时使用资产的需要为目的而发生的租赁业务，又称服务租赁或营运租赁。在这种租赁方式下，承租人租进资产主要不是为了融通资金，而是为了满足生产经营上的短期的、临时的或季节性的需要，获得设备的短期使用或出租人提供的专门技术服务，具有短期筹资的功效。经营租赁的特点主要是：

（1）租赁期限短，不涉及长期而固定的义务；

（2）租赁合同比较灵活，在合理限制条件范围内，可以解除租赁合同；

（3）出租人不仅要向承租人提供设备的使用权，还要提供设备的保养、维修、保险和其他专门性技术服务；

（4）由于出租人承担了设备的风险，并负责设备的维护，故租金一般较高；

（5）租赁期满或合同中止时，租赁财产由出租人收回，也就是资产所有权一直属于出租人。

采用经营租赁有利于提高设备利用率，特别是对那些季节性、临时性需要设备的企业，可以避免设备闲置浪费，减少设备过时的风险，以较低的费用得到出租人所提供的服务。

2. 融资租赁

融资租赁（financial leases）是长期租赁，是由出租人按照签订的租赁协议或合同，购置承租人需要的资产，并将其租赁给承租人长期使用的信用业务。承租人采用融资租赁的主要目的是融通资金。融资租赁是融资与融物相结合，其实质是出租人以实物资产为承租人提供信贷，是承租人筹集长期借入资金的一种方式。其主要特点是：

（1）租赁资产一般由承租人按自身的需要选择，然后由出租人代为购买；

（2）租赁期较长，大多为设备耐用年限的一半以上；

（3）租赁合同比较稳定，在规定的租期内非经双方同意，任何一方不得中途解约，这有利于维护双方的权益；

（4）由于资产所有权可能发生转移，出租人不负责设备的维修、保养和保险，而由承租人负责；

（5）租赁期满时，按事先约定的办法处置设备，一般有退还、续租、留购三种选择，通常由承租企业留购，也就是承租人有权取得资产的所有权。

从以上融资租赁的特点可以看出，融资租赁的实质是承租人分期付款购买固定资产，而出租人实质是垫款人，为承租人融通资金，因而融资租赁是一种长期债权筹资方式。

【例 3-15】（2011 年注册会计师考试真题）从财务角度看，下列关于租赁的说法中，正确的有（ ）。

A. 经营租赁中，只有出租人的损益平衡租金低于承租人的损益平衡租金，出租人才能获利

B. 融资租赁中，承租人的租赁期预期现金流量的风险通常低于期末资产预期现金流量的风险

C. 经营租赁中，出租人购置、维护、处理租赁资产的交易成本通常低于承租人

D. 融资租赁最主要的财务特征是租赁资产的成本可以完全补偿

参考答案：ABC。损益平衡租金是出租人可以接受的最低租金，是承租人可以接受的最高租金，因此，选项 A 的说法正确。通常，持有资产的经营风险要大于借款的风险（财务风险），因此，选项 B 的说法正确。出租人可以成批量购置租赁资产，因此获得较低的购置成本；专业的租赁资产维修，可以降低营运成本；经常处置租赁资产，使出租人更清楚何时以及用什么价格出售残值更有利等。由此可知，选项 C 的说法正确。融资租赁最主要的财务特征是不可撤销，所以，选项 D 的说法不正确。

（二）融资租赁的具体方式

1. **直接租赁**（direct lease）

直接租赁是指承租人直接向出租人承租其所需要的资产，并支付租金。直接租赁的出租人主要是制造商、金融公司、专业租赁公司等。在这种方式下，除产品制造商外，其他金融公司、租赁公司都需要向制造商或流通企业购买资产后再出租给承租人。直接租赁是典型的租赁形式。

2. **售后租回**（sale and lease back）

售后租回是指承租人将拥有的机器设备先按照账面价格或市场价格出售给租赁公司，然后再从该租赁公司租回所售资产，并按租赁合同分期支付租金。这种租赁方式实质上是企业暂时出让资产的所有权而获得一笔流动资金，同时又将其租回而保留了资产的使用权，因而既不会影响企业的正常生产，又有利于提高资金的使用效益。

3. **杠杆租赁**（leverage leasing）

杠杆租赁是贷款人为出租人提供部分购买资产的资金，再由出租人将资产租给承租人的方式。因此，杠杆租赁涉及出租人、承租人和贷款人三方。对于承租人来说，这种方式和其他租赁方式并无区别；但对于出租人却不同，出租人只支付购买资产所需资金的一部分，其余部分则以出租资产为抵押向贷款人借资支付，因此它既是出租人，又是债务人，同时又拥有资产所有权。如果不能按期偿还借款，则资产所有权要归贷款人所有。这种融资租赁形式，由于租赁收益一般大于借款成本支出，出租人借款购置资产并将其出租可获得财务杠杆利益，故被称为杠杆租赁。

【例 3-16】（2009 年注册会计师考试真题）甲公司 2009 年 3 月 5 日向乙公司购买了一处位于郊区的厂房，随后出租给丙公司。甲公司以自有资金向乙公司支付总价款的 30%，同时甲公司以该厂房作为抵押向丁银行借入余下的 70% 价款。这种租赁方式是（ ）。

A. 经营租赁　　　　B. 售后租回

C. 杠杆租赁　　　　D. 直接租赁

参考答案：C。

（三）融资租赁的程序

不同的租赁业务，具有不同的具体程序。融资租赁的基本程序是：

1. **选择租赁公司**

当企业决定采取租赁方式取得某项设备时，首先需了解各租赁公司的经营范围、业务能力、资信情况，以及与其他金融机构的关系，取得租赁公司的融资条件和租赁费率等资料，进行分析比较，择优选择。我国现行财务制度规定，企业通过融资方式租入设备，应向国家批准成立的租赁公司办理。

2. **办理租赁委托**

选择好租赁公司以后，承租企业即可向其提出申请，办理委托。这时，承租企业必须填写"租赁申请书"，说明所需设备的具体要求，并提供企业财务状况文件。

3. **签订购货协议**

由承租企业与租赁公司的一方或双方合作组织选定设备生产厂商，并与其进行技术与商务谈判，签署购货协议。

4. **签订租赁合同**

在租赁各方对货物认可、租赁费认可和其他有关事项已协商一致的基础上，承租企业与租赁公司签订合同。租赁合同是租赁业务中的重要文件，具有法律效力。它的内容一般包括：

（1）一般条款：①合同说明，主要明确合同的性质、当事人身份、合同签订的日期；②租赁设备条款，详细列明租赁设备的名称、规格、型号、数量、技术性能及交货地点等；③租赁设备交货、验收和税务、费用条款；④租期和起租日期条款；⑤租金支付条款，规定租金的构成、支付方式和货币名称。

（2）特殊条款：①租赁合同与购货合同的关系；②租赁设备的财产归属；③租赁期中不得退租；④对出租人和承租人的保证；⑤承租人违约及对出租人的补偿；⑥设备的使用、保管和维修责任；⑦保险条款；⑧租赁保证金和担保条款；⑨租赁期满时对设备的处理条款等。

5. **办理验收与保险**

承租企业收到租赁设备时要进行验收，验收合格签发交货及验收证书，并提交给租赁公司，租赁公司据以向厂商支付设备价款。同时，承租公司向保险公司办理投保事宜。

6. **支付租金**

承租企业按合同规定的租金数额、支付方式等，向租赁公司支付租金。

7. **合同期满处理设备**

融资租赁合同期满时，承租企业根据合同规定，决定是否退还、续租或留购。

（四）融资租赁的租金计划及测算方法

在融资租赁筹资方式下，承租企业须按合同规定支付租金。租金是承租人支付给出租人让渡资产的使用权或价值的等价物，是承租企业的筹资成本。它直接影响到企业未来的财务状况和经营成果，是进行租赁筹资决策的重要依据。

1. **融资租赁的租金的影响因素**

（1）租赁设备的购置成本，包括资产的买价、运费及途中保险费等。

（2）预计租赁设备的残值，是指设备租赁期满时预计残值的变现净值。

（3）利息，是指出租企业为承租企业购置设备所垫付资金利息。

（4）租赁手续费，包括租赁公司承办租赁设备的营业费用以及一定的盈利。租赁手续费的高低一般无固定标准，通常由承租企业与租赁公司协商确定，一般按资产价款比率收取。

（5）租赁期限。租赁期限的长短会影响租金总额，从而影响每期租金的数额。

（6）租金的支付方式。租金的支付方式也影响企业租金的计算。支付租金的方式一般有：按支付间隔期分为年付、半年付、季付和月付；按在期初和期末支付分为先付和后付；按每次是否等额支付分为等额支付和不等额支付。

实务中，承租企业与租赁公司商定的租金的支付方式通常为后付等额年金。

【例 3-17】（2013 年中级会计师职称考试真题）下列各项中，不属于融资租赁租金构成内容的是（　　）。

A. 设备原价　　B. 租赁手续费

C. 租赁设备的维护费用　　D. 垫付设备价款的利息

参考答案：C。本题考核融资租赁的租金构成。租金的构成包括：设备原价及预计残值；利息；租赁手续费。所以本题的答案为选项 C。

2. **融资租赁的租金的测算方法**

租金的计算方法很多，名称叫法也不统一。在我国融资租赁实务中，一般采用等额年金法和平均分摊法。

（1）等额年金法。等额年金法是将一项租赁资产在未来租赁期内的租金额按一定的贴现系数予以折现，使之恰好等于租赁资产的成本。在这种方法下，通常要综合利率和手续费率确定一个租赁费率，作为贴现率。

①若是每期期初付租金，即预付年金，则租金的计算公式为：

$$R=\frac{C}{PVIRA_{i,n-1}+1}$$

式中，R 为每期支付租金；C 为租赁设备购置成本；i 为贴现率（租赁费率；n 为支付租金的期数）；$PVIRA_{i,n-1}$ 为贴现率为 i、期数为 n-1 期的后付年金现值系数。

【例 3-18】某企业决定购置一项成本为 50 万元的设备，准备采用租赁融资，制造商提供的融资租赁期为 6 年，到期后设备归企业所有，制造商希望的税前收益率为 10%，如果租金在每年年初支付，则每年需支付的租金为：

$$R=\frac{500\ 000}{PVIRA_{10\%,5}+1}=\frac{500\ 000}{3.790\ 8+1}=104\ 367\text{（元）}$$

②若是每期期末付租金，即后付年金，则租金的计算公式为：

$$R=\frac{C}{PVIRA_{i,n}}$$

式中，R 为每期支付租金；C 为租赁设备购置成本；i 为贴现率（租赁费率）；n 为支付租金的期数；$PVIRA_{i,n}$ 为贴现率为 i、期数为 n 期的后付年金现值系数。

根据【例 3-18】资料，如果租金在每年年末支付，则每年需支付的租金为：

$$R=\frac{500\ 000}{PVIRA_{10\%,6}}=\frac{500\ 000}{4.355\ 3}=114\ 803\ (元)$$

（2）平均分摊法。平均分摊法是先以商定的利息率和手续费率计算出租赁期间的利息和手续费，再加上设备购置成本，按支付次数平均支付。这种方法没有考虑货币时间价值因素。其计算公式为：

$$R=\frac{(C-S)+I+F}{N}$$

式中，R 为每期支付租金；C 为租赁设备购置成本；S 为租赁设备预计残值；I 为租赁期间利息；F 为租赁期间手续费；N 为租期。

【例 3-19】某企业于 2015 年 1 月 1 日从某租赁公司租入一套设备，价值 80 万元，租期为 5 年，预计租赁期满时，设备残值为 5 万元，归租赁公司，年利率按 8% 计算，租赁手续费率为设备价值的 2%。租金每年年初支付一次，则企业每次需支付的租金为：

$$R=\frac{(80-5)+[80\times(1+8\%)^5-80]+80\times2\%}{5}=22.829\ (万元)$$

（五）融资租赁筹资的优缺点

1. 融资租赁筹资的优点

（1）可以迅速获得所需资产。在其他筹资方式中，一般是先筹资，后购置设备；而融资租赁集融资与融物于一体，比其他方式更易形成生产能力。

（2）可以降低偿付风险和免遭设备陈旧过时的风险。租金是在整个租期内分期支付，不一次归还大量资金，降低了不能偿付的风险；而且随着科技的迅速发展，固定资产更新周期日趋缩短。设备陈旧过时的风险很高，而多数租赁协议规定由出租人承担这种风险，承租企业可避免这种风险。

（3）限制条件较少。与发行股票、债券及长期借款相比，融资租赁条款限制较少。

（4）租金费用可在所得税前扣除，承租企业能享受税收上的利益。

2. 融资租赁筹资的缺点

（1）成本较高，租金总额通常要比设备价值高出 30%。

（2）在财务困难时，固定的租金支付会成为企业沉重的财务负担。

【例 3-20】（2010 年中级会计师职称考试真题）一般而言，与融资租赁筹资相比，发行债券的优点是（　　）。

A. 财务风险较小　　B. 限制条件较少

C. 资本成本较低　　D. 融资速度较快

参考答案：C。融资租赁通常比举借银行借款或发行债券所负担的利息要高，租金总额通常要高于设备价款的 30%，所以，与融资租赁相比，发行债券的资本成本较低。本题的答案为选项 C。

第三节　股权筹资

股权筹资形成企业的股权资金，是企业最基本的筹资方式。

一、吸收直接投资

吸收直接投资，是指企业按照“共同投资、共同经营、共担风险、共享收益”的原则，直接吸收国家、法人、个人和外商投入资金的一种筹资方式。吸收直接投资是非股份制企业筹集权益资本的基本方式，采用吸收直接投资的企业，资本不分为等额股份、无须公开发行股票。吸收直接投资实际出资额，注册资本部分形成实收资本；超过注册资本的部分属于资本溢价，形成资本公积。

（一）吸收直接投资的种类

1. 吸收国家投资

国家投资是指有权代表国家投资的政府部门或机构，以国有资产投入公司，这种情况下形成的资本叫做国有资本。根据《企业国有资本与财务管理暂行办法》的规定，企业拟定以盈余公积、资本公积转增实收资本的，国有企业和国有独资公司由企业董事会或者经理办公会决定，并报主管财政机关备案；股份有限公司和有限责任公司由董事会决定，并经股东大会或者股东会审议通过。吸收国家投资一般具有以下特点：（1）产权归属国家；（2）资金的运用和处置受国家约束较大；（3）在国有企业中采用比较广泛。

2. 吸收法人投资

法人投资是指法人单位以其依法可支配的资产投入公司，这种情况下形成的资本称为法人资本。吸收法人资本一般具有以下特点：（1）发生在法人单位之间；（2）以参与公司利润分配或控制为目的；（3）出资方式灵活多样。

3. 合资经营

合资经营，是指两个或两个以上的不同国家的投资者共同投资，创办企业，并且共同经营、共担风险、共负盈亏、共享利益的一种直接投资方式。在我国，中外合资经营企业亦称股权式合营企业，它是外国公司、企业和其他经济组织或个人同中国的公司、企业或其他经济组织在中国境内共同投资举办的企业。中外合资经营企业一般具有如下特点：（1）合资经营企业在中国境内，按中国法律规定取得法人资格，为中国法人；（2）合资经营企业为有限责任公司；（3）注册资本中，外方合营者的出资比例一般不低于25%；（4）合资经营期限一般项目为10年至30年，最长可到50年，经国务院特批的可达到50年以上；（5）合资经营企业的注册资本与投资总额之间应依法保持适当的比例关系，投资总额是指按照合营企业合同和章程规定的生产规模需要投入的基本建设资金和生产流动资金的总和。

中外合资经营企业和中外合作经营企业都是中外双方共同出资、共同经营、共担风险和共负盈亏的企业。两者的区别主要是：（1）中外合作经营企业可以依法取得中国法人资格，也可以办成不具备法人条件的企业，而中外合资经营企业必须是法人；（2）中外合作经营企业属于契约式的合营，它不以合营各方投入的资本数额、股权作为利润分配的依据，而是通过签订合同具体规定各方的权利和义务，而中外合资经营企业属于股权式企业，即以投资比例来作为确定合营各方权利和义务的依据；（3）中外合作经营企业在遵守国家法律的前提下，可以通过合作合同来约定收益或产品的分配，以及风险和亏损的分担，而中外合资经营企业则是根据各方注册资本的比例进行分配的。

4. **吸收社会公众投资**

社会公众投资是指社会个人或本公司职工以个人合法财产投入公司，这种情况下形成的资本称为个人资本。吸收社会公众投资一般具有以下特点：（1）参加投资的人员较多；（2）每人投资的数额相对较少；（3）以参与公司利润分配为基本目的。

（二）吸收直接投资的出资方式

1. **以货币出资**

以货币出资是吸收直接投资中最重要的出资方式。企业有了货币资产，便可以获取其他物质资源，支付各种费用，满足企业创建时的开支和随后的日常周转需要。我国《公司法》规定，以募集设立方式设立股份有限公司的，发起人认购的股份不得少于公司股份总数的35%。

2. **以实物出资**

以实物出资是指投资者以房屋、建筑物、设备等固定资产和材料、燃料、产品等流动资产所进行的投资。实物投资应符合以下条件：（1）适合企业生产、经营、研发等活动的需要；（2）技术性能良好；（3）作价公平合理。

实物出资中实物的作价，可以由出资各方协商确定，也可以聘请专业资产评估机构评估确定。国有及国有控股企业接受其他企业的非货币资产出资，需要委托有资格的资产评估机构进行资产评估。

3. **以知识产权出资**

知识产权通常是指专有技术、商标权、专利权、非专利技术等无形资产。投资者以知识产权出资应符合以下条件：（1）有助于企业研究、开发和生产出新的高科技产品；（2）有助于企业提高生产效率，改进产品质量；（3）有助于企业降低生产消耗、能源消耗等各种消耗；（4）作价公平合理。

吸收知识产权等无形资产出资的风险较大，这是因为以知识产权投资，实际上是把技术转化为资本，使技术的价值固定化，而技术具有强烈的时效性，会因其不断老化落后而导致实际价值不断减少甚至完全丧失。

4. **以土地使用权出资**

土地使用权是指土地经营者对依法取得的土地在一定期限内有进行建筑、生产经营或其他活动的权利。土地使用权具有相对的独立性，在土地使用权存续期间，包括土地所有者在内的其他任何人和单位，不能任意收回土地和非法干预使用权人的经营活动。企业吸收土地使用权投资应符合以下条件：（1）适合企业科研、生产、经营、研发等活动的需要；（2）地理、交通条件适宜；（3）作价公平合理。

此外，对于无形资产出资方式的限制，《公司注册资本登记管理规定》规定，股东或发起人不得以劳务、信用、自然人姓名、商誉、特许经营权或者设定担保的财产等作价出资。对于非货币资产出资，需要满足三个条件：可以用货币估价；可以依法转让；法律不禁止。

《公司法》对无形资产出资的比例没有明确限制，但《中华人民共和国外资企业法实施细则》规定，外国投资者以工业产权、专有技术作价出资的，该工业产权、专有技术应当为外国投资者所有。该工业产权、专有技术的作价应当与国际上通常的作价原则相一致，其作价金额不得超过外资企业注册资本的20%。

5. **以特定债权出资**

特定债权，是指企业依法发行的可转换债券以及按照国家有关规定可以转作股权的债权。在实践中，企业可以将特定债权转为股权的情形主要有：（1）上市公司依法发行的可转换债券；（2）金融资产管理公司持有的国有及国有控股企业债权；（3）企业实行公司制改建时，经银行以外的其他债权人协商同意，可以按照有关协议和企业章程的规定，将其债权转为股权；（4）国有企业的境内债权人将持有的债权转给外国投资者，企业通过债转股改组为外商投资企业；（5）国有企业改制时，账面原有应付工资余额中欠发职工工资部分，在符合国家政策、职工自愿的条件下，依法扣除个人所得税后可转为个人投资；未退还职工的集资款也可转为个人投资。

（三）吸收直接投资的程序

1. **确定筹资数量**

企业在新建或扩大经营时，首先确定资金的需要量。资金的需要量应根据企业的生产经营规模和供销条件等来核定，确保筹资数量与资金需要量相适应。

2. **寻找投资单位**

企业既要广泛了解有关投资者的资信、财力和投资意向，又要通过信息交流和宣传，使出资方了解企业的经营能力、财务状况以及未来预期，以便从中寻找最合适的投资伙伴。

3. **协商和签署投资协议**

找到合适的投资伙伴后，双方进行具体协商，确定出资数额、出资方式和出资时间。企业应尽可能吸收货币投资，如果投资方确有先进且符合需要的固定资产和无形资产，亦可采取非货币资产投资方式。对实物、知识产权、土地使用权等非货币资产，双方应按公平合理的原则协商定价。当出资数额、资产作价确定后，双方须签署投资协议或合同，以明确双方的权利和责任。

4. **取得所筹集的资金**

签署投资协议后，企业应按规定或计划取得资金。如果采取现金投资方式，通常还要编制拨款计划，确定拨款期限、每期数额及划拨方式，有时投资者还要规定拨款的用途，如把拨款区分为固定资产投资拨款、流动资金拨款、专项拨款等。如为实物、知识产权、土地使用权投资，一个重要的问题就是核实财产。财产数量是否准确、价格有无高估或低估的情况等，关系到投资各方的经济利益，必须认真处理，必要时可聘请专业资产评估机构来评定，然后办理产权的转移手续，进而取得资产。

（四）吸收直接投资的筹资特点

1. **能够尽快形成生产能力**

吸收直接投资不仅可以取得一部分货币资金，而且能够直接获得所需的先进设备和技术，尽快形成生产经营能力。

2. **容易进行信息沟通**

吸收直接投资的投资者比较单一，股权没有社会化、分散化，甚至有的投资者直接担任公司管理层职务，公司与投资者易于沟通。

3. **资本成本较高**

相对于股票筹资来说，吸收直接投资的资本成本较高。当企业经营较好、盈利较多时，投资者往往要求将大部分盈余作为红利分配，因为企业向投资者支付的报酬是按其出资数额和企业实现利润的比率来计算的。

4. **企业控制权集中，不利于企业治理**

采用吸收直接投资方式筹资，投资者一般要求获得与投资数额相对应的经营管理权。如果某个投资者的投资额比例较大，则该投资者对企业的经营管理就有相当大的控制权，容易损害其他投资者的利益。

5. **不利于产权交易**

吸收投入资本由于没有证券为媒介，不利于产权交易，难以进行产权转让。

二、股票的种类及上市发行

股票（stocks）是股份公司为筹措自有资本而发行的有价证券，是持股人拥有公司股份的凭证，它代表持股人在公司中拥有的所有权。股票持有人即为公司的股东。发行股票是股份公司筹措自有资本的基本方式。

（一）股票的种类

1. **按股东权利和义务分类**

股票按股东权利和义务的不同，可分为普通股和优先股。

普通股（common stock）是股份有限公司发行的无特别权利的股份，也是最基本的、标准的股份。通常情况下，股份有限公司只发行普通股。

普通股股东的权利和义务如下：（1）普通股股东享有公司的经营管理权，即具有表决权，在董事会选举中，还具有选举权和被选举权；（2）普通股股利分配在优先股股利分配之后进行，并依公司盈利情况而定；（3）公司解散清算时，其剩余财产在偿还债务、向优先股股东支付股利后才能被分配给普通股股东；（4）公司增发新股时，普通股股东具有认购优先权，可以优先认购公司所发行的股票。

与其他筹资方式相比，普通股筹资有以下优点：（1）没有固定股利负担，股利支付与否和支付多少取决于公司的盈利状况和股利分配政策；（2）普通股股本没有规定的到期日，无须归还，属于企业的永久性资本，这对保证企业的最低资金需要、维持公司长期稳定发展极为有益；（3）筹资风险少，普通股筹资没有固定的到期还本付息的压力；（4）能提升公司的信誉，普通股筹资反映了公司的实力，可为债权人提供保障，能有效地增强公司的举债能力。

普通股筹资有以下缺点：（1）资本成本高。原因有三个：一是对于投资者，投资于普通股风险较高，相应地，要求的投资报酬率也较高；二是普通股股利从税后净利中支付，不能起抵税的作用；三是普通股筹资的发行费用高于其他证券。（2）分散公司控制权。普通股筹资会增加新股东，这样会分散和削弱公司的控制权。（3）可能引发股价下跌。发行普通股使更多的股东分享公司未发行新股前积累的盈余，会降低普通股的每股净收益，从而可能引发股价下跌。

优先股股票（preferred stock）是公司发行的优先于普通股股东分配股利和公司剩余

财产的股票。它兼有债券与普通股的特点（是兼具债务和权益筹资双重特性的长期筹资方式）。

【例3-21】（2014年中级会计师职称考试真题）下列各项中，不属于普通股股东拥有的权利是（ ）。

A. 优先认股权　　　　B. 优先分配收益权

C. 股份转让权　　　　D. 剩余财产要求权

参考答案：B。优先股的优先权利主要表现在股利分配优先权和分配剩余财产优先权，因此，优先分配收益权属于优先股的权利。

2. 按有无记名分类

股票按有无记名，可分为记名股票和无记名股票。

我国《公司法》规定，公司向发起人、法人发行的股票，应当为记名股票，并应当记载该发起人、法人的名称或者姓名，不得另立户名或者以代表人姓名记名。公司发行记名股票的，应当置备股东名册，记载下列事项：（1）股东的姓名或者名称及住所；（2）各股东所持股份数；（3）各股东所持股票的编号；（4）各股东取得股份的日期。记名股票，由股东以背书方式或者法律、行政法规规定的其他方式转让；转让后由公司将受让人的姓名或者名称及住所记载于股东名册。

发行无记名股票的，公司应当记载其股票数量、编号及发行日期，不记载股东的姓名或者名称及住所。无记名股票的转让，由股东将该股票交付给受让人后即发生转让的效力。

3. 按是否标明金额分类

股票按是否标明金额，可分为面值股票和无面值股票。

面值股票是在票面上标有一定金额的股票。持有这种股票的股东，对公司享有的权利和承担的义务大小，以其所拥有的全部股票的票面金额之和，占公司发行在外股票总面值的比例而定。

无面值股票是不标明票面金额，只载明所占公司股本总额的比例或股份数的股票。无面值股票的价值随公司财产的增减而变动，而股东对公司享有的权利和承担的义务大小，直接依股票标明的比例而定。

我国《公司法》规定，股票应当载明股票种类、票面金额及代表的股份数；股票发行价格可以按票面金额，也可以超过票面金额，但不得低于票面金额。

4. 按投资主体的不同分类

股票按投资主体的不同，可分为国家股、法人股、个人股和外资股。

国家股是有权代表国家投资的部门或机构以国有资产向公司投资而形成的股份。

法人股是企业法人依法以其可支配的财产向公司投资而形成的股份，或具有法人资格的事业单位和社会团体以国家允许用于经营的资产向公司投资而形成的股份。

个人股为社会个人或本公司职工以个人合法财产投入公司而形成的股份。

外资股是指外国和我国港澳台地区投资者购买的人民币特种股票。

5. 按发行对象和上市地区的不同分类

股票按发行对象和上市地区的不同，可分为A股、B股、H股和N股。

A股是供我国大陆地区个人或法人买卖的，以人民币标明票面金额并以人民币认购和交易的股票。

B股、H股和N股是专供外国和我国港澳台地区投资者买卖的，以人民币标明票面金额但以外币认购和交易的股票。其中，B股在上海、深圳上市；H股在香港地区上市；N股在纽约上市。

6. **按发行时间的先后分类**

股票按发行时间的先后，可分为始发股和新发股。

始发股是公司设立时发行的股票；新发股是公司增资时发行的股票。尽管它们的发行条件、发行目的、发行价格不尽相同，但股东权利和义务是一样的。

（二）股票发行

股份有限公司在设立时要发行股票。此外，公司设立之后，为了扩大经营，改善资本结构，也会增资发行新股。

1. **股票发行的规定与条件**

根据我国《公司法》的有关规定，股份有限公司发行股票，应符合以下规定：

（1）股份的发行，实行公平、公正的原则，同种类的每一股份应当具有同等权利。

（2）每股金额相等。同次发行的股票，每股的发行条件和价格应当相同。任何单位或个人所认购的股份，每股应支付相同价额。

（3）股票发行价格可以按票面金额，也可以超过票面金额，但不得低于票面金额。也就是说，可以平价发行或溢价发行，但不能折价发行。

（4）公司的组织机构、内部控制健全、运行良好，且最近12个月内不存在违规对外担保行为。

（5）公司最近3个会计年度连续盈利，不存在影响公司持续经营的担保、诉讼、仲裁或其他重大事项；

（6）公司的财务状况良好，最近3年内财务报表未被注册会计师出具保留意见、否定意见或无法表示意见的审计报告；

（7）公司募集资金的数额和使用符合规定。

2. **股票发行的程序**

各国对股票的发行程序都有严格的法律规定，未经法定程序发行的股票无效。根据我国《上市公司证券发行管理办法》的规定，上市公司申请发行股票，应当按照下列程序：

（1）公司董事会应当依法就本次证券发行的方案、本次募集资金使用的可行性报告、前次募集资金使用的报告等事项做出决议，并提请股东大会批准。

（2）股东大会就发行股票做出的决定，包括：本次发行证券的种类和数量；发行方式、发行对象及向原股东配售的安排；定价方式或价格区间；募集资金用途；决议的有效期；对董事会办理本次发行具体事宜的授权等。

（3）中国证监会审核发行证券的申请。

（4）自中国证监会核准发行之日起，公司应在6个月内发行，否则视为发行失效。证券发行申请未获核准的上市公司，自中国证监会做出不予核准的决定之日起6个月后，可再次提出证券发行申请。

3. **股票发售方式**

股票发售方式是指公司通过何种途径发行股票及发行股票时所采用的销售方式。股票发售方式主要有两种：

（1）公开发行股票的承销方式，是指通过证券经营中介机构公开向社会公众发行股票。根据我国《上市公司证券发行管理办法》的规定，上市公司发行证券，应当由证券公司承销。公开发行股票，发行公司将股票销售业务委托给证券经营机构代理，这种销售方式是发行股票所普遍采用的。股票承销又分为包销和代销两种方法。所谓包销，是根据承销协议商定的价格，证券经营机构一次性全部购进发行公司公开募集的全部股份，然后以较高的价格出售给社会上的认购者。这种方法可使发行公司及时筹足资本，免于承担发行风险，但以较低的价格将股票售给承销商会损失部分溢价。所谓代销，是证券经营机构仅替发行公司代售股票，并由此获取一定的佣金，不承担股款未募足的风险。

（2）非公开发行股票的自销方式，是指发行公司自行直接将股票出售给认购股东，不需经证券经营中介机构承销。非公开发行股票，发行对象均属于前十名股东的，公司可以采用自销方式。这种销售方式可由发行公司直接控制发行过程，实现发行意图，而且可以节省发行费用；但筹资时间长，发行公司要承担全部发行风险，因此这种销售方式不被普遍采用，一般仅适用于发行风险较小、手续较为简单、数额不多的股票发行。在国外，主要由知名度较高、信誉较好和实力较强的公司向现有股东销售股票时采用。

【例 3-22】（2013 年注册会计师考试真题）与不公开直接发行股票方式相比，公开间接发行股票方式（　　）。

A. 发行条件低　　　　B. 发行范围小

C. 发行成本高　　　　D. 股票变现性差

参考答案：C。公开间接方式发行股票的发行范围广，发行对象多，易于足额募集资本；股票的变现性强，流通性好。但这种发行方式也有不足，主要是手续繁杂，发行成本高。

4. **股票发行价格及定价方式**

股票发行价格是股票发行时所使用的价格，也就是投资者认购股票时所支付的价格。

综合国内外股票市场，股票发行定价方式主要有固定价格方式和累计订单定价方式两种。

（1）固定价格方式是英国、日本和我国香港等股票市场通常采用的股票发行定价方式。其基本做法是：在公开发行之前，先由承销商与发行公司商定固定的股票发行价格，然后按照该价格公开发售股票。

（2）累计订单定价方式是美国等股票市场通常采用的股票发行定价方式，其基本做法是：首先由承销团与发行公司商定定价区间，通过市场促销征集在每个价位上的需求量，然后分析需求数量分布，由主承销商与发行公司确定最终发行价格。

我国上市公司发行股票定价方式经历了行政定价向市场化定价演变的过程。最初采用固定价格方式，随后改为固定市盈率和控制市盈率的方式，后来采用询价方式，实质上是累计订单定价方式。

【例 3-23】（2011 年注册会计师考试真题）下列关于普通股发行定价方法的说法中，

正确的是（　　）。

A. 市盈率法根据发行前每股收益和二级市场平均市盈率确定普通股发行价格

B. 净资产倍率法根据发行前每股净资产账面价值和市场所能接受的溢价倍数确定普通股发行价格

C. 现金流量折现法根据发行前每股经营活动净现金流量和市场公允的折现率确定普通股发行价格

D. 现金流量折现法适用于前期投资大、初期回报不高、上市时利润偏低企业的普通股发行定价

参考答案：D。现金流量折现法是通过预测公司未来的盈利能力，据此计算出公司的净现值，并按一定的折现率折算，从而确定股票发行价格的方法。对于前期投资大、初期回报不高、上市时利润偏低的企业而言，如果采用市盈率法定价，则会低估其真实价值，而对公司未来现金流量的分析和预测能比较准确地反映公司的整体和长远价值。

（三）股票上市

股票上市是指股份有限公司公开发行的股票经批准在证券交易所进行挂牌交易。经批准在交易所上市交易的股票称为上市股票（listed stock）；其股份有限公司称为上市公司（listed corporation）。我国《公司法》规定，股东转让其股份，即股票进入流通，必须在依法设立的证券交易场所里进行。

1. **股票上市的意义**

（1）资本大众化，可分散风险，同时也防止股权过于集中。

（2）提高股票的流动性和变现力，便于投资者认购、交易。

（3）提高公司知名度，便于筹措资金，而且可以吸引更多顾客，扩大销售量。

（4）便于确定公司的价值，以利于促进公司实现财富最大化目标。

但股票上市也有对公司不利的一面，主要有：可能会分散公司的控制权，造成管理上的困难；公司将负担较高的信息披露成本；各种信息公开的要求可能会暴露公司商业秘密；股价有时会歪曲公司的实际状况，损害公司的声誉。

2. **股票上市的条件**

股票上市的条件是指对申请上市公司所作的规定或要求。我国《证券法》规定，股份有限公司申请股票上市，应当符合下列条件：

（1）股票经国务院证券监督管理机构批准已公开发行。

（2）公司股本总额不少于人民币 3 000 万元。

（3）公开发行的股份达到公司股份总数的 25% 以上；公司股本总额超过人民币 4 亿元的，公开发行股份的比例为 10% 以上。

（4）公司最近 3 年无重大违法行为，财务会计报告无虚假记载。

具备上述条件的股份有限公司经申请，由国务院或国务院授权的证券管理部门批准，其股票方可上市。

【例 3-24】（2014 年中级会计师职称考试真题）与股票筹资相比，下列各项中，属于债务筹资缺点的是（　　）。

A. 财务风险较大　　　　B. 资本成本较高

C. 稀释股东控制权　　　　　　　　D. 筹资灵活性小

参考答案：A。债务筹资的缺点有：不能形成企业稳定的资本基础；财务风险较大；筹资数额有限。

三、留存收益

（一）留存收益的性质

从性质上看，企业通过合法有效经营所实现的税后净利润，都属于企业的所有者。因此，属于所有者的利润包括分配给所有者的利润和尚未分配留存于企业的利润。企业将本年度的利润部分甚至全部留存下来的原因很多，主要包括：第一，收益的确认和计量是建立在权责发生制基础上的，企业有利润，但企业不一定有相应的现金净流量增加，因而企业不一定有足够的现金将利润全部或部分派给所有者。第二，法律法规从保护债权人利益和要求企业可持续发展等角度出发，限制企业将利润全部分配出去。《公司法》规定，公司分配当年税后利润时，应当提取利润的 10% 列入公司法定公积金。第三，企业基于自身扩大再生产和筹资的需求，也会将一部分利润留存下来。

（二）留存收益的筹资途径

1. 提取盈余公积金

盈余公积金，是指有指定用途的留存净利润。盈余公积金是从当期企业净利润中提取的积累资金，其提取基数是本年度的净利润。盈余公积金主要用于企业未来的经营发展，经投资者审议后也可以用于转增股本（实收资本）和弥补以前年度经营亏损，但不得用于以后年度的对外利润分配。

2. 未分配利润

未分配利润，是指未限定用途的留存净利润。未分配利润有两层含义：第一，这部分净利润本年没有分配给公司的投资者；第二，这部分净利润未指定用途，可以用于企业未来的经营发展、转增资本（实收资本）、弥补以前年度的经营亏损及以后年度的利润分配。

（三）利用留存收益的筹资特点

1. 不会发生筹资费用

企业从外界筹集长期资本，与普通股筹资相比较，留存收益筹资不会发生筹资费用，资本成本较低。

2. 维持公司的控制权分布

利用留存收益筹资，不用对外发行新股或吸收新投资者，由此增加的权益资本不会改变公司的股权结构，不会稀释原有股东的控制权。

3. 筹资数额有限

留存收益的最大数额是企业到期的净利润和以前年度未分配利润之和，不像外部筹资可以一次性筹集大量资金。如果企业发生亏损，那么当年就没有利润留存。另外，股东和投资者从自身期望出发，往往希望企业每年发放一定的利润，保持一定的利润分配比例。

【例 3-25】（2014 年中级会计师职称考试真题）下列关于留存收益筹资的表述中，错误的是（　　）。

A. 留存收益筹资可以维持公司的控制权结构

B. 留存收益筹资不会发生筹资费用，因此没有资本成本

C. 留存收益来源于提取的盈余公积金和留存于企业的利润

D. 留存收益筹资有企业的主动选择，也有法律的强制要求

参考答案：B。留存收益筹资不会发生筹资费用，但是留存收益的资本成本率表现为股东追加投资要求的报酬率，所以是有资本成本的，选项 B 错误。

第四节　混合筹资

前面已经介绍了长期债务筹资和股权筹资，本节主要介绍混合筹资，通常包括发行优先股、发行可转换债券和发行认股权证。

一、发行优先股

我国《优先股试点管理办法》于 2014 年 3 月 21 日以中国证券监督管理委员会令第 97 号公布。该办法分总则、优先股股东权利的行使、上市公司发行优先股、非上市公众公司非公开发行优先股、交易转让及登记结算、信息披露、回购与并购重组、监管措施和法律责任、附则共 9 章 70 条，自公布之日起施行。

1. 优先股的特点

优先股（preferred stock）是相对于普通股而言的，较普通股具有某些优先权利，同时也受到一定的限制。与普通股相比，它的主要特点是：

（1）优先于普通股股东分配公司利润，获取固定股利。

（2）在公司清算时，优先股股东优先分配公司的剩余财产。

（3）参与公司决策管理等权利受到限制。

（4）优先股可由公司赎回。公司可以根据需要，按照章程将所发行的优先股赎回，以调整公司的资本结构。

2. 发行优先股的一般规定

（1）上市公司可以发行优先股，非上市公众公司可以非公开发行优先股。

（2）上市公司不得发行可转换为普通股的优先股。

（3）优先股每股票面金额为 100 元。

（4）优先股发行价格和票面股息率应当公允、合理，不得损害股东或其他利益相关方的合法利益，发行价格不得低于优先股票面金额。

（5）公开发行优先股的价格或票面股息率以市场询价或证监会认可的其他公开方式确定。非公开发行优先股的票面股息率不得高于最近 2 个会计年度的加权平均净资产收益率。

3. 上市公司公开发行优先股的具体规定

（1）上市公司内部控制制度健全，能够有效保证公司运行效率、合法合规和财务报告的可靠性，内部控制的有效性应当不存在重大缺陷。

（2）上市公司发行优先股，最近 3 个会计年度实现的年均可分配利润应当不少于优先股一年的股息。

（3）上市公司最近 3 年现金分红情况应当符合公司章程及中国证监会的有关监管规定。

（4）上市公司报告期不存在重大会计违规事项。

（5）公开发行优先股，最近 3 年财务报表被注册会计师出具的审计报告应当为标准审计报告或带强调事项段的无保留意见的审计报告；非公开发行优先股，最近一年财务报表被注册会计师出具的审计报告为非标准审计报告的，所涉及事项对公司无重大不利影响或者在发行前重大不利影响已经消除。

（6）上市公司发行优先股募集资金应有明确用途，与公司业务范围、经营规模相匹配，募集资金用途符合国家产业政策和有关环境保护、土地管理等法律和行政法规的规定。

（7）上市公司已发行的优先股不得超过公司普通股股份总数的 50%，且筹资金额不得超过发行前净资产的 50%，已回购、转换的优先股不纳入计算。

（8）上市公司同一次发行的优先股，条款应当相同。每次优先股发行完毕前，不得再次发行优先股。

4. **针对上市公司不得发行优先股的规定**

上市公司存在下列情形之一的，不得发行优先股：

（1）本次发行申请文件有虚假记载、误导性陈述或重大遗漏。

（2）最近 12 个月内受到过中国证监会的行政处罚。

（3）因涉嫌犯罪正被司法机关立案侦查或涉嫌违法违规正被中国证监会立案调查。

（4）上市公司的权益被控股股东或实际控制人严重损害且尚未消除。

（5）上市公司及其附属公司违规对外提供担保且尚未解除。

（6）存在可能严重影响公司持续经营的担保、诉讼、仲裁、市场重大质疑或其他重大事项。

（7）其董事和高级管理人员不符合法律、行政法规和规章规定的任职资格。

（8）严重损害投资者合法权益和社会公共利益的其他情形。

5. **优先股筹资的优缺点**

优先股的主要优点是：

（1）优先股没有固定的到期日，不用偿还本金，是公司长期、稳定的资金来源，有利于企业的资金周转。对于可赎回优先股，公司可在需要时按一定价格收回，使得利用这部分资金更有弹性，亦能控制公司的资本结构。

（2）优先股股本属于股权资本，发行优先股可巩固股权资本基础，维持乃至增强公司的举债能力。

（3）股利的支付既固定又有一定的灵活性。如公司财务状况不佳，也可暂时不支付。

（4）保持普通股股东对公司的控制权，防止公司股权分散化。由于优先股一般没有表决权，发行优先股可以避免公司股权分散，保障公司的原有控制权。

（5）调剂现金余缺，改善公司资本结构。公司需要现金时发行优先股，在现金充足时将可赎回的优先股购回，从而调整现金余缺；公司需要调整债务资本与股权资本的比例关系时，可以便利地利用优先股的发行与转换来进行调整。

优先股的主要缺点是：

（1）优先股的成本虽低于普通股，但一般高于债券。因为优先股股息率高于债券利率，而且优先股的股利是从税后净利中支付的，不能起到抵税的作用。

（2）可能形成较重的财务负担。由于优先股需要支付固定股利，在税后净利中扣除，虽无约定性且可以延时，但终究是一种较重的财务负债。

（3）因为优先股在股息分配、资产清算等方面拥有优先权，所以将使普通股股东在企业经营不稳定时的收益受到影响。

二、发行可转换债券

1. 可转换债券的概念及特性

可转换债券又称可转债，是指公司发行并规定在一定时期内，债券持有人可选择按规定的价格或一定的比例将其转换为普通股的债券。

从筹资公司来看，发行可转换债券具有债务筹资与股权筹资的双重属性，因而属于一种混合筹资行为。发行公司赋予债券持有人可以在规定的转换期限内转换为普通股的权利。对于发行公司而言，如果债券持有人未将可转换债券转换为普通股，发行公司需要定期支付利息并到期偿还本金，在这种情况下，可转换债券筹资与一般公司债券筹资完全等同，具有债务筹资的属性；如果债券持有人在规定的转换期限内将可转换债券转换为普通股，则发行公司将负债转化为股东权益，从而具有股权筹资的属性。

可转换债券的利率通常低于普通债券，因为可转换债券持有人有特殊选择权。

【例 3-26】（2014 年中级会计师职称考试真题）可转换债券的持有人具有在未来按一定的价格购买普通股股票的权利，因为可转换债券具有买入期权的性质。（ ）

参考答案：√。

2. 可转换债券的发行资格与条件

根据国家有关规定，上市公司和重点国有企业具有发行可转换债券的资格。上市公司发行可转换债券，除满足发行债券的一般条件外，还应符合下列条件：

（1）最近 3 个会计年度加权平均净资产收益率不低于 6%；

（2）本次发行后累计公司债券总额不超过最近一期净资产额的 40%；

（3）最近 3 个会计年度实现的年均可分配利润不少于公司债券 1 年的利息。

3. 可转换债券的转换

可转换债券的转换的基本要素有转换期限、转换价格、转换比率、赎回条款和回售条款。

（1）转换期限。可转换债券的转换期限是指按发行公司的约定，债券持有人可将其转换为普通股的期限。按照规定，上市公司发行可转换债券，在发行结束 6 个月后，债券持有人可以依据约定的条件随时将其转换为股票。我国对可转换债券的转换期限的规定是：最短期限为 1 年，最长期限为 6 年。可转换债券的转换期限的长短与可转换债券的期限相关。

（2）转换价格。转换价格是指可转换债券在转换期限内转换成普通股的每股价格。转换价格通常由发行公司在发行可转换债券时约定。按我国的有关规定，上市公司发行可转换债券的，以发行可转换债券前一个月股票的平均价格为基准，上浮一定幅度作为转换价格。

【例 3-27】某上市公司拟发行可转换债券，发行前一个月该公司股票的平均价格为每股 35 元，预计该股票未来呈上升趋势，因此确定上浮的幅度为 20%。则该公司可转换债券的转换价格为：

35×（1+20%）＝42（元/股）

（3）转换比率。转换比率是指每份可转换债券所能转换的股份数，即：

转换比率＝可转换债券面值/转换价格

在【例 3-27】中，假设可转换债券每份面值是 1 050 元，则转换比率为：

1 050÷42＝25

即每份可转换债券可以转换 25 股普通股。

（4）赎回条款。赎回条款是指发行公司有权在债券到期日之前提前赎回债券的规定，赎回条款通常包括不可赎回期、赎回期、赎回价格和赎回条件等。设置赎回条款的目的是避免在市场利率下降后，发行公司仍须支付较高的债券票面利率所带来的损失。

（5）回售条款。回售条款是指公司股票价格在一定时期内连续低于转换价格达到某一幅度时，债券持有人可以以事先约定的价格将债券出售给发行公司。这一条款有利于降低债券投资者的风险。

【例 3-28】（2012 年注册会计师考试真题）甲公司是一家快速成长的上市公司，目前因项目扩建急需筹资 1 亿元。由于当前公司股票价格较低，公司拟通过发行可转换债券的方式筹集资金，并初步拟订了筹资方案。有关资料如下：

（1）可转换债券按面值发行，期限 5 年。每份可转换债券的面值为 1 000 元，票面利率为 5%，每年年末付息一次，到期还本。可转换债券发行一年后可以转换为普通股，转换价格为 25 元。

（2）可转换债券设置有条件赎回条款，当股票价格连续 20 个交易日不低于转换价格的 120% 时，甲公司有权以 1 050 元的价格赎回全部尚未转股的可转换债券。

（3）甲公司股票的当前价格为 22 元，预期股利为 0.715 元/股，股利年增长率预计为 8%。

（4）当前市场上等风险普通债券的市场利率为 10%。

（5）甲公司适用的企业所得税税率为 25%。

（6）为方便计算，假定转股必须在年末进行，赎回在达到赎回条件后可立即执行。

要求：（1）计算发行日每份纯债券的价值。（2）计算第 4 年年末每份可转换债券的底线价值。（3）计算可转换债券的税前资本成本，判断拟订的筹资方案是否可行并说明原因。（4）如果筹资方案不可行，甲公司拟采取修改票面利率的方式修改筹资方案。假定修改后的票面利率需为整数，计算使筹资方案可行的票面利率区间。

参考答案：

（1）发行日每份纯债券的价值＝1 000×5%×（P/A，10%，5）+1 000×（P/F，10%，5）＝810.44（元）

（2）可转换债券的转换比率＝1 000÷25＝40

第 4 年年末每份债券价值 = 1 000×5%×（P/A，10%，1）+1 000×（P/F，10%，1）= 954.56（元）

第 4 年年末每份可转换债券的转换价值 = 40×22×（1+8%）^{4} = 1 197.23（元）

第 4 年年末每份可转换债券的转换价值大于债券价值，所以第 4 年年末每份可转换债券的底线价值为 1 197.23 元。

（3）甲公司第 4 年股票的价格 = 22×（1+8%）^{4} ≈ 30（元/股），即将接近 25×1.2 = 30（元/股），所以如果在第 4 年不转换，则在第 5 年年末就要按照 1 050 的价格赎回，则理性投资人会在第 4 年就转股。

转换价值 = 22×（1+8%）^{4}×40 = 1 197.23（元/股）

可转换债券的税前资本成本计算如下：

1 000 = 50×（P/A，i，4）+1 197.23×（P/F，i，4）

当利率为 9% 时，50×（P/A，9%，4）+1 197.23×（P/F，9%，4）= 1 010.1；

当利率为 10% 时，50×（P/A，10%，4）+1 197.23×（P/F，10%，4）= 976.2。

用内插法计算：

（i−9%）/（10%−9%）=（1 010.1−1 000）/（1 010.1−976.2）

解得：i = 9.30%。

所以可转换债券的税前资本成本为 9.30%。

因为可转换债券的税前资本成本小于等风险普通债券的市场利率 10%，对投资人没有吸引力，所以筹资方案不可行。

（4）因为目前的股权资本成本 = 0.715/22+8% = 11.25%，如果它的税后成本高于股权资本成本 11.25%，则不如直接增发普通股；如果它的税前成本低于普通债券的利率 10%，则对投资人没有吸引力。

如果它的税前成本为 10%，此时票面利率为 r_1，则：

1 000 = 1 000×r_1×（P/A，10%，4）+1 197.23×（P/F，10%，4）

解得 r_1 = 5.75%，因为要求必须为整数，所以票面利率最低为 6%。

如果它的税前成本为 11.25%/（1−25%）= 15%，此时票面利率为 r_2，则：

1 000 = 1 000×r_2×（P/A，15%，4）+1 197.23×（P/F，15%，4）

解得：r_2 = 11%。

所以使筹资方案可行的最低票面利率为 6%，使筹资方案可行的最高票面利率为 11%。

4. 可转换债券的优缺点

发行可转换债券是一种特殊的筹资方式，其优点主要有：

（1）有利于降低资本成本。可转换债券的利率通常低于普通债券的利率，转换股票后，又节约股票的发行成本，因而可转换债券可以降低公司的资本成本。

（2）有利于减少对每股收益的稀释。由于可转换债券的转换价格高于其发行时的股票价格，转换成股票股数相对较少，有利于降低因增发股票对公司每股收益的稀释度。

（3）有利于资金的筹集。可转换债券一方面给予债券持有人以优惠的价格转换成普通股的好处，另一方面向其提供了债权投资和股权投资的选择权，便于债券的发行和资金的筹集。

(4) 有利于调整资本结构。可转换债券是一种兼具债务筹资和股权筹资双重属性的特殊筹资方式，若发行公司希望债券持有人将债券转化成普通股，可以借助诱导促其转换，从而达到调整资本结构的目的。

可转换债券也有缺点，主要有：

(1) 存在公司股价上涨风险。若可转换债券转股时股票价格大幅度上涨，远超过转换价格，公司只能较低的转换价格换成普通股，使发行公司遭受筹资损失。

(2) 回售条款的规定可能使发行公司遭受损失。若公司的股票价格在一段时间内连续低于转换价格并达到一定幅度时，可转换债券持有人可按事先约定的价格将所持债券回售公司，从而使发行公司受损。

【例 3-29】(2014 年中级会计师职称考试真题) 企业可将特定的债权转为股权的情形有（　　）。

A. 公司重组时的银行借款

B. 改制时未退还职工的集资款

C. 上市公司依法发行的可转换债权

D. 国有金融资产管理公司持有的国有企业债权

参考答案：BCD。企业可将特定的债权转为股权的情形有：上市公司依法发行的可转换债券；金融资产管理公司持有的国有及国有控股企业债权；企业实行公司制改建时，经银行以外的其他债权人协商同意，可以按照有关协议和企业章程的规定，将其债权转为股权；根据《利用外资改组国有企业暂行规定》，国有企业的境内债权人将持有的债权转给外国投资者，企业通过债转股改组为外商投资企业；按照《企业公司制改建有关国有资本管理与财务处理的暂行规定》，国有企业改制时，账面原有应付工资余额中欠发职工工资部分，在符合国家政策、职工自愿的条件下，依法扣除个人所得税后可转为个人投资；未退还职工的集资款也可转为个人投资。

三、发行认股权证

认股权证（warrant）是由股份有限公司发行的可以在一定时期内认购股份的买入期权。它赋予持有者在一定期间以事先约定的价格购买发行公司一定股份的权利。

（一）认股权证的特点

对于发行公司而言，发行认股权证是一种特殊的筹资手段。认股权证本身含有期权条款，其规定了认股权证持有者每份认股权证的股票购买股数。认股权证的持有人在认股之前，对发行公司既不拥有债权也不拥有股权，而只是拥有股票认购权。尽管如此，发行公司可以通过发行认股权证筹得现金。

（二）认股权证的种类

在国内外公司筹资实务中，认股权证形式灵活多样，可区分为不同种类：

1. 长期认股权证与短期认股权证

认股权证按允许购股的期限分为长期认股权证和短期认股权证。长期认股权证的购股期限通常持续几年，有时是永久性的。短期认股权证的认股期限比较短，一般在 90 天以内。

2. **单独发行认股权证与附带发行认股权证**

按发行方式，认股权证可分为单独发行认股权证和附带发行认股权证。附带发行认股权证是指依附债券、优先股、普通股或短期票据发行的认股权证。

3. **备兑认股权证与配股权证**

备兑认股权证是每份备兑证按一定比例含有几家公司的若干股股票。配股权证是确认老股东配股权的证书，它按照股东持股比例定向分派，赋予其以优惠价格认购公司一定份数的新股。

（三）认股权证在筹资中的运用

在企业筹资实务中，认股权证往往与债券同时发售，以便改善筹资条件。新建和处于发展中的公司具有不确定的前途，投资者不愿意购买这些公司的债券，因此，这类公司要想发行债券，必须提高利率，这将会增加资本成本，加大财务风险。但如果公司在发行债券时附有认股权证，就可以以较低利率筹集资金。因为如果公司发展迅速并很快成功，其普通股价值就会大幅度提高，这时投资人的认股权证便可取得较高的投资收益。认股权证的执行会增加公司的资金总量。

【例 3-30】某公司采用附有认股权证的债券筹集资金，有关情况见表 3-8。

表 3-8 **发行债券前后情况** 单位：万元

资金来源	发行债券之前	发行债券后但行使认股权之前	行使认股权后
债券		2 000	2 000
普通股本（5 元/股）	500	500	900
资本公积	2 500	2 500	2 900
留存收益	7 000	7 000	7 000
资金总额	10 000	12 000	12 800

从表 3-8 中可以看出，在出售附有认股权证的 2 000 万元债券以后，增加了 2 000 万元的负债，所有者权益保持不变，资金总额增加到 12 000 万元。这些债券的利率为 5%，每张 1 000 元面值的债券附有 40 份认股权证，每份认股权证可以在未来 3 年中以每股 10 元的价格购买 1 股股票。因此，总共发售 20 000 张债券，每张 40 份认股权证，如果认股权全部行使，将出售 80 万股新股。由于股票面值为 5 元/股，股本增加 400 万元，资本公积增加 400 万元，企业的资金总额上升到 12 800 万元。

（四）认股权证筹资的优缺点

1. **认股权证筹资的优点**

（1）有利于吸引投资者。认股权证给投资者以选择权，在公司股票价格上升时，投资者行使这种权利，在公司股票没有上升到约定价格以上时，则可以放弃这种权利。因此，这种筹资方式可以降低投资者的投资风险，对投资人很有吸引力。

（2）有利于降低资本成本。发行附有认股权证的债券时，由于认股权证的吸引作用，利率一般比没有认股权证的债券要低。认股权证行使时，自动实现股票发行，可以降低股票发行费用。

2. **认股权证筹资的缺点**

（1）可能分散公司的控制权。当认股权证行使后，公司股东数增加，这就会分散原有股东对公司的控制权。

（2）可能使公司蒙受筹资损失。在认股权证行使时，如股票价格大大高于认股权证约定的价格，则实际上加大了公司资本成本，出现筹资损失。

课后习题

一、单项选择题

1.（2010年中级会计师职称考试真题）下列各项中，不会稀释公司每股收益的是（　　）。

A. 发行认股权证　　B. 发行短期融资券

C. 发行可转换公司债券　　D. 授予管理层股份期权

2.（2011年中级会计师职称考试真题）已知当前的国债利率为3%，某公司适用的所得税税率为25%。出于追求最大税后收益的考虑，该公司决定购买一种金融债券。该金融债券的利率至少应为（　　）。

A. 2.65%　　B. 3%　　C. 3.75%　　D. 4%

3.（2012年中级会计师职称考试真题）与银行借款相比，下列各项中不属于融资租赁筹资特点的是（　　）。

A. 资本成本低　　B. 融资风险小

C. 融资期限长　　D. 融资限制少

4.（2012年中级会计师职称考试真题）某企业从银行获得附有承诺的周转信贷额度为1 000万元，承诺费率为0.5%，年初借入800万元，年底偿还，年利率为5%。则该企业负担的承诺费是（　　）。

A. 1万元　　B. 4万元　　C. 5万元　　D. 9万元

5.（2009年注册会计师考试真题）2 008年8月22日甲公司股票的每股收盘价格为4.63元，甲公司认购权证的行权价格为每股4.5元，此时甲公司认股权证是（　　）。

A. 价平认购权证　　B. 价内认购权证

C. 价外认购权证　　D. 零值认购权证

6.（2009年注册会计师考试真题）2009年9月，承租人和出租人签订了一份租赁合同，合同规定：租赁资产的购置成本为200万元，承租人分10年偿还，每年支付租金20万元，在租赁开始日首付；尚未偿还的租赁资产购置成本以5%的年利率计算并支付利息，在租赁开始日首付；租赁手续费为15万元，于租赁开始日一次性付清。根据这份租赁合同，下列表述中正确的是（　　）。

A. 租金仅指租赁资产的购置成本

B. 租金不仅仅指租赁资产的购置成本

C. 仅以手续费补偿出租人的期间费用

D. 利息和手续费就是出租人的利润

7.（2010年注册会计师考试真题）下列关于普通股筹资定价的说法中，正确的是（　　）。

A. 首次公开发行股票时，发行价格应由发行人与承销的证券公司协商确定

B. 上市公司向原有股东配股时，发行价格可由发行人自行确定

C. 上市公司公开增发新股时，发行价格不能低于公告招股意向书前20个交易日公司股票均价的90%

D. 上市公司非公开增发新股时，发行价格不能低于定价基准日前20个交易日公司股票的均价

8. （2012年注册会计师考试真题）从财务管理的角度看，融资租赁最主要的财务特征是（　　）。

A. 租赁期长

B. 租赁资产的成本可以得到完全补偿

C. 租赁合同在到期前不能单方面解除

D. 租赁资产由承租人负责维护

9. （2013年中级会计师职称考试真题）与股票筹资相比，下列各项中，属于留存收益筹资特点的是（　　）。

A. 资本成本较高　　B. 筹资费用较高

C. 稀释原有股东控制权　　D. 筹资数额有限

10. （2014年中级会计师职称考试真题）采用销售百分比法预测资金需要量时，下列各项中，属于非敏感性项目的是（　　）。

A. 现金　　B. 存货　　C. 长期借款　　D. 应付账款

11. （2011年中级会计师职称考试真题）企业下列吸收直接投资的筹资方式中，潜在风险最大的是（　　）。

A. 吸收货币资产　　B. 吸收实物资产

C. 吸收专有技术　　D. 吸收土地使用权

12. （2013年中级会计师职称考试真题）与发行公司债券相比，吸收直接投资的优点是（　　）。

A. 资本成本较低　　B. 产权流动性较强

C. 能够提升企业市场形象　　D. 易于尽快形成生产能力

13. （2013年中级会计师职称考试真题）下列各项中，不能作为资产出资的是（　　）。

A. 存货　　B. 固定资产　　C. 可转换债券　　D. 特许经营权

二、多项选择题

1. （2013年中级会计师职称考试真题）下列各项中，属于认股权证筹资特点的有(　　)。

A. 认股权证是一种融资促进工具

B. 认股权证是一种高风险融资工具

C. 有助于改善上市公司的治理结构

D. 有利于推进上市公司的股权激励机制

2. （2009年注册会计师考试真题）下列关于企业筹资管理的表述中，正确的有（　　）。

A. 在其他条件相同的情况下，企业发行包含美式期权的可转债的资本成本要高于包含欧式期权的可转债的资本成本

B. 由于经营租赁的承租人不能将租赁资产列入资产负债表，因此资本结构决策不需要考虑经营性租赁的影响

C. 由于普通债券的特点是依约按时还本付息，因此评级机构下调债券的信用等级，并不会影响该债券的资本成本

D. 由于债券的信用评级是对企业发行债券的评级，因此信用等级高的企业也可能发行低信用等级的债券

3. （2010 年注册会计师考试真题）某公司是一家生物制药企业，目前正处于高速成长阶段。公司计划发行 10 年期的附认股权债券进行筹资。下列说法中，正确的有（　　）。

A. 认股权证是一种看涨期权，可以使用布莱克—斯科尔斯模型对认股权证进行定价

B. 使用附认股权债券筹资的主要目的是当认股权证执行时，可以以高于债券发行日股价的执行价格给公司带来新的权益资本

C. 使用附认股权债券筹资的缺点是当认股权证执行时，会稀释股价和每股收益

D. 为了使附认股权债券顺利发行，其内含报酬率应当介于债务市场利率和普通股成本之间

4. （2011 年注册会计师考试真题）假设其他因素不变，下列事项中，会导致折价发行的平息债券价值下降的有（　　）。

A. 提高付息频率　　B. 延长到期时间

C. 提高票面利率　　D. 等风险债券的市场利率上升

三、判断题

1. （2011 年中级会计师职称考试真题）根据风险与收益均衡的原则，信用贷款利率通常比抵押贷款利率低。（　　）

2. （2011 年中级会计师职称考试真题）对附有回售条款的可转换公司债券持有人而言，当标的公司股票价格在一段时间内连续低于转股价格达到一定幅度时，把债券卖回给债券发行人，将有利于保护自身的利益。（　　）

四、计算题

1. （2009 年中级会计师职称考试真题）2009 年 3 月 9 日，A 公司发行在外普通股 10 000万股，股票市价为 15 元/股。

当日，该公司新发行了 10 000 万份认股权证，规定每份认股权证可按 10 元认购 1 股普通股股票，且认股权证的售价与理论价值一致。

同日，甲投资者用 15 000 元购买了该公司股票，乙投资者用 15 000 元购买了该公司的认股权证。假定不考虑投资者的交易费用。

要求：

（1）计算发行时每份认股权证的理论价值。

（2）假定该认股权证行权时 A 公司股票市价为 15 元/股，计算全部认股权证行权后该公司的权益总价值和每股价值。

(3) 当A公司股票市价为18元/股时，计算：

①甲投资者股票投资的收益率；

②乙投资者认股权证投资的收益率。

2. (2010年中级会计师职称考试真题) B公司是一家上市公司，2009年年末公司总股份为10亿股，当年实现净利润4亿元，公司计划投资一条新生产线，总投资额为8亿元，经过论证，该项目具有可行性。为了筹集新生产线的投资资金，财务部制订了两个筹资方案供董事会选择：

方案一：发行可转换公司债券8亿元，每张面值100元，规定的转换价格为每股10元，债券期限为5年，年利率为2.5%，可转换日为自该可转换公司债券发行结束之日(2010年1月25日)起满一年后的第一个交易日(2011年1月25日)。

方案二：发行一般公司债券8亿元，每张面值100元，债券期限为5年，年利率为5.5%。

要求：

(1) 计算自该可转换公司债券发行结束之日起至可转换日止，与方案二相比，B公司发行可转换公司债券节约的利息。

(2) 预计在转换期公司市盈率将维持在20倍的水平(以2010年的每股收益计算)。如果B公司希望可转换公司债券进入转换期后能够实现转股，那么B公司2010年的净利润及其增长率至少应达到多少？

(3) 如果转换期内公司股价在8~9元之间波动，说明B公司将面临何种风险。

第四章　筹资决策

学习目标

(1) 理解资本成本的概念及作用，掌握个别资本成本、加权平均资本成本及边际资本成本的计算；

(2) 掌握经营杠杆、财务杠杆和综合杠杆；

(3) 掌握资本结构及其相关理论；

(4) 了解资本成本的影响因素，掌握资本结构的决策方法。

筹资管理是企业财务管理的一项重要内容。企业在创业和发展过程中都需要筹资，但必须合理筹资，规避风险，获取收益。因此，有必要学习资本成本、杠杆效应、资本结构及资本结构的决策方法，帮助企业合理负债，确定最佳资本结构，降低财务风险，提高筹资决策的效率及效益。

第一节　资本成本

资本成本是企业筹资管理的重要依据，也是企业资本结构决策的基本因素之一。本节着重从企业长期资本的角度，阐述资本成本的概念、构成、影响因素、种类、作用和测算方法。

一、资本成本概述

(一) 资本成本的概念

资本成本 (cost of capital)，也称资金成本，是指企业为筹集和使用资金而付出的代价。广义上讲，企业筹集和使用任何资金，不论是短期的还是长期的，都要付出代价。但通常所讲的资本成本是狭义的资本成本，仅指筹集和使用长期资金（包括自有资本和借入长期资金）的成本。

从企业资本供给者即投资者（包括所有者和债权人）的角度来看，资本成本就是企业投资者对投入企业的资本所要求的收益率，即预期报酬率。普通股资本成本就是企业普通股股东的预期报酬率；优先股资本成本就是企业优先股股东的预期报酬率；债务资本成本就是企业债权人的预期报酬率。

(二) 资本成本的构成

资本成本从绝对量的构成来看，包括资金筹集费和资金占用费两部分。

1. 资金筹集费

它是指在资金筹集过程中为获取资金而支付的费用，如发行股票、债券时支付的印刷费、发行手续费、律师费、资信评估费、公证费、担保费、广告费等。资金筹集费通常是在筹集资金时一次支付的，它使筹资的实际数额减少，因此在计算资本成本时可作为筹资金额的一项扣除。

2. 资金占用费

它是指在资金使用过程中为占用资金而支付的费用，如股票的股息、银行借款和发行债券的利息等。资金占用费是在资金使用过程中时时刻刻发生的应付费用，而且通常是分段定期支付给资金的提供者，所以会因所筹资金的多少和使用时间的长短而变动。它是资本成本中的主要部分。

资本成本可以用绝对数表示，也可以用相对数来表示。在企业筹资实务中，为了便于分析和比较，资本成本通常用相对数来表示，即资金占用费与有效筹资额之间的比率。其通用计算公式如下：

$$K=\frac{D}{P-f} \quad 或 \quad K=\frac{D}{P(1-F)}$$

式中，K 为资本成本，以百分比表示；D 为资金占用费；P 为筹资数额；f 为资金筹集费；F 为筹资费用率。

（三）影响资本成本的因素

1. 总体经济环境

一个国家或地区的总体经济环境状况表现在国民经济发展水平、预期的通货膨胀等方面，这些都会对企业筹资的资本成本产生影响。如果经济过热，通货膨胀持续居高不下，投资者投资风险大，要求的预期报酬率高，筹资的资本成本率就高。

2. 资本市场条件

资本市场条件包括资本市场的效率和风险。如果资本市场缺乏效率，证券的市场流动性低，投资者投资风险大，要求的预期报酬率高，那么通过资本市场融通的资本的成本就比较高。

3. 企业经营状况和融资状况

企业的经营风险和财务风险共同构成企业总体风险。如果企业经营风险大，财务风险大，则企业总体风险大，投资者要求的预期报酬率大，企业筹资的资本成本相应就高。

4. 企业对筹资规模和时限的需求

企业一次性需要筹集的资金规模越大，占用资金时限越长，资本成本就越高。当然，融资规模、时限与资本成本的正相关性并非线性关系，一般说来，融资规模在一定限度内并不引起资本成本的明显变化，当融资规模突破一定限度时，才引起资本成本的明显变化。

【例 4-1】（2011 年中级会计师职称考试真题）下列各项中，通常不会导致企业资本成本增加的是（　　）。

A. 通货膨胀加剧　　B. 投资风险上升

C. 经济持续过热　　D. 证券市场流动性增强

参考答案：D。本题考核的是影响资本成本的因素。如果国民经济不景气或者经济过热，通货膨胀持续居高不下，投资者投资风险大，预期报酬率高，筹资的资本成本就高。而选项 A、B、C 均会导致企业资本成本增加，所以本题选 D。

（四）资本成本的种类

1. 个别资本成本（individual cost of capital）

它是指使用各种长期资金的成本，又分为长期借款成本、债券成本、普通股成本、优先股成本和留存收益成本。这种形式一般在比较各种筹资方式时采用。

2. **加权平均资本成本**（weighted average cost of capital，WACC）

它是指企业使用的全部长期资金的综合总成本。这种形式一般是在企业进行资本结构决策时采用。

3. **边际资本成本**（marginal cost of capital，MCC）

它是指企业资金每增加一个单位而增加的成本。这种形式一般在企业进行追加筹资决策时采用。

（五）资本成本的作用

资本成本是企业财务管理的一个重要概念，国际上将其列为一项“财务标准（financial standard）”。资本成本对于企业筹资管理、投资管理乃至整个经营管理都有重要作用。

1. **资本成本是选择筹资方式、确定筹资方案的依据**

企业应当力求选择资本成本最低的筹资方式。

（1）个别资本成本是比较各种筹资方式优劣的一个尺度。企业长期资金的筹集有多种方式可供选择，而各种长期筹资方式的个别资本成本是不一样的，所以个别资本成本可作为比较各种筹资方式优缺点的一个依据，当然不是唯一的依据。

（2）加权平均资本成本是企业进行资本结构决策的基本依据。企业的长期资金通常是通过多种方式筹资组合构成的，而这种长期筹资组合可有多个方案供选择，该选择何种方案，就是通过比较各种筹资组合的综合资本成本来进行决策的。

（3）边际资本成本是比较追加筹资方案的依据。企业为了扩大生产经营规模，增加经营所需资产或追加对外投资往往需要追加筹资，这时就应当采用边际资本成本进行比较并做出选择。

2. **资本成本是评价投资项目、决定投资取舍的重要标准**

一个投资项目，投资收益率必须高于资本成本率，经济上才是可行的。否则，该投资项目无利可图，甚至亏本。所以，可以将资本成本视为投资项目的最低收益率，作为投资项目的取舍标准。而且在投资项目可行性分析中，可将资本成本作为贴现率，来计算各投资方案的现金流量现值、净现值和现值指数，以比较不同方案的优劣。可见，资本成本是投资决策和筹资决策的重要取舍标准，是连接投资决策与筹资决策的桥梁。

3. **资本成本还可用作衡量企业经营业绩的尺度**

因为资本成本是企业从事生产经营活动必须实现的最低收益率，所以，如果企业经营的利润率高于资本成本，可以认为企业经营良好，反之，表明企业经营欠佳，应改善生产经营管理，进一步提高经济效益。

二、个别资本成本的测算

个别资本成本是使用各种长期资金的成本。长期资金一般有长期借款、债券、优先股、普通股、留存收益等，可分为债务资本和权益资本，所以个别资本成本也相应地分为债务资本成本和权益资本成本。

（一）债务资本成本（cost of debts）

债务资本成本主要有长期借款资本成本和长期债券资本成本。债务资本成本的特点是：①利息率固定，定期支付；②利息费用是在税前列支的，即债务利息不交所得税。因此，企业实际负担的债务利息为：利息×（1-所得税税率）。需要注意的是，只有当企业盈利时，负债筹资才可能得到税收收益，若企业亏损，则无法实现利息扣减所得税带来的减税利益。

1. **长期借款资本成本**（cost of long-term loans）

长期借款资本成本包括借款利息和筹资费用。由于借款利息计入税前成本费用，可以起到抵税的作用。因此，一次还本、分期付息长期借款的成本，可按下列公式计算：

$$K_1=\frac{I_1(1-T)}{L(1-F_1)}$$

式中，K_1 为长期借款资本成本；I_1 为长期借款年利息；T 为所得税税率；L 为长期借款筹资额，即借款本金；F_1 为长期借款筹资费用率。

上述公式也可写为：

$$K_1=\frac{R_1(1-T)}{1-F_1}$$

式中，R_1 为长期借款的年利率。

这里要注意两点：①在长期银行借款附加补偿性余额的情况下，长期借款筹资额应扣除补偿性余额，这时长期借款资本成本将会增大；②当长期借款的筹资费（主要是借款的手续费）很小时也可以忽略不计。

【例 4-2】某企业取得 5 年期长期借款 100 万元，年利率为 10%，每年付息一次，到期一次还本，筹资费用率为 0.4%，企业所得税税率为 25%。该项长期借款的资本成本为：

$$K_1=\frac{100\times10\%\times(1-25\%)}{100\times(1-0.4\%)}=7.53\%$$

或：

$$K_1=\frac{10\%\times(1-25\%)}{1-0.4\%}=7.53\%$$

上述计算长期借款资本成本的方法比较简单，但缺点在于没有考虑货币的时间价值。在实务中，还有根据现金流量计算长期借款资本成本的。一次还本、分期付息的长期借款资本成本的计算公式如下：

$$L(1-F_1)=\sum_{t=1}^{n}\frac{I_t}{(1+K)^t}+\frac{P}{(1+K)^n}$$

$$K_1=K(1-T)$$

式中，P 为第 n 期期末应偿还的本金；I_t 为第 t 期支付的利息；K 为所得税前的长期借款资本成本；K_1 为所得税后的长期借款资本成本。

分期还本付息的长期借款资本成本的计算公式如下：

$$L(1-F_1)=\sum_{t=1}^{n}\frac{I_t+P_t}{(1+K)^t}$$

$$K_1=K(1-T)$$

式中，P_t 为第 t 期偿还的本金。

两个公式中的等号左边都是借款的实际现金流入；等号右边都为借款引起的未来现金

流出的现值总额。所不同的是，由于它们未来偿付本息的方式不同，因此它们未来现金流出的现值计算公式不同。对于一次还本、分期付息的长期借款，未来现金流出的现值总额是由各期利息支出的年金现值之和加上到期本金的复利现值而得；而对于分期还本付息的长期借款，则是由各期偿付本利的年金现值之和求得。

按照这种方法，实际上是将长期借款的资本成本看作使这一借款的现金流入等于其现金流出现值的贴现率。实际运用时，先通过第一个公式采用内插法求解借款的税前资本成本，再通过第二个公式将借款的税前资本成本调整为税后的资本成本。

沿用【例4-2】的资料，考虑货币时间价值，该项借款的资本成本计算如下：

第一步，计算税前借款资本成本：

$$L(1-F_l)=\sum_{t=1}^{n}\frac{I_t}{(1+K)^t}+\frac{P}{(1+K)^n}$$

$$100\times(1-0.4\%)=\sum_{t=1}^{5}\frac{100\times10\%}{(1+K)^t}+\frac{100}{(1+K)^5}$$

查表，年利率10%、5年期的年金现值系数为3.790 8；年利率10%、5年期的复利现值系数为0.620 9。代入上式得：

$100\times10\%\times3.790\,8+100\times0.620\,9-99.6=0.398$（万元）

0.398万元大于0，应提高贴现率再试。

查表，年利率11%、5年期的年金现值系数为3.695 9；年利率11%、5年期的复利现值系数为0.593 5。代入上式得：

$100\times10\%\times3.695\,9+100\times0.593\,5-99.6=-3.291$（万元）

-3.291万元小于零，运用内插法求税前借款资本成本：

$$10\%+\frac{0.398}{3.291+0.398}\times(11\%-10\%)=10.11\%$$

第二步，计算税后借款资本成本：

$$K_l=K(1-T)=10.11\%\times(1-25\%)=7.58\%$$

2. **长期债券资本成本**（cost of long-term bonds）

发行债券的成本主要是债券利息和筹资费用。债券成本与长期借款相比，相同点是利息也在所得税前列支，应以税后的债务成本为计算依据；不同点是债券的筹资费用较高，不可在计算资本成本时省略，并且债券利率通常高于长期借款利率，所以债券资本成本一般高于长期借款资本成本。

债券筹资额按发行价格确定，发行价格有平价、溢价、折价三种。债券利息按面额即本金和票面利率确定。债券筹资费用即债券发行费用，包括申请发行债券的手续费、债券的注册费、印刷费、上市费以及推销费用等。债券的费用一般比较高，不可在计算资本成本时省略。按照一次还本、分期付息的方式，债券资本成本的计算公式为：

$$K_b=\frac{I_b(1-T)}{B(1-F_b)}$$

式中，K_b 为债券资本成本；I_b 为债券年利息；T 为所得税税率；B 为债券筹资额；F_b 为债券筹资费用率。

上列公式也可写为：

$$K_b=\frac{R_b(1-T)}{1-F_b}$$

式中，R_b 为债券的年利率。

【例 4-3】某公司发行总面额为 450 万元的 10 年期债券 1 000 张，票面利率为 10%，发行费用率为 5%，公司所得税税率为 25%。该债券成本为：

$$K_b=\frac{450\times10\%\times(1-25\%)}{450\times(1-5\%)}=7.89\%$$

或：

$$K_b=\frac{10\%\times(1-25\%)}{1-5\%}=7.89\%$$

若债券是溢价发行，发行总价格为 500 万元，则债券成本为：

$$K_b=\frac{450\times10\%\times(1-25\%)}{500\times(1-5\%)}=7.11\%$$

若债券是折价发行，发行总价格为 400 万元，则债券成本为：

$$K_b=\frac{450\times10\%\times(1-25\%)}{400\times(1-5\%)}=8.88\%$$

上述计算债券成本的方式，同样没有考虑货币时间价值。如果将货币时间价值考虑在内，债券成本的计算与长期借款资本成本的计算一样。一次还本、分期付息的债券成本的计算公式如下：

$$B(1-F_b)=\sum_{t=1}^{n}\frac{I_t}{(1+K)^t}+\frac{P}{(1+K)^n}$$

$$K_b=K\ (1-T)$$

式中，P 为第 n 期期末应偿还的本金；I_t 为第 t 期支付的利息；K 为所得税前的长期借款资本成本；K_b 为所得税后的长期借款资本成本。

分期还本付息的债券成本的计算公式如下：

$$B(1-F_b)=\sum_{t=1}^{n}\frac{I_t+P_t}{(1+K)^t}$$

$$K_b=K\ (1-T)$$

式中，P_t 为第 t 期偿还的本金。

沿用【例 4-3】的资料，考虑货币时间价值，计算该债券的成本如下：

第一步，计算税前债券成本：

$$450\times(1-5\%)=\sum_{t=1}^{10}\frac{450\times10\%}{(1+K)^t}+\frac{450}{(1+K)^{10}}$$

查表，年利率 10%、10 年期的年金现值系数为 6.144 6；年利率 10%、10 年期的复利现值系数为 0.385 5。代入上式得：

$450\times10\%\times6.1446+450\times0.3855-427.5=22.482$（万元）

22.482 万元大于 0，应提高贴现率再试。

查表，年利率 12%、10 年期的年金现值系数为 5.650 2；年利率 12%、10% 年期的复利现值系数为 0.322 0。代入上式得：

$450\times10\%\times5.6502+450\times0.3220-427.5=-28.341$（万元）

−28.341 万元小于零，运用内插法求税前债券资本成本：

$$10\% + \frac{22.482}{28.341+22.482} \times (12\% - 10\%) = 10.88\%$$

第二步，计算税后债券资本成本：

$$K_b = K(1-T) = 10.88\% \times (1-25\%) = 8.16\%$$

【例 4-4】（2014 年中级会计师职称考试真题）某企业发行了期限为 5 年的长期债券 10 000 万元，年利率为 8%，每年年末付息一次，到期一次还本，债券发行率为 1.5%，企业所得税税率为 25%，该债券的资本成本率为（　　）。

A. 6%　　B. 6.09%　　C. 8%　　D. 8.12%

参考答案：B。该债券的资本成本率=8%×（1-25%）/（1-1.5%）=6.09%，选项 B 正确。

（二）权益资本成本（cost of equity capital）

权益资本主要有优先股成本、普通股成本、留存收益成本三种形式。权益资本成本的计算有下列特点：第一，权益资本的投资报酬即股利是在所得税后的净利中列支，不会减少企业应交的所得税，所以权益资本成本的资金占用费就是股利；第二，权益资本的投资报酬的多少完全由企业的经营效益所决定，这使得权益资本成本的计算具有较大的不确定性。

1. 优先股成本（cost of preferred）

优先股是享有股利支付和企业清算资产分配方面的优先权的股票，同时兼有普通股与债券的双重性质。由于优先股的股利固定，所以优先股成本是资金筹集费和预定的股利。其计算公式如下：

$$K_p = \frac{D_p}{P_p(1-F_p)}$$

式中，K_p 为优先股成本；D_p 为优先股年股利；P_p 为优先股筹资额；F_p 为优先股筹资费用率。

注意优先股的筹资额应按优先股的发行价格确定。

【例 4-5】某公司发行总面额为 100 万元的优先股，总价格为 120 万元，规定年股利率为 12%，筹资费用率为 5%，则该批优先股的资本成本计算如下：

$$K_p = \frac{100 \times 12\%}{120 \times (1-5\%)} = 10.53\%$$

由于优先股股利在所得税后支付，而债券利息在所得税前支付，而且在企业破产清算时，优先股持有人的求偿权在债券持有人之后，故优先股的风险大于债券。因此，优先股成本明显高于债券成本。

2. 普通股成本（cost of common stock）

普通股与优先股不同的是股利不固定，股利的多少取决于企业生产经营情况，不能事先确定。从理论上讲，普通股成本是普通股股东在一定风险条件下所要求的最低投资报酬率。由于很难对企业未来发展前景及股东对未来风险所要求的风险溢价做出准确的测定，所以普通股成本很难预先准确估算。计算普通股成本的方法很多，主要有以下三种：

（1）股利增长模型法。股利增长模型法是在假定普通股的股利以固定的年增长率递增的情况下计算普通股成本。普通股成本的计算公式如下：

$$K_c=\frac{D_1}{P_c(1-F_c)}+G$$

式中，K_c 为普通股成本；D_1 为普通股第一年预期股利；P_c 为普通股筹资额；F_c 为普通股筹资费用率；G 为普通股股利年增长率。

因为权益资本成本是企业必须为投资项目的权益筹资部分赚取的最低收益率，所以普通股成本可以被看作使未来每期股利的现值与所筹资金额相等的贴现率，也就是使普通股筹资引起的现金流入等于其现金流出现值的贴现率。

【例 4-6】某公司发行普通股，目前每股市价为 60 元，估计年增长率为 12%，本年每股发放股利 2 元，筹资费用率为股票市价的 10%，则普通股成本为：

$$K_c=\frac{2\times(1+12\%)}{60\times(1-10\%)}+12\%=16.15\%$$

（2）资本资产定价模型法（CAPM）。因为普通股成本就是普通股股东投资的预期报酬率，所以可以通过资本资产定价模型来估计普通股的预期报酬率，即求出普通股成本。按照“资本资产定价模型法”，普通股成本的计算公式则为：

$$K_c=R_c=R_F+\beta(R_m-R_F)$$

式中，K_c 为普通股成本；R_c 为普通股预期收益率；R_F 为无风险报酬率；R_m 为平均风险股票的必要报酬率；β 为股票的贝塔系数。

【例 4-7】某期间市场无风险报酬率为 8%，平均风险股票必要报酬率为 12%，某公司普通股 β 值为 1.2。普通股成本为：

$$K_c=8\%+1.2\times(12\%-8\%)=12.8\%$$

【例 4-8】（2010 年注册会计师考试真题）下列关于“运用资本资产定价模型估计权益成本”的表述中，错误的是（　　）。

A. 通货膨胀率较低时，可选择上市交易的政府长期债券的到期收益率作为无风险利率

B. 公司三年前发行了较大规模的公司债券，估计 β 系数时应使用发行债券日之后的交易数据计算

C. 金融危机导致过去两年证券市场萧条，估计市场风险溢价时应剔除这两年的数据

D. 为了更好地预测长期平均风险溢价，估计市场风险溢价时应使用权益市场的几何平均收益率

参考答案：C。估计市场风险溢价时，为了使得数据计算更有代表性，应该选择较长的时间跨度，其中既包括经济繁荣时期，也包括经济衰退时期。

（3）风险溢价法。根据某项投资“风险越大，要求的收益率越高”的原理，普通股股东对企业的投资风险大于债券投资者，因而会在债券投资者要求的收益率之上再要求一定的风险溢价。依照这一理论，普通股成本公式为：

$$K_c=K_b+RP_c$$

式中，K_b 为债务成本；RP_c 为股东比债权人承担更大风险所要求的风险溢价。

债务成本包括了长期借款成本、债券成本等，比较容易计算，难点在于确定风险溢价 RP_c。风险溢价可以凭借经验估计，一般认为：相对于企业自己发行的债券来讲，企业普通股的风险溢价大约为 3% ~5%；当市场利率达到历史性高点时，风险溢价通常较低，

在3%左右；当市场利率处于历史性低点时，风险溢价通常较高，在5%左右；而通常情况下，常常采用4%的平均风险溢价。这时，普通股成本则为：

$$K_c = K_b + 4\%$$

例如，对于债券成本为10%的企业来讲，其普通股的成本为：

$$K_c = 10\% + 4\% = 14\%$$

【例4-9】（2012年注册会计师考试真题）甲公司是一家上市公司，使用“债券收益加风险溢价法”估计甲公司的权益资本成本时，债券收益是指（ ）。

A. 政府发行的长期债券的票面利率

B. 政府发行的长期债券的到期收益率

C. 甲公司发行的长期债券的税前债务成本

D. 甲公司发行的长期债券的税后债务成本

参考答案：D。按照债券收益加风险溢价法，权益资本成本=税后债务成本+股东比债权人承担更大风险所要求的风险溢价，这里的税后债务成本是指企业自己发行的长期债券的税后债务成本。

3. **留存收益成本**（cost of retained earnings）

留存收益是由公司税后净利形成的，属于普通股股东。股东将这部分未分配的税后利润留存企业，实质上是对企业追加投资。留存收益应要求与普通股等价的报酬，这是因为如果企业将留存收益用于再投资所获得的收益率低于股东自己进行另一项风险相似的投资的收益率，企业就不应该保留留存收益而应将其分派给股东。因此，留存收益也有成本，不过是一种机会成本，留存收益成本的确定方法与普通股成本基本相同，只是在股利增长模型法中不考虑筹资费用，计算公式为：

$$K_r = \frac{D_c}{P_c} + G$$

式中，K_r 为留存收益成本。

沿用【例4-6】的资料，只是不考虑筹资费用，则留存收益成本为：

$$K_s = \frac{2\times(1+12\%)}{60} + 12\% = 15.73\%$$

【例4-10】（2010年注册会计师考试真题）H公司是一个高成长的公司，目前每股价格为20元/股，每股股利为1元/股，股利预期增长率为6%。公司现在急需筹集资金5 000万元，有以下3个备选方案：

方案1：按照目前市价增发股票250万股。

方案2：平价发行10年期的长期债券。目前新发行的10年期政府债券的到期收益率为3.6%。H公司的信用级别为AAA级，目前上市交易的AAA级公司债券有3种。这3种公司债券及与其到期日接近的政府债券的到期收益率见表4-1。

表4-1 公司债券及与其到期日接近的政府债券的到期收益率

债券发行公司	上市债券到期日	上市债券到期收益率	政府债券到期日	政府债券到期收益率
甲	2013年7月1日	6.5%	2013年6月30日	3.4%
乙	2014年9月1日	6.25%	2014年8月1日	3.05%
丙	2016年6月1日	7.5%	2016年7月1日	3.6%

方案3：发行10年期的可转换债券，债券面值为每份1 000元，票面利率为5%，每年年末付息一次，转换价格为25元/股；不可赎回期为5年，5年后可转换债券的赎回价格为1 050元，此后每年递减10元。假设等风险普通债券的市场利率为7%。

要求：

(1) 计算按方案1发行股票的资本成本。

(2) 计算按方案2发行债券的税前资本成本。

(3) 根据方案3，计算第5年年末可转换债券的底线价值，并计算按方案3发行可转换债券的税前资本成本。

(4) 判断方案3是否可行并解释原因。如方案3不可行，请提出3种可行的具体修改建议（例如票面利率至少提高到多少，方案才是可行的。修改发行方案时，债券的面值、期限、付息方式均不能改变，不可赎回期的改变以年为最小单位，赎回价格的确定方式不变）。

参考答案：

(1) 股票的资本成本=1×（1+6%）/20+6%=11.3%

(2) 债券的税前资本成本=3.6%+（6.5%−3.4%+6.25%−3.05%+7.5%−3.6%）/3=7%

(3) 债券价值=1 000×5%×（P/A，7%，5）+1 000×（P/F，7%，5）=918.01（元）

转换价值=1 000/25×20×（F/P，6%，5）=1 070.56（元）

底线价值为1 070.56元。

1 000=1 000×5%×（P/A，K，5）+1 070.56×（P/F，K，5）

当K=6%时：

1 000×5%×（P/A，6%，5）+1 070.56×（P/F，6%，5）

=50×4.212 4+1 070.56×0.747 3=1 010.65（元）

当K=7%时：

1 000×5%×（P/A，7%，5）+1 070.56×（P/F，7%，5）

=50×4.100 2+1 070.56×0.713 0=968.32（元）

（7%−K）/（7%−6%）=（968.32−1 000）/（968.32−1 010.65）

解得：K=6.25%

(4) 股权的税前成本=11.3%/（1−25%）=15.07%

由于6.25%并不是介于7%和15.07%之间，所以，方案3不可行。

修改意见1：

至少提高票面利率至W，其他因素不变：

根据：1 000=1 000×W×（P/A，7%，5）+1 070.56×（P/F，7%，5）

可知：W=5.77%

即票面利率至少提高到5.77%。

修改意见2：

降低转换价格到Y元，其他条件不变：

底线价值=1 000/Y×20×（F/P，6%，5）=26 764/Y

1 000=1 000×5%×（P/A，7%，5）+26 764/Y×（P/F，7%，5）

1 000=205.01+19 082.73/Y

解得：Y=24.00（元/股）

即至少把转换价格降低到24.00元/股。

修改意见3：

延长不可赎回期至7年

债券价值=1 000×5%×（P/A，7%，3）+1 000×（P/F，7%，3）

=50×2.624 3+1 000×0.816 3=947.52（元）

转换价值=1 000/25×20×（F/P，6%，7）=1 202.88（元）

底线价值为1 202.88元。

1 000=1 000×5%×（P/A，K，7）+1 202.88×（P/F，K，7）

当K=7%时：

50×（P/A，7%，7）+1 202.88×（P/F，7%，7）=50×5.389 3+1 202.88×0.622 7=1 018.50（元）

当K=8%时：

50×（P/A，8%，7）+1 202.88×（P/F，8%，7）=50×5.206 4+1 202.88×0.583 5=962.20（元）

由此可知，此时的税前资本成本介于7%和8%之间，符合介于7%和15.07%的条件，故可行。

三、加权平均资本成本的测算

（一）加权平均资本成本的概念

企业可以从多种渠道、用多种方式来筹集资金，而各种筹资方式的成本是不一样的。为了正确进行筹资和投资决策，就必须计算企业综合的资本成本。

加权平均资本成本（weighted average cost of capital，WACC），是以各种资金所占的比重为权数，对各种资金的成本进行加权平均计算出来的，即综合资本成本。

（二）加权平均资本成本的计算方法

1. 计算公式

$$K = \sum_{i=1}^{n} K_i W_i$$

式中，K为综合资本成本，即加权平均资本成本；K_i为第i种资本的个别资本成本；W_i为第i种资本占全部资本的比重（权数）。

【例4-11】某企业账面反映的长期资本共1 000万元，其中长期借款200万元、债券250万元、优先股50万元、普通股300万元、留存收益200万元，其成本分别为5%、6%、9%、11.5%、11%。该企业的综合资本成本为：

$$5\% \times \frac{200}{1\ 000} + 6\% \times \frac{250}{1\ 000} + 9\% \times \frac{50}{1\ 000} + 11.5\% \times \frac{300}{1\ 000} + 11\% \times \frac{200}{1\ 000} = 8.6\%$$

2. 权数的确定

上例中的权数是按账面价值确定的，其资料容易从资产负债表上取得，但当资本的账面价值与市场价值差别较大时，如股票、债券的市场价格发生较大变动，就会误估加权平均资本成本，从而贻误筹资决策。

在实际中，加权平均资本成本的权数还有两种选择，即市场价值权数和目标价值权数。

(1) 市场价值权数，是指债券、股票等以市场价格确定权数。这样计算的加权平均资本成本能反映企业目前实际的资本成本水平。但其不足之处在于，证券的市场价格经常处于变动之中，不宜选用。为弥补这点不足，可以选用平均市场价格。

(2) 目标价值权数，是指债券、股票等以未来预计的目标市场价值确定权数。这种权数能体现期望的资本结构，而不是像账面价值权数和市场价值权数那样只反映过去和现在的资本结构，所以它更适用于企业筹措新资金。然而，企业很难客观合理地确定证券的目标价值，因而这种计算方法难以推广。

【例 4-12】(2013 年中级会计师职称考试真题) 为反映现时资本成本水平，计算平均资本成本最适宜采用的价值权数是 (　　)。

A. 账面价值权数　　B. 目标价值权数

C. 市场价值权数　　D. 历史价值权数

参考答案：C。本题考核平均资本成本的计算。市场价值权数以各项个别资本的现行市价为基础计算资本权数，确定各类资本占总资本的比重。其优点是能够反映现时的资本成本水平，有利于进行资本结构决策。

四、边际资本成本的测算

边际资本成本 (marginal cost of capital，MCC) 也是按加权平均法计算的，是追加筹资时所使用的加权平均成本。边际资本成本的测算可按下列步骤进行：

(1) 确定目标资本结构。目标资本结构是企业认为较为理想的资本来源构成比例，其确定原则和确定方法将在后文中讨论。

(2) 确定各种资本的成本。财务人员通过分析资本市场状况和企业筹资能力，测算各种资本的成本随着企业筹资规模的增大而发生的变动情况。

(3) 计算筹资额分界点。因为花费一定的资本成本率只能筹集到一定限额的资金，超过这一限额多筹集资金就要多花费资本成本，引起原资本成本的变化，因此在保持某资本成本的条件下可以筹集到的资金总额就是筹资额的分界点。

$$筹资额分界点=\frac{某类资本在一定成本下的筹资额}{该类资本在资本结构中所占的比重}$$

(4) 计算边际资本成本。

【例 4-13】某企业目前拥有资本 1 000 万元，其中长期借款 150 万元，长期债券 250 万元，普通股 600 万元。该企业为了扩大经营规模的需要，准备筹集新资金。假设该企业以目前的资本结构为目标资本结构。

该企业筹资资料见表 4-2。

表 4-2　　筹资资料

资本种类	目标资本结构	新筹资额	资本成本
长期借款	15%	45 000 元以内	3%
		45 000～90 000 元	5%
		90 000 元以上	7%

续表

资本种类	目标资本结构	新筹资额	资本成本
长期债券	25%	200 000 元以内 200 000～400 000 元 400 000 元以上	10% 11% 12%
普通股	60%	600 000 元以内 600 000 元以上	14% 15%

企业筹资分界点的计算结果见表 4-3。

表 4-3　**筹资分界点计算表**　单位：元

资本种类	资本结构	资本成本	新筹资额	筹资额分界点	筹资总额范围
长期借款	15%	3% 5% 7%	45 000 元以内 45 000～90 000 元 90 000 元以上	300 000 元 600 000 元	300 000 元以内 300 000～600 000 元 600 000 元以上
长期债券	25%	10% 11% 12%	150 000 元以内 150 000～400 000 元 400 000 元以上	600 000 元 1 600 000 元	600 000 元以内 600 000～1 600 000 元 1 600 000 元以上
普通股	60%	14% 15%	600 000 元以内 600 000 元以上	1 000 000 元	1 000 000 元以内 1 000 000 元以上

根据上一步骤计算出的分界点，可得出下列 5 个新的筹资范围：（1）300 000 元以内；（2）300 000～600 000 元；（3）600 000～1 000 000 元；（4）1 000 000～1 600 000 元；（5）1 600 000 元以上。对这 5 组筹资范围分别计算加权平均资本成本，即可得到各种筹资范围的边际资本成本。计算结果见表 4-4。

表 4-4

序号	筹资总额范围	筹资方式	资本结构	资本成本	加权平均资本成本
1	0～300 000 元	长期借款	15%	3%	0.45%
		长期债券	25%	10%	2.5%
		普通股	60%	14%	8.4%
					第一个范围的加权平均资本成本＝11.35%
2	300 000～600 000 元	长期借款	15%	5%	0.75%
		长期债券	25%	10%	2.5%
		普通股	60%	14%	8.4%
					第二个范围的加权平均资本成本＝11.65%
3	600 000～1 000 000 元	长期借款	15%	7%	1.05%
		长期债券	25%	11%	2.75%
		普通股	60%	14%	8.4%

续表

序号	筹资总额范围	筹资方式	资本结构	资本成本	加权平均资本成本
					第三个范围的加权平均资本成本=12.2%
4	1 000 000~1 600 000 元	长期借款	15%	7%	1.05%
		长期债券	25%	11%	2.75%
		普通股	60%	15%	9%
					第四个范围的加权平均资本成本=12.8%
5	1 600 000 元以上	长期借款	15%	7%	1.05%
		长期债券	25%	12%	3%
		普通股	60%	15%	9%
					第五个范围的加权平均资本成本=13.05%

由此计算得出的各加权平均资本成本之差，就是随着筹资额增加而增加的边际资本成本。由此可见，边际资本成本也是加权平均资本成本，但它反映的是公司每增加一单位资本所发生的加权平均资本成本。企业可以根据边际资本成本的变化做出追加筹资的规划。

第二节　杠杆原理

自然科学中的杠杆原理，是指通过杠杆的使用，只需用较小的力量就可以产生较大的效果。财务管理中的杠杆原理，则是指由于固定费用（包括生产经营方面的固定费用和财务方面的固定费用）的存在，当业务量发生比较小的变化时，利润会产生较大的变化。也就是说，由于杠杆的作用，会给企业带来杠杆利益和相关风险。因此，企业在做资本结构决策时，需要在杠杆利益与其相关的风险之间进行合理权衡。

财务管理中的杠杆通常有经营杠杆、财务杠杆和综合杠杆三种形式。在理解三种杠杆之前，必须掌握一些基本概念。

一、与杠杆相关的基本概念

（一）成本习性与分类

成本习性，也称成本性态，是指成本总额与业务量之间的数量变动关系。按成本习性可将成本划分为固定成本、变动成本、混合成本。

1. **固定成本**（fixed cost）

固定成本是指在一定时期和一定业务范围内总额保持不变的成本，例如固定资产的折旧费、管理人员的工资、长期借款的利息等。固定成本总额不变，业务量越多，单位固定成本就越小。一般来说，固定成本又分为约束性固定成本和酌量性固定成本。约束性固定成本是为提供和维持生产经营所需设施和机构而支出的成本，例如固定资产折旧、管理人员工资、取暖费、照明费等，其支出额取决于设施和机构的规模与质量，它们是以前决策的结果，现在已很难改变。酌量性固定成本是为完成特定活动而支出的固定成本，其发生额是根据企业的经营方针由经理人员决定的，例如科研开发费、广告费、职工培训费等。

2. **变动成本**（variable cost）

变动成本是指总额随着业务量的变动成正比例变动的那部分成本，例如直接材料、直接人工、按销售量提取的佣金等。

3. **混合成本**（mixed cost）

混合成本是指总额虽然在变化，但变动幅度并不与业务量的变动保持正比例变动的那部分成本。在实践中，需要将混合成本分解成固定成本和变动成本，以便做出相关决策。

【例 4-14】（2009 年中级会计师职称考试真题）企业为维持一定经营能力所必须负担的最低成本是（　　）。

A. 变动成本　B. 混合成本　C. 约束性固定成本　D. 酌量性固定成本

参考答案：C。约束性固定成本属于企业“经营能力”成本，是企业为维持一定的业务量必须负担的最低成本。

（二）边际贡献、息税前利润、每股收益

1. **边际贡献**（margin earnings）

边际贡献是指销售收入与变动成本的差额。其计算公式为：

$$M=S-VC=(P-V)Q$$

式中，M 为边际贡献总额；S 为销售收入总额；VC 为变动成本总额；P 为产品单位销售价格；V 为产品单位变动成本；Q 为销售数量。

2. **息税前利润**（earnings before interest and taxes，EBIT）

息税前利润是指交付利息和缴纳所得税之前的利润。其计算公式为：

$$EBIT=S-VC-F=(P-V)Q-F$$

式中，EBIT 为息税前利润；F 为固定成本总额。

3. **每股收益**（earnings per share，EPS）

每股收益是指息税后净利润与股本总数的比率。它是普通股股东每持有一股能享有的企业净利润或需承担的净亏损。其计算公式为：

$$EPS=\frac{(EBIT-I)(1-T)}{N}$$

式中，EPS 为每股收益；I 为债务利息总额；T 为企业所得税税率；N 为公司发行在外的普通股股数。

二、经营杠杆（operating leverage）

经营杠杆，又称营业杠杆，是指由于存在固定成本而造成的息税前利润变动率（ΔEBIT/EBIT）大于销售额变动率（ΔS/S）的现象。企业在经营决策中运用经营杠杆，可以获得一定的经营杠杆利益，同时也承受相应的经营风险，对此可用经营杠杆系数来衡量。

（一）经营杠杆利益（benefit on operating leverage）

经营杠杆利益是指在其他条件不变的情况下，由于固定成本这个杠杆的存在，随着产销量的增加，息税前利润会以更快的速度增长。在一定的产销规模内，由于固定成本并不随产品销量（或销售额，下同）的增加而增加，而是随着销量的增长，单位销量所负担的固定成本会相应减少，使得息税前利润会有更大幅度的提高，从而给企业带来额外的收益。现以表 4-5 进行分析说明，表中变动成本率为 50%。

表 4-5 **经营杠杆利益分析表** 金额单位：万元

销售		变动成本	固定成本	息税前利润	
金额	增长率			金额	增长率
160		80	60	20	
180	12.5%	90	60	30	50%
220	22.2%	110	60	50	67%

（二）经营风险（business risks）

经营风险又称营业风险，是指企业息税前利润围绕其期望值变化而产生的不确定性，尤其是指利用经营杠杆而导致息税前利润变动的风险。影响企业经营风险大小的主要因素有：

1. **产品需求**

企业销售收入取决于市场对其产品的需求状况。产品市场需求稳定，企业的经营风险小；产品市场需求不稳定，企业的经营风险就大。

2. **产品售价**

产品售价变动不大，经营风险则小；否则，经营风险就大。

3. **产品成本**

产品成本是收入的抵减，成本不稳定，会导致利润不稳定，因此，产品成本变动大的，经营风险就大，反之经营风险就小。

4. **产品成本中固定成本的比重**

在企业全部成本中，固定成本所占比重较大时，单位产品分摊的固定成本就多，若产量减少，单位产品分摊的固定成本就会随之增加，最后导致利润更大幅度的降低，经营风险增大；反之，经营风险减少。

5. **企业的应变能力与调整能力**

有些企业能够较迅速地随产品市场需求和生产要素价格的变化调整所生产的产品品种和产品结构，以保证销售收入和产品成本的相对稳定，这类企业的经营风险较低；反之，有些企业不善于或不便于迅速调整产品品种和结构，这类企业的经营风险就较高。

其中，产品的销量、售价、成本以及固定成本的比重都可以通过经营杠杆反映出对经营风险的影响。因此，经营杠杆对经营风险的影响是最为综合的。企业欲获得经营杠杆利益，就必须承担由此引起的经营风险。

【例 4-15】（2010 年中级会计师职称考试真题）某公司经营风险较大，准备采取系列措施降低杠杆程度，下列措施中，无法达到这一目的的是（　　）。

A. 降低利息费用　　B. 降低固定成本水平

C. 降低变动成本　　D. 提高产品销售单价

参考答案：A。影响经营杠杆的因素包括：企业成本结构中的固定成本比重；息税前利润水平。其中，息税前利润水平又受产品销售数量、销售价格、成本水平（单位变动成本和固定成本总额）高低的影响。固定成本比重越高、成本水平越高、产品销售数量和销售价格水平越低，经营杠杆效应越大，反之亦然。而利息费用属于影响财务杠杆系数的因素。

（三）经营杠杆系数（degree of operating leverage，DOL）

为了反映经营杠杆的作用程度，估计经营杠杆利益的大小，评价经营风险的高低，需要测算经营杠杆系数。经营杠杆系数是息税前利润变动率与销售额变动率的比率，反映了企业息税前利润随企业销售额变化而变化的程度。其计算公式为：

$$DOL=\frac{\Delta EBIT/EBIT}{\Delta S/S}$$

式中，ΔEBIT 为息税前利润变动额；EBIT 为变动前的息税前利润；ΔS 为销售变动额；S 为变动前销售额。

假定企业的成本—销量—利润保持线性关系，可变成本在销售收入中所占的比例不变，固定成本也保持稳定，经营杠杆系数便可通过销售额和成本来表示。将上列公式作如下变换，又可得到两个公式：

$$EBIT=Q(P-V)-F$$

$$\Delta EBIT=\Delta Q(P-V) \quad 且\ \Delta S=\Delta QP$$

$$DOL_Q=\frac{Q(P-V)}{Q(P-V)-F}$$

或 $$DOL_S=\frac{S-VC}{S-VC-F}$$

式中，DOL_Q 表示销售量为 Q 时的经营杠杆系数；Q 表示销售数量；P 表示产品单位销售价格；V 表示产品单位变动成本；F 表示总固定成本。DOL_S 表示销售额为 S 时的经营杠杆系数；S 表示销售额；VC 表示变动成本总额。

在实际工作中，前一公式可用于计算单一产品的经营杠杆系数；后一公式除了用于单一产品外，还可用于计算多种产品的经营杠杆系数。

【例 4-16】某企业生产 A 产品，固定成本为 100 万元，变动成本率为 50%，当销售额为 400 万元、500 万元时，经营杠杆系数分别为：

$$DOL_S=\frac{400-400\times50\%}{400-400\times50\%-100}=2$$

$$DOL_S=\frac{500-500\times50\%}{500-500\times50\%-100}=1.67$$

此例中，经营杠杆系数为 2，说明在销售额为 400 万元时，销售额的增长（减少）会引起息税前利润 2 倍的增长（减少）；而经营杠杆系数为 1.67，说明在销售额 500 万元时，销售额的增长（减少）会引起息税前利润 1.67 倍的增长（减少）。这就表明，经营杠杆系数越大，对经营杠杆利益的影响越强，经营风险也就越大。在固定成本不变的情况下，销售额越大，经营杠杆系数越小，经营风险也就越小；销售额越小，经营杠杆系数越大，经营风险也就越大。

除了固定成本，销售数量、销售单价、产品单位变动成本等也会不同程度地引起经营杠杆系数的变动。企业可以通过充分利用现有生产能力增加销售数量、降低产品单位变动成本、降低固定成本比重等措施使经营杠杆系数下降，降低经营风险。

【例 4-17】（2012 年注册会计师考试真题）下列关于经营杠杆的说法中，错误的是（ ）。

A. 经营杠杆反映的是营业收入的变化对每股收益的影响程度

B. 如果没有固定性经营成本，则不存在经营杠杆效应

C. 经营杠杆的大小是由固定性经营成本和息税前利润共同决定的

D. 如果经营杠杆系数为 1，表示不存在经营杠杆效应

参考答案：A。经营杠杆反映的是营业收入变化对息税前利润的影响程度，所以选项 A 不正确，选项 A 表述的是总杠杆；经营杠杆系数 =（息税前利润+固定性经营成本）/息税前利润，可以看出选项 C 的说法是正确的。如果没有固定性经营成本，则经营杠杆系数为 1，此时不存在经营杠杆效应。所以，选项 B、D 的说法是正确的。

三、财务杠杆（financial leverage）

财务杠杆，是指由于固定财务费用的存在，使普通股每股收益的变动率（ΔEPS/EPS）大于息税前利润的变动率（ΔEBIT/EBIT）的现象。运用财务杠杆，企业可以获得一定的财务杠杆利益，同时也承受相应的财务风险，对此可用财务杠杆系数来衡量。

（一）财务杠杆利益（benefit on financial leverage）

财务杠杆利益，是指利用债务筹资这个杠杆而给企业所有者带来的额外收益。在企业资本结构一定的条件下，企业从息税前利润中支付的债务利息是相对固定的，当息税前利润增多时，每一元息税前利润所负担的债务利息就会相应降低，扣除所得税后净利润就会有更大幅度的提高，从而给企业所有者带来额外的收益。现以表 4-6 分析说明。

表 4-6 **财务杠杆利益分析表** 金额单位：万元

息税前利润		债务利息	所得税（25%）	税后净利润	
金额	增长率			金额	增长率
20		15	1.25	3.75	
30	50%	15	3.75	11.25	200%
50	67%	15	8.75	26.25	133%

由表可见，在资本结构一定、债务利息保持不变的条件下，随着息税前利润的增长，税后净利润以更快的速度增加，从而获得财务杠杆利益。但与经营杠杆不同，经营杠杆影响企业的息税前利润，财务杠杆则影响企业的税后净利润。

（二）财务风险（financial risk）

财务风险也称筹资风险，是指利用财务杠杆而导致企业所有者收益变动甚至可能导致企业破产的风险。

影响财务风险的因素主要有：（1）资本供求的变化；（2）利率水平的变动；（3）获利能力的变化；（4）资本结构的变化，即财务杠杆的利用程度，当债务资本比率较高时，所有者将负担较多的债务成本，并经受较多的负债作用所引起的收益变动的冲击，从而加大财务风险；反之，当债务资本比率较低时，财务风险就小。其中，财务杠杆对财务风险的影响最为综合。企业所有者欲获取财务杠杆利益，就要承担由此引起的财务风险。

（三）财务杠杆系数（degree of financial leverage，DFL）

为了反映财务杠杆的作用程度，估计财务杠杆利益的大小，评价财务风险程度的高低，需要测算财务杠杆系数。财务杠杆系数，是普通股每股收益变动率与息税前利润变动率的比率。它反映了息税前利润变动所引起的每股收益的变动幅度。计算公式为：

$$DFL=\frac{\Delta EPS/EPS}{\Delta EBIT/EBIT}$$

式中，ΔEPS 为普通股每股收益变动额；EPS 为变动前的普通股每股收益。

上述公式还可以推导为：

$$\because EPS=\frac{(EBIT-I)\ (1-T)}{N}$$

$$\Delta EPS=\frac{\Delta EBIT\ (1-T)}{N}$$

$$\therefore DFL=\frac{EBIT}{EBIT-I}$$

式中，I 为债务利息；T 为所得税税率；N 为流通在外普通股股数。

【例 4-18】某企业资本总额 1 000 万元，息税前利润为 100 万元，所得税税率为 25%，债务利率为 8%，当负债比率为 0、20%、40% 时，财务杠杆系数分别为：

$$DFL=\frac{100}{100-1\ 000\times0\times8\%}=1$$

$$DFL=\frac{100}{100-1\ 000\times20\%\times8\%}=1.19$$

$$DFL=\frac{100}{100-1\ 000\times40\%\times8\%}=1.47$$

上述结果表明，如果企业不负债经营，则普通股每股收益的变化幅度与息税前利润的变化幅度相同，即没有财务风险；如果企业借入 200 万元的债务，则息税前利润的增长（减少）会引起普通股每股收益 1.19 倍的增长（减少）；如果企业借入 400 万元的债务，则息税前利润的增长（减少）会引起普通股每股收益 1.47 倍的增长（减少）。这说明，在资本总额、息税前利润相同的情况下，负债比率越高，财务杠杆系数越高，财务风险越大，但预期每股收益（投资者收益）也越高。

负债比率是可以控制的，企业可以通过合理安排资本结构、适度负债，使财务杠杆利益抵消风险增大所带来的不利影响。

【例 4-19】（2011 年中级会计师职称考试真题）在通常情况下，适宜采用较高负债比率的企业发展阶段是（　　）。

A. 初创阶段　　B. 破产清算阶段

C. 收缩阶段　　D. 发展成熟阶段

参考答案：D。本题考核的是杠杆系数与公司风险。一般来说，在企业初创阶段，产品市场占有率低，产销业务量小，经营杠杆系数大，此时企业筹资主要依靠权益资本，在较低程度上使用财务杠杆；在企业发展成熟阶段，产品市场占有率高，产销业务量大，经营杠杆系数小，此时企业资本结构中可扩大债务资本所占比例，在较高程度上使用财务杠杆。故选项 A 错误。同样，企业在破产清算阶段和收缩阶段都不宜采用较高的负债比率，故选项 B 和 C 错误。所以本题选 D。

四、综合杠杆（total leverage）

（一）综合杠杆的概念

通过以上分析可知，经营杠杆是通过扩大销售额来影响息税前利润更大的变动，而财务杠杆是通过扩大息税前利润来影响每股收益更大的变动。如果两种杠杆共同起作用，那么销售额稍有变动就会使每股收益产生更大的变动。通常把这两种杠杆的连锁作用称为综合杠杆作用或总杠杆作用。

（二）综合杠杆系数（degree of total leverage，DTL）

对于经营杠杆和财务杠杆的综合作用程度，可以用综合杠杆系数来反映。它是经营杠杆系数与财务杠杆系数的乘积，是普通股每股收益变动率与销售额变动率的比率。它反映了销售额变动引起普通股每股收益变动的程度，用公式表示为：

$$DTL = DOL \cdot DFL = \frac{\Delta EPS/EPS}{\Delta S/S}$$

$$= \frac{Q(P-V)}{Q(P-V)-F-I}$$

或 $$= \frac{S-VC}{S-VC-F-I}$$

【例 4-20】当某企业的经营杠杆系数为 2，财务杠杆系数为 1.5 时，综合杠杆系数为：

$DCL = 2 \times 1.5 = 3$

计算结果表明，销售额每增长（减少）1 倍，就会造成每股收益增长（减少）3 倍。

在实务中，为了达到某一综合杠杆系数，经营杠杆和财务杠杆可以有很多不同的组合。比如，经营杠杆程度较高的公司可以在较低的程度上使用财务杠杆；经营杠杆程度较低的公司可以在较高的程度上使用财务杠杆等。

企业可以通过调整经营杠杆系数和财务杠杆系数的大小，使企业的总风险保持在一个合理的水平上。

【例 4-21】（2013 年注册会计师考试真题）总杠杆可以反映（　　）。

A. 营业收入变化对边际贡献的影响程度

B. 营业收入变化对息税前利润的影响程度

C. 营业收入变化对每股收益的影响程度

D. 息税前利润变化对每股收益的影响程度

参考答案：C。选项 B 反映的是经营杠杆，选项 D 反映的是财务杠杆。总杠杆系数 = 每股收益变动率/销售额变动率，所以选项 C 正确。

第三节　资本结构及其理论

一、资本结构原理

（一）资本结构的概念

资本结构（capital structure）是指企业各种长期资金的构成及其比例关系。企业的资本结构由长期债务资本（长期借款、长期债券）和股权资本（普通股、优先股）构成，资本比例关系是指长期债务资本和股权资本各占多大比例。

资本结构是企业财务管理理论和实践中的一个重要问题，也是企业筹资管理的核心问题。

（二）资本结构的作用

在企业资本结构决策中，主要就是解决长期债务资本的比例问题，即合理利用长期债务筹资，合理安排长期债务资本在全部长期资本中的比重。合理确定资本结构具有以下重要作用：

1. **合理安排债务资本比例可以降低企业的综合资本成本**

由于债务利息率通常低于股票股利率，而且债务利息在所得税前进行扣除，企业可享有所得税节税利益，从而使得债务资本成本低于股权资本成本。因此，在一定限度内合理提高债务资本的比例，可以降低企业的综合资本成本。

2. **合理安排债务资本比例可以获得财务杠杆利益**

由于债务利息通常是固定的，当息税前利润增大时，每1元利润所负担的固定利息会相应减少，从而可分配给股权资本的税后净利润会相应增加。因此，在一定限度内合理提高债务资本的比例，可以发挥财务杠杆的正面效应，给企业带来财务杠杆利益。

3. **合理安排债务资本比例可以增加公司价值**

一般而言，公司价值等于其债务资本的市场价值与股权资本的市场价值之和，其计算公式为：

$$V=B+S$$

式中，V为公司总价值；B为公司债务资本的市场价值；S为公司股权资本的市场价值。

由此可知，公司价值与公司的资本结构是紧密相关的，债务资本比例的变动会影响债务资本的市场价值和股权资本的市场价值，进而影响公司的总价值。因此，合理安排债务资本比例可以增加公司价值。

二、资本结构理论

资本结构理论是揭示资本结构与公司价值之间关系的理论。它是公司财务管理理论的核心内容之一，也是资本结构决策的重要理论基础。

对资本结构的研究始于西方，从其发展来看，主要有早期资本结构理论、现代资本结构理论（MM理论）和新的资本结构理论。早期资本结构理论源于美国经济学家戴维·杜兰德，他最早提出资本结构这一问题；现代资本结构理论源于20世纪50年代，莫迪格利尼（Modigliani）和米勒（Miller）是现代资本结构理论的创始人，提出了著名的MM理论；20世纪70年代以来又出现一些新的资本结构理论，如代理成本理论、信号传递理论和啄序理论等。

（一）早期资本结构理论

早期资本结构理论主要有以下三种观点：

1. **净收益观点**

该观点认为，公司的资本结构与公司价值存在关联。由于债务资本成本固定，债务人有优先求偿权，债务投资风险低于股权投资风险，因此债务资本成本一般低于股权资本成本。在公司的资本结构中，企业的债务资本越多，债务资本的比例越大，综合资本成本即加权平均资本成本就越低，公司获取的财务杠杆利益就越大，公司的税后净利润就越多，公司价值也越高。

这是一种极端的资本结构理论，这一理论虽然考虑到财务杠杆利益，但忽略了财务风险。很明显，如果企业的债务资本比例过高，企业的财务风险将会增加，因此，企业的加权平均资本成本就会上升，公司价值反而下降。

2. **净营业收益观点**

该观点认为，在公司的资本结构中，债务资本的多少与公司价值没有关系。该观点认为，公司的债务资本成本是固定的，但股权资本成本是变动的，公司的债务资本越多，公司的财务风险就越大，股权资本成本就越高；反之，公司的债务资本越少，公司的财务风险就越小，股权资本成本就越低。两者作用相抵消后，加权平均资本成本保持不变，是一个常数。因此，资本结构与公司价值无关。

这是另一种极端的资本结构理论，这一理论虽然认识到债务资本比例的变动会给企业带来财务风险，也可能影响企业的股权资本成本，但是实际企业的加权平均资本成本不可能是一个常数。

3. **传统折中观点**

传统折中观点是介于净收益观点和净营业收益观点之间的一种折中观点。该观点认为，公司的资本结构与公司价值存在关联。该观点认为，公司在一定的负债范围内增加债务资本尽管会引起股权资本成本的上升，但是股权资本成本的上升幅度并不会完全抵消债务资本使加权平均资本成本下降的幅度，因此，在合理的限度内增加债务资本可以降低加权平均资本成本，从而增加公司价值。但如果过度增加债务资本成本，股权资本成本的上升就不能被债务资本的低成本所抵消，从而导致加权平均资本成本上升，公司价值下降。因此，该观点认为，公司存在最佳资本结构，并且可以通过适当调节债务资本比例来达到。

（二）MM 理论

1. **早期 MM 理论**

1958 年，莫迪格利尼和米勒在《美国经济评论》上发表论文，首次以严格、科学的方法研究资本结构与企业价值的关系，形成了著名的 MM 资本结构理论，为现代财务管理理论的发展做出了重要贡献。这两位作者也因此荣获诺贝尔经济学奖。

早期 MM 理论有着极其严格的假设，主要有以下 9 项：①公司在无税收的环境中经营；②投资者对未来收益和风险的估计相同；③存在高度完善和均衡的资本市场，没有交易成本和佣金，所有债务利率相同；④企业的经营风险由息税前利润标准来衡量，企业经营风险决定其风险等级；⑤公司为零增长公司；⑥企业和个人的负债均无风险，即负债利率属于无风险利率；⑦公司无破产成本；⑧公司的股利政策与公司价值无关；⑨公司发行新债不会影响已有债务的市场价值。

在上述假设下，早期 MM 理论得出两个重要命题：

命题 1：无论公司有无债务资本，其价值都等于公司所有资产的预期收益额按适合该公司风险等级的必要报酬率折现的价值。

命题2：利用财务杠杆的公司，其股权资本成本率随筹资额的增加而提高。因此，公司价值不会随债务资本比例的上升而增加。

早期MM理论认为，在符合该理论假设下，公司价值与其资本结构无关。公司价值取决于公司的实际资产，而非债务资本和股权资本的市场价值。但早期MM理论是在一系列假设的前提下提出的，而在实务中，其假设条件不一定完全成立。因此，早期MM理论还需要继续深入研究发展，不断修正完善。

【例4-22】（2014年中级会计师职称考试真题）根据无税条件下的MM理论，下列表述中正确的是（　　）。

A. 企业存在最优资本结构

B. 负债越小，企业价值越大

C. 负债越大，企业价值越大

D. 企业价值与企业资本结构无关

参考答案：D。在一系列假设之下，MM理论有两个重要的命题，其中之一是：利用财务杠杆的公司，其股权资金成本率随筹资额的增加而提高。因为便宜的债务给公司带来的财务杠杆利益会被股权资金成本率的上升而抵消，所以，公司的价值与其资本结构无关。

2. 修正的MM资本结构理论

莫迪格利尼和米勒于1963年合作发表了另一篇论文——《公司所得税与资本成本：一项修正》，提出了修正的MM资本结构理论。该理论取消了公司无所得税的假设，认为若考虑公司所得税因素，公司价值会随财务杠杆系数的提高而增加，从而得出公司资本结构与公司价值相关的结论。

修正的MM资本结构理论同样提出了两个命题：

命题1：有债务公司的价值等于有相同风险但无债务公司的价值加上债务的节税利益。根据该命题，公司举债后，债务利息可以形成节税利益，由此可以增加公司的净收益，从而提高公司的价值。随着公司债务比例的提高，公司价值也会提高。

命题2：MM理论的权衡理论观点。该观点认为，随着公司债务比例的提高，公司的风险也会上升，因而公司陷入财务危机甚至破产的可能性也越大，由此会增加公司的额外成本，降低公司价值。因此，公司存在最佳资本结构，就是节税利益和债务资本比例上升所带来的财务危机成本（破产成本）之间的平衡点。

【例4-23】（2013年注册会计师考试真题）根据有税的MM理论，当企业负债比例提高时，（　　）。

A. 股权资本成本上升　　B. 债务资本成本上升

C. 加权平均资本成本上升　　D. 加权平均资本成本不变

参考答案：A。根据有税的MM理论，当企业负债比例提高时，债务资本成本不变，加权资本成本下降，但股权资本成本会上升。有债务企业的权益成本等于相同风险等级的无负债企业的权益资本成本加上与按市值计算的债务与权益比例成比例的风险报酬，且风险报酬取决于企业的债务比例以及所得税税率。

（三）新的资本结构理论

1. 代理成本理论

代理成本理论是通过研究代理成本与资本结构的关系而形成的。该理论指出，公司债务的违约风险是财务杠杆系数的增函数，随着公司债务资本的增加，债权人的监督成本随之上升，债权人会要求更高的利率。这种代理成本最终要由股东承担，公司资本结构中债务比率过高会导致公司价值的降低。根据代理成本理论，债务资本适度的资本结构会增加公司价值。

2. 信号传递理论

信号传递理论认为，公司可以通过调整资本结构来传递有关盈利能力和风险方面的信息，以及公司如何看待股票市价的信息。

按照信号传递理论，公司价值被低估时会增加债务资本；反之，公司价值被高估时会增加股权资本。当然，公司的筹资选择并非完全如此。例如，公司有时可能并不希望通过筹资行为告知上市公司的价值被高估的信息，而是模仿价值被低估的公司增加债务资本。

3. 啄序理论（筹资优序理论）

啄序理论认为，公司倾向于首先利用内部筹集资金，这样不会传导任何可能对股价不利的信息；如果需要外部筹资，公司将先选择债务筹资，再选择股权筹资，债务筹资优于股权筹资，这种筹资顺序的选择也不会传递对公司股价产生不利影响的信息。

从成熟的证券市场来看，企业的筹资顺序首先是内部筹资，其次是借款、发行债券、发行可转换债券，最后是发行新股。但对于新兴证券市场来说却未必如此。20 世纪 80 年代新兴证券市场上，企业十分热衷于股票筹资，具有明显的股票筹资偏好，企业对筹资顺序的选择几乎与啄序理论背道而驰。

在资本市场不发达、存在严重的信息不对称和股东监控较薄弱的环境下，大多数企业的筹资偏好顺序是，内部筹资优于发行股票，股票筹资优于债务筹资。但是，如果股票发行与上市条件宽松，发行股票则将被置于最优先的位置上。上市公司通过配股或增发等手段拼命“圈钱”的例子也不罕见。股权筹资偏好的主要原因是，第一，企业股利支付率很低，使代理人错误地认为股权筹资成本很低；第二，在财务管理实务中，有相当多的代理人还没有把筹资优序理论应用到企业筹资中去，多半是以简单的直观判断和表面的资本成本来选择筹资方式，这无疑走进了股权筹资偏好的误区。实际上，股权筹资的成本是较高的，远远高于银行的贷款利率。对于处在稳定成长期或成熟期的企业来讲，股权筹资并不经济，其筹资的最优选择应是发行债券及可转换债券，或通过银行等金融机构进行商业借贷。无理性地进行大规模的股权筹资，不仅带来了资本成本的提高，而且相伴而生的经营业绩压力也是不可忽视的。这也是发达资本市场上的企业在进入成熟期后举债筹资回购股票的主要原因。

【例 4-24】（2012 年注册会计师考试真题）甲公司目前存在融资需求。如果采用优序融资理论，管理层应当选择的融资顺序是（　　）。

A. 内部留存收益、公开增发新股、发行公司债券、发行可转换债券

B. 内部留存收益、公开增发新股、发行可转换债券、发行公司债券

C. 内部留存收益、发行公司债券、发行可转换债券、公开增发新股

D. 内部留存收益、发行可转换债券、发行公司债券、公开增发新股

参考答案：C。按照筹资优序理论，当企业存在融资需求时，首先选择内部融资，其次选择债务融资（先普通债券后可转换债券），最后选择股权融资。所以，选项 C 正确。

第四节 资本结构的影响因素及其决策方法

一、资本结构的影响因素

影响资本结构的因素，除了前已述及的资本成本、财务风险以外，还有如下一些重要因素：

1. 企业的销售情况和财务状况

企业的销售是否稳定对资本结构有着重要的影响。如果企业的销售和盈余稳定，则可以较多地负担固定的财务费用；如果销售和盈余有周期性，则负担固定的财务费用将冒很大的风险。

获利能力越强、财务状况越好、变现能力越强的企业，就越有能力负担财务风险。企业的息税前利润最低应满足债务利息的要求，否则不可能运用财务杠杆。当然，在实际工作中，有些获利水平相当高的企业往往并不使用大量的债务资本，因其可以利用较多的留存收益来满足增资需要；有些企业因为财务状况不好，无法顺利发行股票，只好以高利率发行债券筹集资金。

2. 企业的现金流量状况

债务的利息和本金通常必须以现金支付，这就涉及企业现金流量问题。企业现金流量越大，举债筹资能力就越强。因此，企业现金流量状况，对提高资本结构中债务资本比率有着重要的影响。

3. 企业的资产结构

资产结构会以多种方式影响企业的资本结构：（1）拥有大量固定资产的企业主要通过长期负债和发行股票筹集资金；（2）拥有较多流动资产的企业，则更多依赖流动负债来筹集资金；（3）资产适用于举债额较大的企业，如房地产企业的抵押贷款就相当多；（4）以技术研究开发为主的企业则负债很少。

4. 企业所有者和管理人员的态度

企业资本结构的决策是由企业所有者和管理人员做出的，他们的态度对资本结构有重要影响。企业的所有者和管理人员如果不愿分散控制权，一般会尽量避免普通股筹资，而是采用优先股或负债的方式筹集资金；喜欢冒险的财务管理人员，可能会安排比较高的负债比例；持稳健态度、不愿承担风险的企业，则可能较少利用财务杠杆，尽量降低债务资本的比例。

5. 贷款银行和信用评级机构的态度

虽然企业对于适当运用财务杠杆进行资本结构决策有自己的分析判断，但贷款人和信用评级机构的态度实际上往往成为决定资本结构的关键因素。通常，企业在决定资本结构并付诸实施之前，都向贷款银行和评估机构咨询，并参考其建议。贷款银行都不希望企业

的负债比例太大，如果企业过高地安排债务筹资，贷款银行可能会拒绝贷款或者只有在抵押担保或相当高的利率条件下才同意贷款。同样，如果企业债务太多，信用评级机构可能会降低企业的信用等级，这样会影响企业的筹资能力，提高企业的资本成本。

6. **行业差别因素**

处于不同行业的企业，其资本结构有很大差别。在资本结构决策中，必须考虑本企业所处的行业，掌握所处行业资本结构的一般水准，以便确定最佳的资本结构。

7. **所得税税率因素**

债务的利息是在所得税前支付的，而股票的股利是在所得税后支付的，因此，企业利用负债可以获得减税利益。企业所得税税率越高，借款举债的好处就越多；反之，如果所得税税率很低，则采用举债方式得到的减税利益就不十分明显。

8. **企业的发展速度**

企业的发展速度较慢时，只需通过留存收益来补充资本即可；而企业发展速度较快时，自己的留存收益很可能不够，需要大量的外部筹资，因此往往使用较多的债务资本。

9. **企业规模**

一般而言，企业规模越大，筹集资金的方式越多，如通过证券市场发行股票、吸收国家和法人单位投资等，因此，负债比率一般较低；而一些中小型企业筹资方式比较单一，主要靠银行借款来解决资金需求，因此，负债比率一般较高。

10. **利率水平的变动趋势**

利率水平的变动趋势也会影响到企业的资本结构。如果企业财务管理人员认为利息率暂时较低，但不久的将来有可能上升的话，便会大量发行长期债券，从而在若干年内把利率固定在较低水平上。

以上因素都会影响到企业的资本结构，财务管理人员应在认真分析上述因素的基础上，结合定量分析方法，进而合理确定资本结构。

二、最佳资本结构的决策方法

通过上述资本结构理论分析可知，利用债务资本具有双重作用，合理适当地利用负债，可以发挥财务杠杆利益，从而降低企业资本成本，但当企业负债比率太高时，会带来较大的财务风险。因此，企业必须权衡财务风险与资本成本的关系，确定最佳资本结构。所谓最佳资本结构（optimal capital structure）是指在一定条件下，企业的加权平均资本成本最低而企业价值最大的资本结构。它应作为企业的目标资本结构（target capital structure）。

根据现代资本结构理论分析，企业存在最佳资本结构。但由于企业内部条件和外部环境经常发生变化，寻找最优资本结构十分困难。下面将要探讨的有关确定资本结构的方法，可以有效地帮助财务管理人员确定合理的资本结构，但这些方法并不能被当作绝对的判别标准，在应用这些方法时，还应结合前述影响资本结构的因素进行定性分析，以便使资本结构趋于最优。

【例 4-25】（2014 年中级会计师职称考试真题）下列关于最佳资本结构的表述中，错误的是（　）。

A. 最佳资本结构在理论上是存在的

B. 资本结构优化的目标是提高企业价值

C. 企业平均资本成本最低时资本结构最佳

D. 企业的最佳资本结构应当长期固定不变

参考答案：D。从理论上讲，最佳资本结构是存在的，但由于企业内部条件和外部环境的经常性变动，动态地保持最佳资本结构十分困难。所以，选项 D 正确。

确定最佳资本结构的方法主要有：资本成本比较法、每股收益分析法和公司价值分析法。

（一）资本成本比较法（WACC comparison method）

资本成本比较法是计算不同资本结构（或筹资方案）的加权平均资本成本，并根据加权平均资本成本的高低来进行资本结构决策的方法。

【例 4-26】（2012 年注册会计师考试真题）甲公司目前有一个好的投资机会，急需资金 1 000 万元。该公司财务经理通过与几家银行进行洽谈，初步拟定了 3 个备选借款方案。3 个方案的借款本金均为 1 000 万元，借款期限均为 5 年，具体还款方式如下：

方案 1：采取定期支付利息、到期一次性偿还本金的还款方式，每半年末支付一次利息，每次支付利息 40 万元。

方案 2：采取等额偿还本息的还款方式，每年年末偿还本息一次，每次还款额为 250 万元。

方案 3：采取定期支付利息、到期一次性偿还本金的还款方式，每年年末支付一次利息，每次支付利息 80 万元。此外，银行要求甲公司按照借款本金的 10% 保持补偿性余额，对该部分补偿性余额，银行按照 3% 的银行存款利率每年年末支付企业存款利息。

要求：计算 3 种借款方案的有效年利率。如果仅从资本成本的角度分析，甲公司应当选择哪个借款方案？

参考答案：

方案 1：半年的利率 $=40/1\ 000=4\%$，有效年利率 $=(F/P,\ 4\%,\ 2)-1=8.16\%$。

方案 2：按照 $1\ 000=250\times(P/A,\ i,\ 5)$ 计算，有效年利率 $=7.93\%$。

方案 3：按照 $1\ 000\times(1-10\%)=(80-1\ 000\times10\%\times3\%)\times(P/A,\ i,\ 5)+1\ 000\times(1-10\%)\times(P/F,\ i,\ 5)$ 计算，即 $900=77\times(P/A,\ i,\ 5)+900\times(P/F,\ i,\ 5)$。

当 $i=8\%$ 时，$77\times(P/A,\ i,\ 5)+900\times(P/F,\ i,\ 5)=77\times3.9927+900\times0.6806=919.98$（元）；

当 $i=9\%$ 时，$77\times(P/A,\ i,\ 5)+900\times(P/F,\ i,\ 5)=77\times3.8897+900\times0.6499=884.42$（元）。

根据 $(i-8\%)/(9\%-8\%)=(900-919.98)/(884.42-919.98)$，得到 $i=8.56\%$。

甲公司应当选择方案 2。

（二）每股收益分析法（EPS analysis method）

判断资本结构是否合理，可以通过分析每股收益的变化来衡量。能够提高每股收益的资本结构是合理的，反之则不够合理。每股收益分析法是利用每股收益的无差别点进行的。每股收益无差别点是指每股收益不受融资方式影响的销售水平。根据每股收益无差别点，可以分析判断在什么样的销售水平下适于采用何种资本结构。

每股收益无差别点可以通过下式计算得出：

$$EPS=\frac{(EBIT-I)(1-T)-D_P}{N}=\frac{(S-VC-F-I)(1-T)-D_P}{N}$$

式中，EPS 为每股收益；EBIT 为息税前利润；I 为债务利息；T 为所得税税率；D_P 为优先股股利；N 为流通在外的普通股股数；S 为销售额；VC 为变动成本；F 为固定成本。

由于在每股收益无差别点上，无论采用负债筹资，还是采用权益筹资，每股收益都是相等的。若以 EPS_1 代表负债筹资，以 EPS_2 代表权益筹资，则有：

$$EPS_1=EPS_2$$

$$\frac{(S_1-VC_1-F_1-I_1)(1-T)-D_{P1}}{N_1}=\frac{(S_2-VC_2-F_2-I_2)(1-T)-D_{P2}}{N_2}$$

在每股收益无差别点上，$S_1=S_2$，则：

$$\frac{(S-VC_1-F_1-I_1)(1-T)-D_{P1}}{N_1}=\frac{(S-VC_2-F_2-I_2)(1-T)-D_{P2}}{N_2}$$

能使得上述条件公式成立的销售额（S）即为每股收益无差别点销售额。

【例 4-27】（2009 年中级会计师职称考试真题）B 公司为一上市公司，适用的企业所得税税率为 25%，相关资料如下：

资料一：2008 年 12 月 31 日发行在外的普通股为 10 000 万股（每股面值 1 元），公司债券为 24 000 万元（该债券发行于 2006 年年初，期限 5 年，每年年末付息一次，利息率为 5%），该年息税前利润为 5 000 万元。假定全年没有发生其他应付息债务。

资料二：B 公司打算在 2009 年为一个新投资项目筹资 10 000 万元，该项目当年建成并投产。预计该项目投产后公司每年息税前利润会增加 1 000 万元。现有甲乙两个方案可供选择。其中，甲方案为增发利息率为 6% 的公司债券；乙方案为增发 2 000 万股普通股。假定各方案的筹资费用均为 0，且均在 2009 年 1 月 1 日发行完毕。部分预测数据见表 4-7。

表 4-7 **部分预测数据**

项 目	甲方案	乙方案
增资后息税前利润（万元）	6 000	6 000
增资前利息（万元）	*	1 200
新增利息（万元）	600	*
增资后利息（万元）	(A)	*
增资后税前利润（万元）	*	4 800
增资后税后利润（万元）	*	3 600
增资后普通股股数（万股）	*	*
增资后每股收益（元）	0.315	(B)

说明：上表中“*”表示省略的数据。

要求：(1) 根据资料一计算 B 公司 2009 年的财务杠杆系数；(2) 确定表 4-7 中用字母表示的数值（不需要列示计算过程）；(3) 计算甲乙两个方案的每股收益无差别点息税前利润；(4) 用 EBIT-EPS 分析法判断应采取哪个方案，并说明理由。

参考答案：

（1）2009年的财务杠杆系数=2 008年的息税前利润/（2 008年的息税前利润-2 008年的利息费用）=5 000/（5 000-1 200）=1.32

（2）A=1 800，B=0.3

（3）设甲乙两个方案的每股收益无差别点息税前利润为W万元，则：

（W-1 800）×（1-25%）/10 000=（W-1 200）×（1-25%）/（10 000+2 000）

（W-1 800）/10 000=（W-1 200）/12 000

解得：

W=（12 000×1 800-10 000×1 200）/（12 000-10 000）=4 800（万元）

（4）由于筹资后的息税前利润为6 000万元，高于4 800万元，所以，应该采取发行债券的筹资方案，理由是这个方案的每股收益高。

以上每股收益无差别点的计算，建立在债务永久存在的假设前提下，没有考虑债务本金的偿还问题。实际上，尽管企业随时借入新债以偿还旧债，努力保持债务规模的延续，但也不能不安排债务本金的清偿。这是因为很多债务合同要求企业设置偿债基金，强制企业每年投入固定的金额。设置偿债基金使得企业每年有一大笔费用支出，并不能用来抵减税负。设置偿债基金后的每股收益称为每股自由收益（VEPS），是建立偿债基金企业可供自由支配的资金，既可用于支付红利，也可用于进行其他新的投资。这种情况下每股收益无差别点的计算公式可改为：

$$\frac{(S-VC_1-F_1-I_1)(1-T)-D_{P1}-SF}{N_1}=\frac{(S-VC_2-F_2-I_2)(1-T)-D_{P2}-SF}{N_2}$$

或 $$\frac{(EBIT_1-I_1)(1-T)-D_{P1}-SF}{N_1}=\frac{(EBIT_2-I_2)(1-T)-D_{P2}-SF}{N_2}$$

这种分析方法只考虑了资本结构对每股收益的影响，并假定股价会随着每股收益的增长而上升，没有考虑资本结构对风险的影响。一般只有在风险不变的情况下，每股收益的增长才会直接导致股价的上升。随着负债的增加，投资者的风险会加大，如果每股收益的增长不足以补偿风险增加所需的报酬，尽管每股收益增加，股价仍然会下降。所以，单纯地运用每股收益分析法有时会做出错误的决策。

（三）公司价值分析法

公司价值分析法是在反映财务风险的条件下，以公司价值的大小为标准，测算并判断公司最佳资本结构。

1. **计算公司的资本成本**

（1）公司债务资本成本，一般根据下列公式计算：

$$K_B=\frac{I}{B}\cdot(1-T)=K_b\cdot(1-T)$$

式中，K_B为债务的税后资本成本；K_b为债务的税前资本成本；T为所得税税率；I为年利息总额；B为债务筹资额。

（2）公司股票资本成本。考虑财务风险的影响，股票资本成本采用资本资产定价模型测算，即：

$$K_S=R_F+\beta(R_m-R_F)$$

式中，K_S 为股票资本成本；R_F 为无风险报酬率；R_m 为股票市场的平均报酬率；β 为本公司股票的贝塔系数。

（3）加权平均资本成本。假定公司的全部资金由债务和普通股组成，公司的加权平均资本成本 K_w 按下列公式计算：

$$K_W = K_b\left(\frac{B}{V}\right)(1-T) + K_S\left(\frac{S}{V}\right) = K_B\left(\frac{B}{V}\right) + K_S\left(\frac{S}{V}\right)$$

式中，$\frac{B}{V}$为债务资本价值占全部资本价值的比重；$\frac{S}{V}$为股票资本价值占全部资本价值的比重。

2. **计算公司的总价值**

公司的市场总价值 V 等于其债务价值 B 和股票价值 S 之和。

（1）债务价值。为了简化，设债务现值等于其面值（或本金）。

（2）股票价值。按股票未来净收益贴现值测算。由于假定公司持续经营，因此采用永续年金现值的计算公式：

$$S = \frac{(EBIT-I)(1-T)}{K_S}$$

式中，EBIT 为息税前利润；I 为年利息额；T 为公司所得税税率；K_S 为股票资本成本。

（3）公司总价值的计算。公司总价值的计算公式如下：

$$V = B + S$$

3. **判断最佳资本结构**

下面运用前述原理，举例说明公司最佳资本结构的测算及判断。

【例 4-28】（2013 年中级会计师职称考试真题）乙公司是一家上市公司，适用的企业所得税税率为 25%，当年息税前利润为 900 万元，预计未来年度保持不变。为简化计算，假定净利润全部分配，债务资本的市场价值等于其账面价值，确定债务资本成本时不考虑筹资费用。证券市场平均收益率为 12%，无风险收益率为 4%。两种不同的债务水平下的税前利率和 β 系数见表 4-8，公司价值和平均资本成本见表 4-9。

表 4-8　**不同债务水平下的税前利率和 β 系数**

债务账面价值（万元）	税前利率	β 系数
1 000	6%	1.25
1 500	8%	1.50

表 4-9　**公司价值和平均资本成本**

债务市场价值（万元）	股票市场价值（万元）	公司总价值（万元）	税后债务资本成本	权益资本成本	平均资本成本
1 000	4 500	5 500	（A）	（B）	（C）
1 500	（D）	（E）	*	16%	13.09%

注：表中的“*”表示省略的数据。

要求：（1）确定表 4-9 中英文字母代表的数值（不需要列示计算过程）；

（2）依据公司价值分析法，确定上述两种债务水平的资本结构哪种更优，并说明理由。

参考答案：(1) 公司价值和平均资本成本见表 4-10。

表 4-10　　公司价值和平均资本成本

债务市场价值（万元）	股票市场价值（万元）	公司总价值（万元）	税后债务资本成本	权益资本成本	平均资本成本
1 000	4 500	5 500	(4.5%)	(14%)	(12.27%)
1 500	(3 656.25)	(5 156.25)	*	16%	13.09%

说明：

A = 6% × (1-25%) = 4.5%

B = 4% + 1.25 × (12% - 4%) = 14%

C = 4.5% × (1 000/5 500) + 14% × (4 500/5 500) = 12.27%

D = (900 - 1 500×8%) × (1-25%) /16% = 3 656.25

E = 1 500 + 3 656.25 = 5 156.25

(2) 债务市场价值为 1 000 万元时，平均资本成本最低，公司总价值最大，所以债务市场价值为 1 000 万元时的资本结构更优。

公司价值分析法从没有债务开始，通过逐步增加债务来测试企业加权平均的资本成本和企业总价值，从而得到最佳资本结构，是一种比较好的方法，测试结果比较准确。但这种方法测试过程比较麻烦，需要通过计算机来进行。

课后习题

一、单项选择题

1. (2012 年中级会计师职称考试真题) 公司在创立时首先选择的筹资方式是（　　）。

A. 融资租赁　　B. 向银行借款

C. 吸收直接投资　　D. 发行企业债券

2. (2012 年注册会计师考试真题) 在其他条件不变的情况下，下列事项中能够引起股票期望收益率上升的是（　　）。

A. 当前股票价格上升　　B. 资本利得收益率上升

C. 预期现金股利下降　　D. 预期持有该股票的时间延长

3. (2014 年注册会计师考试真题) 甲公司采用配股方式进行融资，每 10 股配 2 股，配股前股价为 6.2 元，配股价为 5 元。如果除权日股价为 5.85 元，所有股东都参加了配股，除权日股价下跌（　　）。

A. 2.42%　　B. 2.50%　　C. 2.56%　　D. 5.65%

4. (2010 年中级会计师职称考试真题) 约束性固定成本不受管理层短期经营决策行动的影响。下列各项中，不属于企业约束性固定成本的是（　　）。

A. 厂房折旧　　B. 厂房租金支出

C. 高管人员基本工资　　D. 新产品研究开发费用

5. (2010 年中级会计师职称考试真题) 某产品预计单位售价 12 元，单位变动成本 8

元，固定成本总额 120 万元，适用的企业所得税税率为 25%。要实现 750 万元的净利润，企业完成的销售量至少应为（　　）件。

A. 105　　B. 157.5　　C. 217.5　　D. 280

6. （2012 年中级会计师职称考试真题）出于优化资本结构和控制风险的考虑，比较而言，下列企业中最不适宜采用高负债资本结构的是（　　）。

A. 电力企业　　B. 高新技术企业

C. 汽车制造企业　　D. 餐饮服务企业

7. （2012 年中级会计师职称考试真题）下列各项中，属于变动成本的是（　　）。

A. 职工培训费用　　B. 管理人员基本薪酬

C. 新产品研究开发费用　　D. 按销售额提成的销售人员佣金

8. （2012 年注册会计师考试真题）甲公司因扩大经营规模需要筹集长期资本，有发行长期债券、发行优先股、发行普通股三种筹资方式可供选择。经过测算，发行长期债券与发行普通股的每股收益无差别点为 120 万元，发行优先股与发行普通股的每股收益无差别点为 180 万元。如果采用每股收益无差别点法进行筹资方式决策，下列说法中正确的是（　　）。

A. 当预期的息税前利润为 100 万元时，甲公司应当选择发行长期债券

B. 当预期的息税前利润为 150 万元时，甲公司应当选择发行普通股

C. 当预期的息税前利润为 180 万元时，甲公司可以选择发行普通股或发行优先股

D. 当预期的息税前利润为 200 万元时，甲公司应当选择发行长期债券

9. （2009 年注册会计师考试真题）甲公司与乙银行签订了一份周转信贷协定，周转信贷限额为 1 000 万元，借款利率为 6%，承诺费率为 0.5%，甲公司需按照实际借款额维持 10% 的补偿性余额。甲公司年度内使用借款 600 万元，则该笔借款的实际税前资本成本是（　　）。

A. 6%　　B. 6.33%　　C. 6.67%　　D. 7.04%

10. （2013 年注册会计师考试真题）甲公司采用风险调整法估计债务成本，在选择若干已上市公司债券以确定本公司的信用风险补偿率时，应当选择（　　）。

A. 与本公司债券期限相同的债券

B. 与本公司信用级别相同的债券

C. 与本公司所处行业相同的公司的债券

D. 与本公司商业模式相同的公司的债券

11. （2009 年中级会计师职称考试真题）某公司所有者权益和长期负债比例为 5∶4，当长期负债增加量在 100 万元以内时，资金成本为 8%；当长期负债增加量超过 100 万元时，资金成本为 10%。假定资本结构保持不变，则筹资总额分界点为（　　）万元。

A. 200　　B. 225　　C. 385　　D. 400

二、多项选择题

1. （2009 年中级会计师职称考试真题）在计算下列各项资金的筹资成本时，需要考虑筹资费用的有（　　）。

A. 普通股　　B. 债券

C. 长期借款　　　　D. 留存收益

2. （2012 年中级会计师职称考试真题）留存收益是企业内源性股权筹资的主要方式，下列各项中，属于该种筹资方式特点的有（　　）。

A. 筹资数额有限　　　　B. 不存在资本成本

C. 不发生筹资费用　　　　D. 改变控制权结构

3. （2012 年中级会计师职称考试真题）下列各项因素中，能够影响公司资本成本水平的有（　　）。

A. 通货膨胀　　　　B. 筹资规模

C. 经营风险　　　　D. 资本市场效率

4. （2011 年注册会计师考试真题）下列关于计算加权平均资本成本的说法中，正确的有（　）。

A. 计算加权平均资本成本时，理想的做法是按照以市场价值计量的目标资本结构的比例计量每种资本要素的权重

B. 计算加权平均资本成本时，每种资本要素的相关成本是未来增量资金的机会成本，而非已经筹集资金的历史成本

C. 计算加权平均资本成本时，需要考虑发行费用的债券应与不需要考虑发行费用的债务分开，分别计量资本成本和权重

D. 计算加权平均资本成本时，如果筹资企业处于财务困境，需将债务的承诺收益率而非期望收益率作为债务成本

5. （2012 年注册会计师考试真题）企业在进行资本预算时需要对债务成本进行估计。如果不考虑所得税的影响，下列关于债务成本的说法中正确的有（　　）。

A. 债务成本等于债权人的期望收益

B. 当不存在违约风险时，债务成本等于债务的承诺收益

C. 估计债务成本时，应使用现有债务的加权平均债务成本

D. 计算加权平均债务成本时，通常不需要考虑短期债务

6. （2011 年中级会计师职称考试真题）下列各项中，属于固定成本项目的有（　）。

A. 采用工作量法计提的折旧　　　　B. 不动产财产保险费

C. 直接材料费　　　　D. 写字楼租金

7. （2009 年注册会计师考试真题）下列各项中，属于约束性固定成本的有（　　）。

A. 管理人员薪酬　　　　B. 折旧费

C. 职工培训费　　　　D. 研究开发支出

8. （2009 年注册会计师考试真题）下列关于财务杠杆的表述中，正确的有（　）。

A. 财务杠杆越高，税盾的价值越高

B. 如果企业的融资结构中包括负债和普通股，则在其他条件不变的情况下提高公司所得税税率，财务杠杆系数不变

C. 企业对财务杠杆的控制力要弱于对经营杠杆的控制力

D. 资本结构发生变动通常会改变企业的财务杠杆系数

9.（2010年注册会计师考试真题）下列关于资本结构理论的表述中，正确的有（　）。

A. 根据MM理论，当存在企业所得税时，企业负债比例越高，企业价值越大

B. 根据权衡理论，平衡债务利息的抵税收益与财务困境成本是确定最优资本结构的基础

C. 根据代理理论，当负债程度较高的企业陷入财务困境时，股东通常会选择投资净现值为正的项目

D. 根据优序融资理论，当存在外部融资需求时，企业倾向于债务融资而不是股权融资

10.（2011年注册会计师考试真题）下列关于MM理论的说法中，正确的有（　）。

A. 在不考虑企业所得税的情况下，企业加权平均资本成本的高低与资本结构无关，仅取决于企业经营风险的大小

B. 在不考虑企业所得税的情况下，有负债企业的权益成本随负债比例的增加而增加

C. 在考虑企业所得税的情况下，企业加权平均资本成本的高低与资本结构有关，随负债比例的增加而增加

D. 一个有负债企业在有企业所得税情况下的权益资本成本要比无企业所得税情况下的权益资本成本高

11.（2014年中级会计师职称考试真题）下列各项因素中，影响经营杠杆系数计算结果的有（　　）。

A. 销售单价　　　　B. 销售数量

C. 资本成本　　　　D. 所得税税率

12.（2012年注册会计师考试真题）资本资产定价模型是估计权益成本的一种方法。下列关于资本资产定价模型参数估计的说法中，正确的有（　　）。

A. 估计无风险报酬率时，通常可以使用上市交易的政府长期债券的票面利率

B. 估计贝塔值时，使用较长年限数据计算出的结果比使用较短年限数据计算出的结果更可靠

C. 估计市场风险溢价时，使用较长年限数据计算出的结果比使用较短年限数据计算出的结果更可靠

D. 预测未来资本成本时，如果公司未来的业务将发生重大变化，则不能用企业自身的历史数据估计贝塔值

三、判断题

1.（2010年中级会计师职称考试真题）在其他条件不变的情况下，企业财务风险大，投资者要求的预期报酬率就高，企业筹资的资本成本相应就大。（　）

2.（2013年中级会计师职称考试真题）由于内部筹资一般不产生筹资费用，所以内部筹资的资本成本最低。（　）

3.（2012年中级会计师职称考试真题）经济危机时期，由于企业经营环境恶化、销售下降，企业应当逐步降低债务水平，以减少破产风险。（　）

4.（2013年中级会计师职称考试真题）在企业承担总风险能力一定且利率相同的情

况下，对于经营杠杆水平较高的企业，应当保持较低的负债水平；而对于经营杠杆水平较低的企业，则可以保持较高的负债水平。 （ ）

四、计算题

1. （2013 年注册会计师考试真题）甲公司主营电池生产业务，现已研发出一种新型锂电池产品，准备投向市场。为了评价该锂电池项目，需要对其资本成本进行估计。有关资料如下：

（1）该锂电池项目拟按照资本结构（负债/权益）30/70 进行筹资，税前债务资本成本预计为 9%。

（2）目前市场上有一种还有 10 年到期的已上市政府债券。该债券面值为 1 000 元，票面利率 6%，每年付息一次，到期一次归还本金，当前市价为 1 120 元，刚过付息日。

（3）锂电池行业的代表企业是乙、丙公司。乙公司的资本结构（负债/权益）为 40/60，股东权益的 β 系数为 1.5；丙公司的资本结构（负债/权益）为 50/50，股东权益的 β 系数为 1.54。权益市场风险溢价为 7%。

（4）甲、乙、丙三个公司适用的企业所得税税率均为 25%。

要求：

（1）计算无风险利率。

（2）使用可比公司法计算锂电池行业代表企业的平均 β 资产、该锂电池项目的 β 权益与权益资本成本。

（3）计算该锂电池项目的加权平均资本成本。

2. （2012 年中级会计师职称考试真题）A 电子企业只生产销售甲产品。2011 年甲产品的生产与销售量均为 10 000 件，单位售价为 300 元/件，全年变动成本为 1 500 000 元，固定成本为 500 000 元。预计 2012 年产销量将会增加到 12 000 件，总成本将会达到 2 300 000元。假定单位售价与成本形态不变。

要求：

（1）计算 A 企业 2012 年下列指标：

①目标利润；

②单位变动成本；

③变动成本率；

④固定成本。

（2）若目标利润为 1 750 000 元，计算 A 企业 2012 年实现目标利润的销售额。

3. （2010 年注册会计师考试真题）B 公司是一家制造企业，2009 年度财务报表有关数据见表 4-11。

B 公司没有优先股，目前发行在外的普通股为 1 000 万股。假设 B 公司的资产全部为经营资产，流动负债全部是经营负债，非流动负债全部是金融负债。公司目前已达到稳定增长状态，未来年度将维持 2009 年的经营效率和财务政策不变（包括不增发新股和回购股票），可以按照目前的利率水平在需要的时候取得借款，不变的销售净利率可以涵盖不断增加的负债利息。2009 年的期末非流动负债代表全年平均负债，2009 年的利息支出全部是非流动负债支付的利息。公司适用的所得税税率为 25%。

表 4-11　　B 公司财务报表有关数据　　单位：万元

项目	2009 年
营业收入	10 000
营业成本	6 000
销售及管理费用	3 240
息税前利润	760
利息支出	135
利润总额	625
所得税费用	125
净利润	500
本期分配股利	350
本期利润留存	150
期末股东权益	2 025
期末流动负债	700
期末非流动负债	1 350
期末负债合计	2 050
期末流动资产	1 200
期末非流动资产	2 875
期末资产总计	4 075

要求：

（1）计算 B 公司 2010 年的预期销售增长率。

（2）计算 B 公司未来的预期股利增长率。

（3）假设 B 公司 2010 年年初的股价是 9.45 元，计算 B 公司的股权资本成本和加权平均资本成本。

4.（2011 年中级会计师职称考试真题）A 公司拟添置一套市场价格为 6 000 万元的设备，需筹集一笔资金。现有三个筹资方案可供选择（假定各方案均不考虑筹资费用）：

（1）发行普通股。该公司普通股的 β 系数为 2，一年期国债利率为 4%，市场平均报酬率为 10%。

（2）发行债券。该债券期限 10 年，票面利率 8%，按面值发行。公司适用的所得税税率为 25%。

（3）融资租赁。该项租赁租期 6 年，每年租金 1 400 万元，期满租赁资产残值为 0。

附：时间价值系数表（见表 4-12）。

表 4-12　　时间价值系数表

i	(P/F, i, 6)	(P/A, i, 6)
10%	0.5645	4.3553
12%	0.5066	4.1114

要求：

（1）利用资本资产定价模型计算普通股资本成本。

（2）利用非折现模式（即一般模式）计算债券资本成本。

（3）利用折现模式计算融资租赁资本成本。

（4）根据以上计算结果，为A公司选择筹资方案。

五、综合题

（2012年中级会计师职称考试真题）E公司为一家上市公司，为了适应外部环境变化，拟对当前的财务政策进行评估和调整，董事会召开了专门会议，要求财务部对财务状况和经营成果进行分析，相关资料如下：

资料一：公司有关的财务资料见表4-13、表4-14。

表4-13　**财务状况有关资料**　单位：万元

项目	2010年12月31日	2011年12月31日
股本（每股面值1元）	6 000	11 800
资本公积	6 000	8 200
留存收益	38 000	40 000
股东权益合计	50 000	60 000
负债合计	90 000	90 000
负债和股东权益合计	140 000	150 000

表4-14　**经营成果有关资料**　单位：万元

项目	2009年	2010年	2011年
营业收入	120 000	94 000	112 000
息税前利润	*	200	9 000
利息费用	*	3 600	3 600
税前利润	*	3 600	5 400
所得税	*	900	1 350
净利润	6 000	2 700	4 050
现金股利	1 200	1 200	1 200

说明："*"表示省略的数据。

资料二：该公司所在行业相关指标平均值如下：资产负债率为40%，利息保障倍数（已获利息倍数）为3倍。

资料三：2011年2月21日，公司根据2010年度股东大会决议，除分配现金股利外，还实施了股票股利分配方案，以2010年年末总股本为基础，每10股送3股。工商注册登记变更后公司总股本为7 800万股，公司2011年7月1日发行新股4 000万股。

资料四：为增加公司流动性，董事陈某建议发行公司债券筹资10 000万元；董事王某建议，改变之前的现金股利政策，公司以后不再发放现金股利。

要求：

(1) 计算 E 公司 2011 年的资产负债率、权益乘数、利息保障倍数、总资产周转率和基本每股收益。

(2) 计算 E 公司在 2010 年年末息税前利润为 7 200 万元时的财务杠杆系数。

(3) 结合 E 公司目前偿债能力状况，分析董事陈某提出的建议是否合理并说明理由。

(4) E 公司 2009 年、2010 年、2011 年执行的是哪一种现金股利政策？如果采纳董事王某的建议停发现金股利，对公司股价可能会产生什么影响？

第五章　投资决策原理

学习目标

(1) 了解投资活动对于企业的意义；

(2) 了解企业投资的分类、特点与管理程序；

(3) 掌握投资项目现金流量的组成与计算；

(4) 掌握各种投资决策指标的计算方法和决策规则；

(5) 掌握各种投资决策方法的具体运用。

投资决策在企业财务管理中占据非常重要的地位，一个成功的投资决策将会增加企业的价值，而一个失败的投资决策则会给企业带来重大损失。我们必须综合考虑资金的时间价值、投资的风险报酬、资金的资本成本以及现金流量等问题，并采用适当的指标来评价投资项目的预期效益。

第一节　长期投资概述

企业财务管理的目标是追求价值或财富的最大化。价值的高低是由企业未来各年的盈利决定的，而盈利的多少最终依赖于对企业长期资产的经营运用，也就是长期投资。

一、企业长期投资的意义

企业长期投资是指企业对现在所持有资金超过一个会计年度的运用，如投入经营资产或购买长期金融资产，或者是取得这些资产的权利，目的是在未来一定时期内获得与其承受的风险相匹配的收益。企业在进行长期投资时，一定要对所投资项目进行投资预算，因此，长期投资也称资本预算（capital budget）。在市场经济条件下，企业长期投资对企业的生存和发展十分重要。

(1) 企业长期投资是实现财务管理目标的基本前提。企业财务管理的目标是不断提高企业价值为股东创造财富，因此要采取各种措施增加利润，降低风险。企业要想获得利润，就必须进行投资，从投资中获得效益。

(2) 企业长期投资是公司发展生产的必要手段。在科学技术、社会经济迅速发展的今天，企业无论是维持简单再生产还是实现扩大再生产，都必须进行一定的投资。要维持简单再生产的顺利进行，就必须及时对所有使用的机器设备进行更新，对产品和生产工艺进行改造，不断提高职工的科学技术水平等；要实现扩大再生产，就必须新建、扩建厂房，增添机器设备，增加职工人数，提高人员素质等。企业只有通过一系列的投资活动，才能创造增强实力、广开财源的必要条件。

(3) 企业进行长期投资是降低经营风险的重要方法。企业把资金投向生产经营的关键环节或薄弱环节，可以使各种生产经营能力配套、平衡，形成更大的综合生产能力。如把资金投向多个行业，实行多元化经营，则更能增加企业销售和盈余的稳定性。这些都是降低企业经营风险的重要方法。

二、企业长期投资的分类

根据不同的划分标准，企业投资可作如下分类：

1. **直接投资和间接投资**

按投资与企业生产经营的关系，企业投资可分为直接投资和间接投资两类。

直接投资，是将资金直接投放于形成生产经营能力的实体性资产，直接谋取经营利润的企业投资。通过直接投资，购买并配置劳动力、劳动资料和劳动对象等具体生产要素，开展生产经营活动。在非金融性企业中，直接投资所占比重很大。

间接投资又称证券投资，是指用资金购买有价证券等金融资产，以取得利息、股利或资本利得收入的投资。随着我国金融市场的不断完善和深化，企业间接投资将越来越广泛。

2. **长期投资和短期投资**

按投资回收时间的长短，企业投资可分为短期投资和长期投资两类。

短期投资又称流动资产投资，是指能够并且也准备在一年内收回的投资，主要指对货币资金、应收账款、存货、交易性金融资产等的投资，能随时变现的长期证券投资也可作为短期投资。

长期投资则是指一年以上才能收回的投资，主要是指对厂房、机器设备等固定资产的投资，也包括对无形资产和长期有价证券的投资。由于长期投资中固定资产所占的比重较大，所以，长期投资有时专指固定资产投资。

3. **对内投资和对外投资**

根据投资的方向，企业投资可分为对内投资和对外投资两类。

对内投资是指把资金投在公司内部，购置各种生产经营用资产的投资。

对外投资是指公司以现金、实物、无形资产等方式或者以购买股票、债券等有价证券方式向其他单位的投资。

对内投资都是直接投资，而对外投资主要是间接投资，也可以是直接投资。随着企业之间的联系越来越密切，对外投资将越来越重要。

4. **初创投资和后续投资**

根据投资在生产过程中的作用，企业投资可分为初创投资和后续投资。

初创投资是在建立新企业时所进行的各种投资。它的特点是投入的资金通过建设形成企业的原始资产，为企业的生产、经营创造必要的条件。

后续投资则是为巩固和发展企业再生产所进行的各种投资，主要包括为维持企业简单再生产所进行的更新性投资，为实现扩大再生产所进行的追加性投资，为调整生产经营方向所进行的转移性投资等。

5. **独立项目投资、相关项目投资和互斥项目投资**

根据不同投资之间的相互关系，可以将投资分为独立项目投资、相关项目投资和互斥项目投资。

独立项目投资中，独立项目的选择既不要求也不排斥其他投资项目。举例来说，一家投资资金不受限制的企业有三个可行的独立投资项目：（1）在车间安装空调；（2）寻求一个小型的供应商；（3）购买一个新的计算机系统。可以清楚地看出对任何一个项目的接受都不会影响其他项目的实施，三个项目都可能被接受。

如果接受某一项目就不能投资于另一项目，并且反过来也如此，则这些项目之间就是互斥的。比如，一家公司需要扩张其生产能力，可以采纳的方式有：（1）车间扩建；（2）购买另一家公司；（3）与另一家公司签订产品合同。可以看出这三个方案中任何一个方案的选择都意味着对另外两个方案的排斥。

若某一项目的实施依赖于其他项目，这些项目就属于相关项目。比如，要想增加一条生产线就必须新盖一栋厂房来安置生产线，则生产线的投资与厂房的投资属于相关项目投资。

6. **常规项目投资和非常规项目投资**

根据不同投资项目现金流入和流出的时间，可以将投资分为常规项目投资和非常规项目投资。

所谓常规项目是指只有最初一次现金流出，随后是一期或多期现金流入的项目。许多投资项目都是这种模式。举例来说，一家企业现在投入 10 000 元，期望在以后的 8 年内每年有 2 000 元投资收益的现金流入。

非常规项目是指最初的现金流出并没有带来连续的现金流入。举例来说，一家企业支出 10 000 元购买机器，最初 4 年每年产生 5 000 元的现金流入，第 5 年对机器进行大修理，再次支出 8 000 元，之后的 5 年中每年产生 5 000 元的现金流入。

三、企业长期投资管理的原则

企业长期投资的根本目的是谋求利润，增加企业价值。企业能否实现这一目标，关键在于企业能否在风云变幻的市场环境下，抓住有利时机，做出合理的投资决策。为此，企业在进行长期投资时必须坚持以下原则：

（1）认真进行市场调查，及时捕捉投资机会。捕捉投资机会是企业投资活动的起点，也是企业投资决策的关键。在市场经济下，投资机会不是固定不变而是不断变化的，它要受到诸多因素的影响，最主要的是受到市场需求变化的影响。企业在投资之前必须认真进行市场调查和市场分析，寻找最有利的投资机会。市场是不断变化和发展的，对于市场和投资机会的关系，也应从动态的角度加以把握。

（2）建立科学的投资决策程序，认真进行投资项目的可行性分析。在市场经济条件下，企业的投资决策都会面临一定的风险。为了保证投资决策的正确有效，必须按科学的投资决策程序，认真进行投资项目的可行性分析。投资项目可行性分析的主要任务是对投资项目技术上的可行性和经济上的有效性进行论证，运用各种方法计算出有关指标，以合理确定不同项目的优劣。财务部门是对企业的资金进行规划和控制的部门，财务人员必须参与投资项目的可行性分析。

（3）及时足额筹集资金，保证投资项目的资金供应。企业的投资项目，特别是大型投资项目，其建设工期长，所需资金多，一旦开工，就必须有足够的资金供应，否则，就会使工程建设中途下马，出现“半截子工程”，造成很大的损失。因此，在投资项目上马之前，必须科学预测投资所需资金的数量和时间，采用适当的方法筹集资金，保证投资项目顺利完成，尽快产生投资效益。

（4）认真分析风险和收益的关系，适当控制企业的投资风险。收益和风险是共存的。一般而言，收益越大，风险也越大，收益的增加是以风险的增加为代价的，而风险的增加将会引起企业价值的下降，不利于财务目标的实现。企业在进行投资时，必须在考虑收益的同时认真考虑风险情况，只有在收益和风险达到均衡时，才有可能不断增加企业价值，实现财务管理的目标。

四、企业长期投资程序

1. 投资项目产生

企业内部的各个部门都可提出投资项目方案。一般来说，投资项目都是从提出者传递到高层的审核人员手中。显然，相对于资本支出小的方案，资本支出大的项目要接受更严格的审核。

2. 审核与分析

对于一项投资项目，需要审核以下几项内容：（1）审核该项目在企业整体目标与计划下的适当性，更重要的是考虑项目的经济效益；（2）估算项目的成本与收益，并且把估算结果转换为相关的现金流量来表示，从而运用各种资本预算工具对现金流量进行评价，得出潜在支出的投资价值。在评价过程中，要把与方案有关的风险的各个方面与经济分析结合起来，予以计算和记录。经济分析结束后将形成一份带有建议书的总结性报告，将其提交给决策者。

3. 决策制定

一个投资项目的实际数额与重要性的大小决定其由哪一层组织决策。企业往往依据金额的大小来分配资本支出的决策权。董事通常会保留超出一定限额的资本支出决策权，而小额的资本支出则可以由其他部门来决策。

4. 执行

一旦一项方案已经被批准而且资金已经准备好，那么执行阶段就开始了。对于小额的资本支出，执行方案相对固定，先支出后付款；对于大额的资本支出，需要进行严格的控制，以保证这些被提议并获得通过的项目是在预算成本下进行的。执行过程中发生的单独的提案须公司主管人员签字批准。

5. 反馈

这一过程包括在执行过程中对结果进行监控。把项目收益与成本之间的产出比与该项目预期数据以及历史数据进行比较是非常重要的。当实际产出偏离预期产出时，应该削减成本、提高收益或终止该项目的进行。

第二节　投资项目现金流量的分析

长期投资决策中所说的现金流量是指与长期投资项目有关的现金流入和流出的数量，它是在评价投资方案是否可行时必须计算的一个基础性指标。这里的“现金”与会计学所指的现金不同，它指的是广义的现金，不仅包括各种货币资金，而且包括投资项目需要占用的非货币资产的变现价值或重置价值。

一、投资项目现金流量的构成

在投资决策中，无论是把资金投在公司内部形成各种资产，还是投向公司外部形成联营投资，都需要用特定指标对投资的可行性进行分析，这些指标的计算是以投资项目的现金流量为基础的。因此，现金流量（cash flow）是在评价投资方案是否可行时必须计算的一个基础性指标。

按照现金流动的方向，可以将投资项目的现金流量分为现金流入量、现金流出量和净现金流量（net cash flow，NCF）。一个项目的现金流入量是指该方案引起的企业现金收入的增加额；现金流出量是指该方案引起的企业现金收入的减少额；净现金流量是指一定时间内现金流入量与现金流出量的差额。流入量大于流出量，净流量为正值；反之，净流量为负值。

投资项目从整个经济寿命周期来看，大致可以分为三个阶段：投资期、营业期、终结期，现金流量的各个项目也可归属于各个阶段。因此，按照现金流量的发生时间，投资活动的现金流量又可以分为初始现金流量、营业现金流量和终结现金流量。任何一个拥有常规模式的项目，其现金流量都由这三个现金流量组成。所有项目，不管是扩建、重置、更新还是有其他别的目的，都包含初始现金流量和营业现金流量。值得注意的是，有些项目没有终结现金流量。因为使用这种分类方法计算现金流量比较方便，所以下面将详细分析这三种现金流量所包括的主要内容。

（一）初始现金流量

初始现金流量发生在项目的投资期，一般包括如下几个部分：

（1）投资前费用。投资前费用是指在正式投资之前为做好各项准备工作而花费的费用，主要包括勘察设计费、技术资料费、土地购置费和其他费用。投资前费用的总额要在综合考虑以上费用的基础上合理加以预测。

（2）设备购置费用。设备购置费用是指为购买投资项目所需各项设备而花费的费用。企业财务人员要根据所需设备的数量、规格、型号、性能、价格水平、运输费用等预测设备购置费的多少。

（3）设备安装费用。设备安装费用是指为安装各种设备所需的费用。这部分费用主要根据安装设备的多少、安装难度、安装的工作量、当地安装的收费标准等因素进行预测。

（4）建筑工程费。建筑工程费是指进行土建工程所花费的费用。这部分费用要根据建筑类型、建筑面积的大小、建筑质量的要求、当地的建筑造价标准进行预测。

（5）营运资金的垫支。投资项目建成后，必须垫支一定的营运资金才能投入运营。这部分营运资金的垫支一般要到项目寿命终结时才能收回。所以，这种投资应被看作长期投资，而不属于短期投资。

（6）原有固定资产的变价收入扣除相关税金后的净收益。变价收入主要是指固定资产更新时变卖原有固定资产所得的现金收入。

（7）不可预见费。不可预见费是指在投资项目正式建设之前不能完全估计到的但又很可能发生的一系列费用，如设备价格的上涨、出现自然灾害而增加的支出等。针对这些因素也要合理预测，以便为现金流量预测留有余地。

（二）营业现金流量

营业现金流量发生在项目建成后正常经营期间，一般以年为单位进行计算。这里，现金流入一般是指营业现金收入。现金流出是指营业现金支出和缴纳的税金。如果一个投资项目每年的销售收入等于营业现金收入，每年的付现成本（即不包括折旧等的成本）等于营业现金支出，那么，年营业净现金流量（NCF）可用下列公式计算：

年营业净现金流量（NCF）=年营业收入-年付现成本-所得税

=税后净利+非付现成本

或 $=收入\times(1-所得税税率)-付现成本\times(1-所得税税率)+非付现成本\times所得税税率$

（三）终结现金流量

终结现金流量发生在投资项目寿命到期或需要被清理阶段，终结现金流量主要包括：（1）固定资产的残值收入或变价收入（即扣除了所需要上缴的税金等支出后的净收入）；（2）原有垫支在各种流动资产上的资金的收回；（3）停止使用的土地的变价收入等。

二、现金流量的估算

投资项目的决策，第一步也是最基础的是，正确分析项目在其寿命期内的全部现金流量。值得注意的是，在投资项目管理实践中，由于所得税的影响，营业现金流量的测算比较复杂，需要在所得税的基础上考虑税后收入、税后付现成本，以及非付现成本抵税对营业现金流量的影响。

【例5-1】某公司计划增添一条生产线，以扩充生产能力。现有甲、乙两个方案可供选择。甲方案需要投资500 000元，乙方案需要投资750 000元。两方案的预计使用寿命均为5年，折旧均采用直线法，甲方案预计残值为20 000元，乙方案预计残值为30 000元。甲方案预计年销售收入为1 000 000元，第一年付现成本为660 000元，以后在此基础上每年增加维修费10 000元。乙方案预计年销售收入为1 400 000元，年付现成本为1 050 000元。项目投入营运时，甲方案需垫支营运资金200 000元，乙方案需垫支营运资金250 000元。企业所得税税率为20%。

根据上述资料，两方案的现金流量计算如表5-1和表5-2所示。表5-1列示的是甲方案营业现金流量的具体测算过程，乙方案营业现金流量比较规则，其现金流量的测算可以用公式直接计算。

表5-1　**甲方案营业现金流量计算表**　单位：元

	1	2	3	4	5
销售收入	1 000 000	1 000 000	1 000 000	1 000 000	1 000 000
付现成本	660 000	670 000	680 000	690 000	700 000
折旧	96 000	96 000	96 000	96 000	96 000
营业利润	244 000	234 000	224 000	214 000	204 000
所得税	48 800	46 800	44 800	42 800	40 800
税后营业利润	195 200	187 200	179 200	171 200	163 200
营业现金净流量	291 200	283 200	275 200	267 200	259 200

乙方案营业现金净流量＝税后营业利润＋非付现成本

$$=(1\,400\,000-1\,050\,000-144\,000)\times(1-20\%)+144\,000=308\,800\text{（元）}$$

或

$$=\text{收入}\times\left(1-\frac{\text{所得税}}{\text{税率}}\right)-\text{付现成本}\times\left(1-\frac{\text{所得税}}{\text{税率}}\right)+\frac{\text{非付现}}{\text{成本}}\times\frac{\text{所得税}}{\text{税率}}$$

$$=1\,400\,000\times80\%-1\,050\,000\times80\%+144\,000\times20\%=308\,800\text{（元）}$$

表 5-2　**投资项目现金流量计算表**　单位：元

	0	1	2	3	4	5
甲方案：						
固定资产投资	-500 000					
营运资金垫支	-200 000					
营业现金流量		291 200	283 200	275 200	267 200	259 200
固定资产残值						20 000
营运资金收回						200 000
现金流量合计	-700 000	291 200	283 200	275 200	267 200	479 200
乙方案：						
固定资产投资	-750 000					
营运资金垫支	-250 000					
营业现金流量		308 800	308 800	308 800	308 800	308 800
固定资产残值						30 000
营运资金收回						250 000
现金流量合计	-1 000 000	308 800	308 800	308 800	308 800	588 800

需要强调的是，在估算投资项目的相关现金流量时，分析者应该遵循的最基本的原则是：只有增量现金流量（incremental cash flows）才是与投资项目相关的现金流量。所谓增量现金流量是指企业组织接受或拒绝某个投资项目之后，企业组织的现金流量总额因此而发生的变动。

三、投资决策中使用现金流量的原因

传统的财务会计按权责发生制计算企业的收入和成本，并以收入减去成本后的利润作为收益，用来评价企业的经济效益。在长期投资决策中则不能把按这种方法计算的收入和支出作为评价项目经济效益高低的基础，而应把现金流入作为项目的收入，把现金流出作为项目的支出，把净现金流量作为项目的净收益，并在此基础上评价投资项目的经济效益。投资决策之所以要把按收付实现制计算的现金流量作为评价项目经济效益的基础，主要有以下两方面的原因：

1. 采用现金流量有利于科学地考虑资金的时间价值因素

科学的投资决策必须认真考虑资金的时间价值，这就要求在决策时一定要弄清每笔预期收入款项和支出款项的具体时间，因为不同时间的资金具有不同的价值。因此，在衡量方案优劣时，应根据各投资项目寿命期内各年的现金流量，按照资本成本，结合资金的时间价值来确定。而利润的计算并不考虑资金收付的时间，它是以权责发生制为基础的。

利润与现金流量的差异具体表现在以下几个方面：（1）购置固定资产付出大量现金时不计入成本；（2）将固定资产的价值以折旧或折耗的形式逐期计入成本时，却又不需要付出现金；（3）计算利润时不考虑垫支的流动资产的数量和回收的时间；（4）只要销售行为已经确定，就计算为当期的销售收入，尽管其中有一部分并未于当期收到现金；（5）项目寿命终了时，以现金的形式回收的固定资产残值和垫支的流动资金在计算利润时也得不到反映。

可见，要在投资决策中考虑时间价值的因素，就不能用利润来衡量项目的优劣，而必须采用现金流量。

2. **采用现金流量才能使投资决策更符合客观实际情况**

在长期投资决策中，应用现金流量能更科学、更客观地评价投资方案的优劣，而利润则明显地存在不科学、不客观的成分。这是因为：（1）利润的计算没有一个统一的标准，在一定程度上要受到存货估价、费用摊配和不同折旧计提方法的影响。因而，利润的计算比现金流量的计算有更大的主观随意性，以此作为决策的主要依据不太可靠。（2）利润反映的是某一会计期间“应计”的现金流量，而不是实际的现金流量。若以未实际收到的现金的收入作为收益，具有较大风险，容易高估投资项目的经济效益，存在不科学、不合理的成分。

第三节　投资决策分析方法

一个公司进行项目投资，期初要投入一定的资金购买厂房、机器设备和原材料。公司在从事实际的生产经营前，首先需要对所投资目标项目的未来经营状况进行预测分析，判断该投资所产生的未来经营收益是否能够收回期初的投资，是否可以向有关投资者或公司提供令人满意的投资回报，从而为目标项目最终是否实施提供决策参考意见。这样的工作称为投资决策分析（investment decision analysis）或资本预算（capital budget）。

投资决策分析方法根据是否考虑资金时间价值因素，可分为折现现金流量方法和非折现现金流量方法。现在的企业主要采用折现现金流量方法，非折现现金流量方法在实践中只是起辅助作用。

一、折现现金流量方法

折现现金流量方法是分析项目的折现现金流量指标，并将其用于企业决策中。折现现金流量指标主要有净现值、年金净流量、现值指数、内含报酬率等。这类指标的使用体现了折现现金流量的思想，即把未来现金流量折现，使用现金流量的现值计算各种指标，并据以进行决策。

（一）净现值（net present value，NPV）

由于公司在实施目标项目运营前，首先需要在期初投入一定的资金，然后才能在项目的运营期间获得由目标项目产生的现金流，因而基于净现值价值评估的思想同样可以应用于目标项目价值的评估，并可以成为目标项目投资决策分析中的准则与方法。总体思路是：将目标项目在未来运营期间产生的预期现金流，以适当的折现率折现后加总，再减去目标项目期初的投资金额，便得到了目标项目的净现值，用公式表示为：

净现值（NPV）= 未来现金净流量的现值 - 原始投资额现值

净现值还可定义为，项目寿命期内所有现金流入的现值与所有现金流出的现值之差，用公式表示为：

$$NPV = \sum_{t=0}^{n} \frac{I_t}{(1+i)^t} - \sum_{t=0}^{n} \frac{O_t}{(1+i)^t}$$

式中，n 为投资开始至项目寿命终结时的期数；I 为现金流入；O 为现金流出；i 为折现率；t 为项目具体运营的期（年份）数。

1. **净现值的计算步骤**

净现值的计算可按下列步骤进行：

第一步，计算每年的营业净现金流量。

第二步，计算未来现金流量的总现值。

第三步，计算净现值。

【例 5-2】恒业公司拟购买一台新型机器，以代替原来的旧机器。新机器购买价为 800 000 元，购入时支付 60% 价款，余款下年付清，按 20% 计息。新机器购入后当年即投入使用，使用年限为 6 年，报废后估计有残值收入 80 000 元，按直线法计提折旧。使用机器后，公司每年新增净利润 70 000 元。当时的银行利率为 12%。

要求：用净现值分析评价该公司能否购买新机器。

机器购入使用后：

每年折旧费 =（800 000 - 80 000）/ 6 = 120 000（元）

NCF = 净利润 + 折旧 = 70 000 + 120 000 = 190 000（元）

（1）未来现金净流量现值：

190 000 ×（P/A，12%，6）= 781 166（元）

第一年利息费用 =（800 000×40%×20%）×（P/F，12%，1）= 57 146（元）

终结期残值收入 = 80 000×（P/F，12%，6）= 40 528（元）

现金净流量现值合计 = 781 166-57 146 + 40 528 = 764 548（元）

（2）原始投资额现值：

目前支付额 = 800 000 × 60% = 480 000（元）

下年支付额 = 800 000×40% = 320 000（元）

下年支付额现值 = 320 000 ×（P/F，12%，1）= 285 728（元）

原始投资额现值合计 = 480 000 + 285 728 = 765 728（元）

（3）净现值 = 764 548-765 728 = -1 180（元）

该方案净现值为-1 180 元，说明方案的投资报酬率小于 12%，方案不可行。本例中，方案净现值为负，但差距并不大。根据原始资料，购置设备延期付款的利息率 20% 大大高于当期银行利率 12%。如果能够谈判协商，有效降低延期付款的利息水平，如降低到 15% 左右，即可取得 13 106 元左右的正净现值。

2. **净现值法的决策规则**

净现值法非常简单，它选择投资项目的标准是：在无资本约束时，公司应该接受所有

NPV 大于零或等于零的项目，而拒绝所有 NPV 小于零的项目。当存在多个可选择项目而公司又存在资本约束（capital rationing）时，公司所选择项目组合的 NPV 应该是所有可行项目组合中最大的。

净现值法是以目标项目产生的预期现金流的净现值为衡量标准，其实质是通过折现的方式，首先计算目标能够提供的可以满足投资者期望收益率（时间价值和风险报酬）的预期现金流，然后再通过扣减期初投资额的方式来判断目标项目在满足投资者期望收益率的同时，是否可以收回期初的投资额。

目标项目的 NPV 大于零，表明目标项目产生的预期现金流不仅可以满足投资者的期望收益率，收回期初投资，而且还可以向投资者提供超出他们要求之外的投资回报。该回报的现值就是目标项目的 NPV 数值，在本质上这是一个无风险的套利机会或经济租金。此时实施目标项目可以提高公司当前的市场价值，因此，NPV 大于零的项目不仅是可行的投资项目，而且是非常“好”的投资项目，应该被公司接受。

目标项目的 NPV 等于零，表明目标项目产生的预期现金流可以满足投资者的期望收益率，同时也正好能够收回期初投资，但此时不存在无风险的套利机会或经济租金，实施目标项目后不会改变公司当前的市场价值，因此，NPV 等于零的项目尽管是可行的，但只是一个“正常”的投资项目，可以被公司接受，但是否需要实施，则要视公司的资金状况而定。

NPV 小于零的项目，其产生的预期现金流无法做到同时满足达到投资者的期望收益率与收回期初投资这两项要求，因而是不可行的。此时的项目价值为负数，意味着目标项目实施后会降低公司当前的市场价值，因此，NPV 小于零的项目是非常“不好”的投资项目，应该被公司拒绝。

显然，公司在选择目标项目时，应该选择 NPV 大的项目，从而最大限度地提高公司当前的价值。同时，在应用净现值准则进行投资决策分析时，需要重点解决以下几个问题：

（1）正确估计目标项目的运营寿命。估计项目的运营寿命，表面上看是一项非常简单的工作，但意义非常重大，因为运营寿命直接关系到预期现金流产生期限的长短，进而决定着项目 NPV 的大小。在环境快速变化的年代，要能够正确估计出目标项目的运营寿命，并不是一件轻而易举的事情。因为项目的运营寿命不仅取决于生产设备的物理寿命，同时还受到技术革新、产品升级换代和市场需求变化的影响。如数码影像技术的出现和升级，导致传统胶卷生产巨头——柯达公司的破产；智能手机的发展，使得诺基亚公司陷入重重危机。可见，在进行项目投资决策分析时，首先要做到的就是能够正确估计项目的运营寿命。

（2）正确估计目标项目运营期间产生的现金流。这项工作有两层含义：首先是能够编制财务预测报表。由于目标项目的运营是在未来期间发生的，因而人们只能通过编制财务预测报表来描述目标项目未来预期的经营状况，并为计算目标项目的预期现金流提供信息支持；其次是能够根据财务预测报表提供的财务信息，按照有关公式正确计算出项目的预期现金流。

（3）正确估计目标项目运营期间各时期的折现率。这在本质上是估计投资者在投资目标项目时要求的收益率。所遵循的原则应该是，在资本市场上考察投资者在进行等风险投资时所要求的收益率，并以此作为目标项目的折现率。

在资本市场上考察投资者的期望收益率，有两点理由。首先，在无套利的市场交易条件下，风险资产（证券）的市场交易价格可以描述出市场投资者要求的收益率。同时，由于市场交易是连续进行的，市场价格会随着市场预期的变化而发生变化，因此由资本市场体现的投资者的期望收益率更具有时效性。其次，资本市场价格的重要意义在于：当目标项目可行时，按照当前的市场价格水平，公司可以在资本市场上向投资者发行“等风险—等期望收益证券”（即与现存的可交易风险资产具有完全一致的风险与期望收益的证券），为项目募集到所需的资金（资本）。也就是说，当我们将目标项目（资本）视为一种可交易的风险资产时，由资本市场上体现出的投资者的期望收益率，就是项目的折现率。此时在资本市场上进行融资，公司可以募集到与目标项目市场价格等额的资金。

因此，在估计目标项目的折现率时，需要进行三方面的工作：一是根据资本市场的交易价格，确定投资者的期望收益率；二是界定风险，并确定衡量风险的指标；三是确定投资者的期望收益率与所投资的风险资产的风险之间的关系。这样，就可以在目标项目未上市交易前，通过运用“市场类比法”，在资本市场上寻找与目标项目等风险的可交易风险资产，先计算投资者对该风险资产的期望收益率，然后根据等风险、等期望收益率的原则，间接得到项目的折现率。

3. **净现值法的优缺点**

净现值法考虑了货币时间价值，因此，净现值法具有广泛的适用性，在理论上也比其他方法更为完善。它与企业组织价值最大化目标一致。

根据净现值法，折现率的确定是一个复杂的问题。折现率的高低影响投资项目的可行性。

净现值法只能说明投资项目的收益率高于或低于预定的收益率，而不能确定投资项目本身的收益率，而且净现值本身是一个绝对数，不利于不同规模投资项目的比较。

（二）年金净流量（annual net cash flow，ANCF）

投资项目的未来现金净流量与原始投资额的差额，构成该项目的现金净流量总额。项目期间内全部现金净流量总额的总现值或总终值折算为等额年金的平均现金净流量，称为年金净流量。年金净流量的计算公式为：

$$\text{年金净流量}=\frac{\text{现金净流量总现值}}{\text{年金现值系数}}$$

$$=\frac{\text{现金净流量总终值}}{\text{年金终值系数}}$$

与净现值指标一样，年金净流量指标的结果大于零，说明每年平均的现金流入能抵补现金流出，投资项目的净现值（或净终值）大于零，方案的报酬率大于所要求的报酬率，方案可行。在两个以上寿命期不同的投资方案比较时，年金净流量越大，方案越好。

【例 5-3】甲、乙两个投资方案，甲方案需一次性投资 10 000 元，可用 8 年，残值 2 000 元，每年取得净利润 3 500 元；乙方案需一次性投资 10 000 元，可用 5 年，无残值，第一年获利 3 000 元，以后每年递增 10%。如果资本成本率为 10%，应采用哪种方案？

两项目使用年限不同，净现值是不可比的，应考虑它们的年金净流量。由于：

甲方案每年 NCF = 3 500 +（10 000 − 2 000）/8 = 4 500（元）

乙方案各年 NCF 如下：

第一年 = 3 000 + 10 000/5 = 5 000（元）

第二年 = 3 000 ×（1 + 10%）+ 10 000/5 = 5 300（元）

第三年 = 3 000 ×（1 + 10%）^{2} + 10 000/5 = 5 630（元）

第四年 = 3 000 ×（1 + 10%）^{3} + 10 000/5 = 5 993（元）

第五年 = 3 000 ×（1 + 10%）^{4} + 10 000/5 = 6 392.30（元）

甲方案净现值 = 4 500 ×（P/A，10%，8）+ 2 000 ×（P/F，10%，8）− 10 000
= 14 940.05（元）

乙方案净现值 = 5 000 ×（P/F，10%，1）+ 5 300 ×（P/F，10%，2）+ 5 630 ×（P/F，10%，3）+ 5 993 ×（P/F，10%，4）+ 6 392.30 ×（P/F，10%，5）− 10 000 = 11 217.44（元）

$$甲方案年金净流量 = \frac{14\ 940.05}{(P/A,\ 10\%,\ 8)} = 2\ 800（元）$$

$$乙方案年金净流量 = \frac{11\ 217.44}{(P/A,\ 10\%,\ 5)} = 2\ 959（元）$$

尽管甲方案净现值大于乙方案，但它是 8 年内取得的。乙方案年金净流量高于甲方案，如果按 8 年计算可取得 15 785.97 元（2 959 ×（P/A，10%，8））的净现值，高于甲方案。因此，乙方案优于甲方案。本例中，用终值进行计算也可得出同样的结果。

从投资报酬的角度来看，甲方案投资额为 10 000 元，扣除残值现值 933 元（2 000 ×（P/F，10%，8）），按 8 年年金现值系数 5.3349 计算，每年应回收 1 700 元（9 067/5.3349）。这样，每年现金流量 4 500 元中，扣除回收投资 1 700 元，投资报酬为 2 800 元。按同样方法计算，乙方案年投资额报酬为 2 959 元。所以，年金净流量的本质是各年现金流量中的超额投资报酬额。

（三）现值指数（present value index，PVI）

现值指数是投资项目的未来现金净流量现值与原始投资额现值之比。计算公式为：

$$现值指数 = \frac{未来现金净流量现值}{原始投资额现值}$$

现值指数也可定义为，项目寿命期内所有现金流入的现值与所有现金流出的现值之比。其公式为：

$$PVI = \sum_{t=0}^{n} \frac{I_t}{(1+i)^t} \div \sum_{t=0}^{n} \frac{O_t}{(1+i)^t}$$

式中，n 为投资开始至项目寿命终结时的期数；I 为现金注入；O 为现金流出；i 为折现率；t 为项目具体运营的期（年份）数。

将现值指数公式与净现值公式对比后可知，现值指数是净现值指标的延伸与发展。

利用现值指数进行投资决策分析的标准为：当无资本约束时，接受所有 PVI 大于或等于 1 的目标项目，拒绝 PVI 小于 1 的目标项目。当存在资本约束，只能选择一个项目时，选择 PVI 最大的目标项目。

【例 5-4】有两个独立投资方案，有关资料见表 5-3。

表 5-3　　**两个独立投资方案有关资料**　　单位：万元

项目	方案 A	方案 B
原始投资额现值	30 000	3 000
未来现金净流量现值	31 500	4 200
净现值	1 500	1 200

从净现值的绝对数来看，方案 A 大于方案 B，似乎应采用方案 A；但从投资额来看，方案 A 的原始投资额现值大大超过了方案 B。所以，在这种情况下，如果仅仅用净现值来判断方案的优劣，就难以做出正确的比较和评价，应当改按现值指数计算：

$$\text{A 方案现值指数}=\frac{31\ 500}{30\ 000}=1.05$$

$$\text{B 方案现值指数}=\frac{4\ 200}{3\ 000}=1.40$$

计算结果表明，方案 B 的现值指数大于方案 A，应当选择方案 B。

现值指数法也是净现值法的辅助方法，在各方案原始投资额现值相同时，实质上就是净现值法。由于现值指数是未来现金净流量现值与所需投资额现值之比，是一个相对数指标，反映了投资效率，所以，用现值指数来评价独立投资方案，可以克服净现值指标的缺点，即净现值指标不便于对原始投资额现值不同的独立投资方案进行比较和评价，从而使对方案的分析、评价更加合理、客观。

现值指数法在一定意义上弥补了净现值法的缺陷，可以进行不同规模投资项目的比较。但是，它依然不能显示投资项目本身的收益率。

(四) 内含报酬率 (internal rate of return，IRR)

内含报酬率是指使目标项目 NPV 等于零时的折现率，即当 NPV＝未来各年现金净流量的现值－原始投资额现值＝0 时，计算出等式中的未知因子（折现率）。

内含报酬率另一定义可表述为，项目寿命期内所有现金流入的现值与所有现金流出的现值之差等于零时所求得的贴现率。公式为：

$$NPV=\sum_{t=0}^{n}\frac{I_t}{(1+IRR)^t}-\sum_{t=0}^{n}\frac{O_t}{(1+IRR)^t}=0$$

式中，求出的 IRR 就是项目的内含报酬率。

1. 内含报酬率的计算步骤

(1) 每年的 NCF 相等时，则按下列步骤计算：

第一步，计算年金现值系数。

第二步，查年金现值系数表，在相同的期数内，找出与上述年金现值系数相邻近的较大和较小的两个折现率。

第三步，根据上述两个邻近的折现率和已求得的年金现值系数，采用插值法计算该投资方案的内含报酬率。

(2) 如果每年的 NCF 不相等，则需要采用逐步测试法计算（具体步骤见例题 5-6）。

【例 5-5】大安化工厂拟购入一台新型设备，购买价为 160 万元，使用年限为 10 年，无残值。该方案的最低投资报酬率要求为 12%（以此作为贴现率）。使用新设备后，估计每年产生现金净流量 30 万元。

要求：用内含报酬率指标评价该方案是否可行。

依题意得：300 000 ×年金现值系数-1 600 000=0

求得：年金现值系数=5.3333

现已知方案的使用年限为10年，查年金现值系数表，可查得：期数为10、系数为5.3333所对应的贴现率在12%~14%之间。采用插值法求得，该方案的内含报酬率为13.64%，高于最低投资报酬率12%，方案可行。

以上例子中的未来现金净流量相等，如果投资方案的未来每年现金净流量不相等，各年现金净流量的分布就不是年金形式，不能采用直接查年金现值系数表的方法来计算内含报酬率，而需要采用逐次测试法。

逐次测试法的具体做法是：根据已知的有关资料，先估计一次贴现率，来试算未来现金净流量的现值，并将这个现值与原始投资额现值相比较，如净现值大于零，为正数，表示估计的贴现率低于方案实际可能达到的投资报酬率，需要重估一次较高的贴现率进行试算；如果净现值小于零，为负数，表示估计的贴现率高于方案实际可能达到的投资报酬率，需要重估一个较低的贴现率进行试算。如此反复试算，直到净现值等于零或基本接近于零，这时所估计的贴现率就是希望求得的内含报酬率。

【例5-6】兴达公司有一投资方案，需一次性投资120 000元，使用年限为4年，每年现金净流量分别为：30 000元、40 000元、50 000元、35 000元。

要求：计算该投资方案的内含报酬率，并据以评价该方案是否可行。

由于该方案每年的现金净流量不相同，需逐次测试计算方案的内含报酬率。测算过程见表5-4。

表5-4 **净现值的逐次测试** 单位：元

年数	每年现金净流量	测试1（8%）		测试2（12%）		测试3（10%）	
1	30 000	0.9259	27 777	0.8929	26 787	0.9091	27 273
2	40 000	0.8573	34 292	0.7972	31 888	0.8264	33 056
3	50 000	0.7938	39 690	0.7118	35 590	0.7513	37 565
4	35 000	0.7350	25 725	0.6355	22 242.5	0.6830	23 905
未来现金净流量现值合计		127 484		116 507.5		121 799	
减：原始投资额现值		120 000		120 000		120 000	
净现值		7 484		-3 492.5		1 799	

第一次测算，采用折现率8%，净现值为正数，说明方案的内含报酬率高于8%。第二次测算，采用折现率12%，净现值为负数，说明方案的内含报酬率低于12%。第三次测算，采用折现率10%，净现值仍为正数，但已较接近于零。因而可以估算，方案的内含报酬率在10%~12%之间。进一步运用插值法，得出方案的内含报酬率为10.68%。

内含报酬率实际上是目标项目投资运营期间的年平均投资回报率。尽管内含报酬率在计算上比净现值困难得多，但它却是资本预算中考虑到货币时间价值的最常用的一种方法。

2. **内含报酬率的决策规则**

假设公司要求的最低投资报酬率为 IRR^*。如果目标项目的内含报酬率 IRR 大于或等于公司要求的最低投资报酬率 IRR^*，接受目标项目；如果目标项目的内含报酬率 IRR 小于公司要求的最低投资报酬率 IRR^*，则拒绝目标项目。

在应用内含报酬率进行投资决策分析时，可以遵循以下的步骤：

（1）编制目标项目的财务预测报表，计算目标项目产生的各期现金流量。

（2）计算目标项目的内含报酬率 IRR，可以利用 EXCEL 中的 IRR 函数计算。

（3）确定投资者认可的、公司可以接受的最低投资报酬率 IRR^*。

（4）接受内含报酬率 IRR 大于或等于 IRR^* 的目标项目，拒绝内含报酬率 IRR 小于 IRR^* 的目标项目。当存在投资约束，只能选择一个项目时，选择内含报酬率最高的目标项目。

3. **内含报酬率的优缺点**

内含报酬率是根据投资项目的现金流量计算出来的，它可以显示投资项目本身的收益率。

内含报酬率法与现值指数法一样，虽然都是把相对数作为投资项目的评价指标，但是，内含报酬率法不必事先选择折现率，根据内含报酬率就能确定投资项目的优先次序，只是最后需要一个最低期望收益率来判断投资项目是否可以接受。

内含报酬率法存在如下几个缺陷：

（1）中间现金流量再投资收益率的假设不现实。它假设按投资项目的内含报酬率（IRR）进行再投资，而不是按市场利率进行再投资。

（2）如果采用手工计算内含报酬率，其计算过程较麻烦。

（3）内含报酬率的计算过程实际上是一个一元 n 次方程的求解过程。对于非常规性投资项目，由于内含报酬率的数学特性，可能出现多个（n 个）内含报酬率（IRR），使经理人无法判别投资项目真实的内含报酬率究竟如何。

【例 5-7】（2014 年中级会计师职称考试真题）下列各项因素中，不会对投资项目内含报酬率指标计算结果产生影响的是（　　）。

A. 原始投资额　　B. 资本成本　　C. 项目计算期　　D. 现金净流量

参考答案：B。内含报酬率，是指对投资方案未来的每年现金净流量进行贴现，使所得的现值恰好与原始投资额现值相等，从而使净现值等于零时的贴现率。不使用资本成本作为贴现率，所以选 B。

二、非折现现金流量方法

（一）投资回收期（payback period）

投资回收期，简称回收期，是指目标项目从计划产生现金流入量开始到现金流入量累计至等于初始投资所需要的时间。

利用投资回收期进行投资分析决策的标准是：确定投资者认可的、可以接受的最长投资回收期 T^*，如果目标项目的投资回收期 s 小于或等于 T^*，就接受该目标项目；如果目标项目的投资回收期 s 大于 T^*，则拒绝该目标项目。

在具体运用投资回收期进行投资分析决策时，可以遵循如下程序：

(1) 编制目标项目的财务预测报表，计算目标项目产生的各期现金流量。

(2) 计算目标项目的投资回收期 s。

(3) 确定投资者认可的、可以接受的最长投资回收期 T^*。

(4) 接受投资回收期 s 小于或等于 T^* 的目标项目；拒绝投资回收期 s 大于 T^* 的目标项目。当存在投资约束，只能选择一个项目时，选择投资回收期最短的目标项目。

1. **静态回收期**

静态回收期没有考虑货币时间价值，直接把未来现金净流量累计至等于原始投资数额时所经历的时间作为回收期。

(1) 未来每年现金净流量相等

这种情况是一种年金形式，因此：

$$静态回收期=\frac{原始投资额}{每年现金净流量}$$

【例 5-8】大威矿山机械厂准备从甲、乙两种机床中选购一种。甲机床购买价为 35 000元，投入使用后，每年现金净流量为 7 000 元；乙机床购买价为 36 000 元，投入使用后，每年现金净流量为 8 000 元。

要求：用回收期指标决策该厂应选购哪种机床。

$$甲机床回收期=\frac{35\ 000}{7\ 000}=5\ (年)$$

$$乙机床回收期=\frac{36\ 000}{8\ 000}=4.5\ (年)$$

计算结果表明，乙机床的回收期比甲机床短，该工厂应选择乙机床。

(2) 未来每年现金净流量不相等

在这种情况下，应把未来每年的现金净流量逐年加总，根据累计现金流量来确定回收期。

【例 5-9】迪力公司有一投资项目，需投资 150 000 元，使用年限为 5 年，每年的现金流量不相等，资本成本率为 5%，有关资料见表 5-5。

表 5-5　**迪力公司有关资料**　单位：元

年份	现金净流量	累计净流量	净流量现值	累计现值
1	30 000	30 000	28 572	28 572
2	35 000	65 000	31 745	60 317
3	60 000	125 000	51 828	112 145
4	50 000	175 000	41 135	153 280
5	40 000	215 000	31 340	184 620

要求：计算该投资项目的回收期。

从表中的累计现金净流量栏中可见，该投资项目的回收期在第 3 年与第 4 年之间。为了计算较为准确的回收期，采用以下方法计算：

$$项目回收期=3+\frac{150\ 000-125\ 000}{50\ 000}=3.5\ (年)$$

【例 5-10】（2011 年中级会计师职称考试真题）某投资项目各年的预计净现金流量分别为：$NCF_0=-200$ 万元，$NCF_1=-50$ 万元，$NCF_{2\sim3}=100$ 万元，$NCF_{4\sim11}=250$ 万元，$NCF_{12}=150$ 万元，则该项目包括建设期的静态投资回收期为（　　）。

A. 2 年　　B. 2.5 年　　C. 3.2 年　　D. 4 年

参考答案：C。本题考核静态投资回收期的计算。包括建设期的投资回收期（PP）= 最后一项为负值的累计净现金流量对应的年数+最后一项为负值的累计净现金流量绝对值/下一年度净现金流量=3+50/250=3.2（年），所以本题正确答案为 C。

2. **动态回收期**

动态回收期要求将投资引起的未来现金净流量进行贴现，把未来现金净流量的现值等于原始投资额现值时所经历的时间作为回收期。

（1）未来每年现金净流量相等时

在这种年金形式下，假定经历几年所取得的未来现金净流量的年金现值系数为（P/A，i，n），则：

$$动态回收期=\frac{原始投资额现值}{每年现金净流量}$$

计算出年金现值系数后，通过查年金现值系数表，利用插值法，即可推算出回收期。

前述【例 5-8】中，假定资本成本率为 9%，查表得知当 i=9% 时，第 6 年年金现值系数为 4.4859，第 7 年年金现值系数为 5.0330。这样，运用插值法计算回收期，得知甲机床回收期=6.94 年，乙机床回收期=6.03 年。

（2）未来每年现金净流量不相等时

在这种情况下，应把每年的现金净流量逐一贴现并加总，根据累计现金流量现值来确定回收期。

前述【例 5-9】中，迪力公司投资项目的动态回收期为：

$$项目回收期=3+\frac{150\ 000-112\ 145}{41\ 135}=3.92（年）$$

回收期法非常流行，特别是在一些小公司，主要是因为它的计算容易并且仅通过直觉就可以进行判断。它的优点在于考虑了现金流量而不仅仅是会计利润。动态回收期还暗含着对现金流量时间的考虑，就是对货币时间价值的考虑；相比之下，静态回收期没有考虑货币的时间价值，也就不能计算出较为准确的投资经济效益。因为投资回收期能够反映最低的风险承受能力，所以许多公司把回收期法作为决策标准，或者作为复杂决策方法的补充。

回收期越长，不幸事件发生的可能性就越大。因此，缩短回收期可以降低公司的风险。

回收期的第一个缺点是，只计算投资回收期内产生的现金流量，而忽视了其后的现金流量，缺乏长远的眼光，不能从发展的角度看待项目的未来投资收益；第二个缺点是，最长投资回收期是主观任意决定的，缺乏市场统一的标准，不具科学性。

【例 5-11】（2013 年注册会计师考试真题）动态投资回收期法是长期投资项目评价的一种辅助方法，该方法的缺点有（　　）。

A. 忽视了资金的时间价值

B. 忽视了折旧对现金流的影响

C. 没有考虑回收期以后的现金流

D. 促使放弃有战略意义的长期投资项目

参考答案：CD。动态投资回收期考虑了资金的时间价值，选项 A 错误；投资回收期是以现金流量为基础的指标，在考虑所得税的情况下，是考虑折旧对现金流的影响的，选项 B 错误。

（二）会计报酬率（accounting rate of return，ARR）

会计报酬率是指在项目运营期间，项目的年平均净收益与其原始投资额之比，即：

$$会计报酬率=\frac{年平均净收益}{原始投资额}$$

【例 5-12】甲公司有一投资方案，相关资料如下：$NCF_0=-30\,000$ 元，$NCF_1=9\,000$ 元，$NCF_2=10\,000$ 元，$NCF_3=11\,000$ 元，每年折旧费 4 000 元。请计算该投资方案的会计报酬率。

由于税后经营净利润＝经营现金流量－折旧摊销，所以：

$$年平均净利润=[(9\,000-4\,000)+(10\,000-4\,000)+(11\,000-4\,000)]/3=6\,000（元）$$

$$会计报酬率=\frac{年平均净收益}{原始投资额}=\frac{6\,000}{30\,000}=20\%$$

这种方法计算简便，应用范围很广。它在计算时使用财务报表上的数据以及普通会计的收益和成本观念。

有人主张，计算时公式的分母使用平均投资额，这样计算的结果可能会提高 1 倍，但不改变项目的优先次序。

会计报酬率也是一个无量纲指标，本身无法判断投资项目的优劣，需要一个参照系。这个参照系就是企业组织对投资项目要求达到的最低期望收益率。对于独立投资项目，投资项目的会计报酬率大于最低期望收益率，投资项目就可以接受；反之，投资项目的会计报酬率小于最低期望收益率，投资项目不可接受。对于互斥投资项目，则从可行方案中选择会计报酬率最高的方案。

会计报酬率的优点是：该方法是一种衡量盈利性的简单方法，使用的概念易于理解；该方法使用财务报告的数据，容易取得；该方法考虑了整个项目寿命期的全部利润；该方法揭示了采纳一个项目后财务报表将如何变化，使经理人员知道业绩的预期，也便于项目的日后评价。

会计报酬率的缺点是：使用账面收益而非现金流量，忽视了折旧对现金流量的影响；忽视了净收益的时间分布对项目经济价值的影响。

【例 5-13】（2010 年中级会计师职称考试真题）某公司拟进行一项固定资产投资决策，设定折现率为 10%，有四个方案可供选择。其中甲方案的净现值率为 -12%；乙方案的内部收益率为 9%；丙方案的项目计算期为 10 年，净现值为 960 万元，(P/A，10%，10)＝6.1446；丁方案的项目计算期为 11 年，年等额净回收额为 136.23 万元。最优的投资方案是（　　）。

A. 甲方案　　　B. 乙方案　　　C. 丙方案　　　D. 丁方案

参考答案：C。本题中，甲方案的净现值率为负数，不可行；乙方案的内部收益率 9% 小于基准折现率 10%，也不可行，所以排除 A、B；丙方案的年等额净回收额＝960/

(P/A, 10%, 10) = 960/6.1446 = 156.23（万元），大于丁方案的年等额回收额 136.23 万元，所以本题的最优方案应该是丙方案。

课后习题

一、单项选择题

1.（2009 年中级会计师职称考试真题）某投资项目运营期某年的总成本费用（不含财务费用）为 1 100 万元。其中，外购原材料、燃料和动力费估算额为 500 万元，工资及福利费的估算额为 300 万元，固定资产折旧额为 200 万元，其他费用为 100 万元。据此计算的该项目当年的经营成本估算额为（　）万元。

A. 1 000　　B. 900　　C. 800　　D. 300

2.（2010 年中级会计师职称考试真题）下列各项中，不属于静态投资回收期优点的是（　）。

A. 计算简便　　B. 便于理解

C. 直观反映返本期限　　D. 正确反映项目总回报

3.（2009 年注册会计师考试真题）下列关于项目投资决策的表述中，正确的是（　）。

A. 两个互斥项目的初始投资额不一样，在权衡时选择内含报酬率高的项目

B. 使用净现值法评估项目的可行性与使用内含报酬率法的结果是一致的

C. 使用获利指数法进行投资决策可能会计算出多个获利指数

D. 投资回收期主要测定投资方案的流动性而非盈利性

二、多项选择题

1.（2011 年中级会计师职称考试真题）下列各项中，属于“形成固定资产的费用”的有（　）。

A. 预备费　　B. 设备购置费　　C. 安装工程费　　D. 生产准备费

2.（2010 年注册会计师考试真题）下列关于投资项目评估方法的表述中，正确的有（　）。

A. 现值指数法克服了净现值法不能直接比较投资额不同的项目的局限性，它在数值上等于投资项目的净现值除以初始投资额

B. 动态回收期法克服了静态回收期法不考虑货币时间价值的缺点，但是仍然不能衡量项目的盈利性

C. 内含报酬率是项目本身的投资报酬率，不随投资项目预期现金流的变化而变化

D. 内含报酬率法不能直接评价两个投资规模不同的互斥项目的优劣

三、判断题

1.（2009 年中级会计师职称考试真题）投资项目的所得税前净现金流量不受融资方案和所得税政策变化的影响，它是全面反映投资项目本身财务盈利能力的基础数据。（　）

2.（2010 年中级会计师职称考试真题）投资项目的经营成本不应包括运营期间固定资产折旧费、无形资产摊销和财务费用。（　）

3.（2012 年中级会计师职称考试真题）如果项目的全部投资均于建设期开始一次投入，且建设期为零，运营期每年净现金流量相等，则计算内部收益率所使用的年金现值系数等于该项目投资回收期期数。（　　）

四、计算题

（2009 年注册会计师考试真题）甲公司是一家制药企业。2008 年，甲公司在现有产品 P-I 的基础上成功研制出第二代产品 P-Ⅱ。如果第二代产品投产，需要新购置成本为 10 000 000元的设备一台，税法规定该设备使用期为 5 年，采用直线法计提折旧，预计残值率为 5%。第 5 年年末，该设备预计市场价值为 1 000 000 元（假定第 5 年年末 P-Ⅱ停产）。财务部门估计每年固定成本为 600 000 元（不含折旧费），变动成本为 200 元/盒。另外，新设备投产初期需要投入净营运资金 3 000 000 元。净营运资金于第 5 年年末全额收回。

新产品 P-Ⅱ投产后，预计年销售量为 50 000 盒，销售价格为 300 元/盒。同时，由于产品 P-I 与新产品 P-Ⅱ存在竞争关系，新产品 P-Ⅱ投产后会使产品 P-I 的每年经营现金净流量减少 545 000 元。

新产品 P-Ⅱ项目的 β 系数为 1.4。甲公司的债务权益比为 4:6（假设资本结构保持不变），债务融资成本为 8%（税前）。甲公司适用的公司所得税税率为 25%。资本市场中的无风险利率为 4%，市场组合的预期报酬率为 9%。假定经营现金流入在每年年末取得。

要求：

（1）计算产品 P-Ⅱ投资决策分析时适用的折现率。

（2）计算产品 P-Ⅱ投资的初始现金流量、第 5 年年末现金流量净额。

（3）计算产品 P-Ⅱ投资的净现值。

五、综合题

（2010 年中级会计师职称考试真题）B 公司是一家生产电子产品的制造类企业，采用直线法计提折旧，适用的企业所得税税率为 25%。在公司最近一次经营战略分析会上，多数管理人员认为，现有设备效率不高，影响了企业市场竞争力。公司准备配置新设备扩大生产规模，推动结构转型，生产新一代电子产品。

（1）公司配置新设备后，预计每年营业收入扣除营业税金及附加后的差额为 5 100 万元，预计每年的相关费用如下：外购原材料、燃料和动力费为 1 800 万元，工资及福利费为 1 600 万元，其他费用为 200 万元，财务费用为零。市场上该设备的购买价（即非含税价格，按现行增值税法规定，增值税进项税额不计入固定资产原值，可以全部抵扣）为 4 000万元，折旧年限为 5 年，预计净残值为零。新设备当年投产时需要追加流动资金投资 2 000 万元。

（2）公司为筹资项目投资所需资金，拟定向增发普通股 300 万股，每股发行价 12 元，筹资 3 600 万元，公司最近一年发放的股利为每股 0.8 元，固定股利增长率为 5%；拟从银行贷款 2 400 万元，年利率为 6%，期限为 5 年。假定不考虑筹资费用率的影响。

（3）假设基准折现率为 9%，部分时间价值系数见表 5-6。

表 5-6　　部分时间价值系数

N	1	2	3	4	5
(P/F, 9%, n)	0.9174	0.8417	0.7722	0.7084	0.6499
(P/A, 9%, n)	0.9174	1.7591	2.5313	3.2397	3.8897

要求：

（1）根据上述资料，计算下列指标：

①使用新设备每年折旧额和 1～5 年每年的经营成本；

②运营期 1～5 年每年息税前利润和总投资收益率；

③普通股资本成本、银行借款资本成本和新增筹资的边际资本成本；

④建设期净现金流量（NCF_0），运营期所得税后净现金流量（$NCF_{1\sim4}$ 和 NCF_5）及该项目净现值。

（2）运用净现值法进行项目投资决策并说明理由。

第六章　投资项目决策实务

学习目标

（1）掌握独立投资方案的决策方法；

（2）掌握互斥投资方案的决策方法；

（3）掌握固定资产更新决策方法；

（4）掌握通货膨胀条件下的投资项目决策；

（5）掌握风险条件下的投资项目决策。

项目投资，是指将资金直接投放于生产经营实体性资产，以形成生产能力，如购置设备、建造工厂、修建设施等。项目投资决策周期长，投资变更困难，是企业面临的最大挑战。因此，本章专门讨论项目投资中的独立项目和互斥项目的投资决策、固定资产更新决策，并进一步讨论通货膨胀和风险条件下的投资项目决策。

第一节　独立项目和互斥项目的投资决策

项目投资，是指将资金直接投放于生产经营实体性资产，以形成生产能力，如购置设备、建造工厂、修建设施等。项目投资一般是企业的对内投资，也包括以实物性资产投资于其他企业的对外投资。

一、独立投资方案的决策

独立投资方案，是指两个或两个以上项目互不依赖，可以并存，各方案的决策也是独立的。独立投资方案的决策属于筛分决策，评价各方案本身是否可行，即方案本身是否达到某种预期的可行性标准。独立投资方案之间比较时，决策要解决的问题是如何确定各种可行方案的投资顺序，即各独立方案之间的优先次序。排序分析时，以各独立方案的获利高低作为评价标准，一般采用内含报酬率进行比较决策。

【例 6-1】某企业有足够的资金准备投资于三个独立投资项目。A 项目原始投资额为 10 000 元，期限 5 年；B 项目原始投资额为 18 000 元，期限 5 年；C 项目原始投资额为 18 000元，期限 8 年。贴现率为 10%，其他有关资料见表 6-1。请问应如何安排投资顺序？

表 6-1　　独立投资方案的可行性指标　　金额单位：元

项目	A 项目	B 项目	C 项目
原始投资额	(10 000)	(18 000)	(18 000)
每年 NCF	4 000	6 500	5 000
期限	5 年	5 年	8 年
净现值（NPV）	+ 5 164	+ 6 642	+ 8 675
现值指数（PVI）	1. 52	1. 37	1. 48
内含报酬率（IRR）	28. 68%	23. 61%	22. 28%
年金净流量（ANCF）	+ 1 362	+ 1 752	+ 1 626

将上述三个方案的各种决策指标加以对比，见表 6-2。

表 6-2　　　　　　　　　　独立投资方案的比较决策

净现值（NPV）	C> B > A
现值指数（PVI）	A> C > B
内含报酬率（IRR）	A> B > C
年金净流量（ANCF）	B> C > A

从两表数据可以看出：

（1）A 项目与 B 项目比较：两项目原始投资额不同但期限相同，尽管 B 项目净现值和年金净流量均大于 A 项目，但 B 项目原始投资额高，获利程度低。因此，应优先安排内含报酬率和现值指数较高的 A 项目。

（2）B 项目与 C 项目比较：两项目原始投资额相等但期限不同，尽管 C 项目净现值和现值指数高，但它需要经历 8 年才能获得。B 项目 5 年项目结束后，所收回的投资可以进一步投资于其他后续项目。因此，应该优先安排内含报酬率和年金净流量较高的 B 项目。

（3）A 项目与 C 项目比较：两项目的原始投资额和期限都不相同，A 项目内含报酬率较高，但净现值和年金净流量都较低。C 项目净现值高，但期限长；C 项目年金净流量也较高，但它是依靠较大的投资额取得的。因此，从获利程度的角度来看，A 项目是优先方案。

综上所述，在独立投资方案比较性决策时，内含报酬率指标综合反映了各方案的获利程度，在各种情况下的决策结论都是正确的。本例中，投资顺序应该是按 A、B、C 顺序实施投资。现值指数指标也反映了方案的获利程度，除了期限不同的情况外，其结论也是正确的。但在项目的原始投资额相同而期限不同的情况下（如 B 和 C 的比较），现值指数实质上就是净现值的表达形式。至于净现值指标和年金净流量指标，它们反映的是各方案的获利数额，要结合内含报酬率指标进行决策。

以上的独立投资方案决策是在企业没有受到资金限制情况下使用的。现实中有一些公司筹措不到盈利项目所需资金，还有一些公司只愿意在一定的限额内筹资。此时，公司的投资项目决策是，内含报酬率（或现值指数）排序并寻找净现值最大的组合，有限资源的净现值最大化成为指导原则。

【例 6-2】甲公司可以投资的资本总量为 10 000 万元，资本成本为 10%。现有三个投资项目，有关数据见表 6-3。

根据净现值分析，三个项目的净现值都是正数，它们都可以增加股东财富。由于可用于投资的资本总量有限即只有 10 000 万元。按照净现值的一般排序规则，应当优先安排净现值最大的项目。A 项目的净现值最大，优先被采用，B 和 C 项目只能放弃。这个结论其实是不对的。因为 B 和 C 项目的总投资是 10 000 万元，总净现值为 2 350 万元（1 250 + 1 100），大于 A 项目的净现值 2 314 万元。

表 6-3　　　　甲公司投资项目现金流量　　　　金额单位：万元

项目	时间（年末）	0	1	2	现金流入现值	净现值	现值指数
	现值系数（10%）	1	0.9091	0.8264			
A	现金流量	-10 000	9 000	5 000			
	现值	-10 000	8 182	4 132	12 314	2 314	1.23
B	现金流量	-5 000	5 057	2 000			
	现值	-5 000	4 597	1 653	6 250	1 250	1.25
C	现金流量	-5 000	5 000	1 881			
	现值	-5 000	4 546	1 554	6 100	1 100	1.22

那么，应当如何选出最优项目呢？首先，计算项目的现值指数并排序，其优先顺序为B、A、C。在资本限额内优先安排现值指数高的项目，即优先安排B，用掉5 000万元；下一个应当是A项目，但是剩余5 000万元，无法安排A；接下来安排C，全部资本使用完毕。因此，应当选择B和C，放弃A项目。

二、互斥投资方案的决策

互斥投资方案，方案之间互相排斥，不能并存，因此决策的实质在于选择最优方案，属于选择决策。选择决策要解决的问题是应该淘汰哪个方案，即选择最优方案。从选定经济效益最大的要求出发，互斥决策以方案的获利数额作为评价标准。因此，一般采用净现值法和年金净流量法进行选优决策。但由于净现值指标受投资项目寿命期的影响，因而年金净流量法是互斥方案最恰当的决策方法。

1. 项目的寿命期相等时

从【例6-1】可知，A、B两项目寿命期相同而原始投资额不等；B、C两项目原始投资额相等而寿命期不同。如果【例6-1】这三个项目是互斥投资方案，三个项目只能采纳一个，不能并存。那么如何选择投资方案呢？

A项目与B项目比较，两项目原始投资额不等。尽管A项目的内含报酬率和现值指数都较高，但互斥方案应考虑获利数额，因此净现值高的B项目是最优方案。两项目的期限是相同的，年金净流量指标的决策结论与净现值指标的决策结论是一致的。

B项目比A项目投资额多8 000元，按10%的贴现率水平要求，分5年按年金形式回收，每年应回收2 110元（8 000÷3.7908）。但B项目每年现金净流量比A项目也多取得2 500元，扣除增加的回收额2 110元后，每年还可以多获得投资报酬390元。这个差额正是两项目年金净流量指标值的差额390元（1 752-1 362）。所以，在原始投资额不等、寿命期相同的情况下，净现值与年金净流量指标的决策结论一致，应采用年金净流量较大的B项目。

事实上，互斥方案的选优决策，各方案本身都是可行的，均有正的净现值，表明各方案均收回了原始投资，并有超额报酬。进一步在互斥方案中选优，方案的获利数额成为选优的评价标准。在项目的寿命期相等时，不论方案的原始投资额大小如何，能够获得更大的获利数额即净现值的，即为最优方案。所以，在互斥方案的选优决策中，原始投资额的大小并不影响决策的结论，无须考虑原始投资额的大小。

2. **项目的寿命期不相等时**

前述【例6-1】中，B项目与C项目比较，寿命期不等。尽管C项目净现值较大，但它是在8年内取得的。按每年平均的获利数额来看，B项目的年金净流量（1 752元）高于C项目（1 626元），如果B项目5年寿命期届满后，所收回的投资重新投入原有方案，达到与C项目同样的投资年限，取得的经济效益也高于C项目。

实际上，在两个寿命期不等的互斥投资项目比较时，需要将两项目转化成同样的投资期限，才具有可比性。因为按照持续经营假设，寿命期短的项目，收回的投资将重新进行投资。针对各项目寿命期不等的情况，可以找出各项目寿命期的最小公倍数，作为共同的有效寿命期。

【例6-3】现有甲、乙两个机床购置方案，所要求的最低投资报酬率为10%。甲机床投资额为10 000元，可用2年，无残值，每年产生8 000元现金净流量。乙机床投资额为20 000元，可用3年，无残值，每年产生10 000元现金净流量。请问两方案何者更优?

将两方案的期限调整为最小公倍数6年，即甲机床6年内周转3次，乙机床6年内周转2次。未调整之前，两方案的相关评价指标见表6-4。

表6-4　**互斥投资方案的选优决策**　金额单位：元

项目	甲机床	乙机床
净现值（NPV）	3 888	4 870
年金净流量（ANCF）	2 238	1 958
内含报酬率（IRR）	38%	23.39%

尽管甲方案净现值低于乙方案，但年金净流量和内含报酬率均高于乙方案。按最小公倍数测算，甲方案经历了3次投资循环，乙方案经历了2次投资循环。各方案的相关评价指标为：

（1）甲方案

净现值=8 000 ×4.3553 − 10 000 × 0.6830 −10 000 ×0.8264− 10 000=9 748.4（元）

年金净流量=9 748.4÷4.3553=2 238（元）

（2）乙方案

净现值=10 000 × 4.3553 −20 000 ×0.7513 −20 000=8 527（元）

年金净流量=8 527÷4.3553=1 958（元）

上述计算说明，延长寿命期后，两方案投资期限相等，甲方案净现值9 748.4元高于乙方案净现值8 527元，故甲方案优于乙方案。

至于内含报酬率指标，可以测算出：当IRR=38%时，甲方案净现值=0；当IRR=23.39%时，乙方案净现值=0。这说明，只要方案的现金流量状态不变，按最小公倍数延长寿命后，方案的内含报酬率并不会发生变化。

同样，只要方案的现金流量状态不变，按最小公倍数延长寿命期后，方案的年金净流量指标也不会改变。甲方案仍为 2 238 元，乙方案仍为 1 958 元。由于寿命期不同的项目换算为最小公倍数比较麻烦，而按各方案本身期限计算的年金净流量与换算为最小公倍数后的结果一致。因此，实务中对于期限不等的互斥方案比较，无须换算寿命期，直接按原始期限的年金净流量指标进行决策。

综上所述，互斥投资方案的选优决策中，年金净流量全面反映了各方案的获利数额，是最佳的决策指标。净现值指标在寿命期不同的情况下，需要按各方案最小公倍数调整计算，在其余情况下的决策结论也是正确的。

【例 6-4】（2012 年中级会计师职称考试真题）C 公司拟投资建设一条生产线，现有甲、乙两种投资方案可供选择，相关资料见表 6-5。

表 6-5　　甲、乙投资方案现金流量计算表　　金额单位：万元

	建设期		运营期	
	0	1	2~5	6
甲方案：				
固定资产投资	600	0		
无形资产投资	(A)	0		
息税前利润			156	156
折旧及摊销			112	112
调整所得税			(B)	*
净残值				*
净现金流量	-620	0	(C)	289
乙方案：				
	300	300		
	*	*	266	

说明：表中“2～5”年终的数字为等额数。“*”代表省略的数据。

该公司适用的企业所得税税率为 25%。假定基准现金折现率为 8%，财务费用为零。相关货币时间价值系数见表 6-6。

表 6-6　　相关货币时间价值系数表

n	1	2	3	4	5	6
(P/F，8%，n)	0.9259	0.8573	0.7938	0.7350	0.6806	0.6302
(P/A，8%，n)	0.9259	1.7833	2.5771	3.3121	3.9927	4.6229

要求：

(1) 确定表 6-5 内英文字母代表的数值（不需要列出计算过程）。

(2) 计算甲方案的总投资收益率。

(3) 若甲、乙两方案的净现值分别为 264.40 万元和 237.97 万元，且甲、乙两方案互斥，分别计算甲、乙两方案的年等额净回收额，并根据计算结果进行决策。

参考答案：

（1）A=20

B=156×25%=39

C=156+112-39=229

（2）总投资收益率=156÷620=25.16%

（3）甲方案的年等额净回收额=264.40÷（P/A，8%，6）=57.19（万元）

乙方案的年等额净回收额=237.97÷（P/A，8%，5）=59.60（万元）

由于乙方案的年等额净回收额大于甲方案，所以应选择乙方案。

第二节　固定资产更新决策

固定资产反映了企业的生产经营能力，固定资产更新决策是项目投资的重要组成部分。从决策性质上看，固定资产更新决策属于互斥投资方案的决策类型。因此，固定资产更新决策所采用的决策方法是净现值法和年金净流量法，一般不采用内含报酬率法。

一、寿命期相同的设备重置决策

一般来说，用新设备来替换旧设备，只要不改变企业的生产能力，就不会增加企业的营业收入，即使有少量的残值变价收入，也不是实质性收入增加。因此，大部分以旧换新进行的设备重置都属于替换重置。在替换重置方案中，所发生的现金流量中最主要的是现金流出量。如果购入的新设备性能提高，扩大了企业的生产能力，这种设备重置就属于扩建重置。

【例6-5】宏基公司现有一台旧机床是3年前购进的，目前准备用一台新机床替换。该公司所得税税率为40%，资本成本率为10%，其余资料见表6-7。

表6-7　新旧设备资料　金额单位：元

项目	旧设备	新设备
原价	84 000	76 500
税法残值	4 000	4 500
税法规定使用年限（年）	8	6
已使用年限（年）	3	0
尚可使用年限（年）	6	6
垫支营运资金	10 000	11 000
大修理支出	18 000（第2年年末）	9 000（第4年年末）
每年折旧费（直线法）	10 000	12 000
每年营运成本	13 000	7 000
目前变现价值	40 000	76 500
最终报废残值	5 500	6 000

本例中，两机床的尚可使用年限均为6年，可采用净现值法决策。将两个方案的有关现金流量资料整理后，列出分析表见表6-8和表6-9。

表6-8　　保留旧机床方案　　金额单位：元

项目	现金流量	年份	现值系数	现值
1. 每年营运成本	−13 000×（1−40%）=−7 800	1～6	4.3553	−33 971.34
2. 每年折旧抵税	10 000×40%=4 000	1～5	3.7908	15 163.20
3. 大修理费	−18 000×（1−40%）=−10 800	2	0.8264	−8 925.12
4. 残值变价收入	5 500	6	0.5645	3 104.75
5. 残值净收益纳税	−（5 500−4 000）×40%=−600	6	0.5645	−338.70
6. 营运资金收回	10 000	6	0.5645	5 645
7. 目前变价收入	−40 000	0	1	−40 000
8. 变现净损失减税	−（40 000−54 000）×40%=−5 600	0	1	−5 600
净现值	—	—	—	−64 922.21

表6-9　　购买新机床方案　　金额单位：元

项目	现金流量	年份	现值系数	现值
1. 设备投资	−76 500	0	1	−76 500
2. 垫支营运资金	10 000−11 000=−1 000	0	1	−1 000
3. 每年营运成本	−7 000×（1−40%）=−4 200	1～6	4.3553	−18 292.26
4. 每年折旧抵税	12 000×40%=4 800	1～6	4.3553	20 905.44
5. 大修理费	−9 000×（1−40%）=−5 400	4	0.6830	−3 688.20
6. 残值变价收入	6 000	6	0.5645	3 387
7. 残值净收益纳税	−（6 000−4 500）×40%=−600	6	0.5645	−338.70
8. 营运资金收回	11 000	6	0.5645	6 209.50
净现值	—	—	—	−69 317.22

表6-8和表6-9的结果说明：在两方案营业收入一致的情况下，新设备现金流出总现值为69 317.22元，旧设备现金流出总现值为64 922.21元。因此，继续使用旧设备比较经济。本例中有几个特殊问题应注意：

（1）两机床使用年限相等，均为6年。如果年限不等时，不能用净现值法决策。另外，新机床购入后，并未扩大企业营业收入。

（2）垫支营运资金时，尽管是现金流出，但不是本期成本费用，不存在纳税调整问题。营运资金收回时，按存货等资产账面价值出售，无出售净收益，也不存在纳税调整问题。如果营运资金收回时，存货等资产变价收入与账面价值不一致，需要进行纳税调整。

（3）新设备购入后需要垫支营运资金11 000元，但同时收回旧设备原来垫支的营运资金10 000元，因此净流出1 000元。

二、寿命期不同的设备重置决策

寿命期不同的设备重置方案，用净现值指标可能无法得出正确的决策结果，应当采用年金净现值法决策。寿命期不同的设备重置方案，在决策时有如下特点：

第一，扩建重置的设备更新后会引起营业现金流入量与流出量的变动，应考虑年金净流量法决策。替换重置的设备更新一般不改变生产能力，营业现金流入量不会增加，只需比较各方案的年金流出量即可，年金流出量最小的方案最优。

第二，如果不考虑各方案的营业现金流入量变动，只比较各方案的现金流出量，我们把按年金净流量原理计算的等额年金流出量称为年金成本。替换重置方案的决策标准是要求年金成本最低。扩建重置方案所增加或减少的营业现金流入也可以作为现金流出量的抵减，并据此比较各方案的年金成本。

第三，设备重置方案运用年金成本方式决策时，应考虑的现金流量主要有：①新旧设备目前市场价值。对于新设备而言，目前市场价值就是新设备的购买价，即原始投资额；对于旧设备而言，目前市场价值就是旧设备的重置成本或变现价值。②新旧价值残值变价收入。残值变价收入应作为现金流出的抵减。残值变价收入现值与原始投资额的差额，称为投资净额。③新旧设备的年营运成本，即年付现成本。如果考虑每年的营业现金流入，应作为每年营运成本的抵减。

第四，年金成本可在特定条件下（无所得税因素、每年营运成本相等），按如下公式计算：

$$\text{年金成本} = \frac{\sum \text{各项目现金净流出现值}}{\text{年金现值系数}}$$

$$= \frac{\text{原始投资额} - \text{残值收入} \times \text{复利现值系数} + \sum \text{年营运成本现值}}{\text{年金现值系数}}$$

$$= \frac{\text{原始投资额} - \text{残值收入}}{\text{年金现值系数}} + \text{残值收入} \times \text{贴现率} + \frac{\sum \text{年营运成本现值}}{\text{年金现值系数}}$$

【例 6-6】（2014 年中级会计师职称考试真题）乙公司现有生产线已满负荷运转，鉴于产品在市场上供不应求，公司准备购置一条生产线。乙公司及生产线的相关资料如下：

资料一：乙公司生产线的购置有两个方案可供选择。

A 方案生产线的购买成本为 7 200 万元，预计使用 6 年，采用直线法计提折旧，预计净残值率为 10%，生产线投产时需要投入营运资金 1 200 万元，以满足日常经营活动需要，生产线运营期满时垫支的营运资金全部收回，生产线投入使用后，预计每年新增销售收入 11 880 万元，每年新增付现成本 8 800 万元，假定生产线购入后可立即投入使用。

B 方案生产线的购买成本为 7 200 万元，预计使用 8 年，当设定贴现率为 12% 时，净现值为 3 228.94 万元。

资料二：乙公司使用的企业所得税税率为 25%，不考虑其他相关税金，公司要求的最低投资报酬率为 12%，部分时间价值系数见表 6-10。

表 6-10　　　　　　　　**货币时间价值系数表**

年度（n）	1	2	3	4	5	6	7	8
（P/F，12%，n）	0.8929	0.7972	0.7118	0.6355	0.5674	0.5066	0.4523	0.4039
（P/A，12%，n）	0.8929	1.6901	2.4018	3.0373	3.6048	4.1114	4.5638	4.9676

资料三：乙公司目前资本结构（按市场价值计算）为：总资本 40 000 万元，其中债务资本 16 000 万元（市场价值等于其账面价值，平均年利率为 8%），普通股股本 24 000 万元（市价 6 元/股，4 000 万股），公司今年的每股股利（D_0）为 0.3 元，预计股利年增长率为 10%，且未来股利政策保持不变。

资料四：乙公司投资所需资金 7 200 万元需要从外部筹措，有两种方案可供选择：方案一为全部增发普通股，增发价格为 6 元/股。方案二为全部发行债券，债券年利率为 10%，按年支付利息，到期一次性归还本金。假设不考虑筹资过程中发生的筹资费用。乙公司预期的息税前利润为 4 500 万元。

要求：

（1）根据材料一和材料二，计算 A 方案的下列指标：①投资期现金净流量；②年折旧额；③生产线投入使用后第 1～5 年每年的营业现金净流量；④生产线投入使用后第 6 年的现金净流量；⑤净现值。

（2）分别计算 A、B 方案的年金净流量，据以判断乙公司选择哪个方案，并说明理由。

（3）根据资料二、资料三和资料四：①计算方案一和方案二的每股收益无差别点（以息税前利润表示）；②计算每股收益无差别点的每股收益；③运用每股收益分析法判断乙公司应选择哪一种筹资方案，并说明理由。

（4）假定乙公司按方案二进行筹资，根据资料二、资料三和资料四计算：①乙公司普通股的资本成本；②筹资后乙公司的加权平均资本成本。

参考答案：

（1）①投资期现金净流量 NCF_0 =－（7 200+1 200）=－8 400（万元）

②年折旧额=7 200×（1－10%）/6=1 080（万元）

③生产线投入使用后第 1～5 年每年的营业现金净流量 $NCF_{1\sim5}$ =（11 880－8 800）×（1－25%）+1 080×25%=2 580（万元）

④生产线投入使用后第 6 年的现金净流量 NCF_6 =2 580+1 200+7 200×10%=4 500（万元）

⑤净现值=－8 400+2 580×（P/A，12%，5）+4 500×（P/F，12%，6）

=－8 400+2 580×3.6048+4 500×0.5066=3 180.08（万元）

（2）A 方案的年金净流量=3 180.08÷（P/A，12%，6）=3 180.08÷4.1114=773.48（万元）

B 方案的年金净流量=3 228.94÷（P/A，12%，8）=3 228.94÷4.9676=650（万元）

由于 A 方案的年金净流量大于 B 方案的年金净流量，因此乙公司应选择 A 方案。

（3）①（EBIT－16 000×8%）×（1－25%）÷（4 000+7 200÷6）

=（EBIT－16 000×8%－7 200×10%）×（1－25%）÷4 000

EBIT=（5 200×2 000－4 000×1 280）÷（5 200－4 000）=4 400（万元）

②每股收益无差别点的每股收益=(4 400−16 000×8%)×(1−25%)÷(4 000+7 200÷6)=0.45(元/股)

③该公司预期息税前利润4 500万元大于每股收益无差别点的息税前利润，所以应该选择财务杠杆较大的方案二，即债券筹资。

(4)①乙公司普通股的资本成本=0.3×(1+10%)÷6+10%=15.50%

②筹资后乙公司的加权平均资本成本=15.50%×24 000÷(40 000+7 200)+8%×(1−25%)×16 000÷(40 000+7 200)+10%×(1−25%)×7 200÷(40 000+7 200)=11.06%。

第三节　通货膨胀条件下的投资项目决策

通货膨胀是指在一定时期内，物价水平持续、普遍上涨的经济现象。通货膨胀会导致货币购买力下降，从而影响项目投资价值。通货膨胀对投资项目的影响表现在两个方面：一是影响现金流量的估计；二是影响资本成本的估计。这里我们只讨论对于现金流量的影响。

如果企业对未来现金流量的预测是基于预算年度的水平，并去除了通货膨胀的影响，那么这种现金流量称为实际现金流量。包含了通货膨胀影响的现金流量称为名义现金流量。两者的关系为：

名义现金流量=实际现金流量×$(1+通货膨胀)^n$

式中，n为相对于基期的期数。

在投资项目决策中，应遵循一致性原则。名义现金流量用名义资本成本进行折现，实际现金流量用实际资本成本进行折现，这是评价指标计算的基本原则。

【例6-7】假设某项目的实际现金流量如表6-11所示，名义资本成本为12%，预计一年内的通货膨胀率为8%，求该项目的净现值。

表6-11　**实际现金流量**　单位：万元

时间	第0年	第1年	第2年	第3年
实际现金流量	−100	45	60	40

第一种方法：将名义现金流量用名义资本成本进行折现。此时需要先将实际现金流量调整为名义现金流量，然后用12%的资本成本进行折现。具体计算过程如表6-12所示。

表6-12　**净现值的计算**　单位：万元

时间	第0年	第1年	第2年	第3年
实际现金流量	−100	45	60	40
名义现金流量	−100	45×1.08 =48.6	60×1.08^2 =69.98	40×1.08^3 =50.39
现值(按12%折现)	−100	48.6×0.8929 =43.39	69.98×0.7972 =55.79	50.39×0.7118 =35.87
净现值	NPV=−100+43.39+55.79+35.87=35.05			

第二种方法：将实际现金流量用实际资本成本进行折现。此时需要将名义资本成本换算为实际资本成本，然后再计算净现值。具体计算过程如表6-13所示。

实际资本成本＝（1＋名义资本成本）÷（1＋通货膨胀率）－1

＝（1＋12%）÷（1＋8%）－1＝3.7%

表 6-13 净现值的计算 单位：万元

时间	第 0 年	第 1 年	第 2 年	第 3 年
现值（按 3.7% 折现）	−100	$45 \div 1.037 = 43.39$	$60 \div 1.037^2 = 55.79$	$40 \div 1.037^3 = 35.87$
净现值	NPV＝−100＋43.39＋55.79＋35.87＝35.05			

可以看到，两种计算方法所得到的结果是一样的，都可得到没有偏差的净现值。

值得注意的是：(1) 通货膨胀对于投资决策是非常重要的。即使每年通货膨胀不太严重，但长期积累起来对项目盈利性也会产生巨大影响，因此长期投资项目评价必须对通货膨胀进行处置。(2) 在我们估计资本成本时，需要依赖资本市场上各种可以观察到的信息，它们通常是含有通货膨胀的，由此得到的是含有通货膨胀的资本成本。将其调整为实际资本成本极为困难，而调整现金流量相对容易，因此很少采用第二种方法，而大多采用第一种方法。(3) 对于未来通货膨胀率的估计不可能很精确，因此通货膨胀不仅使项目决策增加了复杂性，也增加了分析结论的不确定性。

【例 6-8】（2012 年中级会计师职称考试真题）为了防范通货膨胀风险，公司应当签订固定价格的长期销售合同。（　　）

参考答案：×。在通货膨胀时期，从购货方的角度来看，与客户签订固定价格的长期购货合同，可以减少物价上涨造成的损失；但站在销售方的角度，签订固定价格的长期销售合同，会损失物价上涨带来的收益，因此本题的说法不正确。

第四节　风险条件下的投资项目决策

在前面的分析中，我们假设项目的现金流量是可以确知的，但实际上，真正意义上的投资项目总是有风险的，项目未来现金流量总会具有某种程度的不确定性。如何处置项目的风险是一个很复杂的问题，必须非常小心。

一、项目风险分析的概念

（一）项目风险的来源

任何投资项目都是有风险的，或者说盈利性是不确定（不稳定）的。盈利性的不确定性来自以下原因：

(1) 在整个项目期限内，未来经营现金流入发生非预期的变化，包括销售数量、价格、成本和费用的非预期变化；

(2) 在整个项目期限内，筹资成本会发生变化，包括资本市场供求关系的变化和公司资本结构的变化；

(3) 项目的相关产品的寿命可能短于预测，项目提前结束或者转产其他产品；

(4) 政府修改现存法律或颁布新的强制性规定，可能导致额外的投资和费用；

(5) 通货膨胀、经济衰退可能影响到现金流量的实际价值；

(6) 国际经济和金融市场的变动可能影响到项目的现金流量；

(7) 国际或国内的政治事件可能影响到项目的现金流量，甚至迫使项目终止。

上述因素均与投资决策（资本预算）有关。公司制定资本预算时，不仅要考虑这些风险的大小并将其纳入项目的评价范围，还应在设计项目时尽可能减少这些不确定性。

（二）项目风险的类别

在项目分析中，项目的风险可以从以下三个层次来看待：

1. 项目的特有风险

特有风险是指项目本身的风险，它可以用项目预期收益率的波动性来衡量。例如，一项高新技术项目失败的可能性大，但是如果成功，就可以获得很高的报酬，收益的波动性很大。如果公司只有一个项目，投资人只投资于这一个公司，那么项目的特有风险可以衡量投资人的风险，成为项目资本预算时的风险度量。

通常情况下，项目的特有风险不宜作为资本预算时的风险度量。例如，某企业每年要进行数以百计的研究开发项目，每个项目成功的概率只有10%左右。项目如果成功，企业将获得巨额利润；项目如果失败，则会损失其全部投入。如果该企业只有一个项目，而且就是研究开发项目，则企业失败的概率为90%。当我们孤立地考察并度量每个研究开发项目自身特有的风险时，它们无疑都具有高度的风险。但从投资组合角度看，尽管该企业每年有数以百计的各自独立的研究开发项目，且每个项目都只有10%左右的成功可能性，但这些高风险项目组合在一起后，单个项目的大部分风险可以在企业内部分散掉。此时，企业的整体风险会低于单个研究开发项目的风险，或者说，单个研究开发项目并不一定会增加企业的整体风险。因此，项目的特有风险不宜作为项目资本预算的风险度量。

2. 项目的公司风险

项目的公司风险是指项目给公司带来的风险。项目的公司风险可以用项目对于公司未来收入不确定的影响大小来衡量。例如，一个新的投资项目与公司现有资产的平均风险相同，当新的项目被采纳时，公司整体未来收入的不确定性没有被改变。尽管公司的期望收入增加了，但是收入的不确定性没有增加。因此，该项目没有公司风险。

如果一个新项目的风险比公司现有资产的平均风险大，采纳该项目会增加公司未来收益的不确定性，该项目对于投资人来说具有公司风险。考虑到新项目的特有风险可以通过与企业内部其他项目的组合分散掉一部分，因此，应着重考察新项目对企业现有项目组合的整体风险可能产生的增量。这个增量不是项目的全部特有风险，而是扣除已被分散化后的剩余部分。对于只是投资于一个公司的投资人来说，公司投资新项目给他带来的影响，只是这个风险增量，即项目的公司风险。

3. 项目的市场风险

市场风险是指新项目给股东带来的风险，这里的股东是指投资于许多公司，其投资风险已被完全分散化的股东。

从股东角度来看，项目的特有风险被公司内部的资产组合分散掉后剩余的公司风险中，有一部分能被股东的资产多样化组合而分散掉，从而只剩下任何多样化组合都不能分散掉的系统风险。从资产组合及资本定价理论角度看，度量新项目资本预算的风险时，不应考虑新项目实施对公司现有风险水平可能产生的全部增减影响，因为企业股东可以通过构造一个证券组合来消除单个股权的大部分风险。所以，唯一影响股东预期收益的是项目的系统风险，而这也是理论上与项目分析相关的风险度量，如图 6-1 所示。

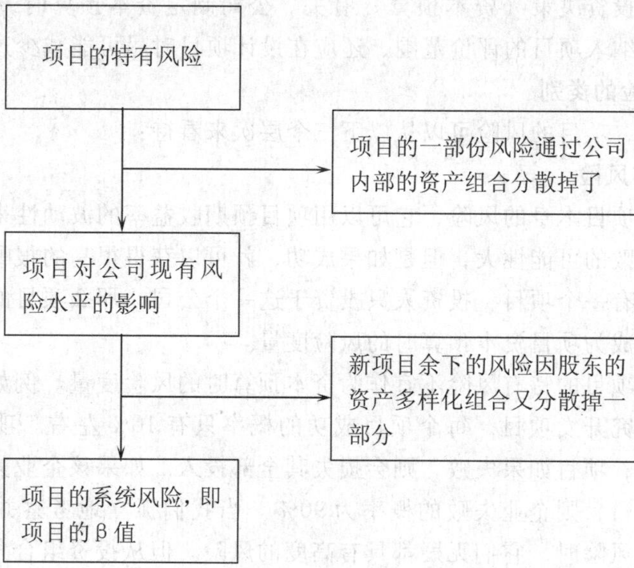

图 6-1　项目风险及其分散过程

二、项目风险处置的一般方法

（一）调整现金流量法

调整现金流量法，是把不确定的现金流量调整为确定的现金流量，然后用无风险的报酬率作为折现率计算净现值。

$$净现值 = \sum_{t=0}^{n} \frac{a_t \times 现金流量期望值}{(1 + 无风险报酬率)^t}$$

式中，a_t 是 t 年现金流量的肯定当量系数，它在 0~1 之间。

肯定当量系数，是指不肯定的 1 元现金流量期望值相当于使投资者满意的肯定的金额的系数。它可以把各年不肯定的现金流量换算为肯定的现金流量。

我们知道，肯定的 1 元比不肯定的 1 元更受欢迎。不肯定的 1 元，只相当于不足 1 元的金额。两者的差额与现金流的不确定程度的高低有关。肯定当量系数是指预计现金流入量中使投资者满意的无风险的份额。利用肯定当量系数，可以把不肯定的现金流量折算成肯定的现金流量，或者说去掉了现金流量中有风险的部分，使之成为“安全”的现金流量。去掉的部分包含了全部风险，既有特殊风险也有系统风险，既有经营风险也有财务风险，剩下的是无风险的现金流量。由于现金流量中已经消除了全部风险，相应的折现率应当是无风险报酬率。无风险报酬率可以根据国库券的利率确定。

【例 6-9】当前的无风险报酬率为 4%。公司有两个投资机会，有关资料如表 6-14 所示。

表 6-14　　**调整现金流量法**　　金额单位：元

年数	现金流入量	肯定当量系数	肯定现金流入量	现值系数（4%）	未调整现值	调整后现值
A 项目						
0	-40 000	1.0	-40 000	1.0000	-40 000	-40 000
1	13 000	0.9	11 700	0.9615	12 500	11 250
2	13 000	0.8	10 400	0.9246	12 020	9 616
3	13 000	0.7	9 100	0.8890	11 557	8 090
4	13 000	0.6	7 800	0.8548	11 112	6 667
5	13 000	0.5	6 500	0.8219	10 685	5 342
净现值					17 874	965
B 项目						
0	-47 000	1.0	-47 000	1.0000	-47 000	-47 000
1	14 000	0.9	12 600	0.9615	13 461	12 115
2	14 000	0.8	11 200	0.9246	12 944	10 356
3	14 000	0.8	11 200	0.8890	12 446	9 957
4	14 000	0.7	9 800	0.8548	11 967	8 377
5	14 000	0.7	9 800	0.8219	11 507	8 055
净现值					15 325	1 860

（二）风险调整折现率法

这种方法的基本思路是对高风险的项目采用较高的折现率计算净现值。

$$净现值 = \sum_{t=0}^{n} \frac{预期现金流量}{(1 + 风险调整折现率)^t}$$

【例 6-10】当前的无风险报酬率为 4%，市场平均报酬率为 12%。A 项目的预期股权现金流量风险大，其 β 值为 1.5；B 项目的预期股权现金流量风险小，其 β 值为 0.75。

A 项目的风险调整折现率 = 4% + 1.5×（12% - 4%）= 16%

B 项目的风险调整折现率 = 4% + 0.75×（12% - 4%）= 10%

其他有关数据如表 6-15 所示。

表 6-15　　**调整折现率法**　　金额单位：元

年数	现金流量	现值系数（4%）	未调整现值	现值系数（16%）	调整后现值
A 项目					
0	-40 000	1.0000	-40 000	1.0000	-40 000
1	13 000	0.9615	12 500	0.8621	11 207
2	13 000	0.9246	12 020	0.7432	9 662
3	13 000	0.8890	11 557	0.6407	8 329
4	13 000	0.8548	11 112	0.5523	7 180
5	13 000	0.8219	10 685	0.4761	6 189
净现值			17 874		2 567

续表

年数	现金流量	现值系数（4%）	未调整现值	现值系数（10%）	调整后现值
			B 项目		
0	-47 000	1.0000	-47 000	1.0000	-47 000
1	14 000	0.9615	13 461	0.9091	12 727
2	14 000	0.9246	12 944	0.8264	11 570
3	14 000	0.8890	12 446	0.7513	10 518
4	14 000	0.8548	11 967	0.6830	9 562
5	14 000	0.8219	11 507	0.6209	8 693
净现值			15 325		6 070

如果不进行折现率调整，两个项目差不多，A 项目比较好；调整后，两个项目有明显差别，B 项目要好得多。

（三）两种方法的区别

调整现金流量法在理论上受到好评。该方法对时间价值和风险价值分别进行调整，先调整风险，然后把肯定现金流量用无风险报酬率进行折现。对不同年份的现金流量，可以根据风险的差别使用不同的肯定当量系数进行调整。

风险调整折现率法在理论上受到批评，因其用单一的折现率同时完成风险调整和时间调整。这种做法意味着风险随时间推移而加大，可能与事实不符，夸大远期现金流量的风险。

实务上被普遍接受的做法是：根据项目的系统风险调整折现率即资本成本，而用项目的特有风险调整现金流量。

三、项目特有风险的衡量与处置

在项目评价时，是否要考虑项目的特有风险？答案是肯定的，并且项目的特有风险非常重要。不同项目的特有风险有很大差别，必须进行衡量，并且根据风险大小调整预期现金流量。

项目特有风险的衡量和处置方法主要有三种：敏感性分析、情景分析和模拟分析。

（一）敏感性分析

敏感性分析是一项有广泛用途的分析技术。投资项目的敏感性分析，通常是在假定其他变量不变的情况下，测定某一个变量发生特定变化时对净现值（或内含报酬率）的影响。敏感性分析主要包括最大最小法和敏感程度法两种分析方法。

1. 最大最小法

其主要步骤是：

（1）给定计算净现值的每个变量的期望值。计算净现值时需要使用预期的原始投资、营业现金流入、营业现金流出等变量。这些变量都是最可能发生的数值，称为预期值。

（2）根据变量的期望值计算净现值，由此得出的净现值称为基准净现值。

（3）选择一个变量并假设其他变量不变，令净现值等于零，计算选定变量的临界值。

（4）选择第二个，并重复步骤（3）。

通过上述步骤，可以得出使基准净现值由正值变为负值（或相反）的各变量最大（或最小）值，可以帮助决策者认识项目的特有风险。

【例6-11】A公司拟投产一个新产品，预期每年增加税后营业现金流入100万元，增加税后营业现金流出69万元；预计需要初始投资90万元，项目寿命期为4年；公司的所得税税率为20%。有关数据如表6-16所示，根据各项期望值计算的净现值为22.53万元。

表6-16　**最大最小法敏感分析**　金额单位：万元

项目	期望值	每年税后营业现金流入最小值	每年税后营业现金流出最大值
每年税后营业现金流入	100	92.89	100
每年税后营业现金流出	69	69	76.11
每年折旧抵税（20%）	4.5	4.5	4.5
每年税后营业现金净流量	35.5	28.39	28.39
年金系数（10%，4年）	3.1699	3.1699	3.1699
营业现金净流入总现值	112.53	90.00	90.00
初始投资	90.00	90.00	90.00
净现值	22.53	0	0

由于各变量具有不确定性，因此据此计算的净现值也具有不确定性。假设主要的不确定性来自营业现金流，因此只分析每年税后营业现金流入和流出变动对净现值的影响。首先分析每年营业现金流入变动的影响：令净现值等于零，其他因素不变，求解此时的每年税后营业现金流入，其结果为92.89万元。该数据表示，如果每年税后营业现金流入下降到92.89万元，则净现值变为零，该项目不再具有投资价值。其次分析每年税后营业现金流出的影响：令净现值为零，其他因素保持基准状态，求解此时的每年税后营业现金流出，其结果为76.11万元。该数据表明，每年税后营业现金流出上升到76.11万元，则该项目不再具有投资价值。如果决策者对于上述最小每年营业现金流入和最大每年营业现金流出有信心，则项目是可行的。如果相反，决策者认为每年营业现金流入很可能低于上述最小值，或者每年营业现金流出很可能超出上述最大值，则项目风险很大，应慎重考虑是否应承担该风险。

还可分析初始投资、项目寿命期等的临界值，或者进一步分析营业现金流量的驱动因素，如销量最小值、单价最小值、单位变动成本最大值等，从而更全面地认识项目风险。

2. **敏感程度法**

其主要步骤如下：

（1）计算项目的基准净现值（方法与最大最小法相同）

（2）选定一个变量，如每年税后营业现金流入，假设其发生一定幅度的变化，而其他因素不变，重新计算净现值。

（3）计算选定变量的敏感系数。

$$\text{敏感系数}=\frac{\text{目标值变动百分比}}{\text{选定变量变动百分比}}$$

它表示选定变量变动1%时导致目标值变动的百分数，可以反映目标值对于选定变量变动的敏感程度。

(4) 根据上述分析结果，对项目特有风险做出判断。

依照【例6-11】的数据，先计算税后营业现金流入增减5%和增减10%（其他因素不变）的净现值，以及税后营业现金流入变动净现值的敏感系数（计算过程如表6-17所示）。然后按照同样方法，分别计算税后营业现金流出和初始投资变动对净现值的影响(如表6-18和表6-19所示)。

表6-17　**敏感程度法：每年税后营业现金流入变化**　金额单位：万元

变动百分比	-10%	-5%	基准情况	+5%	+10%
每年税后营业现金流入	90	95	100	105.00	110.00
每年税后营业现金流出	69	69	69	69	69
每年折旧抵税（20%）	4.5	4.5	4.5	4.5	4.5
每年税后营业现金净流量	25.5	30.5	35.5	40.5	45.5
年金系数（10%，4年）	3.1699	3.1699	3.1699	3.1699	3.1699
营业现金流入总现值	80.83	96.68	112.53	128.38	144.23
初始投资	90.00	90.00	90.00	90.00	90.00
净现值	-9.17	6.68	22.53	38.38	54.23
每年税后营业现金流入的敏感系数	[（54.23-22.53）/22.53]÷10%=14.07				

表6-18　**敏感程度法：每年税后营业现金流出变化**　金额单位：万元

变动百分比	-10%	-5%	基准情况	+5%	+10%
每年税后营业现金流入	100	100	100	100	100
每年税后营业现金流出	62.10	65.55	69.00	72.45	75.9
每年折旧抵税（20%）	4.50	4.50	4.50	4.50	4.50
每年税后营业现金净流量	42.40	38.95	35.50	32.05	28.60
年金系数（10%，4年）	3.1699	3.1699	3.1699	3.1699	3.1699
营业现金流入总现值	134.40	123.47	112.53	101.60	90.66
初始投资	90.00	90.00	90.00	90.00	90.00
净现值	44.40	33.47	22.53	11.60	0.66
每年税后营业现金流出的敏感系数	[（0.66-22.53）/22.53]÷10%=-9.71				

表6-19　**敏感程度法：初始投资变化**　金额单位：万元

变动百分比	-10%	-5%	基准情况	+5%	+10%
每年税后营业现金流入	100	100	100	100	100
每年税后营业现金流出	69	69	69	69	69
每年折旧抵税（20%）	4.05	4.275	4.5	4.725	4.95
每年税后营业现金净流量	35.05	35.275	35.5	35.725	35.95

续表

变动百分比	-10%	-5%	基准情况	+5%	+10%
年金系数（10%，4年）	3.1699	3.1699	3.1699	3.1699	3.1699
营业现金流入总现值	111.11	111.82	112.53	113.24	113.96
初始投资	81	85.5	90.00	94.5	99
净现值	30.11	26.32	22.53	18.74	14.96
初始投资的敏感系数	[（14.96-22.53）/ 22.53] ÷10% = -3.36				

上面三个表中分别计算了三个变量变化一定百分比对净现值的影响，向决策人展示了不同前景出现时的后果。这些信息可以帮助决策人认识项目的特有风险和应关注的重点。例如，每年税后营业现金流入降低10%就会使该项目失去投资价值，若这种可能性较大就应考虑放弃该项目，或者重新设计该项目加以避免，至少要有应对的预案。该变量是净现值变化最敏感的驱动因素，营业收入每减少1%，项目净现值就损失14.07%，或者说营业收入每增加1%，净现值就提高14.07%。若实施该项目，要对此密切关注。次敏感的因素是每年税后营业现金流出，相对不很敏感的因素是初始投资，但也都具有较大的杠杆作用，因此从总体上看该项目风险较大。

敏感性分析是一种最常用的风险分析方法，计算过程简单，也易于理解。

敏感性分析的局限性在于：首先，在进行敏感性分析时，只允许一个变量发生变动，而假设其他变量保持不变，但在现实世界中这些变量通常是相互关联的，会一起发生变动，但是变动的幅度不同。其次，该分析方法每次测定一个变量变化对净现值的影响，可以提供一系列分析结构，但是没有给出每一个数值发生的可能性。

（二）情景分析

情景分析也是经常使用的一种评价项目风险的方法。

情景分析一般假定未来现金流量有三种情景：基准情景，即最可能出现的情况；最坏情景，即所有变量都处于不利水平；最好情景，即所有变量都处于有利水平。可以根据实际情况和需要，设计更多的情景。采用情景分析，需要对每种情景出现的概率做出估计。如果它们的概率难以估计，也可以假设基准情况出现的概率为50%，最坏和最好情景出现的概率各占25%。

情景分析的主要过程是：根据不同情景的三组现金流量分别计算净现值，然后计算期望净现值及其离散程度。

情景分析与敏感性分析的区别如下：（1）情景分析需要知道未来可能出现的有限情景，以及每一情景出现的概率，而敏感性分析只知道现金流量有不确定性，但不知道有几种情景及其概率；（2）情景分析允许多个因素同时变动，敏感性分析只允许一个因素变动。

【例6-12】假设某投资项目需购买一台设备，支付现金240 000元，设备寿命期6年，没有残值，采用直线折旧法。项目的资本成本是10%，所得税税率是25%。其他信息如表6-20所示。

表 6-20 **投资项目的相关信息** 单位：元

项目	基准情景	最坏情景	最好情景
概率	0.5	0.25	0.25
销售量（件）	7 000	6 000	8 000
单价	85	82	87
单位变动成本	60	65	55
每年固定成本	60 000	70 000	50 000
计算过程：			
收入	595 000	492 000	696 000
变动成本	420 000	390 000	440 000
固定成本	60 000	70 000	50 000
折旧	40 000	40 000	40 000
利润	75 000	-8 000	166 000
所得税（25%）	18 750	-2 000	41 500
净利润	56 250	-6 000	124 500
折旧	40 000	40 000	40 000
年营业现金流量	96 250	34 000	164 500
年金现值系数	4.3553	4.3553	4.3553
年营业现金流量总现值	419 198	148 080	716 447
初始投资	240 000	24 000	240 000
净现值	179 198	-91 920	476 447
期望净现值	89 599	-22 980	119 112
期望净现值合计	185 731		
净现值的标准差	201 054.24		
净现值的变化系数	1.08		

根据计算结果可知，项目有一个正的期望净现值 185 731 元，有望盈利；最坏情景是净现值-91 920 元，要看公司是否可以承受，对于一个大公司来说，此数额不会给整体带来灾难；如果万事如意，净现值为 476 447 元。净现值变化系数 1.08 可以反映项目的特有风险，可以与其他项目或者公司的净现值变化系数相比。例如，公司净现值的变化系数是 1，那么该项目的特有风险比公司现有资产的平均风险大一些。

情景分析存在的局限性如下：只考虑有限状态下的净现值，实际上有无限多的情景和可能结果；估计每种情景出现的概率，往往有一定的主观性，其结论的可信性依赖于分析人员的经验和判断力。

（三）模拟分析

模拟分析，也经常被称为蒙特卡洛模拟。它是敏感性分析和概率分布原理结合的产物。模拟分析使用计算机输入影响项目现金流量的基本变量，然后模拟项目运作的过程，最终得出项目净现值的概率分布。采用模拟分析需要知道未来现金流量的连续分布概率。

模拟过程通常包括如下步骤：

（1）针对投资项目建立一个模型，即确定项目净现值与基本变量之间的关系。基本变量包括收入、单价、单位变动成本等。有时使用更为基本的变量，如人工成本、材料价格、材料消耗量等。

（2）给出基本变量的概率分布。

（3）从关键变量的概率分布中随机选取变量的数值，并计算不同情景下的净现值。

（4）重复多次步骤（3），如 1 000 次，直至得到项目净现值具有代表性的概率分布为止。

（5）评估项目净现值的概率分布，它反映了项目的特有风险。

模拟方法相较于情景分析而言是一个进步。它不是只考虑有限的几种结果，而是考虑了无限多的情景。

模拟方法的主要局限性在于基本变量的概率信息难以取得。由于分析人员很难挑选到合适的分布来描述某个变量，也很难选择该分布的各种参数。因此，当这些选择进行得很随意时，我们所得到的模拟结果尽管在理论上很诱人，但实际上毫无用处。

课后习题

一、单项选择题

1.（2011 年中级会计师职称考试真题）某投资项目的投资总额为 200 万元，投产后预计运营期内每年的息税前利润为 24 万元，相关负债筹资年利息费用为 4 万元，适用的企业所得税税率为 25%，则该项目的总投资收益率为（　　）。

A. 7.5%　　B. 10　　C. 12%　　D. 14%

2.（2011 年中级会计师职称考试真题）下列各项中，其计算结果等于项目投资方案年等额净回收额的是（　　）。

A. 该方案净现值×年金现值系数

B. 该方案净现值×年金现值系数的倒数

C. 该方案每年相等的净现金流量×年金现值系数

D. 该方案每年相等的净现金流量×年金现值系数的倒数

3.（2012 年中级会计师职称考试真题）某新建设投资项目，建设期为 2 年，试产期为 1 年，达产期为 8 年，则该项目的运营期是（　　）。

A. 2 年　　B. 3 年　　C. 8 年　　D. 9 年

4.（2012 年中级会计师职称考试真题）某公司新建一条生产线，预计投产后第一年、第二年流动资产需用额分别为 40 万元和 50 万元，流动负债需要额分别为 15 万元和 20 万元，则第二年新增的流动资金额是（　　）。

A. 5 万元　　B. 15 万元　　C. 20 万元　　D. 30 万元

5.（2012 年中级会计师职称考试真题）下列项目投资决策评价指标中，一般作为辅助指标的是（　）。

A. 净现值　B. 内部收益率　C. 净现值率　D. 总投资收益率

6.（2014 年中级会计师职称考试真题）已知某投资项目的原始投资额现值为 100 万元，净现值为 25 万元，则该项目的现值指数为（　）。

A. 0.25　B. 0.75　C. 1.05　D. 1.25

7.（2012 年中级会计师职称考试真题）对项目计算期相同而原始投资不同的两个互斥投资项目进行决策时，适宜单独采用的方法是（　）。

A. 回收期法　B. 净现值率法

C. 总投资收益率法　D. 差额投资内部收益率法

8.（2013 年注册会计师考试真题）使用调整现金流量法计算投资项目净现值时，折现率应选用（　）。

A. 政府债券的票面利率　B. 政府债券的到期收益率

C. 等风险投资项目的股权资本成本　D. 公司的加权平均资本成本

二、多项选择题

（2014 年中级会计师职称考试真题）在其他因素不变的情况下，下列财务评价指标中，指标数值越大，表明项目可行性越强的有（　）。

A. 净现值　B. 现值指数　C. 内含报酬率　D. 动态回收期

三、判断题

1.（2011 年中级会计师职称考试真题）在投资项目可行性研究中，应首先进行财务可行性评价，再进行技术可行性分析，如果项目具备财务可行性和技术可行性，就可以做出该项目应当投资的决策。（　）

2.（2014 年注册会计师考试真题）净现值法不仅适宜于独立投资方案的比较决策，而且能够对寿命期不同的互斥投资方案进行直接决策。（　）

四、计算题

（2011 年注册会计师考试真题）为扩大生产规模，F 公司拟添置一台主要生产设备，经分析该项投资的净现值大于零。该设备预计使用 6 年，公司正在研究是自行购置还是通过租赁取得。相关资料如下：

如果自行购置该设备，需要支付买价 760 万元，并需支付运输费 10 万元、安装调试费 30 万元。税法允许的设备折旧年限为 8 年，按直线法计提折旧，残值率为 5%。为了保证设备的正常运转，每年需支付维护费用 30 万元，6 年后设备的变现价值预计为 280 万元。

如果以租赁方式取得该设备，租赁公司要求的租金为每年 170 万元，在每年年末支付，租期 6 年，租赁期内不得退租。租赁公司负责设备的运输和安装调试，并负责租赁期内设备的维护。租赁期满设备所有权不转让。

F 公司适用的所得税税率为 25%，税前借款（有担保）利率为 8%，该投资项目的资本成本为 12%。

要求：

（1）计算租赁资产成本、租赁期税后现金流量、租赁期末资产的税后现金流量。

（2）计算租赁方案相对于自行购置方案的净现值，并判断F公司应当选择自行购置方案还是租赁方案。

五、综合题

1.（2013年中级会计师职称考试真题）乙公司是一家机械制造企业，适用的企业所得税税率为25%，该公司要求的最低收益率为12%，为了节约成本支出，提升运营效率和盈利水平，拟对正在使用的一台旧设备予以更新。其他资料如下：

资料一：折旧设备数据资料见表6-21。

表6-21　**乙公司折旧设备资料**　金额单位：万元

项目	使用旧设备	购置新设备
原值	4 500	4 800
预计使用年限（年）	10	6
已用年限（年）	4	0
尚可使用年限（年）	6	6
税法残值	500	600
最终报废残值	400	600
目前变现价值	1 900	4 800
年折旧	400	700
年付现成本	2 000	1 500
年营业收入	2 800	2 800

资料二：相关货币时间价值系数见表6-22。

表6-22　**货币时间价值系数表**

期限（n）	5	6
（P/F，12%，n）	0.5674	0.5066
（P/A，12%，n）	3.6048	4.1114

要求：

（1）计算与购置新设备相关的下列指标：①税后年营业收入；②税后年付现成本；③每年折旧抵税；④残值变价收入；⑤残值净收益纳税；⑥第1～5年现金净流量（$NCF_{1\sim5}$）和第6年现金净流量（NCF_6）；⑦净现值（NPV）。

（2）计算与使用旧设备相关的下列指标；①目前账面价值；②目前资产报废损益；③资产报废损益对所得税的影响；④残值报废损失减税。

（3）已知使用旧设备的净现值（NPV）为943.29万元，根据上述计算结果，做出固定资产是否更新的决策，并说明理由。

2.（2011年注册会计师考试真题）E公司是一家民营医药企业，专门从事药品的研发、生产和销售。公司自主研发并申请发明专利的BJ注射液自上市后销量快速增长，目前生产已达到满负荷状态。E公司正在研究是否扩充BJ注射液的生产能力，有关资料如下：

BJ注射液目前的生产能力为400万支/年。E公司经过市场分析认为，BJ注射液具有广阔的市场空间，拟将其生产能力提高到1 200万支/年。由于公司目前没有可用的厂房和土地用来增加新的生产线，只能拆除当前生产线，新建一条生产能力为1 200万支/年的生产线。

当前的BJ注射液生产线于2009年年初投产使用，现已使用两年半，目前的变现价值为1 127万元，生产线的原值为1 800万元，税法规定的折旧年限为10年，残值率为5%，按照直线法计提折旧。公司建造该条生产线时计划使用10年，项目结束时的变现价值预计为115万元。

新建生产线的预计支出为5 000万元，税法规定的折旧年限为10年，残值率为5%，按照直线法计提折旧。新生产线计划使用7年，项目结束时的变现价值预计为1 200万元。

BJ注射液目前的年销售量为400万支，销售价格为每支10元，单位变动成本为每支6元，每年的固定付现成本为100万元。扩建完成后，第1年的销量预计为700万支，第2年的销量预计为1 000万支，第3年的销量预计为1 200万支，以后每年稳定在1 200万支。由于产品质量稳定、市场需求巨大，扩产不会对产品的销售价格、单位变动成本产生影响。扩产后，每年的固定付现成本将增加到220万元。

项目扩建需用半年时间，停产期间预计减少200万支BJ注射液的生产和销售，固定付现成本照常发生。

生产BJ注射液需要的营运资本随销售额的变化而变化，预计为销售额的10%。

扩建项目预计能在2011年年末完成并投入使用。为简化计算，假设扩建项目的初始现金流量均发生在2011年年末（零时点），营业现金流量均发生在以后各年年末，垫支的营运资本在各年年初投入，在项目结束时全部收回。

E公司目前的资本结构（负债/权益）为1/1，税前债务成本为9%，β权益为1.5，当前市场的无风险报酬率为6.25%，权益市场的平均风险溢价为6%。公司拟采用目前的资本结构为扩建项目筹资，税前债务成本仍维持9%不变。

E公司适用的企业所得税税率为25%。

要求：

（1）计算公司当前的加权平均资本成本。公司能否使用当前的加权平均资本成本作为扩建项目的折现率？请说明原因。

（2）计算扩建项目的初始现金流量（零时点的增量现金净流量）、第1年至第7年的增量现金净流量、扩建项目的净现值，判断扩建项目是否可行并说明原因。

（3）计算扩建项目的静态回收期。如果类似项目的静态回收期通常为3年，E公司是否应当采纳该扩建项目？请说明原因。

3.（2014年注册会计师考试真题）甲公司是一家建设投资公司，业务涵盖市政工程绿化、旅游景点开发等领域。近年来，夏日纳凉休闲项目受到青睐，甲公司计划在位于市郊的A公园开发W峡谷漂流项目（简称“W项目”），目前正在进行项目评价，有关资料如下：

（1）甲公司与A公园进行洽谈并初步约定，甲公司一次性支付给A公园经营许可费700万元（税法规定在5年内摊销，期满无残值），取得W项目5年的开发与经营权；此外，甲公司还需每年按营业收入的5%向A公园支付景区管理费。

（2）W项目前期投资包括：修建一座蓄水池，预计支出100万元；漂流景区场地、设施等固定资产投资200万元；购入橡皮艇200艘，每艘市价5 000元。按税法规定，以上固定资产可在10年内按直线法计提折旧，期满无残值。5年后，A公园以600万元买断W项目，甲公司退出W项目的经营。

（3）为宣传推广W项目，前期需投入广告费50万元。按税法规定，广告费在项目运营后第1年年末准予税前扣除。甲公司经调研预计W项目的游客服务价格为200元/人次，预计第1年可接待游客30 000人次；第2年及以后年度项目将满负荷运营，预计每年可接待游客40 000人次。

（4）预计W项目第1年的人工成本支出为60万元，第2年增加12万元，以后各年人工成本保持不变。

（5）漂流河道、橡皮艇等设施的年维护成本及其他营业开支预计为100万元。

（6）为维持W项目正常运营，预计需按照营业收入的20%垫支营运资金。

（7）甲公司计划以2/3（负债/权益）的资本结构为W项目筹资。如果决定投资该项目，甲公司将于2014年10月发行5年期债券。由于甲公司目前没有已上市债券，拟采用风险调整法确定债务资本成本。W项目的权益资本相对其税后债务资本成本的风险溢价为5%。

甲公司的信用级别为BB级，目前国内上市交易的BB级公司债有三种，这三种债券及与其到期日接近的政府债券的到期收益率见表6-23。

表6-23　**三种债券的到期收益率**

发债公司	上市债券到期日	上市债券到期收益率	政府债券到期日	政府债券到期收益率
H	2015年1月28日	6.5%	2015年2月1日	3.4%
M	2016年9月26日	7.6%	2016年10月1日	3.6%
L	2019年10月15日	8.3%	2019年10月10日	4.3%

（8）预计W项目短时间可建成，可以假设没有建设期。为简化计算，假设经营许可费、项目初始投资、广告费均发生在第1年年初（零时点），项目营业收入、付现成本等均发生在以后各年年末，垫支的营运资金于各年年初投入，在项目结束时全部收回。

（9）甲公司适用的企业所得税税率为25%。

要求：

（1）根据所给资料，估计无风险利率，计算W项目的加权平均资本成本，其中债务资本成本采用风险调整法计算，权益资本成本采用债券收益加风险溢价法计算。

（2）计算W项目的初始（零时点）现金流量、每年的现金净流量及项目的净现值（计算过程及结果填入表6-24中），判断项目是否可行并说明原因。

表 6-24　　　　　　　　　　净现值计算过程及结果　　　　　　　　　　单位：万元

项目	零时点	第 1 年	第 2 年	第 3 年	第 4 年	第 5 年
现金净流量						
折现系数						
现金净流量的现值						
净现值						

（3）以项目目前净现值为基准，假设 W 项目各年接待游客人次下降 10%，用敏感程度法计算净现值对接待游客人次的敏感系数。

第七章　营运资本投资管理

学习目标

（1）理解营运资本投资的基本策略；

（2）了解现金与有价证券、应收账款和存货的日常控制方法；

（3）掌握最佳现金持有量的确定、应收账款信用政策制定、存货经济订货批量的确定方法。

营运资本投资内容主要包括现金与有价证券、应收账款和存货。应收账款和存货在流动资产中往往占有较大的比重。应收账款信用政策制定、存货管理模式的选择对营运资本投资的效率和营运资本投资策略的选择产生重要影响。

第一节　营运资本投资概述

营运资本管理是一个越来越受重视的领域。由于市场竞争的日趋激烈和经营环境的不断变化，营运资本管理水平对于企业的生存和发展起着至关重要的作用。营运资本管理比较复杂，涉及企业的所有部门，尤其需要采购、生产、销售和信息处理等部门的配合，企业的财务经理把大部分时间用于营运资本管理，而不是长期财务决策。

一、营运资本的概念

营运资本（working capital）又叫营运资金。国外学术界对营运资本概念的界定都基于美国学者 Eugene F. Brigham 和 Scott Besley（1972）给出的两个概念：营运资本与净营运资本。其中，营运资本，是指公司对于短期资产的投资，如现金、可转让证券、存货以及应收账款；净营运资本，则是指流动资产减去流动负债的余额，即通过长期负债融资而购买的流动资产的数额。

营运资本的这两种不同概念，其实是资金来源与运用统一体的两个方面。营运资本（即广义的营运资本）只是对企业流动资产投资总额的反映，并未涉及资金来源。净营运资本（即狭义的营运资本）表现为企业流动资产与流动负债之间的差额，在一定程度上反映了流动资产与流动负债之间的关系。

目前，我国和西方学术界对营运资本的普遍定义是：营运资本是流动资产减去流动负债后的余额。

营运资本＝流动资产－流动负债

由于：

流动资产＋非流动资产＝股东权益＋流动负债＋非流动负债

所以：

式一：营运资本＝（股东权益＋非流动负债）－非流动资产＝长期资本－非流动资产

式二：流动资产＝（长期资本－非流动资产）＋流动负债

式一表明，营运资本也是永久性资本与非流动资产净值之间的差额，是企业的长期资本满足了持有非流动资产的需要后，剩下的那部分可供短期及日常经营所使用的资金；式二表明，流动资产投资所需的一部分资金由流动负债支持，另一部分由长期资本支持。

【例 7-1】(2009 年中级会计师职称考试真题）下列各项中，可用于计算营运资金的算式是（　　）。

A. 资产总额-负债总额　　B. 流动资产总额-负债总额

C. 流动资产总额-流动负债总额　　D. 速动资产总额-流动负债总额

参考答案：C。营运资本=流动资产-流动负债。

二、营运资本投资的内容

营运资本管理分为流动资产管理和流动负债管理两个方面。前者是对营运资本投资的管理，后者是对营运资本筹资的管理。

流动资产是指在一年内或者超出一年的一个营业周期内变现或者耗用的资产。根据营运资金管理的需要，我们将流动资产按以下标准分类：

1. 按流动资产组成要素不同分类

按流动资产组成要素不同，可以将流动资产分为货币资金、应收款项、存货和交易性金融资产等项目。

2. 按流动资产用途不同分类

按流动资产用途不同，可以将流动资产分为永久性流动资产和临时性流动资产。

永久性流动资产是指那些即使企业处于经营低谷也仍然需要保留的，用于满足企业长期稳定需要的流动资产。永久性流动资产与企业的固定资产有两点极为相似：第一，尽管筹资购得的资产被称为流动资产，但投资的金额是长期性的；第二，对于一个处于成长过程中的企业来说，所需要的永久性流动资产会随着时间的变化而增长，正如固定资产水平也随着时间的变化而增长一样。然而，永久性流动资产的一个十分不同于固定资产的重要特征在于，它是不断变化的。企业的固定资产在其使用期内不会发生明显的变化；但企业的现金、应收账款和存货都在不停地流动，它们在总体上所代表的流动资产总和是一定的。因而，永久性流动资产并非指永久性停留在原地的特定流动资产，而是指其中的具体物件不断轮换的永久性流动资产投资水平。

临时性流动资产是指那些受季节性、周期性影响的流动资产，如季节性存货、销售和经营旺季的应收账款等。如同永久性流动资产一样，临时性流动资产由形式不断变化的流动资产组成。但是，由于在企业的总流动资产中，这部分流动资产的需求是季节性的，我们可以从其本身就是季节性的或临时性的来源筹集这部分流动资产。

三、营运资本投资的特点

与固定资产等长期资产投资相比，流动资产投资具有以下特点：

1. 周转期短

流动资产在企业生产过程中要从货币资金开始，经储备资金、生产资金、成品资金再回到货币资金，不断周转变化。这一转换过程通常在一年或长于一年的一个营业周期内完成。

2. **变现能力强**

短期投资、应收账款、存货等流动资产一般具有较强的变现能力，如果遇到意外情况，企业出现资金周转不灵、现金短缺等，便可迅速变卖这些资产，以获取现金。这对财务上应付临时性资金需求具有重要意义。因此，企业拥有较多的流动资产，可在一定程度上降低财务风险。

3. **波动性较大**

企业的流动资金数量会随着企业生产经营活动的内外部条件变化而变化，时高时低，呈现出波动性。一般来讲，生产经营具有季节性的企业的流动资产的波动性大于非季节性企业的流动资产的波动性。

4. **灵活多样**

企业流动资产的实物形态是经常变化的。每个流动资产循环都需要经过采购、生产、销售过程，按照现金、材料、在产品、产成品、应收账款、现金的顺序往复。因此，在进行流动资产管理时，必须在各项流动资产上合理配置资金数额，以促进资金周转顺利进行。

第二节　现金与有价证券管理

现金是可以立即投入流通，用以购买商品或用以偿还债务的交换媒介物。现金是流动性最强的资产，拥有足够的现金对降低企业财务风险、增强企业资金的流动性具有十分重要的意义。属于现金内容的项目，包括企业库存现金、各种形式的银行存款和银行本票、银行汇票等。

有价证券是企业利用临时闲置的资金购入的，具有变现力强、风险较小的特点，其性质类似现金，可视为现金等价物，往往将其与现金结合起来一同管理。

一、现金管理的目标

（一）持有现金的动机

企业持有现金的动机主要有三个方面：

1. **支付的动机**

支付的动机是指满足日常业务的现金支付需要，如用于购买材料、支付工资、支付股利等。企业经常得到收入，也经常发生支出，两者不可能同时等额发生。收入多于支出，形成现金置存；收入少于支出，需要借入资金。企业必须保留一定的现金余额，这可以使企业在现金支出大于现金收入时，不致中断交易。

2. **预防的动机**

预防的动机是指置存现金以防发生意外的支付。企业预计的现金需要量一般是指正常情况下的需要量，但有时会出现预料不到的开支，例如地震、火灾等自然灾害都会使现金收支出现不平衡，如果持有较多的现金，便可使企业更好地应付这些意外事件的发生。预防动机所需现金的多少取决于三个因素：（1）现金收支预测的准确程度；（2）企业在发生不测事件时的临时筹资能力；（3）企业承担风险的意愿程度。若企业现金流量预测的准确度高，或企业能够很容易地随时借到短期资金，愿意承担较大的风险，那么就可以减少预防性现金数额，反之，则应扩大预防性现金数额。

3. **投机的动机**

投机的动机是指企业置存现金用于不寻常的购买机会，例如大量购入廉价原材料，适当时机购入价格有利的股票和其他有价证券从中获得收益。当预期利率将要下降、有价证券的价格将要上升时，投机的需要就会鼓励企业将现金投资于有价证券，以便从有价证券价格的上升中得到收益。

（二）现金管理的目标

如果企业现金结余过多，这些资金将不能投入周转取得盈利，从而降低企业的收益。一般说来，在市场正常情况下，流动性强的资产，其收益性较低。因此，企业应尽可能少地置存现金，避免由于资金闲置或用于低收益资产而带来的损失。但企业若缺乏必要的现金，又会影响生产经营活动，给企业造成损失，这种损失我们称之为现金短缺成本，因此企业便面临着现金过量和现金不足两方面的威胁。企业现金管理的目标就是要在资产的流动性和盈利能力之间做出抉择，以获取最大的长期利润，力求做到既保证企业交易所需资金，降低风险，又不使企业有过多的闲置现金，以增加收益。

二、现金管理的有关规定

企业在日常的经营过程中会发生大量的、重复的现金收支业务。现金是企业的一项重要资产，为了保障各项现金的收支业务安全、有序、规范地进行，我国制定了相关的条例、办法，以规范现金收支业务的日常管理。

（一）库存现金的日常管理

《中华人民共和国现金管理暂行条例》对库存现金管理有明确要求，各单位必须严格遵守这些规定。

1. **规定了库存现金的使用范围**

该范围包括；职工工资、津贴；个人劳动报酬；根据国家规定颁发的个人的科学技术、文化艺术、体育等各种奖金；各种劳保、福利费用以及国家规定的对个人的其他支出；向个人收购农副产品和其他物资的价款；出差人员必须随身携带的差旅费；结算起点（1 000 元）以下的零星支出；中国人民银行确定需要支付现金的其他支出。

2. **核定库存现金限额**

开户银行根据企业实际需要，核定企业 3 ~5 天的日常零星开支所需的库存现金限额。边远地区和交通不便地区的企业的库存现金限额，可以多于 5 天，但不得超过 15 天的日常零星开支。企业超过库存现金限额的现金，应及时送存银行。

3. **建立现金收支的职责分工和内部牵制制度**

现金收支的职责分工和内部牵制制度主要是指现金的保管职责与记账职责应由不同人员担任，要实现管钱的不管账、管账的不管钱，使出纳人员和会计人员互相牵制，互相监督。凡有现金收付，必须坚持复核；在款项转移和出纳人员调换时，必须办理交接手续，做到责任清楚，要经常检查库存现金与账面记录是否一致，以保证钱款安全。

4. **不得坐支现金**

现金收入应于当日送存开户银行。有关现金的支出，除限额内的零星开支外，其余的开支必须从银行提取，不得从本单位的现金收入中直接支付（坐支）。因特殊情况需坐支现金的，应事先报开户银行审查批准，由开户银行核定坐支范围和限额，坐支单位应定期向开户银行报送坐支金额和使用情况。

5. **不得保存账外公款**

这包括不得将公款以个人名义存入银行和保存账外现钞等各种形式的账外公款。

（二）银行存款的日常管理

为了维护金融秩序，规范银行账户开立和使用，中国人民银行制定的《银行账户管理办法》、《支付结算办法》规定：

（1）企业应在银行或其他金融机构开立账户，以办理存款、取款和转账结算等。企业开立账户，必须遵守有关银行账户管理的各项规定，如不得出租、出借银行账户；企业超过库存现金限额的现金，应存入银行，由银行统一管理；不得签发空头支票和远期支票；不得套用银行信用。

（2）各单位之间的一切经济往来，包括产品销售、劳务等的结算，除结算金额起点以下的零星支付以外，都必须通过银行进行转账结算，账户内必须有足够的资金保证支付。转账结算必须以合法有效的票据和结算凭证为依据。企业单位、个人和银行办理支付结算时，必须遵守“恪守信用，履约付款；谁的钱进谁的账，由谁支配；银行不垫款”的原则”。

（3）企业应根据业务特点，采用恰当的结算方式办理各项结算业务。在我国，主要有银行汇票、商业汇票、银行本票、支票汇兑、委托收款和异地托收承付七种转账结算方式。企业在办理结算时应遵守各种结算方式的适用条件和结算程序。

企业银行存款主要有结算户存款、单位定期存款、专项存款、信托存款四种类型。加强对银行存款的管理对企业具有重要意义，企业应按期对银行存款进行清查，保证银行存款安全完整。

三、现金收支的管理

为了实现现金的管理目标，提高现金的使用效率，除了要按照相关条例、制度做好现金的日常管理之外，还应重点加强对现金的收支管理。

（一）现金周转期

现金周转期是指介于公司支付现金与收到现金之间的时间段，即营运资金的循环过程。在这段时间中，企业要购买原材料，但并不是购买原材料的当天就马上付款，这一延迟的时间段就是应付账款周转期。企业对原材料进行加工最终转变为产成品并将之卖出，收回货款。从产品售出到收回货款，需要一段时间，这一时间段被称之为应收账款周转期。而现金周转期则是存货周转期与应收账款周转期之和减去应付账款周转期。用公式来表示就是：

现金周转期=存货周转期+应收账款周转期-应付账款周转期

其中：

存货周转期=平均存货÷每天的销货成本

应收账款周转期=平均应收账款÷每天的赊销收入

应付账款周转期=平均应付账款÷每天的购货成本

所以，要减少现金周转期，可以从以下方面着手：加快制造与销售产成品来减少存货周转期；加速应收账款的回收来减少应收账款周转期；减缓支付应付账款来延长应付账款周转期。

（二）收款管理

1. 收账的流动时间

一个高效率的收款系统能够使收款成本和收款浮动期达到最小，同时能够保证与客户汇款及其他现金流入来源相关的信息的质量。收款系统成本包括浮动期成本、管理收款系统的相关费用（例如银行手续费）及第三方处理费用或清算相关费用。在获得资金之前，收款在途项目使企业无法利用这些资金，也会产生机会成本。信息的质量包括收款方得到的付款人的姓名、付款内容和付款时间。信息要求及时、准确地到达收款人一方，以便收款人及时处理资金，做出发货安排。

收款浮动期是指从支付开始到企业收到资金的时间间隔。收款浮动期主要是由纸基（或称纸质）支付工具导致的，有下列三种类型：

（1）邮寄浮动期，即从付款人寄出支票到收款人或收款人的处理系统收到支票的时间间隔。

（2）处理浮动期，即支票的接受方处理支票和将支票存入银行以收回现金所花的时间。

（3）结算浮动期，即通过银行系统进行支票结算所需的时间。

2. 邮寄的处理

纸基支付收款系统主要有两大类：一类是柜台存入体系；另一类是邮政支付系统。

这里主要讨论企业通过邮政收到顾客或其他商业伙伴支票的支付系统。一家企业可能采用内部清算处理中心或者一个锁箱来接收和处理邮政支付。具体采用哪种方式取决于两个因素：支付的笔数和金额。

企业处理中心处理支票和做存单准备都在企业内进行。这一方式主要为那些收到的付款金额相对较小而发生频率很高的企业所采用（例如公用事业企业和保险公司）。场内处理中心最大的优势在于对操作的控制。操作控制可以有助于：

（1）对系统做出调整改变；

（2）根据公司需要定制系统程序；

（3）监控掌握客户服务质量；

（4）获取信息；

（5）更新应收账款；

（6）控制成本。

3. 收款方式的改善

电子支付方式对比纸基支付方式是一种改进。电子支付方式提供了如下好处：

（1）结算时间和资金可用性可以预计；

（2）向任何一个账户或任何金融机构的支付具有灵活性，不受人工干扰；

（3）客户的汇款信息可与支付同时传送，更容易更新应收账款；

（4）客户的汇款从纸基方式转向电子方式，减少或消除了收款浮动期，降低了收款成本，收款过程更容易控制，并且提高了预测精度。

（三）付款管理

现金支出管理的主要任务是尽可能延缓现金的支出时间。当然，这种延缓必须是合理合法的。

1. **使用现金浮游量**

现金浮游量是指由于企业提高收款效率和延长付款时间所产生的企业账户上的现金余额和银行账户上的企业存款余额之间的差额。

2. **推迟应付款支付**

推迟应付款支付，是指企业在不影响自己信誉的前提下，充分运用供货方所提供的信用优惠，尽可能地推迟应付款的支付期。

3. **以汇票代替支票**

汇票分为商业承兑汇票和银行承兑汇票。与支票不同的是，承兑汇票并不是见票即付。这一方式的优点是推迟了企业调入资金支付汇票的实际所需时间，这样企业就只需在银行中保持较少的现金余额；缺点是某些供应商可能并不喜欢用汇票付款，银行也不喜欢处理汇票，它们通常需要耗费更多的人力，因此同支票相比，银行会收取较高的手续费。

4. **改进员工工资支付模式**

企业可以为支付工资专门设立一个工资账户，通过银行向职工支付工资。为了最大限度地减少工资账户的存款余额，企业要合理预测从开出支付工资的支票到职工去银行兑现的具体时间。

5. **透支**

企业开出支票的金额大于活期存款余额。它实际上是银行向企业提供的信用。透支的限额由银行和企业共同商定。

6. **争取现金流出与现金流入同步**

企业应尽量使现金流出与现金流入同步，这样就可以降低交易性现金余额，同时可以减少有价证券转换为现金的次数，提高现金的利用效率，节约转换成本。

7. **使用零余额账户**

使用零余额账户，即企业与银行合作，保持一个主账户和一系列子账户，企业只在主账户保持一定的安全储备，一系列子账户不需要保持安全储备。当从某个子账户签发的支票需要现金时，所需要的资金立即从主账户划拨过来，从而使更多的资金可以用作他用。

企业若能有效控制现金支出，同样可带来大量的现金结余。控制现金支出的目标是在不损害企业信誉的条件下尽可能推迟现金的支出。

【例 7-2】（2010 年中级会计师职称考试真题）下列各项中，不属于现金支出管理措施的是（　　）。

A. 推迟支付应付款　　B. 企业社会责任

C. 以汇票代替支票　　D. 争取现金收支同步

参考答案：B。现金支出管理的主要任务是尽可能延缓现金支出时间，但必须是合理的，包括使用现金浮游量、推迟应付款支付、以汇票代替支票、改进员工工资支付模式、透支、争取现金流出与现金流入同步、使用零余额账户。

四、最佳现金持有量的确定

现金是一种非盈利资产，过多地保持现金势必会降低企业的盈利能力，然而现金过少也会给企业带来资金周转困难和增加财务风险，为此，企业除了做好现金日常收支的管理，加速现金流转速度外，还必须控制好现金持有规模，即确定适当的现金持有量。确定最佳的现金持有量是现金管理中的一个重要内容，其分析模式有成本分析模式、存货模式、随机模式、概率模式等。这里主要介绍前三种。

（一）成本分析模式

成本分析模式是通过分析持有现金的成本，寻找使持有成本最低的现金持有量。企业持有现金的成本有三种：

1. 机会成本

机会成本即持有现金所放弃的报酬，是指因持有现金而损失的投资收益，通常按有价证券的利息率计算。例如某企业持有 20 万元的现金，投资收益率为 10%，则该企业每年持有现金的成本为 2 万元（20×10%）。现金持有额越大，机会成本越高。企业为了经营业务，需要拥有一定的现金，付出相应的机会成本代价是必要的，但现金拥有量过多，使得机会成本代价大幅度上升则不合算了。

2. 管理成本

企业拥有现金，会发生各种管理费用，如管理人员的工资、安全措施费等，这些费用构成了现金的管理成本。管理成本是一种固定成本，与现金持有量之间无明显的比例关系。

3. 短缺成本

短缺成本是指因缺乏必要的现金，不能应付业务开支所需而使企业蒙受的损失或为此付出的代价，如造成信用损失、无法享受折扣等。现金的短缺成本随现金持有量的增加而下降，随现金持有量的减少而上升。

上述三项成本之和最小的现金持有量，就是最佳现金持有量。三种成本线可用图 7-1 表示。总成本线是一条抛物线，该抛物线的最低点是持有现金的最低总成本。在具体计算最佳现金持有量时，可以先分别计算出各种方案的机会成本、管理成本、短缺成本之和，再从中选出总成本最低的现金持有量即为最佳现金持有量。

【例 7-3】某企业有甲、乙、丙三种现金持有方案，各方案的机会成本、管理成本和短缺成本的情况见表 7-1。

表 7-1　　**现金持有方案**　　单位：元

项目	甲方案	乙方案	丙方案
现金持有量	30 000	60 000	90 000
机会成本	4 000	6 000	9 000
管理成本	15 000	15 000	15 000
短缺成本	10 000	5 500	3 500
总成本	29 000	26 500	27 500

比较四种方案的总成本可知，乙方案的总成本最低。也就是说，当企业持有 60 000

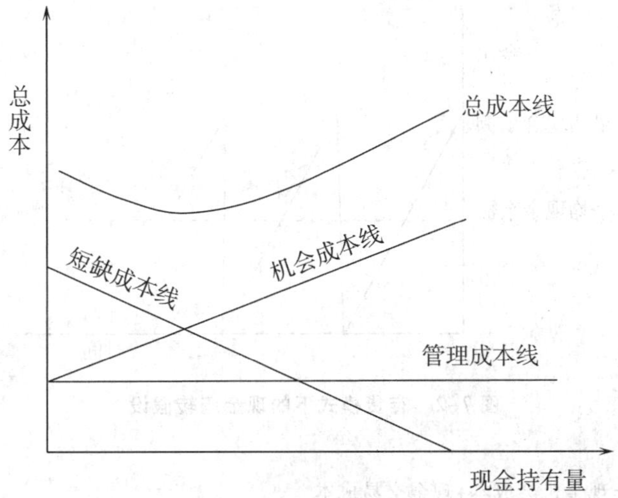

图 7-1　最佳现金持有量的成本分析模式图

元现金时，企业持有现金的总代价最低，60 000 元是该企业的最佳现金持有量。

【例 7-4】（2010 年中级会计师职称考试真题）运用成本模型计算最佳现金持有量时，下列公式中，正确的是（　　）。

A. 最佳现金持有量=min（管理成本+机会成本+转换成本）

B. 最佳现金持有量=min（管理成本+机会成本+短缺成本）

C. 最佳现金持有量=min（机会成本+经营成本+转换成本）

D. 最佳现金持有量=min（机会成本+经营成本+短缺成本）

参考答案：B。在成本模型下，最佳现金持有量是管理成本、机会成本和短缺成本三者之和的最小值。所以，本题的答案为选项 B。

（二）存货模式

存货模式又称鲍莫模型（Baumol model）。经济学家威廉·鲍莫首先注意到，现金资产的特点类似于存货资产，可以将其视为一种特殊存货，可按确定最佳存货量的经济订货量确定最佳现金持有量。

存货模式假定企业将多余的现金全部投资于短期有价证券，短期有价证券的组合可以随时转换为现金，并且对于企业未来年度的现金流量可以比较准确地预测，其现金流转也是比较有规律的。每次转换可以生成大量的现金流入，然后逐渐流出，当现金余额接近于零时，再次重复转换。其现金流转模式见图 7-2。

由图 7-2 可见，当企业持有的现金趋于零时，就需要将短期有价证券转换成现金用于日常开支。但现金转换为短期有价证券和短期有价证券转换为现金时，均需要支付税金、佣金等转换成本。在一定时期内，短期有价证券和现金之间转换的次数越多，其转换成本就越高。当然，企业留存的现金也要付出一定的代价，这些代价主要是持有现金的机会成本，因为保留现金意味着丧失了投资短期有价证券而产生投资收益的机会，即持有现金所产生的机会成本。一般来说，持有的现金余额越多，其机会成本越大。

在存货模式下，现金机会成本与现金交易成本之和构成现金置存总成本，用公式表示

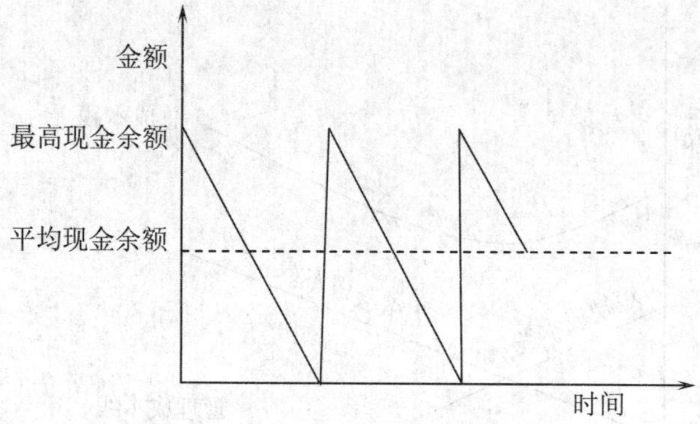

图 7-2　存货模式下的现金流转假设

如下：

现金置存总成本 = 现金机会成本 + 现金交易成本

= 平均现金存量 × 短期有价证券利率 + 交易次数 × 每次交易固定成本

$$= \frac{C}{2} \cdot K + \frac{T}{C} \cdot F$$

式中，C 为每次出售有价证券所能获得的现金量；C/2 为平均现金存量；K 为短期有价证券利率；T 为净现金需求，是指为满足一定时期（通常为 1 年）生产经营需要，企业需要新筹集的现金总额；F 为每次交易固定成本。

要使现金置存总成本最低，则需要对上式中的 C 求一阶导数，并令其等于零，则：

$$\frac{K}{2} - \frac{FT}{C^2} = 0$$

$$C^* = \sqrt{\frac{2FT}{K}}$$

式中，C * 为最佳现金持有量。

可用图 7-3 表示上述各要素关系。

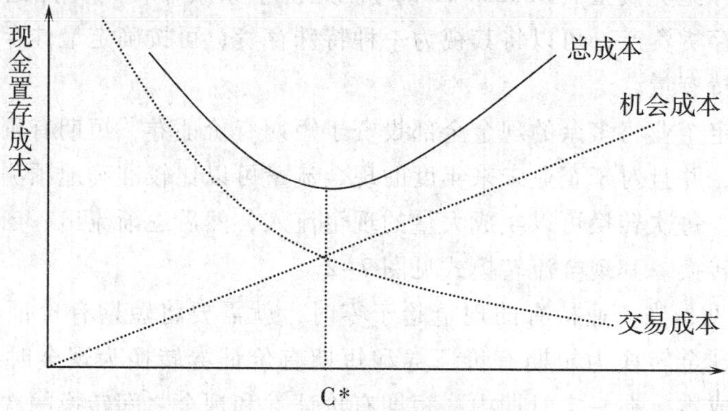

图 7-3　最佳现金持有量的存货模式图

【例 7-5】某企业每周现金流入量为 23 万元，流出量为 31 万元，每周净现金流出量为 8 万元，年净现金需求（T）为 416 万元（8 万元×52 周）。设每次交易固定成本为 146 元，短期有价证券利率（K）为 12%。则：

最佳现金持有量 $C*=\sqrt{\frac{2\times0.0146\times416}{12\%}}=10.06$（万元）

现金持有量存货模式作为财务管理中现金管理的一种重要手段，能为企业准确测算现金的合理存量及有价证券的转换次数。它一般适用于一定时期内现金收支变化不大、总需求可测定、随时可以将现金转换为有价证券且有价证券报酬率可知的情况。

【例 7-6】（2009 年注册会计师考试真题）甲公司采用存货模式确定最佳现金持有量。如果在其他条件保持不变的情况下，资本市场的投资回报率从 4% 上涨为 16%，那么企业在现金管理方面应采取的对策是（　　）。

A. 将最佳现金持有量提高 29.29%

B. 将最佳现金持有量降低 29.29%

C. 将最佳现金持有量提高 50%

D. 将最佳现金持有量降低 50%

参考答案：D

（三）随机模式

随机模式又称米勒—奥模型（Miller-Orr model）。美国经济学家默顿·米勒（Merton Miller）和丹尼尔·奥（Denier Orr）认为，公司现金流量中存在不确定性。在确定公司目标现金额时，必须充分考虑这种不确定性。

随机模式是在现金需求量难以预知的情况下进行现金持有量控制的方法。对企业来讲，现金需求量往往波动大而且难以预知，但企业可以根据历史经验和现实需要，测算出一个现金持有量的控制范围，即制定出现金持有量的上限和下限，将现金持有量控制在上限和下限之内。当现金持有量达到控制上限时，用现金购入有价证券，使现金持有量下降；当现金持有量降到控制线下限时，则抛售有价证券换回现金，使现金持有量回升。若现金持有量在控制的上限和下限之内，则不必进行现金与有价证券的转换，保持它们各自的现有存量。图 7-4 说明了米勒—奥模型的原理。

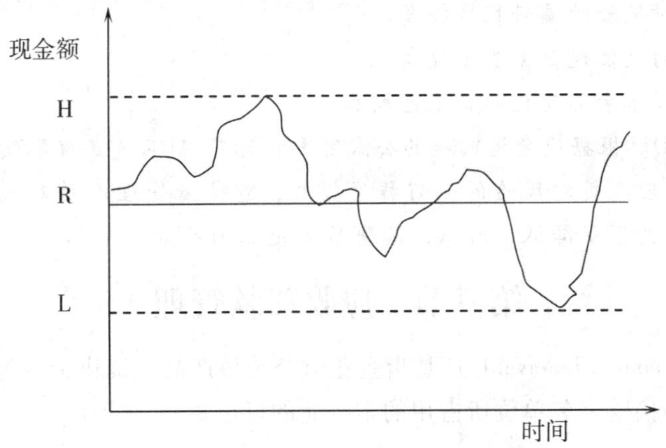

图 7-4　米勒—奥模型

在图 7-4 中，H 和 L 分别代表现金置存量的上限和下限，R 代表恢复点（即目标现金置存量）。如果现金置存量达到上限 H，则将 H-R 的现金投资于有价证券；如果现金置存量降至下限 L，则将 R-L 的短期有价证券出售以补充现金。其中，下限 L 可以是零，也可以是大于零的某一安全储备额，企业管理层可以根据愿意承担的风险而定。对于 R 和 H 的确定，应最大限度地减少现金机会成本和交易成本，其计算公式如下：

$$R=\sqrt[3]{\frac{3F\sigma^2}{4K}}+L$$

$$H=3R-2L$$

式中，F 为每次交易固定成本；K 为短期有价证券日利率；σ^2 为日净现金流量的方差（可根据过去一段时间内的净现金流量资料统计分析得到）。

这一模型使得现金持有的机会成本和有价证券转换成本合计数为最低。恢复点（目标现金置存量）以及现金置存量上下限之间范围的大小，取决于每次交易固定成本和短期有价证券日利率的高低，还取决于每日净现金流量的变动幅度。若每次交易固定成本高，日净现金流量变动幅度大，上下限之间的范围就大，恢复点也相应增高，反之亦然。

【例 7-7】某企业根据以往经验，确定现金置存量的下限为 1 万元，日净现金流量的方差为 60 万元，短期有价证券日利率为 0.03%，固定交易成本为 40 元/次。请计算现金置存量上限和目标现金置存量。

$$R=\sqrt[3]{\frac{3\times40\times600\ 000}{4\times0.03\%}}+10\ 000=13\ 915\ （元）$$

$$H=3\times13\ 915-2\times10\ 000=21\ 745\ （元）$$

即当现金置存量在 10 000 ~ 21 745 元时，无须调整；当现金置存量增至 21 745 元时，将 7 830 元（即 21 745-13 915 元）现金转换为有价证券，使现金恢复到 13 915 元；当现金置存量降至 10 000 元时，应出售 3 915 元有价证券，使现金置存量恢复到合理水平。

【例 7-8】（2011 年注册会计师考试真题）某企业采用随机模式控制现金的持有量。下列事项中，能够使最优现金返回线上升的有（　　）。

A. 有价证券的收益率提高

B. 管理人员对风险的偏好程度提高

C. 企业每日的最低现金需要量提高

D. 企业每日现金余额变化的标准差增加

参考答案：CD。根据现金返回线的公式可知，选项 A 不是正确答案，选项 C 和选项 D 是正确答案；管理人员对风险的偏好程度提高，意味着管理人员对风险的惧怕程度降低，即现金持有量的下限降低，所以，选项 B 不是正确答案。

第三节　应收账款管理

应收账款（accounts receivable）是指企业对外销售产品、提供劳务等所形成的尚未收回的被购货单位和接受劳务单位所占用的本企业的资金。

一、应收账款管理目标

在市场经济里存在着激烈的商业竞争。竞争机制的作用迫使企业以各种手段扩大销售，赊销提供商业信用是促进销售的一种重要形式。应收账款的产生，可以扩大销售增加利润，提高企业的竞争能力，但同时持有应收账款也会使得各种成本增加，因为提供商业信用必然要承担顾客最终无力付款的风险和为收取货款而支付的各种费用，因此，企业应收账款管理的目标就是对上述收益、费用和风险进行比较分析，制定出能使企业收益最大的信用政策。只有当应收账款所增加的盈利超过所增加的成本时，才应当实行应收账款赊销。

二、应收账款的成本

应收账款的成本主要由以下三个方面构成：

（一）机会成本

企业由于资金被应收账款占用而无法投资于其他方面的收益，即应收账款的机会成本（opportunity cost）。这种成本通常与被应收账款占用的资金的数量、时间和资本成本成正比。恰当的资金成本一般按有价证券的利息率计算。

【例 7-9】（2013 年中级会计师职称考试真题）某企业预计下年度销售净额为 1 800 万元，应收账款周转天数为 90 天（一年按 360 天计算），变动成本率为 60%，资本成本为 10%，则应收账款的机会成本是（　　）万元。

A. 27　　B. 45　　C. 108　　D. 180

参考答案：A。应收账款的机会成本 = 1 800÷360×90×60%×10% = 27（万元）。

（二）管理成本

管理成本包括针对顾客的信用状况进行调查所需的费用、收集各种信息的费用、催收账款的费用以及其他用于应收账款的管理费用。

（三）坏账成本

坏账成本（bad-debt losses）是指由于应收账款不能及时收回发生坏账而给企业造成的损失。该项成本一般与应收账款的数量成正比。

三、应收账款政策的制定

应收账款政策又称信用政策，是企业通过权衡收益和风险对最佳应收账款水平进行规划和控制的一些原则性规定。应收账款赊销效果的好坏，取决于企业制定的信用政策是否合理。这主要包括以下三方面内容：

（一）信用条件

信用条件是指企业要求顾客支付赊销款项的条件，包括信用期限、折扣期限和现金折扣。

1. 信用期限

信用期限是指企业给予顾客的最长付款时间，即顾客从购货到付款之间的时间，如某企业规定“NET30”就表示企业允许顾客在购货后 30 天内付款，信用期为 30 天。信用期过短，不足以吸引顾客，在竞争中不利于扩大销售额；信用期过长，虽然会增加销售额，但也会相应增加应收账款的机会成本、坏账损失、收账费用，所得收益有时会被增长的费用抵消。因此，对于信用期的确定，企业应根据具体情况慎重权衡，主要是分析改变现行信用期对收入和成本的影响，若放宽信用期增加的收益大于成本的增加，就可以延长信用期。

2. 折扣期限和现金折扣

折扣期限是为顾客规定的可享受现金折扣的付款时间。现金折扣是在顾客提前付款时给予的价格上的优惠，它通常与信用期间相关，构成信用条件，例如，“5/10，3/20，N/30”表示顾客10天内付款，可享受5%的价格优惠；20天内付款，可享受3%的优惠；付款的最后期限为30天，无现金折扣。企业提供现金折扣的主要目的在于吸引顾客为享受优惠而提前付款，缩短企业的平均收款期，同时，也会吸引一批视折扣为降价出售的客户，扩大销售量。现金折扣能带给企业好处，但也使企业增加了成本（价格折扣损失）。因此，对于究竟采用多少现金折扣，企业应当考虑折扣所能带来的收益与成本孰高孰低来进行权衡，最终确定最佳方案。

【例7-10】某公司现在的信用条件是：30天内付款，无现金折扣，平均收现期为40天，销售收入为10万元。应收账款的机会成本为10%，预计明年的销售利润率与今年相同，仍保持30%。现为了扩大销售，企业要改变信用条件，制定了两个可供选择的方案，见表7-2。

表7-2 不同折扣条件的方案

项目	方案一	方案二
信用条件	3/10，N/20	2/20，N/30
增加的销售额	40 000元	50 000元
增加销售额的坏账损失率	3%	4%
需付现金折扣的销售额占总销售额的百分比	60%	70%
平均收现期	15天	25天

为了评价两个可供选择的信用条件孰优孰劣，必须测算两个方案各自对收益和成本的影响，测算结果见表7-3。

表7-3 两个方案对收益和成本的影响 单位：元

项目	方案一	方案二
增加的销售利润	40 000×30%＝12 000	50 000×30%＝15 000
增加的应收账款机会成本	$(\frac{15}{360}\times 140\ 000-\frac{40}{360}\times 100\ 000)\times 10\%=-528$	$(\frac{25}{360}\times 150\ 000-\frac{40}{360}\times 100\ 000)\times 10\%=-69$
增加的现金折扣	140 000×60%×3%＝2 520	150 000×70%×2%＝2 100
增加的坏账损失	40 000×3%＝1 200	50 000×4%＝2 000
信用政策变化对利润的综合影响	12 000－（－528）－2 520－1 200＝8 808	15 000－（－69）－2 100－2 000＝10 969

在本例中，比较两个方案，采用方案二增加的利润较多，故应采用方案二。

【例7-11】（2011年中级会计师职称考试真题）B公司是一家制造类企业，产品的变动成本率为60%，一直采用赊销方式销售产品，信用条件为N/60。如果继续采用N/60

的信用条件，预计 2011 年赊销收入净额为 1 000 万元，坏账损失为 20 万元，收账费用为 12 万元。

为扩大产品的销售量，B 公司拟将信用条件变更为 N/90。在其他条件不变的情况下，预计 2011 年赊销收入净额为 1 100 万元，坏账损失为 25 万元，收账费用为 15 万元。假定等风险投资最低报酬率为 10%，一年按 360 天计算，所有客户均于信用期满付款。

要求：

(1) 计算信用条件改变后 B 公司收益的增加额。

(2) 计算信用条件改变后 B 公司应收账款成本增加额。

(3) 为 B 公司做出是否应改变信用条件的决策并说明理由。

参考答案：

(1) 收益增加额 = (1 100−1 000) × (1−60%) = 40 (万元)

(2) 应收账款成本增加额 = (1 100÷360×90−1 000÷360×60) ×60% ×10% = 6.5 (万元)

(3) 税前损益增加额 = 40−6.5− (25−20) − (15−12) = 25.5 (万元)

结论：由于税前损益增加额大于 0，所以，应该改变信用条件。

(二) 信用标准

信用标准 (credit standard)，是指顾客为获得企业提供的商业信用所应具备的条件。如果顾客达不到信用标准，便不能享受企业的信用或只能享受较低的信用优惠。企业在设定信用标准时，主要考虑顾客赖账的可能性，通常用预期的坏账损失率作为判别标准。如果企业的信用标准比较严格，只对信誉较好、坏账损失率低的顾客赊销，则会减少占用在应收账款上的资金，减少应收账款的机会成本、管理成本和坏账成本，但可能会减少销售量；反之，信用标准宽松，会扩大销售量，但同时也增加了应收账款的成本，企业应根据具体情况权衡。

【例 7-12】(2010 年中级会计师职称考试真题) 企业采用严格的信用标准，虽然会增加应收账款的机会成本，但能扩大商品销售额，从而给企业带来更多的收益。( )

参考答案：×。本题考核的是信用政策下的信用标准。如果企业执行的信用标准过于严格，可能会降低对符合可接受信用风险标准客户的赊销额，因此会限制企业的销售机会，赊销额降低了，应收账款也会降低，所以机会成本也会随之降低，本题说法错误。

(三) 收账政策

收账政策是当企业的信用条件被违反时，企业应采取的收账策略。收账策略包括两方面的内容：一是收账费用；二是收账程序。

1. 收账费用

催收账款要发生费用。一般而言，收账的花费越大，收账措施越有力，可收回的应收账款越大，坏账损失越小，但两者并不一定存在线性关系。当开始花费一些收账费用时，坏账损失有小幅降低；随着收账费用继续增加，坏账损失明显减少；当收账费用达到某一限度以后，坏账损失的减少就不再明显了，这个限度称为饱和点，说明在商品经济条件下，一定的坏账损失是不可避免的，所以企业在制定收账政策时一定要考虑到这一点。因此，企业收账政策的制定要通过对收账过程的成本和收回账款的收益 (所减少的坏账损失) 的权衡来实现。

2. 收账程序

作为收账管理的一项重要工作，企业必须根据具体情况制定出收账程序。当发现某笔应收账款到期且客户未归还款项时，企业一般应采取如下程序：

（1）信函通知。向客户发出措辞委婉的信件，提示对方已过期账款情况。

（2）电话催收。如果发出信函后没有收到回复，可向对方进行电话催收。

（3）上门催收。如果电话催收无效，可派专人上门当面洽谈催收。

（4）采取法律手段。如果上述手段均无效，可诉诸法律。

上述信用标准、信用条件、收账政策构成了信用政策。企业可以将上述因素综合加以考虑，制定综合信用政策。决策时采用的原则是赊销的总收益应大于因赊销带来的总成本，即比较信用标准、信用条件、收账政策的综合变化对销售额、应收账款机会成本、坏账成本以及收账成本的影响。信用政策的基本模式见表 7–4。

表 7–4 **信用政策的基本模式**

信用标准（预计坏账损失率）	信用条件	收账政策
0 ~ 1%	从宽信用条件，60 天付款	消极收账政策，拖欠 20 天不催收
1% ~ 5%	一般信用条件，45 天付款	一般收账政策，拖欠 10 天不催收
5% ~ 20%	从严信用条件，30 天付款	积极收账政策，拖欠立即催收
20% 以上	不赊销	

四、应收账款的日常管理

信用政策建立后，企业要做好应收账款的日常管理工作，进行信用调查和信用评价，以确定是否同意向顾客赊销，当顾客违反信用条件时还要做好催收账款工作。

（一）调查顾客信用状况

1. 直接法

直接法就是企业的调查人员与顾客直接接触，通过当面采访、询问观看、记录等方式获取信用资料。这种方法的优点在于及时性，但准确性上往往不够，客户的缺点和不足易被掩盖。

2. 间接法

间接法则是以顾客或其他单位保留的各种原始记录和核算资料为基础通过加工整理获得信息的方法。信息资料的来源主要包括：

（1）企业财务报表。这是最重要的资料，企业必须对顾客的财务报表作详细审查分析。

（2）信用评估机构。许多国家都有专门的信用评估机构，定期发布有关企业的信用等级报告，这些资料对了解客户的信用状况具有较大的参考作用。

（3）银行。许多银行都设有信用部，为其客户提供服务。企业可以通过客户的开户银行了解到许多有关客户的信用信息。

（4）有关部门和机构。企业可以利用有关部门的信息作为客户信用分析的辅助信息，比如工商管理部门、企业上级主管部门、财税部门、证券交易部门、消费者协会等。

(5) 其他渠道。比如通过报纸、杂志、互联网等获取相关信息。

(二) 评估顾客信用状况

1. 五 C 评估法

这是西方传统的信用资格评价方法，是指企业评价顾客信用的五个因素，即品质（character）、能力（capacity）、资本（capital）、抵押（collateral）、和情况（condition）。

(1) 品质，是评价顾客信用时需考虑的首要因素，指顾客愿意履行偿债义务的可能性。

(2) 能力，指顾客的偿债能力，主要根据顾客的经营状况来判断。

(3) 资本，指顾客的财务状况，一般通过分析财务比率进行判断。

(4) 抵押，指顾客为获得企业的信用而提供给企业作为担保抵押品的资产。

(5) 情况，指将会影响到顾客偿债能力的情况，如经济发展趋势、某一特定地区或部门的特殊发展方向等。

2. 信用评分法

信用评分法（credit-scoring method）的程序是先对顾客的一系列财务比率和信用状况指标进行评分并事先确定对各种财务比率和信用状况要素进行加权的权数，然后加权平均，得出顾客综合的信用分数，并以此进行信用评估。例如，某企业的财务比率和信用状况见表 7-5。

表 7-5　**某企业的财务比率和信用状况**

项目	财务比率和信用状况 (1)	分数 (2)	预计权数 (3)	加权平均数 (4) = (2) × (3)
流动资金周转率	8 次	90	0.20	18
资产负债率（%）	50	85	0.1	8.5
销售净利率（%）	10	85	0.1	8.5
信用评估等级	AA	85	0.25	21.25
付款历史	较好	75	0.25	18.75
企业未来预计	较好	75	0.05	3.75
其他因素	好	85	0.05	4.25
合计			1	83

经验数字表明，信用分数在 80 分以上，说明信用状况良好，可以赊销；信用分数为 60 ~ 80 分，信用状况一般，需深入分析后才能决策；信用分数在 60 分以下，则说明信用状况较差，不宜赊销。

(三) 催收应收账款

在对顾客进行信用调查和信用评估之后，便可确定赊销的对象。尽管如此，总有一部分应收账款由于种种原因不能及时收回，这就要求企业确定合理的催收程序和催收方法。

一般说来，应从催收费用最小的方法开始，逐渐增加费用，即从信函通知、电话催收、上门催收直至采取法律手段。

对于确实无力支付货款的顾客，应区分不同情况处理。如果顾客确实遇到暂时困难，经过努力可以东山再起，企业应适当放宽期限，以帮助顾客渡过短期偿债能力危机；如果顾客达到破产边缘，则应尽快申请其破产防止造成更大损失；对于有支付能力而故意拖欠的客户，则应晓之以理，采用多种催收方法进行催收，如讲理法、激将法、疲劳战法。

（四）应收账款保理

保理是保付代理的简称，是指保理商与债权人签订协议，转让其对应收账款的部分或全部权利与义务，并收取一定费用的过程。

保理又称托收保付，是指卖方（供应商或出口商）与保理商之间存在的一种契约关系；根据契约，卖方将其现在或将来的基于其与买方（债务人）订立的货物销售（服务）合同所产生的应收账款转让给保理商，由保理商提供下列服务中的至少两项：贸易融资、销售分户账管理、应收账款的催收、信用风险控制与坏账担保。可见，保理是一项综合性的金融服务方式，其与单纯的融资或收账管理有本质区别。

应收账款保理是企业将赊销形成的未到期应收账款在满足一定条件的情况下转让给保理商，以获得银行的流动资金支持，加快资金的周转。

保理可以分为有追索权保理（非买断型）和无追索权保理（买断型）、明保理和暗保理、折扣保理和到期保理。

有追索权保理是指供应商将债权转让给保理商，供应商向保理商融通资金后，如果购货商拒绝付款或无力付款，保理商有权向供应商要求偿还预付的现金，如购货商破产或无力支付，只要有关款项到期未能收回，保理商都有权向供应商进行追索，因而保理商具有全部“追索权”，这种保理方式在我国采用较多。无追索权保理是指保理商将销售合同完全买断，并承担全部收款风险。

明保理是指保理商和供应商需要将销售合同被转让的情况通知购货商，并签订保理商、供应商、购货商之间的三方合同。暗保理是指供应商为了避免让客户知道自己因流动资金不足而转让应收账款，并不将债权转让情况通知客户，货款到期时仍由销售商出面催款，再向银行偿还借款。

折扣保理又称为融资保理，即在销售合同到期前，保理商将剩余未收款先部分预付给销售商，一般不超过全部合同额的70% ~90%。到期保理是指保理商并不提供预付账款融资，而是在赊销到期时才支付，届时不管货款是否收到，保理商都必须向销售商支付货款。

应收账款保理对于企业而言，其理财作用主要体现在：

（1）融资功能。应收账款保理，其实质也是一种利用未到期应收账款这种流动资产作为抵押从而获得银行短期借款的一种融资方式。对于那些规模小、销售业务少的公司来说，向银行贷款将会受到很大的限制，而自身的原始积累又不能支撑企业的高速发展，通过保理业务进行融资可能是企业较为明智的选择。

（2）减轻企业应收账款的管理负担。推行保理业务是市场分工思想的运用，面对市场的激烈竞争，企业可以把应收账款让与专门的保理商进行管理，使企业从应收账款的管理之中解脱出来，由专业的保理公司对销售企业的应收账款进行管理，它们具备专业技术人员和业务运行机制，会详细地对销售客户的信用状况进行调查，建立一套有效的收款政策，及时收回账款，使企业减轻财务管理负担，提高财务管理效率。

（3）减少坏账损失，降低经营风险。企业只要有应收账款就有发生坏账的可能性，以往应收账款的风险都是由企业单独承担的，在采用应收账款保理后，一方面可以提供信用风险控制与坏账担保，帮助企业降低其客户违约的风险，另一方面借助专业的保理商去催收账款，能够在很大程度上降低坏账发生的可能性，有效地控制坏账风险。

（4）改善企业的财务结构。应收账款保理业务是将企业的应收账款与货币资金进行置换。企业通过出售应收账款，将流动性稍弱的应收账款置换为具有高度流动性的货币资金，增强了企业资产的流动性，提高了企业的债务清偿能力和盈利能力。

改革开放以后，我国开始试行保理服务业务，然而从整体上看，应收账款保理业务的发展在我国仍处于起步阶段，目前只有少数银行（如中国银行、交通银行、光大银行及中信银行等商业银行）公开对外宣称提供保理业务。随着市场需要的增加、竞争的加剧，保理业务在国内将会得到更好的发展。

五、应收账款的监控

实施信用政策时，企业应当监督和控制每一笔应收账款和应收账款总额。例如，可以运用应收账款周转天数衡量企业需要多长时间收回应收账款，可以通过账龄分析表追踪每一笔应收账款，可以采用 ABC 分析法来确定重点监控的对象等。

（一）应收账款周转天数

应收账款周转天数是衡量应收账款管理状况的一种方法。应收账款周转天数的计算方法为：

应收账款周转期＝平均应收账款÷平均日赊销收入

平均应收账款＝（期初应收账款+期末应收账款）÷2

【例 7-13】某企业 2014 年 3 月底的应收账款余额为 285 000 元，信用条件为在 60 天内按全额付清货款，过去 3 个月的赊销情况见表 7-6。计算应收账款周转天数。

表 7-6　**某企业 1—3 月赊销情况**　单位：元

时期	1 月	2 月	3 月	合计
金额	90 000	105 000	115 000	310 000

平均日赊销收入＝310 000÷90＝3 444.44（元/天）

应收账款周转天数＝285 000÷3 444.44＝82.74（天）

此例中，应收账款的平均周转期（82.74 天）比平均信用期（60 天）多了 22.74 天。

应收账款周转天数提供了一个简单的指标，将企业当前的应收账款周转天数与规定的信用期限、历史趋势以及行业正常水平进行比较，可以反映企业整体的收款效率。当然，应收账款周转天数可能会被销售量的变动趋势和销售的剧烈波动以及季节性销售所破坏。

（二）账龄分析表

账龄分析表将应收账款划分为未到信用期的应收账款和以 30 天为间隔的逾期应收账款，这是衡量应收账款管理状况的另外一种方法。企业既可以按照应收账款总额进行账龄分析，也可以分顾客进行账龄分析。账龄分析法可以确定逾期应收账款。随着逾期时间的增加，应收账款收回的可能性变小。假定信用期限为 30 天，表 7-7 反映出 30% 的应收账款为逾期应收账款。

表 7-7　**账龄分析表**

账龄	应收账款金额（元）	占应收账款总额的百分比（%）
0～30 天	1 750 000	70
31～60 天	375 000	15
61～90 天	250 000	10
91 天以上	125 000	5
合计	2 500 000	100

账龄分析表比计算应收账款周转天数更能揭示应收账款变化趋势，因为账龄分析表给出了应收账款分布的态势，而不仅仅是一个平均数。应收账款周转天数有可能与信用期限相一致，但是有一些账户可能拖欠很严重。因此，应收账款周转天数不能明确地表现出账款拖欠情况。当各个月之间的销售额变化很大时，账龄分析表和应收账款周转天数都可能发出类似的错误信号。

（三）应收账款账户余额的模式

账龄分析表可以用于建立应收账款账户余额的模式，这是重要的现金流预测工具。应收账款账户余额的模式反映一定期间（如一个月）的赊销额在发生赊销的当月月末及随后的各月仍未偿还的百分比。企业收款的历史情况决定了其正常的应收账款账户余额的模式。企业管理部门通过将当前的模式和过去的模式进行对比来评价应收账款账户余额模式的任何变化。企业还可以运用应收账款账户余额的模式来计划应收账款金额水平、衡量应收账款的收账效率以及预测未来的现金流。

【例 7-14】某企业 2015 年 1 月份的销售额为 250 000 元，该货款收回情况见表 7-8。请计算截至 3 月末，1 月份的销售仍未收回的应收账款金额。

表 7-8　**各月份销售及收款情况**　金额单位：元

月份	收款比例	收款金额
1 月	5%	0.05×250 000＝12 500
2 月	40%	0.40×250 000＝100 000
3 月	35%	0.35×250 000＝87 500
合计		200 000

截至 3 月末，1 月份的销售仍未收回的应收账款为：

250 000－200 000＝50 000（元）

然而，在现实世界中，有一定比例的应收账款会逾期或者发生坏账。对应收账款账户余额的模式稍作调整可以反映这些项目。

【例 7-15】为了简便起见，假设没有坏账费用，应收账款账户余额模式见表 7-9。

表 7-9　**各月份应收账款账户余额模式**

月份	销售额（元）	月销售中截至 3 月底未收回的金额（元）	月销售中截至 3 月底仍未收回的百分比（%）
1 月	250 000	50 000	20
2 月	300 000	165 000	55
3 月	400 000	380 000	95
4 月	500 000		

（1）销售当月收回销售额的 5%；

（2）销售后的第一个月收回销售额的 40%；

（3）销售后的第二个月收回销售额的 35%；

（4）销售后的第三个月收回销售额的 20%。

请估计 4 月份的现金流入。

3 月末应收账款余额合计 = 50 000+165 000+380 000 = 595 000（元）

$$\text{估计的4月份现金流入} = \text{4月份销售额的5\%} + \text{3月份销售额的40\%} + \text{2月份销售额的35\%} + \text{1月份销售额的20\%}$$

$$= (0.05\times500\ 000) + (0.40\times400\ 000) + (0.35\times300\ 000) + (0.20\times250\ 000)$$

$$= 340\ 000\ (\text{元})$$

（四）ABC 分析法

ABC 分析法是现代经济管理中广泛应用的一种“抓重点、照顾一般”的管理方法，又称重点管理法。它将企业的所有欠款客户按其金额的多少进行分类排序，然后分别采用不同的收账策略。采用这种收账策略，一方面能加快应收账款收回，另一方面能将收账费用与预期收益联系起来。

【例 7-16】某企业应收账款逾期金额为 260 万元，为了及时收回逾期货款，企业采用 ABC 分析法来加强应收账款回收的监控。具体数据见表 7-10。

表 7-10　**欠款客户 ABC 分析法（共 50 家客户）**

顾客	逾期金额（万元）	逾期期限	逾期金额所占比重（%）	类别
A	85	4 个月	32.69	A
B	46	6 个月	17.69	A
C	34	3 个月	13.08	A
小计	165		63.46	
D	24	2 个月	9.23	B
E	21.5	3 个月	8.27	B
F	19	2 个月	7.31	B
G	15.5	55 天	5.96	B
小计	80		30.77	
H	6	30 天	2.31	C
I	4	28 天	1.54	C
⋮	⋮	⋮	⋮	C
小计	15		5.77	
合计	260		100	

先按所有客户应收账款逾期金额的多少分类排序，并计算出逾期金额所占比重。从表 7-10 中可以看出，应收账款逾期金额在 25 万元以上的有 3 家，占客户总数的 6%，应收账款逾期金额总额为 165 万元，占应收账款逾期金额总额的 63.46%，我们将其划入 A

类，把这类客户作为催款的重点对象。应收账款逾期金额在10万~25万元的客户有4家，占客户总数的8%，其逾期金额占应收账款逾期金额总额的30.77%，我们将其划入B类。欠款在10万元以下的客户有43家，占客户总数的86%，但其逾期金额仅占应收账款逾期金额总额的5.77%，我们将其划入C类。

对这三类不同的客户，应采取不同的收款策略。例如，对A类客户，可以发出措辞较为严厉的信件催收，或派专人催收，或委托收款代理机构处理，甚至可以通过法律手段解决；对B类客户，则可以多发几封信函催收，或电话催收；对C类客户，只需要发出通知其付款的信函即可。

第四节　存货管理

一、存货管理的目标

存货是指企业在生产经营中为了销售或者耗用而储备的物资，包括原材料、燃料、低值易耗品、修理用备件、在产品、自制半成品、产成品，外购商品等。

存货是流动资产中比例较大的项目，在工业企业中，约占流动资产的40%~60%，因此，存货管理的成效如何，直接关系到企业的资金占用水平以及资产运作效率。

一般情况下，企业储存存货的目的主要有以下几点：

1. 保证生产经营正常进行的需要

由于市场有时会出现某种材料的供应中断，或者即使在市场供应量充足的情况下，也会因为供货点离企业较远、途中难免出现运输故障，从而导致所采购的材料未能及时供应，生产经营被迫停顿，造成损失。

2. 降低采购成本的需求

零购物资的价格往往较高，整批购入可降低材料的购入成本。

3. 扩大销售的需求

储存产品或商品使企业能将产品或商品源源不断地供应给顾客，以避免不必要的存货短缺所带来的销售损失。

企业储存存货可解决上述问题，为企业带来相应的经济利益，但同时也增加了企业的财务负担，如增加了仓储费、保险费、维护费、管理人员工资在内的各项开支。另外，储存存货还要承受随市场价格下跌或存货需求改变等形成的存货风险。因此，存货管理的目标在于一方面保证各种存货能满足生产经营的需要，另一方面又能将存货总成本控制在最低，尽力在存货成本与存货效益之间做出权衡，达到两者的最佳结合。

【例7-17】（2013年中级会计师职称考试真题）存货管理的目标是在保证生产和销售需要的前提下，最大限度地降低存货成本。（　　）

参考答案：√。

二、存货成本的构成

（一）订货成本

订货成本（ordering costs）指取得订单的成本，如订购手续费、差旅费、验收和入库费等。订货成本中有一部分与订货次数无关，如常设采购机构的基本开支，称为固定订货成本；另一部分与订货次数有关，如差旅费、电话费等，称为变动订货成本。订货的变动成本与每批订货的数量无关。

若以 D 表示存货的年需求量，Q 表示每批订货数量，K 表示每批订货的变动成本，F_1 表示固定订货成本，则：

$$订货成本=\frac{D}{Q}K+F_1$$

（二）购置成本

购置成本（buying costs）指存货本身的成本，通常包括存货的买价和运杂费等。

若以 D 表示存货的年需求量，R 表示该种存货的单价，则存货的购置成本为 DR。

（三）储存成本

储存成本（carrying costs）指在生产领用或出售之前储存存货而发生的各种成本，主要包括存货占用资金所应计的利息（包括放弃利息和付出利息）、仓库费用、保险费用、库存合理损耗等。

储存成本包括固定成本和变动成本两部分。其中，固定储存成本是与存货储存数量无关的费用，如仓库折旧、仓库保管员工资等；变动储存成本随存货储存数量的变动而变动，如存货资金的应计利息、保险费、正常仓储损耗等。

若以 TC_c 表示年储存成本，K_c 表示单位存货年储存成本，F_2 表示固定储存成本，Q 表示每批订货数量，当每批订货一次全部送达，在订货间隔期内陆续均衡耗用，则：

$$TC_c=\frac{Q}{2}K_c+F_2$$

从该公式可知，一定时期的存货变动储存成本与该时期内的平均存货量成正比。订购批量越大，平均存货量就越高，因而储存成本也越高。

（四）缺货成本

缺货成本（the costs of running out of stock）指由于存货供应中断而造成的损失，包括材料供应中断造成的停工损失或紧急采购材料所追加的费用以及无法向客户供货所造成的损失等。缺货成本较难定量分析，特别是当企业因缺货而无法按期履行合同时，损失的往往不仅仅是经济利益，还包括企业的信誉，信誉损失一般难以在短时期内弥补，故缺货成本是企业应尽量避免发生的成本，企业可通过保险储备等方法避免缺货，缺货成本用 TC_s 表示。

综上所述，年存货总成本（TC）可用下式表示：

年存货总成本=年订货成本+年购置成本+年储存成本+年缺货成本

$$TC=\frac{D}{Q}K+F_1+DR+\frac{Q}{2}K_c+F_2+TC_s$$

【例 7-18】（2012 年中级会计师职称考试真题）下列各项中，不属于存货储存成本的是（　　）。

A. 存货仓储费用　　　　B. 存货破损和变质损失

C. 存货储备不足而造成的损失　　　　D. 存货占用资金的应计利息

参考答案：C。储存成本指为保持存货而发生的成本，包括存货占用资金所应计的利息、仓储费用、保险费用、存货破损和变质损失等。选项 C 属于缺货成本。

三、存货决策

存货决策的内容涉及四个方面：决定进货项目、选择供应单位、决定进货时间和决定进货批量。决定进货项目和选择供应单位是销售部门、采购部门和生产部门的职责，财务部门主要参与进货时间和进货批量的决策。

（一）经济批量

经济批量是指一定时期内储存成本和订货成本总和最低的采购批量。从前述存货成本构成中可知，储存成本的高低与采购量的多少成正比，订货成本的高低与采购量的多少成反比。采购批量越大，形成的库存量越大，储存成本也越高，但由于订货次数减少，又会使订货成本降低；反之，采购批量减少，可使储存成本降低，但又会使订货成本上升。经济批量控制的目标就是要寻找这两种成本合计最低的订购批量。

经济批量可以通过建立数学模型的方法确定。影响存货总成本的因素很多。我们先研究简单的问题，然后再扩展到复杂的问题。首先，来看经济批量的基本模型——瞬时送货模型。

瞬时送货模型是建立在一定的假设基础上的，具体包括：

（1）企业能及时补充存货；

（2）存货能集中到库，而不是陆续到库；

（3）不允许缺货，即无缺货成本（TC_s 为零），

（4）需求量稳定，并且能够预测，即 D 是已知常量；

（5）存货单价不变，不考虑现金折扣，即 R 为已知常量；

（6）企业现金充足，不会因为现金短缺而影响进货；

（7）所需存货市场供应充足，不会因买不到需要的存货而影响采购。

存货经济订货批量示意图如图 7-5 所示。

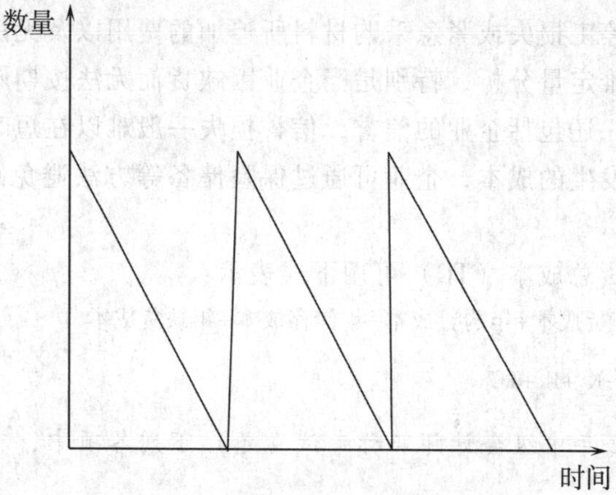

图 7-5　存货经济订货批量示意图

上述假设设立后，存货总成本的公式可简化为：

$$TC=\frac{D}{Q}K+F_1+DR+\frac{Q}{2}K_c+F_2$$

当 F_1、K、D、R、F_2、K_c 为常量时，TC 的大小取决于 Q。为了求出极小值，需对公式中变量 Q 求导，令其为零，从而推出使 TC 最小的每批订货量，用 Q^* 表示为：

$$Q^*=\sqrt{\frac{2KD}{K_c}}$$

这一公式被称为存货经济订货批量的基本模型，用此模型求出的每次订货批量，可使 TC 达到最小值。

该模型还可扩展为下列形式：

$$TC=\frac{D}{\sqrt{\frac{2KD}{K_c}}}\cdot K+\frac{\sqrt{\frac{2KD}{K_c}}}{2}\cdot K_c=\sqrt{2KD\cdot K_c}$$

每年最佳订货次数为：

$$N^*=\frac{D}{Q^*}=\sqrt{\frac{DK_c}{2K}}$$

最佳订货周期（天）为：

$$t^*=\frac{360}{N^*}=\frac{360}{\sqrt{\frac{DK_c}{2K}}}$$

经济订货量占用资金为：

$$I^*=\frac{Q^*}{2}\cdot U=\sqrt{\frac{KD}{2K_c}}\cdot U$$

【例 7-19】某企业全年需耗用甲材料 3 600 千克，该材料的单位储存成本为 2 元/千克，订购成本为每次 25 元，每次订购的材料一次送达，每天均衡使用，材料的单位成本为 10 元/千克。则：

$$Q^*=\sqrt{\frac{2KD}{K_c}}=\sqrt{\frac{2\times25\times3\ 600}{2}}=300\text{（千克）}$$

$$TC（Q^*）=\sqrt{2KD\cdot K_c}=\sqrt{2\times25\times3\ 600\times2}=600\text{（元）}$$

$$N^*=\frac{D}{Q*}=\frac{3\ 600}{300}=12\text{（次）}$$

$$t^*=\frac{360}{N^*}=\frac{360}{12}=30\text{（天）}$$

$$I^*=\frac{Q^*}{2}\cdot U=\frac{300}{2}\times10=1\ 500\text{（元）}$$

【例 7-20】（2011 年中级会计师职称考试真题）根据经济订货批量的基本模型，下列各项中，可能导致经济订货批量提高的是（　　）。

A. 每期对存货的总需求降低　　B. 每次订货费用降低

C. 每期单位存货存储费降低　　D. 存货的采购单价降低

参考答案：C。经济订货批量 $Q^*=\sqrt{\frac{2KD}{K_c}}$，所以本题正确答案为 C。

（二）再订货点

经济批量的基本模型是在前述各假设条件下建立的，一般情况下，企业的存货不能做到随用随补充，因此，不能等到库存为零时再去订货，而需要在没有用完时提前订货。在提前订货的情况下，企业再次发出订货单时尚有存货的库存量，称为再订货点（order point），用 R 表示（如图 7-6 所示）。

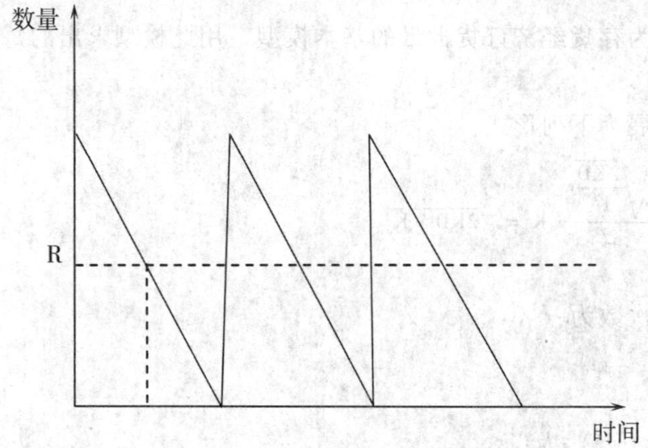

图 7-6 订货提前期示意图

R 的数量等于交货时间（L）和每日平均需用量 d 的乘积，即：

$$R=Ld$$

假设企业订货日至到货日的时间为 10 天，每日存货需要量为 10 千克，则：

$$R=LD=10\times10=100\text{（千克）}$$

即企业在尚存 100 千克存货时就应当再次订货，等到下批订货到达时再次发出订货单 10 天后，原有库存刚刚用完。订货提前期对经济订货量并无影响，仍适用瞬时补充模型计算，只不过在达到再订货点（库存 100 千克）时发出订货单。

【例 7-21】（2014 年中级会计师职称考试真题）甲公司是一家制造类企业，全年平均开工 250 天。为生产产品，全年需要购买 A 材料 250 000 件，该材料进货价格为 150 元/件，每次订货需支付运费、订单处理费等变动费用 500 元，材料年储存费率为 10 元/件。A 材料平均交货时间为 4 天。该公司 A 材料满足经济订货基本模型各项前提条件。

要求：

（1）利用经济订货基本模型，计算 A 材料的经济订货批量和全年订货次数。

（2）计算按经济订货批量采购 A 材料的年存货相关总成本。

（3）计算 A 材料每日平均需用量和再订货点。

参考答案：

（1）A 材料的经济订货批量 $=\sqrt{\dfrac{2\times500\times250\ 000}{10}}=5\ 000$（件）

全年订货次数 = 全年需求量/经济订货批量 = 250 000÷5 000 = 50（次）

（2）A 材料的年存货相关总成本 $=\sqrt{2\times500\times250\ 000\times10}=50\ 000$（元）

（3）每日平均需用量 = 250 000÷250 = 1 000（件）

再订货点＝4×1 000＝4 000（件）

（三）保险储备量

基本模型中经济批量的确定，是假定企业在一定时期内需求量稳定不变，企业不存在缺货的情况下做出的。但实际上，企业在正常的生产经营活动中对各种存货的需用量是经常会发生变动的，且交货的延误也可能使企业发生缺货，这样企业在正常的存货基础上（即经济批量基础上）必须多储存一些存货以备应急之需，以避免由此造成的损失。这部分多储存的存货量就称为保险储备量（安全存量）。这些存货在正常情况下不动用，只有当存货过量使用或送货延迟时才使用。

在设置保险储备的情况下，存货再订货点 R 相应提高为：

R＝交货时间×每日平均需用量+保险储备量

＝Ld+B

假设年需求量 D 为 3 600 件，已计算出经济批量为 300 件，每年订货 12 次。又知全年平均日需求量 d 为 10 件，平均每次交货时间 L 为 10 天，为防止需求变化引起缺货损失，设保险储备量 B 为 100 件，则再订货点为：

R＝10×10+100＝200（件）

在第一个订货周期内，d＝10，不需动用 B；在第二个订货周期内，d>10，需动用 B；在第三个订货周期内，d<10，不仅不需动用 B，而且正常储备未用完时，下次存货即已送到。保险储备量如图 7-7 所示。

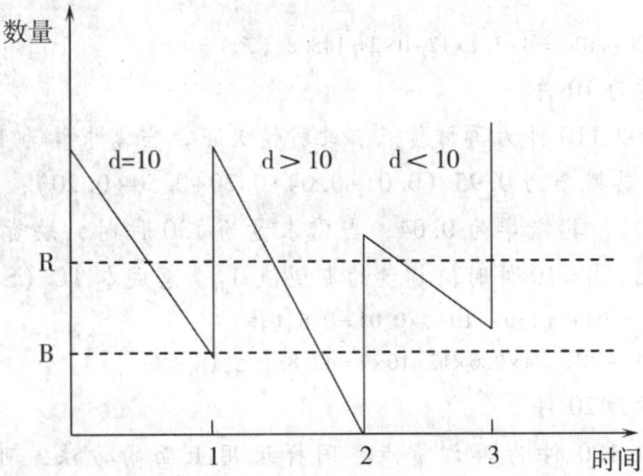

图 7-7　保险储备量示意图

企业应保持多少保险储备量才合适呢？设置保险储备量，虽然减少了缺货损失，但存货平均储备量加大会使储备成本升高。最佳的保险储备量应使缺货中断损失和储备成本之和最小。具体方法是先计算出各个保险储备量的总成本，然后再对总成本进行比较，选定其中最低的。

设总成本为 TC（S，B），缺货成本为 C_S，保险储备成本为 C_B，则：

TC（S，B）＝C_S+C_B

设单位缺货成本为 K_u，一次订货缺货量为 S，年订货次数为 N，保险储备量为 B，单位储存变动成本为 K_c，则：

$C_s = K_u SN$

$C_B = BK_c$

TC（S，B）$= K_u SN + BK_c$

【例 7-22】假定某存货的年需要量 D 为 3 600 件，单位储存变动成本 K_c 为 2 元，单位缺货成本 K_u 为 4 元，交货时间 L 为 10 天；已经计算出经济批量 Q 为 300 件，每年订货次数 N 为 12 次，交货期内的存货需要量及其概率分布见表 7-11。

表 7-11　**交货期内的存货需要量及其概率分布**

需要量（10·d）（件）	70	80	90	100	110	120	130
概率（P_1）	0.01	0.04	0.20	0.50	0.20	0.04	0.01

先计算不同保险储备的总成本：

(1) 不设置保险储备量

即令 B=0，以 100 件为再订货点。此种情况下，当需求量为 100 件或 100 件以下时，不会发生缺货，其概率为 0.75（0.01+0.04+0.20+0.50）；当需求量为 110 件时，缺货 10 件（110-100），其概率为 0.20；当需求量为 120 件时，缺货 20 件（120-100），其概率为 0.04；当需求量为 130 件时，缺货 30 件（130-100），其概率为 0.01。因此，B=0 时缺货量的期望值 S_0、总成本 TC（S，B）可计算如下：

$S_0 = (110-100)\times0.2+(120-100)\times0.04+(130-100)\times0.01$

$=3.1$（件）

TC（S，B）$= K_u SN + BK_c = 4\times3.1\times12+0\times2 = 148.8$（元）

(2) 保险储备量为 10 件

即令 B=10 件，以 110 件为再订货点。此种情况下，当需求量为 110 件或 110 件以下时，不会发生缺货，其概率为 0.95（0.01+0.04+0.20+0.50+0.20）；当需求量为 120 时，缺货 10 件（120-110），其概率为 0.04；当需求量为 130 件时，缺货 20 件（130-110），其概率为 0.01。因此，B=10 件时缺货量的期望值 S_{10}、总成本 TC（S，B）可计算如下：

$S_{10} = (120-110)\times0.04+(130-110)\times0.01 = 0.6$（件）

TC（S，B）$= K_u SN + BK_c = 4\times0.6\times12+10\times2 = 48.8$（元）

(3) 保险储备量为 20 件

即 B=20 件，以 120 件为再订货点。同样运用上面的方法，可计算 S_{20}、TC（S，B）为：

$S_{20} = (130-120)\times0.01 = 0.1$（件）

TC（S，B）$= K_u SN + BK_c = 4\times0.1\times12+20\times2 = 44.8$（元）

(4) 保险储备量为 30 件

即 B=30 件，以 130 件为再订货点。此种情况下可满足最大需求，不会发生缺货，因此：

$S_{30} = 0$

TC（S，B）$= K_u SN + BK_c = 4\times0\times12+30\times2 = 60$（元）

然后，比较上述各种保险储备量的总成本，以其低者为最佳。当 B=20 件时，总成本为 44.8 元，是总成本中最低的。故应确定保险储备量为 20 件，或者说应确定以 120 件为再订货点。

【例7-23】（2013年注册会计师考试真题）甲公司是一家机械加工企业，产品生产需要某种材料，年需求量为720吨（一年按360天计算）。该公司材料采购实行供应商招标制度，年初选定供应商并确定材料价格，供应商根据甲公司指令发货，运输费由甲公司承担。目前有两个供应商方案可供选择，相关资料如下：

方案一：选择A供应商，材料价格为每吨3 000元，每吨运费100元，每次订货还需支付返空、路桥等固定运费500元。材料集中到货，正常情况下从订货至到货需要10天，正常到货的概率为50%，延迟1天到货的概率为30%，延迟2天到货的概率为20%，当材料缺货时，每吨缺货成本为50元。如果设置保险储备，以一天的材料消耗量为最小单位。材料单位储存成本为200元/年。

方案二：选择当地B供应商，材料价格为每吨3 300元，每吨运费20元，每次订货还需支付固定运费100元。材料在甲公司指令发出当天即可送达，但每日最大送货量为10吨。材料单位储存成本为200元/年。

要求：

(1) 计算方案一的经济订货量；分别计算不同保险储备量的相关总成本，并确定最合理的保险储备量；计算方案一的总成本。

(2) 计算方案二的经济订货量和总成本。

(3) 从成本角度分析，甲公司应选择哪个方案？

参考答案：

(1) 经济订货量 $=\sqrt{\dfrac{2\times500\times720}{200}}=60$（吨）

购置成本＝年需求量×（单价＋单位运费）＝720×（3 000＋100）＝2 232 000（元）

最佳订货次数＝720÷60＝12（次）

与批量有关的存货总成本 $=\sqrt{2\times500\times720\times200}=12\ 000$（元）

不设置保险储备时：

缺货成本＝（2×30%＋4×20%）×12×50＝840（元）

保险储备成本＝0

缺货成本＋保险储备成本＝840（元）

设置2吨的保险储备时：

缺货成本＝2×20%×12×50＝240（元）

保险储备成本＝2×200＝400（元）

缺货成本＋保险储备成本＝240＋400＝640（元）

设置4吨的保险储备时：

缺货成本＝0

保险储备成本＝4×200＝800（元）

缺货成本＋保险储备成本＝800（元）

经比较，设置2吨保险储备时的缺货成本与保险储备成本之和最低，应设置2吨的保险储备。

方案一的总成本＝2 232 000＋12 000＋640＝2 244 640（元）

(2) 方案二的经济订货量 $=\sqrt{\dfrac{2\times100\times720}{200\times\left(1-\dfrac{2}{10}\right)}}=30$(吨)

与批量有关的存货总成本 $=\sqrt{2\times100\times720\times200\times\left(1-\dfrac{2}{10}\right)}=4\ 800$(元)

方案二的总成本 $=720\times(3\ 300+20)+4\ 800=2\ 395\ 200$(元)

(3) 方案一的总成本低于方案二的总成本,应当选择方案一。

(四)存货陆续供应和使用——非瞬时送货模型

在建立存货基本模型时,假设存货一次全部入库,故存货增加时存量变化为一条垂直的直线。事实上,各批存货可能在一定时期内陆续到达,使存量陆续增加,在供货期内每日均衡使用,在这种情况下,模型应做一些修改,如图 7-8 所示。

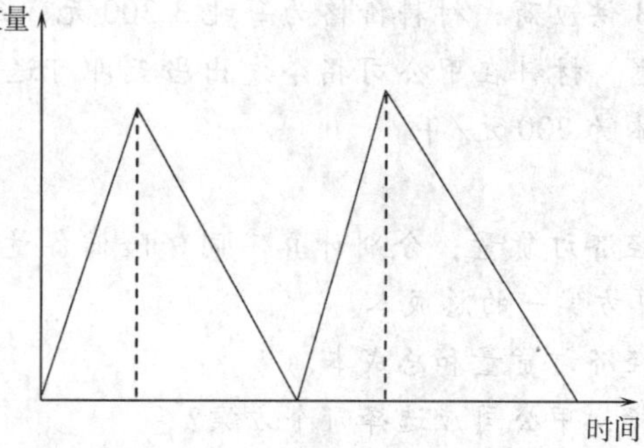

图 7-8 存货陆续供应示意图

设每批订货量为 Q,每日送货量为 P,每日耗用量为 d,则每日形成的库存量为 P-d,每批订货量的送货天数(送货期)为 $\dfrac{Q}{P}$,送货完毕达到的最高库存量为 $(P-d)\dfrac{Q}{P}$,年平均储存量为 $\dfrac{1}{2}(P-d)\dfrac{Q}{P}$。全年订货及储存总成本为:

$$TC=\frac{D}{Q}K+\frac{1}{2}(P-d)\frac{Q}{P}K_c=\frac{D}{Q}K+\frac{Q}{2}\left(1-\frac{d}{P}\right)K_c$$

在订货成本与储存成本相等时,TC(Q)有最小值,即:

$$\frac{D}{Q}K=\frac{Q}{2}\left(1-\frac{d}{P}\right)K_c$$

$$Q^*=\sqrt{\frac{2KD}{K_c}\cdot\frac{P}{P-d}}$$

故存货陆续供应和使用的经济订货量总成本为:

$$TC(Q^*)=\frac{2DK}{Q^*}=\frac{2DK}{\sqrt{\dfrac{2PDK}{K_c(P-d)}}}=\sqrt{2KDK_c}\cdot\sqrt{1-\frac{d}{p}}$$

陆续供应和使用的经济批量模型,可用于制定企业自制存货的生产批量决策。

【例 7-24】某企业自制生产所需的某种配件,已知该配件全年需用量为 6 000 件,每日可生产 100 件,每日耗用量为 80 件,每次开工的生产准备为 225 元,该配件的单位年储存成本为 1.5 元。请问企业应分几批生产该配件,才能使生产准备费与储存费之和最小。

$$Q^*=\sqrt{\frac{2KD}{K_c}\cdot\frac{P}{P-d}}=\sqrt{\frac{2\times225\times6\ 000}{1.5}\times\frac{100}{100-80}}=3\ 000\text{（件）}$$

$$N^*=\frac{6\ 000}{3\ 000}=2\text{（批）}$$

四、存货规划

存货规划是存货管理的传统方法，是指在确定企业存货占用资金数额的基础上编制存货资金计划，确定存货资金占用，以节约使用资金。

（一）储备资金数额的测算

储备资金是指从现金购买原材料到将原材料投入生产为止的整个过程所占用的资金。原材料资金数额大小取决于计划期原材料平均每日耗用量、原材料计划价格、原材料资金周转日数三个基本因素，其计算公式为：

原材料资金数额=计划期原材料平均每日耗用量×原材料计划价格×原材料资金周转日数

1. 计划期原材料平均每日耗用量

计划期原材料平均每日耗用量是根据计划期原材料耗用量与计划期日数来确定的。其计算公式为：

$$\text{计划期原材料平均每日耗用量}=\frac{\text{计划期原材料耗用总量}}{\text{计划期日数}}$$

计划期原材料耗用总量=计划期产量×单位产品原材料消耗定额

计划期日数一般按整数计算，年度为360天，季度为90天，月度为30天。

2. 原材料计划价格

原材料计划价格应根据预计的材料买价、外地运杂费、运费途中的合理损耗、入库前的合理挑选费用等加以确定。

3. 原材料资金周转日数

原材料资金周转日数，是指从支付原材料价格起到原材料投入生产的过程中资金占用的日数。其构成如下：

原材料资金周转日数=在途日数+验收日数+整理准备日数+应计供应间隔日数+保险日数

①在途日数，指由于先付款后收到材料而形成的在途材料占用资金天数，其计算应根据平均的付款日至收料日之间的天数。

②验收日数，指原材料运抵企业以后，从拆包清点、验收直到入库为止所需的天数。

③整理准备日数，指原材料投入生产以前进行技术加工和生产准备所需的天数。

④应计供应间隔日数，指根据供应间隔日数与供应间隔系数所确定的天数。其计算公式为：

应计供应间隔日数=供应间隔日数×供应间隔系数

式中，供应间隔日数是指前后两次供应材料的间隔时间。由于企业的原材料来自不同的供应单位，而各供应商的供应数量及供应间隔的时间各不相同，因此要根据各供应单位的供应量及供应间隔时间进行加权，从而计算出加权平均的供应间隔日数。供应间隔系数是由于原材料的库存变动而对供应间隔日数所打的折扣。原材料在耗用过程中随着原材料的生产投入，资金的占用逐渐减少，到下次材料购进前夕，资金占用量达到最低点，待购入材料后，资金占用量又达到最高点，因此库存材料所占用的资金从最高点逐步下降至最低点，如此循环往复。考虑到企业的材料品种较多，各种材料所占用的资金的循环是交叉进行的，即当一种材料处于最高点时，另一种材料处于最低点，因而多种材料所占用的资金可以相互调剂使用。因此，我们可以将供应间隔日数打一个折扣，这个折扣就是每日平均库存周转储备占最高库存周转储备的比率，即供应间隔系数。其计算公式为：

$$供应间隔系数=\frac{平均每日库存周转储备额}{最高库存周转储备额}\times100\%$$

$$=\frac{各种材料每日库存周转储备额累计数}{计划日数\times最高库存周转储备额}\times100\%$$

在实际工作中，为避免理论上的繁琐，一般根据影响因素用主观判断法加以确定。原材料品种越多，资金相互调剂使用的可能性越大，供应间隔系数就越小；各种材料到货日期越分散，供应间隔系数也越小。

⑤保险日数，指为防止原材料的正常供应因意外中断而建立的保险储备所需资金的占用天数。影响因素一般有供应渠道是否畅通；能否用其他材料代替等。

【例 7-25】假定某企业生产 A 产品，预计全年生产量为 18 万件，单件产品消耗原材料定额为 2 千克，各月生产比较平衡。该种材料计划单价为 5 元/千克，预计原材料在途日数为 5 天，验收日数为 1 天，供应间隔日数为 20 天，供应间隔系数为 50%，整理准备日数为 2 天，保险日数为 4 天，则该种材料的数额可计算如下：

$$计划原材料平均每日耗用量=\frac{2\times180\ 000}{360}=1\ 000\ （千克）$$

原材料资金周转天数 $=5+1+20\times50\%+2+4=22$（天）

原材料资金占用额 $=1\ 000\times5\times22=110\ 000$（元）

（二）在产品资金的测量

在产品资金又称生产资金，是在产品所占用的资金。其计算公式为：

在产品资金数额=在产品每日平均产量×产品单位计划生产成本×在产品成本系数×生产周期

（1）在产品每日平均产量是根据预计的生产量以及计划天数来求得的。

（2）产品单位计划生产成本可从有关的成本计划中获得。

（3）在产品成本系数实际上是根据在产品的完工程度对产品的单位成本所打的一项折扣。由于在整个生产过程中，产品的生产费用是逐渐增加的，同时各种产品的完工程度也不相同，所以，在生产过程中的在产品不能按完工单位成本计价，而应计算一个折扣系数。其计算分不同情况按如下方法而定：

①如果是生产周期短、生产费用发生不规则、可以确定费用每日发生数额的产品，可按如下公式计算：

$$在产品成本系数=\frac{生产周期中每天累计发生费用额的合计数}{产品单位计划生产成本\times生产周期}\times100\%$$

②如果是生产过程一开始投入大量费用，随后陆续比较均衡地投入其他费用的产品，可按如下公式计算：

$$在产品成本系数=\frac{生产过程一开始投入的费用\times100\%+随后陆续投入的费用\times50\%}{产品单位计划生产成本}\times100\%$$

③如果是生产费用比较复杂、原材料分次投入生产的产品，先按各生产阶段分别计算，然后计算各阶段综合的在产品成本系数。其公式为：

$$\text{在产品成本系数}=\frac{\sum \text{各生产阶段在产品单位成本}\times\text{各生产阶段在产品成本系数}\times\text{各生产阶段生产周期}}{\text{产品单位计划生产成本}\times\text{各阶段的生产周期之和}}\times 100\%$$

（三）产成品资金数额的测定

产成品资金是指产品从制成入库开始直到销售取得货款或结算货款为止的整个过程占用的资金。其计算公式为：

产成品资金数额=产成品每日平均产量×产品单位计划生产成本×产成品资金周转日数

（1）计划期每日平均产量可根据生产计划和计划天数来确定。在计算中，应考虑某些特殊的因素，对于季节性生产企业、产品产量波动较大等情况，可分别不同时期加以确定。

（2）产品单位计划生产成本可从有关成本计划中获得。

（3）产成品资金周转天数，是指从产品完工入库开始到产品销售取得货款或结算货款为止所需的天数，包括产成品储存日数、发运日数和结算日数。

①产成品储存日数是指从产品制成入库开始到向顾客发货为止所占用的天数，包括库存日、选配包装日、组织发运日。

②发运日数是指从产品开始发运到取得运输提货单为止所需的天数，需要受到企业距离车站、码头、机场的远近，客户的地理位置以及企业运输能力的影响。

③结算日数是指从取得运输凭证开始到取得货款或结算货款为止的所需的天数，往往受到企业与客户所采取的结算方式的影响。

五、存货控制

存货控制是企业在日常生产经营过程中，按照存货计划的要求，对存货的使用和周转情况进行的组织、调节和监督。

（一）经济订货批量模型

经济订货批量（economic order quantity，EOQ）模型的主要目的是找到企业的最低存货量，即安全库存。早在1913年，福特·哈里斯（F. W. Harris）在发表的《一次需要多少》一文中就提出了EOQ模型，帮助存货持有者决定要购买多少产品。此后，EOQ模型被广泛应用于美国制造类企业的存货管理。该模型将存货维持与订货处理相结合，寻找使成本最低的存货补充拐点。

EOQ模型是以最低存货成本为出发点的管理方法。运用此方法进行存货管理，需要遵循严格的规定和假设条件，因而限制了其在实际工作中的应用。另外，如果企业管理者难以得到订货成本、生产准备成本和持有成本的准确数据，也在一定程度上限制了其应用。

随着经济和企业管理的发展，许多学者分别从不同角度对经典的EOQ模型进行了深入的分析和扩展研究，有关假设被逐渐放宽，EOQ模型从形式到应用历经一次又一次改良，现代管理中EOQ模型仍一直被广泛应用于各个行业。

（二）ABC 分类管理法

ABC 分类管理法最早起源于意大利经济学家帕累托对英国人口和收入问题的研究，20 世纪 50 年代初经济学家朱兰将其引入质量管理，同一时期，管理学家戴克将其应用于存货管理。时至今日，ABC 分类管理法正被我国企业广泛应用于存货管理、物流管理、质量管理、费用管理、经营管理、人力资源管理等各大领域，其理论不断与其他管理方法相结合，成为目前应用十分广泛的能够有效提高企业经济效益的管理方法。

将 ABC 分类管理法应用于存货管理的原理就是按照一定的指标将存货进行分类排序，将存货划分为 A、B、C 三类，这可以使企业分清主次，采取相应的对策进行经济有效的管理和控制。

运用 ABC 分类管理法一般有如下步骤：

（1）计算每一种存货在一定时间（一般为一年）内的资金占用额；

（2）计算每一种存货资金占用额占全部资金占用额的百分比，并按大小顺序排列，编成表格；

（3）根据事先测定好的标准，把最重要的存货划为 A 类，把一般存货划为 B 类，把不重要的存货划为 C 类，并画图表示出来；

（4）对 A 类存货进行重点规划和控制，对 B 类存货进行次重点管理，对 C 类存货只进行一般管理。

ABC 分类管理法对存货的分类及管理要求见表 7-12。

表 7-12　　　　ABC 分类管理法

分类	产品的特点	金额（%）	品种数量（%）	管理类别
A	价值高、品种少、必须用	60～80	10～20	重点
B	价值中、品种中、使用多	10～30	20～30	次重点
C	价值低、品种多、使用广	5～10	50～70	一般

对存货进行分类的标准主要有两个：金额标准和品种数量标准。其中，金额标准是基本的，品种数量标准仅供参考。A 类存货种类虽少，但占用的资金多，应集中力量进行管理，对其经济批量进行认真规划，对其收入、发出要严格控制；C 类存货虽然种类繁多，但占用的资金不多，不必耗费大量人力、物力、财力去管理；B 类存货介于 A 类和 C 类之间，也应给予相当的重视，但不必像 A 类存货那样进行非常严格的控制。

【例 7-26】（2013 年中级会计师职称考试真题）采用 ABC 控制法进行存货管理时，应该重点控制的存货类别是（　　）。

A. 品种较多的存货　　　　B. 数量较多的存货

C. 库存时间较长的存货　　D. 单位价值较大的存货

参考答案：D。ABC 控制法就是把企业种类繁多的存货，依据其重要程度、价值大小或者资金占用等标准分为三大类。其中，A 类为高价值存货，品种数量约占整个存货的 10% 至 20%，价值约占全部存货的 60% 至 80%，应作为管理的重点。所以，本题的正确答案为选项 D。

（三）适时制管理

适时制（just in time，JIT）起源于20世纪20年代美国底特律福特汽车公司所推行的集成化生产装配线。后来，适时制在日本制造业得到有效的使用，随后又重新在美国推广开来。适时制的基本原理是“只在需要的时候，按需要的量，生产所需的产品”，也就是追求一种无库存或库存量达到最小的生产系统。因此，适时制管理又被称为“零存货管理”。

适时制原本是为了提高生产质量而逐步形成的，其要旨是将原材料的库存量减少到一个生产班次恰好需要的数量。在适时制下，库存是没有替代品的，其所生产的每一个零部件都必须是合格品。适时制在按订单生产的制造业中使用得最为广泛。不过，它在零售业中也开始显示其优越性，对于零售业者预测消费需求和提高营运效益有一定的作用。

尽管适时制管理有很多优点，但它的实施需要长时间周密的计划和准备，在真正实行适时制管理模式的过程中，企业也会遇到各种阻力和困境。比如，作为缓冲储备的存货减少后，工作流程变得紧密，生产工人劳动强度大幅提高，容易产生抵触情绪。此外，适时制管理模式比较偏向于极端化，没有在减少存货和保持生产柔性、确保产品质量等其他目标之间作足够的权衡。其最大的缺陷就是一旦物流跟不上节奏，就易发生生产经营过程的中断，这就会产生缺货成本——丧失的销售额。因此，适时制管理的实施需考虑以下几个因素：

（1）计划要求。JIT要求具备一份对于整个企业而言协调、完整的计划。通过仔细计划与规划，实施JIT可以使企业不必持有保险储备量，从而节约成本。同时，JIT完备的运行环境也可以在其他方面产生极大的节约，比如缩短存货在途时间、降低仓储成本等。

（2）与供应商的关系。为了使JIT有效运行，企业应与其供应商紧密合作。送货计划、数量、质量和及时联系都是制度的组成部分。该制度要求按所需的数额和订单的要求频繁送货，而且要求仔细标记每项货物（通常采用条形码的形式）。因此，JIT的实行要求企业必须和供应商保持良好的关系。

（3）准备成本。通过降低生产周期的长度，重新设计的生产过程更加灵活。在生产过程中，每一批产品在生产前总存在固定的准备成本，生产的最优批量受准备成本的影响（就像存货的订货成本受固定的订货成本影响一样）。通过降低准备成本，企业可以采用更短的生产周期，因而获得更大的灵活性。

（4）其他成本因素。因为JIT要求严格管理和控制，所以采用JIT的企业常常为了降低成本而限制供应商的数目。为了达到JIT的要求，供应商必须提高质量、经常送货、花费更多成本，所以很多企业在采用JIT降低其存货储存成本的同时，必须承担更高的采购价格。不过，对于很多采用JIT的企业来说，获得的利益远远大于采购价格提高带来的消极影响。

（5）电子数据互换（electronic data interchange，EDI）。没有电子数据互换，JIT就不能实施，因为在从采购到生产再到销售的过程中，许多环节都是用电子系统处理的，商业信用也自动化了。采用了电子信用条件（举例来说，货款不是在发票日的30天后支付，而是在交货和使用材料之后很短的时间内支付），就基本上消除了企业的应付账款，而这正是其短期筹资额的主要来源。同时，电子收款也消除了供应商的应收账款。

（四）ERP系统管理

企业资源计划（enterprise resource planning，ERP）系统是指建立在信息技术基础上，以系统化的管理思想，为企业决策层及员工提供决策运行手段的管理平台。ERP系统的应用是对企业资源进行综合管理和优化配置的过程，减少了生产经营过程中劳动与资本的浪费，实现资金流、信息流和物流的有效整合，把供应链作为企业管理的核心思想，为企业提供一套具有合理化、动态化及持续化的特色管理模式。

ERP系统的概念最初是由美国加特纳集团公司（Gartner-Group Inc.）在20世纪90年代提出的，它是在物料需求计划（material require planning，MPR）的基础上逐步发展起来的，拥有先进信息技术的一种科学管理系统，其发展主要经历了四个阶段：

（1）时段式MRP阶段。时段式MRP产生于20世纪60年代，由美国IBM公司的管理专家约瑟夫·奥利弗博士提出，按照需求的来源不同，将企业内部的物料分成独立需求和相关需求两种类型，解决了缺货与超储的矛盾，形成传统的库存订货方法。

（2）闭环式MRP阶段。闭环式MRP产生于20世纪70年代初，是在原来的MRP理论的基础上，根据计划实施的情况反馈信息对计划进行调整，综合企业生产能力计划、车间作业计划以及采购计划，形成一个封闭的MRP系统。

（3）MRP II阶段，即制造资源计划（manufacturing resource planning）阶段。这是由美国生产管理专家奥列弗·怀特于1977年9月提出的一个新概念，为了与传统的MRP系统相区分，改名为MRP II。MRP II在MRP的基础上将生产、财务、销售、工程技术、采购等环节整合为一个整体系统，实现财务管理与各个子系统的有效结合，保证了物流与资金流的同步，便于企业实时做出决策。

（4）ERP阶段。ERP是由美国加特纳集团公司于20世纪90年代提出的，其更高的信息处理效率解决了企业库存和生产过程中所需的信息处理与资源管理问题，形成了物流、资金流与信息流的全面集成管理信息系统。2000年，美国加特纳集团公司又提出了ERP II理论，主要功能是协同商务，增强经济实体之间的沟通与协调。

ERP是一个以管理会计为核心的信息系统。它通过对企业的采购、生产、库存、分销、运输、财务、人力资源等进行规划，使内部资源达到最佳组合，从而使企业能够快速高效地开展生产经营活动，进而获取最大利益。它对于改善企业业务流程、提高企业核心竞争力具有显著作用。

第五节　营运资本投资策略

一、流动资产投资需求的影响因素

流动资产的投资需求取决于流动资产周转天数、每日销售额、销售成本率三个因素，用公式表示为：

总流动资产投资=流动资产周转天数×每日成本流转额

=流动资产周转天数×每日销售额×销售成本率

（一）流动资产周转天数

流动资产周转天数=现金周转天数+存货周转天数+应收账款周转天数

流动资产周转天数越长，需要的流动资产投资越多。如果销售额和成本水平是确定的，就可以根据流动资产周转天数计算所需的流动资产投资。

流动资产周转天数的决定因素有：

（1）行业和技术特征。不同行业的流动资产/收入比率是不一样的，比如机械制造企业需要的流动资产比超级市场多；同一行业不同细分市场上的公司，流动资产的投资需求也有所不同，比如食品超市需要的流动资产投资比五金超市少，因为食品的保质期决定了超市的流动资产周转天数很短；同一细分市场上的公司，采取不同的采购方式、生产技术和销售方式，其流动资产的需求也不同，例如采用自动化流水线生产需要较少的存货，而分步骤生产则需要较多的存货。不同企业所处的行业、采用的技术和经营模式不同，决定了它们的流动资产周转天数会有所不同。

（2）行业所处的外部经济环境。在经营旺季，企业迅速扩大经营规模，对流动资产的需求上升；在经营淡季，企业对流动资产的需求下降。当经济进入高涨期时，所有行业均提高流动资产数量；当经济进入萧条期时，流动资产需求也随之缩小。当预期存货市场价格会上涨时，企业会大量购进原材料，以便在价格下降时获利；当价格不稳定时，企业会通过集中向供货商支付预付款的方式锁定原材料价格，以此来规避原材料价格波动带来的不利影响。在上述两种情况下，企业的流动资金需求都急剧扩大。

（3）流动资产的管理效率。同一地点、技术特征相同的企业，其流动资产/收入比率也会因企业对流动资产管理效率的不同而存在差异。管理效率低的企业，流动资产/收入比率一般会高于行业平均水平；采用信息化管理的公司，则可以加快采购和订单的处理速度，有效缩短存货周转天数，节约流动资产投资。

（二）每日销售额

如果一个企业的流动资产管理效率不变，随着每日销售额的增加，现金、存货和应收账款的需求增加，流动资产投资总额随之增加。

（三）销售成本率

如果一个企业的流动资产管理效率和每日销售额均保持不变，销售成本率的增加则意味着存货成本的增加，流动资产投资总额因此而增加。

无论企业生产经营情况怎样波动，企业对于流动资产都有稳定不变的基本需求，因此，从生产经营的角度看，企业对流动资产的需求有波动性与稳定性两个特征，这就形成了临时性流动资产和永久性流动资产两大部分。

二、三种营运资本投资策略

营运资本持有量的高低，影响着企业的收益和风险。较高的营运资本持有量，意味着在固定资产和流动负债一定的情况下，流动资产较多，即企业拥有较多的现金、有价证券和保险储备量较高的存货。这会使企业有较大把握按期支付到期债务，及时供应生产用材料和准时向客户提供产品，从而保证经营活动平稳进行，风险性较小。但是，由于流动资产的收益性一般低于固定资产，所以较高的流动资产比重会降低企业的收益性。而较低的营运资本持有量产生的后果正好相反。因此，在确定流动资产的最佳持有量时，财务管理人员必须考虑获利能力与风险之间的权衡关系。

企业在确定流动资产的持有量时，一般有如下三种策略：

（一）适中的营运资本持有策略

企业流动资产的数量按其功能可以分成正常需要量和保险储备量两大部分。正常需要量是指为满足正常的生产经营需要而占用的流动资产；保险储备量是指为应付意外情况的发生在正常的生产经营需要量以外而储备的流动资产。

适中的营运资本持有策略是指在保证正常需要的情况下，再适当地留有一定的保险储备，以防不测。在适中的营运资本持有策略下，营运资本的持有量不过高也不过低。

【例7-27】某企业预计今年的销售额为100万元，该企业根据以往的经验，流动资产正常需要量一般占销售额的30%，正常的保险储备量占销售额的10%，该企业拟采用适中的营运资本持有策略，则营运资本持有水平为40万元。

图7-9中B策略属于适中的营运资本持有策略。

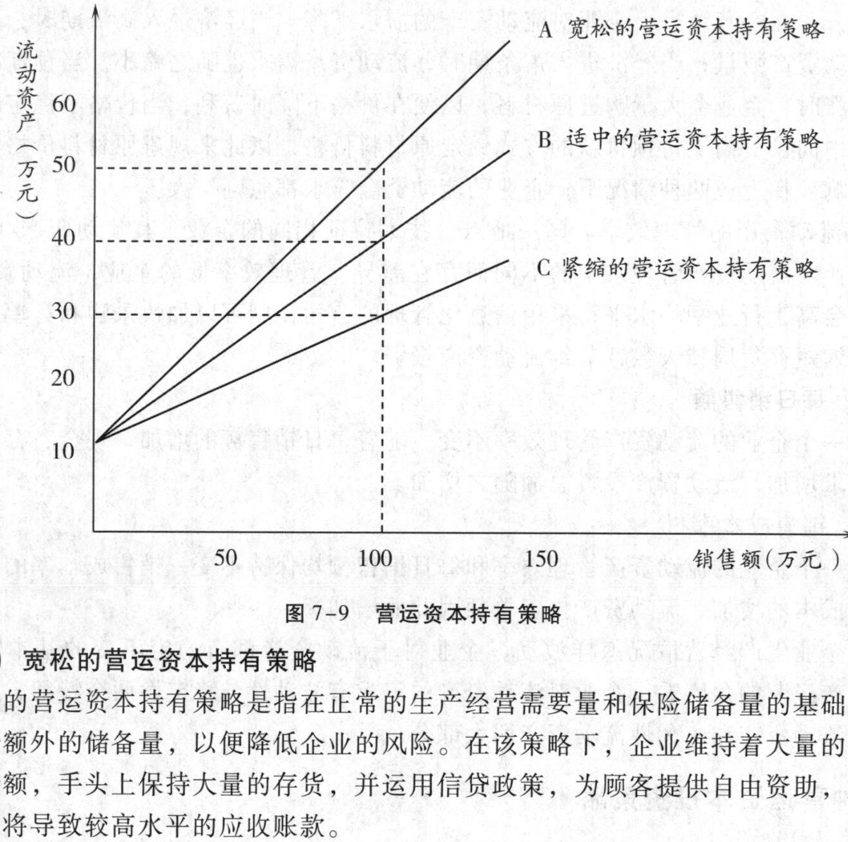

图7-9 营运资本持有策略

（二）宽松的营运资本持有策略

宽松的营运资本持有策略是指在正常的生产经营需要量和保险储备量的基础上，再加上一部分额外的储备量，以便降低企业的风险。在该策略下，企业维持着大量的现金和有价证券余额，手头上保持大量的存货，并运用信贷政策，为顾客提供自由资助，从而刺激销售，这将导致较高水平的应收账款。

沿用【例7-27】的资料，假设该企业在正常储备量的基础上，再增加占销售额10%的储备量，则流动资产的持有水平为50万元。

图7-9中A策略便属于宽松的营运资本持有策略。

（三）紧缩的营运资本持有策略

紧缩的营运资本持有策略是指企业在安排流动资产数量时，只安排正常需要量而不安排或只安排很少的保险储备量。此时，企业的现金、有价证券、存货和应收账款降到最低限度。

沿用【例 7-27】，在紧缩的营运资本持有策略下，该企业不安排保险储备量，则流动资产的持有水平为 30 万元。

图 7-9 中 C 策略便属于紧缩的营运资本持有策略。

通过以上分析可以看出，销售量越大，为支持这一销售量所需进行的流动资产投资也越多。为了简化问题，假设它们之间是一种线性关系，但在实际工作中，它们之间的关系并非如此，流动资产随销售量的增长而以递减的比率上升。这是因为，当销售量水平较低时，企业需要较大比例的流动资产投资，随着销售量水平的提高，企业对流动资产的使用效率越来越高。

三、营运资本投资策略的比较

上面介绍了企业持有营运资本的三种策略，下面进一步从流动性、收益性和风险性三个方面对三种持有策略进行比较分析。

（一）流动性方面

基于相同的销售水平，在宽松的营运资本持有策略下，流动资产持有量最高，资产流动性最大，变现能力最强；而在紧缩的营运资本持有策略下，流动资产持有量最低，资产流动性最小，变现能力最弱。无论哪一种持有策略，企业都有一个为维持经营所必需的正常需要量。

（二）收益性方面

一般情况下，在流动资产上的投资额小，可降低资金的占用成本，流动资产的周转率较高，企业因此而增加收益；反之，如果流动资产投资过多，则会造成流动资产的相对闲置，而闲置的流动资产不会给企业带来额外利润，却会带来筹资成本和利息支出的增加，因而会减少企业报酬。因此，从收益性方面考虑，紧缩的营运资本持有策略能提供最高的获利能力。

（三）风险性方面

流动资产持有量的高低直接影响到企业的风险。以紧缩的营运资本持有策略为例，现金的减少将降低企业到期清偿债务的能力；通过采取更严格的信用条件和销售政策来减少应收账款，可能导致顾客和销售额的减少；减少存货也可能会使得生产过程中断或由于存货短缺而丧失销售机会。因此，紧缩的营运资本持有策略将导致风险的增加。

三种不同的营运资本投资策略在流动性、收益性、风险性方面的分析概括如图 7-10 所示。

	低 ←		→ 高
流动性	紧缩策略	适中策略	宽松策略
收益性	宽松策略	适中策略	紧缩策略
风险性	宽松策略	适中策略	紧缩策略

图 7-10　三种营运资本投资策略分析

以上关于营运资本投资策略的分析，阐述了营运资本投资活动的两个最基本的原理：

（1）收益性与流动性呈反方向变动关系。在营运资本投资策略中，流动性的排序正好与收益性的排序相反，流动性的提高要牺牲一部分收益。

（2）收益性与风险性呈同方向变动关系。更高的收益性必然伴随着更高程度的风险。这说明，一个紧缩的营运资本持有策略可能由于其收益性高而实现高报酬率，也可能由于风险太大而导致实际报酬率很低。

【例 7-28】（2014 年中级会计师职称考试真题）某公司在营运资金管理中，为了降低流动资产的持有成本、提高资产的收益性，决定保持一个低水平的流动资产与销售收入比率，据此判断，该公司采取的流动资产策略是（　）。

A. 紧缩的流动资产投资策略　　B. 宽松的流动资产投资策略

C. 匹配的流动资产投资策略　　D. 稳健的流动资产投资策略

参考答案：A。在紧缩的流动资产投资策略下，企业维持较低水平的流动资产与销售收入比率。紧缩的流动资产投资策略可以节约流动资产的持有成本。所以选项 A 是正确的。

在实际工作中，不同类型的流动资产对风险和收益的影响不同。现金持有量的增加与应收账款或存货相同金额的增加相比，更能改善企业的风险状况，而闲置的现金同等量的有价证券相比，对收益的损害更大。另外，在考虑应收账款和存货时，也很难做出评判，因为很难衡量由于这些账户金额增加到超出其理论水平而造成的盈利惩罚或风险减少。因此，企业应根据自身的具体情况和环境条件，按照营运资本的管理要求，确定适当的营运资本投资策略。

课后习题

一、单项选择题

1.（2013 年中级会计师职称考试真题）甲企业本年度资金平均占用额为 3 500 万元，经分析，其中不合理部分为 500 万元。预计下年度销售增长 5%，资金周转加速 2%，则下年度资金需要量预计为（　　）万元。

A. 3 000　　B. 3 087　　C. 3 150　　D. 3 213

2.（2014 年注册会计师考试真题）使用成本分析模式确定现金持有规模时，在最佳现金持有量下，现金的（　）。

A. 机会成本与管理成本相等

B. 机会成本与短缺成本相等

C. 机会成本等于管理成本与短缺成本之和

D. 短缺成本等于机会成本与管理成本之和

3.（2012 年注册会计师考试真题）在其他因素不变的情况下，下列各项变化中，能够增加经营营运资本需求的是（　　）。

A. 采用自动化流水生产线，减少存货投资

B. 原材料价格上涨，销售利润率降低

C. 市场需求减少，销售额减少

D. 发行长期债券，偿还短期借款

4.（2012 年注册会计师考试真题）甲公司全年销售额为 30 000 元（一年按 300 天计算），信用政策是“1/20，N/30”，平均有 40% 的顾客（按销售额计算）享受现金折扣优

惠，没有顾客逾期付款。甲公司应收账款的年平均余额是（　　）元。

A. 2 000　　B. 2 400　　C. 2 600　　D. 3 000

5. （2014 年中级会计师职称考试真题）某公司存货周转期为 160 天，应收账款周转期为 90 天，应付账款周转期为 100 天，则该公司现金周转期为（　　）天。

A. 30　　B. 60　　C. 150　　D. 260

6. （2010 年注册会计师考试真题）某公司生产所需的零件全部通过外购取得，公司根据扩展的经济订货量模型确定进货批量。下列情形中，能够导致零件经济订货量增加的是（　　）。

A. 供货单位需要的订货提前期延长

B. 每次订货的变动成本增加

C. 供货单位每天的送货量增加

D. 供货单位延迟交货的概率增加

7. （2012 年中级会计师职称考试真题）在交货期内，如果存货需求量增加或供应商交货时间延迟，就可能发生缺货。为此，企业应保持的最佳保险储备量是（　　）。

A. 使保险储备的订货成本与持有成本之和最低的存货量

B. 使缺货损失和保险储备的持有成本之和最低的存货量

C. 使保险储备的持有成本最低的存货量

D. 使缺货损失最低的存货量

8. （2009 年中级会计师职称考试真题）下列各项中，不直接影响保险储备量计算的是（　　）。

A. 平均每天正常耗用量　　B. 预计最长订货提前期

C. 预计每天最小耗用量　　D. 正常订货提前期

9. （2013 年注册会计师考试真题）企业采用保守型流动资产投资政策时，流动资产的（　　）。

A. 持有成本较高　　B. 短缺成本较高

C. 管理成本较低　　D. 机会成本较低

二、多项选择题

1. （2012 年中级会计师职称考试真题）下列各项中，决定预防性现金需求数额的因素有（　　）。

A. 企业临时融资的能力　　B. 企业预测现金收支的可靠性

C. 金融市场上的投资机会　　D. 企业愿意承担短缺风险的程度

2. （2009 年注册会计师考试真题）某批发企业销售甲商品，第三季度各月预计的销售量分别为 1 000 件、1 200 件和 1 100 件，企业计划每月月末商品存货量为下月预计销售量的 20%。下列各项预计中，正确的有（　　）。

A. 8 月份期初存货为 240 件　　B. 8 月份采购量为 1 180 件

C. 8 月份期末存货为 220 件　　D. 第三季度采购量为 3 300 件

3. （2014 年注册会计师考试真题）甲公司采用随机模式确定最佳现金持有量，最优现金返回线水平为 7 000 元，现金存量下限为 2 000 元。公司财务人员的下列做法中，正确的有（　　）。

A. 当持有的现金余额为 1 500 元时，转让 5 500 元的有价证券

B. 当持有的现金余额为 5 000 元时，转让 2 000 元的有价证券

C. 当持有的现金余额为 12 000 元时，购买 5 000 元的有价证券

D. 当持有的现金余额为 20 000 元时，购买 13 000 元的有价证券

4.（2010 年中级会计师职称考试真题）下列各项关于现金周转期的表述中，正确的有（　）。

A. 减慢支付应付账款可以缩短现金周转期

B. 产品生产周期的延长会缩短现金周转期

C. 现金周转期一般短于存货周转期与应收账款周转期之和

D. 现金周转期是介于公司支付现金与收到现金之间的时间段

5.（2013 年中级会计师职称考试真题）运用成本模型确定企业最佳现金持有量时，现金持有量与持有成本之间的关系表现为（　　）。

A. 现金持有量越小，总成本越大

B. 现金持有量越大，机会成本越大

C. 现金持有量越小，短缺成本越大

D. 现金持有量越大，管理成本越大

6.（2014 年中级会计师职称考试真题）动用应收账款余额控制模式进行应收账款管理可以发挥的作用有（　）。

A. 预测公司的现金流量　　　　B. 预计应收账款的水平

C. 反映应付账款的周转速度　　D. 评价应收账款的收账效率

7.（2009 年注册会计师考试真题）下列各项中，与企业储备存货有关的成本有（　）。

A. 取得成本　　B. 管理成本　　C. 储存成本　　D. 缺货成本

三、判断题

1.（2009 年中级会计师职称考试真题）企业采用不附加追索权的应收账款转让方式筹资时，如果应收账款发生坏账，其坏账风险必须由本企业承担。（　）

2.（2011 年中级会计师职称考试真题）在随机模式下，当现金余额在最高控制线与最低控制线之间波动时，表明企业现金持有量处于合理区域，无须调整。（　）

3.（2012 年中级会计师职称考试真题）企业的存货总成本随着订货批量的增加而呈正方向变化。（　）

4.（2009 年中级会计师职称考试真题）利用存货模式确定最佳现金持有量，必须考虑机会成本、转换成本和短缺成本。（　）

四、计算题

1.（2010 年中级会计师职称考试真题）A 公司是一家小型玩具制造商，2009 年 11 月份销售额为 40 万元，12 月份销售额为 45 万元。根据公司市场部的销售预测，预计 2010 年第一季度 1—3 月份的月销售额分别为 50 万元、75 万元和 90 万元。根据公司财务部一

贯执行的收款政策，销售额的收款进度为销售当月收款的 60%、次月收款的 30%、第三个月收款的 10%。

公司预计 2010 年 3 月份有 30 万元的资金缺口，为筹措所需资金，公司决定将 3 月份全部应收账款进行保理，保理资金回收比率为 80%。

要求：

（1）测算 2010 年 2 月份的现金收入合计。

（2）测算 2010 年 3 月份应收账款保理资金回收额。

（3）测算 2010 年 3 月份应收账款保理收到的资金能否满足当月资金需求。

2.（2010 年注册会计师考试真题）E 公司生产、销售一种产品，该产品的单位变动成本是 60 元，单位售价是 80 元。公司目前采用 30 天按发票金额付款的信用政策，80% 的顾客（按销售量计算，下同）能在信用期内付款，另外 20% 的顾客平均在信用期满后 20 天付款，逾期应收账款的收回需要支出占逾期账款 5% 的收账费用，公司每年的销售量为 36 000 件，平均存货水平为 2 000 件。

为了扩大销售量、缩短平均收现期，公司拟推出“5/10，2/20，N/30”的现金折扣政策。采用该政策后，预计销售量会增加 15%，40% 的顾客会在 10 天内付款，30% 的顾客会在 20 天内付款，20% 的顾客会在 30 天内付款，另外 10% 的顾客平均在信用期满后 20 天付款，逾期应收账款的收回需要支出占逾期账款 5% 的收账费用。为了保证及时供货，平均存货水平需提高到 2 400 件，其他条件不变。

假设等风险投资的最低报酬率为 12%，一年按 360 天计算。

要求：

（1）计算改变信用政策后边际贡献、收账费用、应收账款应计利息、存货应计利息、现金折扣成本的变化。

（2）计算改变信用政策的净损益，并回答 E 公司是否应推出该现金折扣政策。

3.（2014 年注册会计师考试真题）甲公司是一家设备制造企业，常年大量使用某种零部件。该零部件既可以外购，也可以自制。如果外购，零部件单价为 100 元/件，每次订货的变动成本为 20 元，订货的固定成本较小，可以忽略不计。如果自制，有关资料如下：

（1）需要购买一套价值为 100 000 元的加工设备，该设备可以使用 5 年，使用期满无残值。

（2）需要额外聘用 4 名操作设备的工人，工人采用固定年薪制，每个工人的年薪为 25 000 元。

（3）每次生产准备成本为 400 元，每日产量为 15 件。

（4）生产该零部件需要使用加工其他产品剩下的一种边角料，每个零部件耗用边角料 0.1 千克。公司每年产生该种边角料 1 000 千克，如果对外销售，单价为 100 元/千克。

（5）除上述成本外，自制零部件还需发生单位变动成本 50 元。

该零部件的全年需求量为 3 600 件，每年按 360 天计算。公司的资金成本为 10%，除资金成本外，不考虑其他储存成本。

要求：

（1）计算甲公司外购零部件的经济订货量、与批量有关的总成本、外购零部件的全年总成本。

（2）计算甲公司自制零部件的经济生产批量、与批量有关的总成本、自制零部件的全年总成本（提示：加工设备在设备使用期内按平均年成本法分摊设备成本）。

（3）判断甲公司应该选择外购方案还是自制方案，并说明原因。

4.（2010年中级会计师职称考试真题）C公司是一家冰箱生产企业，全年需要压缩机360 000台，均衡耗用。全年生产时间为360天，每次订货费用为160元，每台压缩机持有费率为80元，每台压缩机的进价为900元。根据经验，压缩机从发生订单到进入可使用状态一般需要5天，保险储备量为2 000台。

要求：

（1）计算经济订货批量。

（2）计算全年最佳订货次数。

（3）计算最低存货成本。

（4）计算再订货点。

5.（2012年注册会计师考试真题）甲公司是一个汽车挡风玻璃批发商，为5家汽车制造商提供挡风玻璃。该公司总经理为了降低与存货有关的总成本，请你帮助他确定最佳的采购批量。有关资料如下：

（1）挡风玻璃的单位进货成本为1 300元。

（2）全年需求预计为9 900块。

（3）每次订货发出与处理订单有关的成本为38.2元。

（4）每次订货需要支付运费68元。

（5）每次收到挡风玻璃后需要验货，验货时外聘一名工程师，验货需要6小时，每小时支付工资12元。

（6）为存储挡风玻璃需要租用公共仓库。仓库租金每年2 800元，另外按平均存量加收每块挡风玻璃12元/年。

（7）挡风玻璃为易碎品，损坏成本为年平均存货价值的1%。

（8）公司的年资金成本为5%。

（9）从订货至挡风玻璃到货，需要6个工作日。

（10）在进行有关计算时，每年按300个工作日计算。

要求：

（1）计算每次订货的变动成本。

（2）计算每块挡风玻璃的变动储存成本。

（3）计算经济订货量。

（4）计算与经济订货量有关的存货总成本。

（5）计算再订货点。

第八章　营运资本筹资管理

学习目标

（1）了解营运资本筹资的内容、商业信用的内容、短期借款的形式及程序、短期融资券的内容及发行条件；

（2）掌握商业信用成本、短期借款成本、短期融资券成本的计算；

（3）理解营运资本筹资策略。

营运资本筹资主要依靠商业信用、短期借款和短期融资券等方式。不同的筹资方式具有各自的优缺点及适用条件，承担着不同的筹资成本。企业应结合自己的实际情况，选择恰当的筹资策略。

第一节　营运资本筹资概述

一、营运资本筹资的内容

营运资本筹资政策与流动负债管理相对应，解决流动资产的资金来源。流动负债是指在一年或长于一年的一个营业周期内到期的负债。由于流动负债是企业的短期资金来源，所以又称企业的短期筹资。流动负债最常用的分类方式有如下两种：

（1）按流动负债的构成要素不同，分为短期借款、应付票据、应付账款、应付职工薪酬、应交税费、其他应付款等。

（2）按流动负债的形成机制不同，可分为人为性流动负债和自发性流动负债两种。人为性流动负债是指由财务人员根据企业对短期资金的需求情况，通过人为安排获得的流动负债，如短期借款、短期融资券等；自发性流动负债是指不需要财务人员正式安排，在商品结算过程中因法定结算程序造成的一部分货款的支付时间晚于其形成时间而自然产生的流动负债，如应付账款、应付票据、应付职工薪酬、应交税费等。

二、营运资本筹资的特点

与长期筹资相比，短期筹资具有如下特点：

（1）融资速度快。长期资金筹措，不论是发行股票、发行债券还是寻求长期借款，都需要较长的研究和谈判，合同的各项细节也需要仔细斟酌，因而筹资所需时间一般较长且不易取得。相比之下，短期负债在较短时间内即可归还，债权人顾虑较少，手续较为简便。因此，企业在急需资金时，通常会求助于短期资金市场。

（2）灵活性大。长期资金筹措，期限可能长达 10 ~ 20 年，其间可能会发生很多导致企业经营失败的情况，债权人或有关方面出于安全考虑，经常会向企业提出很多限制条件或管理规定，企业很难根据情况的变化改变自己的选择。而短期负债的限制则相对宽松一些，如短期借款合同到期后，企业可以根据情况决定是否继续借款或者是否需要修改借款合同，使借款人有较大的灵活性。

（3）成本较低。一般来讲，借款期限越长，借出款项的一方承担的风险越大，所要求的风险补偿越高。因此，短期负债的利率要低于长期负债，短期负债的筹资成本也就较低。

（4）借款人风险较高。短期负债需在较短时间内偿还，因而要求筹资企业在短期内拿出足够的资金偿还债务。如果企业不能及时取得收益，又不能续延短期借款合同，就有可能陷入财务危机。另外，长期资金的利率由合同规定，将在较长时期内保持稳定，但短期资金的利率则会随市场状况变化而起伏不定，使企业难以确定和控制资金成本。

以上分析的流动负债的特点是就一般情况而言的，具体到各种流动负债工具或方式，还有所不同。

第二节　商业信用

商业信用是指在商品交易中由于延期付款或预收货款所形成的企业间的信贷关系。商业信用产生于银行信贷之前，在银行信贷出现之后，商业信用仍然存在，它是商品交易中钱与货在时间和空间上的分离，表现形式有先取货后付款或先付款后取货两种，属自发性融资。商业信用运用广泛，在流动负债筹资中占有相当大的比重。利用商业信用融资，主要有以下几种形式：

一、应付账款

应付账款是企业购买货物暂未付款而欠对方的款项，即卖方允许买方在购货后一定时期内支付货款的一种形式。应付账款是最早出现的最典型的商业信用形式，后来才出现商业票据等形式。应付账款是卖方向买方提供的一种商业信用，卖方利用这种形式促销，而对于买方来说，延期付款则等于向卖方借用资金购进商品，可以满足短期的资金需要。采用这种商业信用形式，买方不需提供任何正式法律契约，发货票、运单即可作为卖方的收款依据。买卖双方分别在会计账簿上记录“应付账款”和“应收账款”，全凭信用维持关系。这种商业信用形式必须在卖方对买方的信用和财务状况充分了解的基础上进行。

（一）应付账款的信用条件

应付账款的信用条件是指为了加速账款的收现，销货方对付款时间和现金折扣所作的具体规定。它分为以下三种：免费信用，即买方企业在规定的折扣期内享受折扣而获得的信用；有代价信用，即买方企业放弃折扣付出代价而获得的信用；展期信用，即买方企业超过规定的信用期限推迟付款而强制获得的信用。

倘若买方企业购买货物后在卖方规定的折扣期内付款，便可以享受免费信用，这种情况下买方企业没有因为享受信用而付出代价。

【例 8-1】某企业按“2/10，N/30”的条件购入货物 10 万元。如果该企业在 10 天内付款，便享受了 10 天的免费信用期，并获得折扣 0.2 万元（10×2%），免费信用额为 9.8 万元（10-0.2）。倘若买方企业放弃折扣，在 10 天后（不超过 30 天）付款，该企业便要承受因放弃折扣而造成的隐含利息成本。一般而言，放弃现金折扣的成本可由下式求得：

$$放弃现金折扣成本=\frac{折扣百分比}{1-折扣百分比}\times\frac{360}{信用期-折扣期}$$

运用上式，该企业放弃折扣所负担的成本为：

$$\frac{2\%}{1-2\%}\times\frac{360}{30-10}=36.7\%$$

这样，我们就可以看到，如果提供了现金折扣而不取得商业信用可能是一种十分昂贵的短期融资形式。

公式表明，放弃现金折扣的成本与折扣百分比的大小、折扣期的长短同方向变化，与信用期的长短反方向变化。可见，如果买方企业放弃折扣而获得信用，其代价是较高的。然而，企业在放弃折扣的情况下，推迟付款的时间越长，其成本便会越小。比如，企业延至50天付款，其成本则为：

$$\frac{2\%}{1-2\%}\times\frac{360}{50-10}=18.4\%$$

这说明商业信用的成本随信用期限的延长减速下降，其含义是：如果企业不取得现金折扣，则其商业信用的成本随企业能推迟付款的时间长度而下降。

（二）利用信用条件的策略

在附有信用条件的情况下，因为获得不同信用要负担不同的代价，买方企业便要在利用哪种信用之间做出决策。一般来说有以下几种利用信用条件的策略：

1. **享受现金折扣**

如果企业能以低于放弃折扣的隐含利息成本（实质是一种机会成本）的利率借入资金，便应在现金折扣期内用借入的资金支付货款，享受现金折扣。比如，与上例同期的银行短期借款年利率为12%，则买方企业应利用更便宜的银行借款在折扣期内偿还应付账款；反之，企业应放弃折扣。

2. **在最后到期日付款**

如果企业在折扣期内将应付账款用于短期投资，所得的投资收益高于放弃折扣的隐含利息成本，则应放弃折扣而去追求更高的收益。当然，假使企业放弃折扣，也应将付款日推迟至信用期的最后一天（如上例中的第30天），以降低放弃折扣的成本。

3. **延迟支付应付账款**

如果企业因缺乏资金而欲展延付款期（如上例中将付款日推迟至第50天），则需在降低了的放弃折扣成本与展延付款带来的损失之间做出选择。展延付款带来的损失主要包括：放弃的现金折扣成本；推迟付款的惩罚或利息，这取决于行业惯例；对企业的信用评级以及将来取得信用的能力的损害。实际上，一家企业在确定要延迟支付应付账款时（如周期性或季节性等），应该尽量使供应商全面了解它的情况。只要企业是诚实的而且一定坚持付款，许多供应商都会允许企业延迟支付应付账款。

4. **选择供应商**

如果面对两家以上提供不同信用条件的卖方，应通过衡量放弃折扣成本的大小，选择信用成本最小（或所获利益最大）的一家。

二、应付票据

应付票据是企业进行延期付款商品交易时开具的反映债权债务关系的票据。使用应付票据一般是在卖方对买方信用状况不了解或卖方已知买方信用欠佳，必须以法律凭证来承诺在未来一定时期内偿还债务的情况下。根据承兑人的不同，应付票据分为银行承兑汇票和商业承兑汇票两种，支付期最长不超过6个月。在买方信誉良好的情况下，商业承兑汇票具有一定程度的流动性，卖方可以提前到银行贴现，获取现金，也可以作为银行担保抵押品，卖方可以在签发日至到期日这段时间里自主地使用这部分资金。

应付票据可以带息，也可以不带息。应付票据的利率一般比银行借款的利率低，且不用保持相应的补偿余额和支付协议费，所以应付票据的筹资成本低于银行借款成本。但是，应付票据到期必须归还，如若延期便要交付罚金，因而风险较大。

三、预收账款

预收账款是指卖方按合同或协议规定，在商品未发出以前向买方预收的全部或部分货款所发生的商业信用，即卖方向买方借入的以商品归还的一笔借款。预收账款对于买方来说，可以取得期货；对于卖方来说，可以预先收入一笔款项。通常，销售单位对于紧俏商品采用这种形式；另外，生产企业对于生产周期长、售价高的产品，也经常向订货者分次预收货款，以缓解资金占用过多的矛盾；再者，卖方在已知买方的信用欠佳时，也会要求买方预先支付货款。采用这种商业信用方式，购货方不但不能获得资金来源，还要预先垫支一笔资金；而且在商品供不应求的情况下，可能会发生卖方借机加收预收账款。因此，买卖双方必须签订供销合同或协议，明确交货、付款事项，共同遵守结算纪律。

四、应付费用

应付费用是指企业应付而未付的费用。实际上，企业往往还存在一些在非商品交易中产生，但也是自发性筹资的应付费用，如应付职工薪酬、应交税费、其他应付款等。应付费用使企业受益在前，费用支付在后，相当于享受了收款方的借款，一定程度上缓解了企业的资金需求。应付费用通常不需花费代价，在某种意义上，它是企业的一笔财富，可为企业节省利息费用，但应付费用有强制性的支付日期，不能由企业自由斟酌使用，企业应按规定正确计算并及时支付。

【例8-2】(2011年中级会计师职称考试真题）下列各项中，属于商业信用筹资方式的是（　）。

A. 发行短期融资券　　B. 应付账款筹资

C. 短期借款　　D. 融资租赁

参考答案：B。商业信用的形式一般包括应付账款、应付票据、预收账款和应付费用。所以，本题B选项正确。

五、商业信用筹资的优缺点

商业信用筹资的优点很多。第一，商业信用容易获得，融资机动权大。因为商业信用与商品买卖同时进行，不需办理正式的筹资手续。第二，企业利用商业信用筹资，不需提供担保。第三，商业信用筹资限制少，融资条件宽松。如果企业利用银行贷款筹资，银行往往会对贷款的使用规定一定的限制条件，而商业信用则限制较少。第四，如果没有现金折扣或使用不带息票据，商业信用筹资就没有实际成本。

商业信用筹资的缺陷在于期限较短，数额也受到交易规模的限制。如果企业取得现金折扣，则时间会更短；如果放弃现金折扣，则要付出较高的资金成本；如果企业不能到期付款，还会影响企业信誉，给以后的筹资和交易带来不便。

【例 8-3】（2014 年中级会计师职称考试真题）一般而言，与短期融资券和短期借款相比，商业信用融资的优点是（　　）。

A. 融资数额较大　　B. 融资条件宽松

C. 融资机动权大　　D. 不需提供担保

参考答案：BCD。商业信用筹资的优点有：商业信用容易获得、企业有较大的机动权、企业一般不用提供担保。

第三节　短期借款

短期借款是指企业为解决短期资金需要而向银行申请借入的期限在一年以内的款项，是筹集短期资金的重要形式。

一、短期借款的种类

银行短期借款的种类很多，按不同标准，可作不同分类。如按照目的和用途分为生产周转借款、临时借款、结算借款等；按照偿还方式的不同，分为一次性偿还借款和分期偿还借款；按利息支付方式的不同，分为收款法借款、贴现法借款和加息法借款；按有无担保，分为抵押借款和信用借款等。这里主要介绍抵押借款和信用借款两种。

（一）抵押借款

抵押借款又称担保借款，是指有一定的保证人做保证或利用一定的财产抵押或质押而取得的借款。这主要是对一些信用不好、财务状况不佳的企业贷款时所采取的措施，以便向银行提供债务得以偿还的担保，在企业不能履行还款义务时，银行有权出售担保品，以获得贷款的偿还。担保的形式又分为以下三类：

（1）证人担保。证人担保是由企业以外的第三者向银行担保，在借款人不能履行债务时，由第三者代为偿还。

（2）财产担保。财产担保是企业以自己的财产作为抵押品，当企业不能履行债务时，银行可以请求法院拍卖其抵押品而得到优先偿还。

（3）留置担保。留置担保是银行按合同、协议规定占用企业财产，当企业不能偿还借款时，银行有权扣留其财产，折价变卖以偿还债务。

（二）信用借款

信用借款又称无担保借款。是指没有保证人做保证或没有财产做抵押，仅凭借款人的信用而取得的借款。这种借款银行一般是对规模较大，信誉较好的企业提供。这种信用借款一般都带有一些信用条件，如信用额度、周转信用协议和补偿性余额等。

1. 信贷额度

信贷额度是指银行与企业之间商定，在未来一定时间内，银行可向企业提供无担保贷款的最高限额。信贷额度的有限期通常为一年，企业在批准的信贷额度内，可随时使用银行借款。信贷额度是在银行对企业信用状况详细调查后确定的，银行并不承担必须提供全部信贷额度的义务。如果企业信誉恶化，即使银行曾同意过按信贷额度提供贷款，企业也可能得不到借款。这时，银行不会承担法律责任。

2. **周转信贷协议**

周转信贷协议是银行具有法律义务地承诺提供不超过某一最高限额的贷款协议。周转信贷协议实质上是一种特殊的信用额度借款，在协议的有效期内，只要企业的借款总额不超过最高限额，银行必须满足企业任何时候提出的借款要求。企业享受周转信贷协议，通常要求就贷款额度的未使用部分付给银行一笔承诺费。

信用额度借款与周转信贷协议借款的区别主要在于：

（1）持续时间不同。信用额度的有效期一般为一年，而周转协议贷款可超过一年。在实际应用中，很多是无限期，因为只要银行和企业之间遵照协议进行，贷款可一再延长。

（2）法律约束力不同。信用额度借款一般不具有法律约束力，不构成企业必须给银行提供贷款的法律责任，而周转协议贷款具有法律约束力，银行要承担限额内的贷款义务。

（3）费用支付不同。企业采用周转协议贷款，除支付利息外，还要支付协议费。协议费是对周转协议贷款限额中未使用的部分收取的费用，正是因为银行收取协议费，才构成了它向企业提供资金的法定义务。在信用额度借款的情况下，一般无须支付协议费。

3. **补偿性余额**

补偿性余额是银行要求借款企业在银行中保持按贷款限额或实际借用额一定百分比（一般为10%～20%）的最低存款余额。从银行的角度来看，补偿性余额可以降低贷款的风险；从企业的角度来看，补偿性余额则提高了借款的实际利率。

【例8-4】某公司按10%的短期借款年利率向银行借款100万元并使用一年，银行要求维持贷款限额20%的补偿性余额，则该公司实际可用的借款只有80万元；补偿性余额按照2%的存款利率计算企业利息收入，该公司的实际借款利率计算为：

$$(10\% - 2\% \times 20\%) \div (1 - 20\%) = 9.6\% \div 80\% = 12\%$$

由此可见，该公司所获得的补偿性余额借款的实际利率是12%。

虽然补偿性余额借款提高了借款企业的实际利率，但是，当借款企业因资金短缺而无法按期支付利息时，由于补偿性余额的存在，银行可以自动划转补偿性余额存款以支付到期利息，从而避免了借款企业逾期罚息的发生。因此，补偿性余额对企业规避逾期罚息风险也起到了保险作用。

二、短期借款的申请程序

短期借款的申请程序与长期借款的申请程序基本相同，主要有以下几点：

1. **企业提出申请**

凡申请借款的企业，都必须按照所借款的种类提前向开户银行填报借款申请。流动资产借款申请书一般应包括下列内容：借款企业的基本情况和新借款项的申请；申请借款的原因；借款的直接用途；还款期限和还款措施；近期企业财务资料；大额贷款的有关资料；申请抵押贷款的应附有抵押品清单和抵押品保险证明等。

2. **银行对企业申请进行审查**

银行接到企业借款申请书后，应对所填内容进行认真的审查，主要包括以下几方面的内容：

(1) 审查借款的原因和用途，做出是否贷款的决策。

(2) 审查企业的产品销售和物资保证情况，决定贷款的数额。

(3) 审查企业的资金周转和物资耗用状况，确定贷款的期限。

3. **签订借款合同**

为了维护借贷双方的合法权益，保证资金的合理使用，企业向银行借入流动资金时，双方应签订借款合同。借款合同主要包括如下四个方面的内容：

(1) 基本条款。这是借款合同的基本内容，主要强调双方的权利和义务，具体包括借款数额、借款方式、款项发放时间、还款期限、还款方式、利息支付方式、利息率的高低等。

(2) 保证条款。这是保证款项能顺利归还的一系列条款，具体包括借款按规定的用途使用、有关的物资保证、抵押财产、保证人及其责任等。

(3) 违约条款。这是对借贷双方出现违约行为时应如何处理的条款，主要载明对企业逾期不归还或挪用贷款等行为的处理，以及对银行不按期发放贷款的处理等。

(4) 其他附属条款。这是与借贷双方有关的其他一系列条款，如双方经办人、合同生效日期等。

4. **企业取得借款**

借款合同签订后，若无特殊原因，银行应按合同规定的时间向企业提供贷款，企业便可取得借款。

如果银行不按合同约定按期发放贷款，应偿付违约金；如果企业不按合同约定使用借款，也应偿付违约金。

5. **企业归还短期借款**

借款企业应按借款合同的规定按时、足额支付贷款本息。贷款银行在短期借款到期一周之前，应当向借款企业发送还本付息通知单，借款企业应当及时筹备资金，按期还本付息。

不能按期归还借款的，借款人应当在借款到期日之前向贷款人申请贷款展期，但是否同意展期由贷款人视情况决定。申请保证借款、抵押借款、质押借款展期的，还应当由保证人、抵押人、出质人出具同意的书面证明。

三、短期借款的成本

短期借款的成本取决于贷款利率的高低。短期借款的利率多种多样，利息支付方式也不同，银行将根据借款企业的情况选用。一般来说，银行对财力雄厚、经营状况好的企业实行基本利率，也就是最低利率，这种利率在全国范围内基本统一。银行对一些不具备享受基本利率信用素质的企业，则要在基本利率的基础上加一定的百分比，以此作为贷款利率。贷款利率可以采用固定利率，即利率在贷款期内保持不变；也可以采用浮动利率，即利率随着市场条件的变化而随时调整。

短期借款利率的计算方法一般有一次支付法、贴现法和附加法三种。

1. **一次支付法**

一次支付法又称简单法，是在借款到期时一次支付利息的方法。利息率根据实际支付的利息和贷款数额计算。其计算公式为：

$$实际利息率=\frac{实际支付利息}{贷款数额}\times100\%$$

2. **贴现法**

贴现法是根据实际支付利息数和贷款数额来计算实际利率的方法。与一次支付法不同的是，利息要在贷款时预先扣除，而不是在期末支付。其计算公式为：

$$实际利息率=\frac{实际支付利息}{贷款数额-实际支付利息}\times100\%$$

【例 8-5】某企业向银行取得借款 10 000 元，期限 1 年，年利率 8%，按照贴现法付息。企业实际可利用的贷款额为 9 200 元（10 000-10 000×8%）。该项贷款的实际利息率为：

$$实际利息率=\frac{800}{10\ 000-800}\times100\%=8.7\%$$

3. **附加法**

附加法是将利息附加到各期还款的本金之中的方法。银行根据预定利率计算的利息，加计到贷款本金中，计算出贷款的本息和作为各期偿还的金额。附加法一般适用于分期均等还款方式。

四、企业对借款银行的选择

企业与银行之间有着密切的关系，好的银行可以给企业的经营活动以很大的帮助。选择了合适的银行，企业不但可以较容易得到贷款，而且可以在多方面得到银行的帮助，甚至在陷入财务困境时，还可以得到银行的支持和帮助以摆脱困境。随着金融信贷业的发展，可向企业提供贷款的银行和非银行金融机构增多，企业有可能在各贷款机构之间做出选择，以图对自己最为有利。选择银行时，重要的是要挑选适宜的借款种类、借款成本和借款条件。此外，还应考虑以下几点：

1. **银行对待风险的态度**

有些银行愿意承担风险，有些银行则比较回避风险。银行对待风险的态度与银行的经营历史、经济实力、管理人员的心态和管理风格、银行负债的稳定性、经济形势的好坏都有关系。比如，负债稳定性较差（存款波动性大）的银行对待风险比较谨慎；经营范围和地区广泛的银行，由于其风险相对分散，对某一笔具体借款业务的风险承受能力就较强。一般来讲，从风险承受能力强的银行那里较容易得到借款。

2. **银行对待客户的忠诚度**

有些银行对客户较为忠诚，在客户遇到困难时，愿意而且能够提供必要的支持，帮助客户渡过难关，至少不会落井下石。有些银行则更多地考虑自身利益的安全，在企业遇到困难时不愿提供帮助，甚至向客户施加压力，急于收回贷款，使企业雪上加霜。

3. **银行咨询与服务**

有些银行在向企业提供贷款的同时还向企业提供财务、金融和经营方面的咨询与服务，这对企业经营活动的正常开展，以及保持企业财务状况的健康是非常重要的。企业在选择银行时，要考虑是否能提供上述服务及服务的质量如何。

4. **银行贷款能力**

银行的规模不同，经济实力不同，能够提供的最大贷款额也不同，企业应根据自身经营活动和发展目标的需要，选择能够满足自身资金需求的银行。

5. **银行贷款的专业性**

很多银行有其特有的专业化服务方向或设有不同的专业化贷款部门，如房地产贷款部、农业贷款部、商业贷款部、工业贷款部等。选择适合于自身投资方向的专业化银行或有相应专业化服务部门的银行，不但较容易得到贷款，而且可以得到更好的咨询服务。

【例 8-6】（2014 年中级会计师职称考试真题）企业内部银行是一种经营部分银行业务的非银行金融机构，需要经过中国人民银行审核批准才能设立。（　）

参考答案：×。企业内部银行是一种经营部分银行业务的非银行金融机构。内部银行是内部资金管理机构，不需要经过中国人民银行审核批准。

五、短期借款的优缺点

（一）短期借款的优点

（1）银行具有较强的资金实力和贷款能力，可以随时为企业提供所需的资金，对于临时性和突发性较强的资金需求，短期借款是最便捷的解决途径之一。

（2）短期借款具有较好的弹性，还款时间灵活，便于企业根据资金需求的变化安排何时借款、何时还款。

（3）实力雄厚、信誉突出的企业可以与银行建立起较密切和长远的借贷关系，不但可以方便地融资，还可以在利率上得到优惠，降低资金成本。

（二）短期借款的缺点

与其他短期融资方式相比，银行短期借款的成本较高。这是因为，就商业信用而言，在现金折扣期限内利用商业信用没有利息成本；就短期融资券而言，由于短期融资券是一种直接融资，因此其成本通常也低于短期借款。另外，向银行借款要受到一些限制，如银行要对企业的经营状况和信用状况进行调查，要求企业的财务指标达到一定标准等。但是，由于任何一种筹资方式都不可避免地会受到出资方的约束和限制，因此，企业在选择筹资方式时，需要考虑不同筹资方式所受限制的程度和大小。

第四节　短期融资券

短期融资券（short-term commercial paper），又称商业票据、短期债券，是由大型工商企业或金融企业发行的短期无担保本票，是一种新兴的短期资金筹集方式。

一、短期融资券的发展历程

短期融资券起源于商业票据。商业票据最初是随商品和劳务交易而签发的一种债务凭证。当一笔交易没有采用现金交易，而是买方在运走货物后，按合同规定的时间、地点、金额，开出一张远期付款的票据给卖方，卖方持有票据，直至到期日再向买方收取现金。

这种商业票据是随商品、劳务交易而产生的商业信用。持有商业票据的公司如在约定的付款期之前需要现金，可以将商业票据贴现。票据贴现使办理贴现的银行或贴现公司得到了利息，又收回了本金，是一种很好的短期投资方式。于是，有人便采用这种贴现方式，从持票人手中买下商业票据，待票据到期后持票向付款方收回资金。

一些大公司发现了商业票据的这一特点，便凭借自己的信誉，开始脱离商品交易过程来签发商业票据，以筹措短期资金。这样，商业票据与商品、劳务的交易相分离，演变成为一种在货币市场上融资的票据，发行人与投资者成为一种单纯的债务、债权关系，而不是商品买卖或劳务供应关系。商业票据上不必列明收款人，只需列明付款人，即单名票据。为了与传统的商业票据相区别，人们通常把这种专门用于融资的票据称为短期融资券或短期商业债券。

2005 年 5 月 24 日，中国人民银行发布了《短期融资券管理办法》，允许符合条件的非金融企业在银行间债券市场向合格的机构投资者发行短期融资券。这标志着我国短期融资券市场正式启动。

二、短期融资券的种类

短期融资券按不同的标准，可分为不同类型。

1. **按发行方式分类**

短期融资券按发行方式的不同，可分为经纪人代销的融资券和直接销售的融资券。

（1）经纪人代销的融资券，又称间接销售融资券，是指先由发行人卖给经纪人，然后由经纪人再卖给投资者的融资券。经纪人主要有银行、投资信托公司、证券公司等。企业委托经纪人发行融资券，要支付一定数额的手续费。

（2）直接销售的融资券，是指发行人直接销售给最终投资者的融资券。直接销售融资券的公司通常是经营金融业务的公司或自己有附属金融机构的公司，它们有自己的分支网点，有专门的金融人才，因此，有力量自己组织推销工作，从而节省了间接发行时应付给证券公司的手续费。直接销售的融资券目前已占据相当大的比重。

根据我国《银行间债券市场非金融企业债务融资工具管理办法》的相关规定，我国非金融企业发行短期融资券必须由符合条件的金融机构承销，企业不得自行销售融资券。

2. **按发行人分类**

短期融资券按发行人的不同，可分为金融企业的融资券和非金融企业的融资券。

（1）金融企业的融资券，主要是指由各大公司所属的财务公司、各种投资信托公司、银行控股公司等发行的融资券。这类融资券一般采用直接发行的方式。

（2）非金融企业的融资券，是指那些没有设立财务公司的工商企业所发行的融资券。这类企业一般规模不大，多采用间接方式来发行融资券。

3. **按发行和流通范围分类**

短期融资券按发行和流通范围的不同，可分为国内融资券和国际融资券。

（1）国内融资券，是一国发行者在其国内金融市场上发行的融资券。发行这种融资券一般只要遵循本国法规和金融市场惯例即可。

（2）国际融资券，是一国发行者在其本国以外的金融市场上发行的融资券。发行这种融资券，必须遵循有关国家的法律和国际金融市场上的惯例。在美国货币市场和欧洲货币市场上，这种国际融资券很多。

三、短期融资券的发行条件

根据我国法律的相关规定，企业必须符合一定的条件才具有申请发行融资券的资格，具体要求包括：

（1）是在中华人民共和国境内依法设立的企业法人；

（2）具有稳定的偿债资金来源，最近一个会计年度盈利；

（3）流动性良好，具有较强的到期偿债能力；

（4）发行融资券募集的资金用于本企业生产经营；

（5）近三年没有违法和重大违规行为；

（6）近三年发行的融资券没有延迟支付本息的情形；

（7）具有健全的内部管理体系和募集资金的使用偿付管理制度；

（8）中国人民银行规定的其他条件。

在充分了解金融市场状况和自身经营现状的基础上，企业财务部门将短期融资券列为可行的筹资方案，并向总经理或董事会提出申请，由其进行最后决策。

四、短期融资券的发行程序

在我国，企业发行短期融资券，一般要按如下程序进行：

1. 选择承销商

我国企业短期融资券的发行必须由符合条件的金融机构承销，企业自身不具有销售融资券的资格。因此，企业在发行方案经总经理或董事会批准之后，应选择拥有承销资格的金融机构作为主承销商。

主承销商应当是具备中国人民银行所规定的相关资格的金融机构，在短期融资券的发行过程中全面承担与发行直接相关的工作，包括：与发行人就有关发行方式、日期、利率、价格、发行费用等进行磋商，达成一致；编制向主管机构提供的有关文件；组织承销团；筹划组织召开承销会议；协助发行人申办有关法律方面的手续；向认购人交付融资券并清算价款等。

企业如需变更主承销商，还应当报中国人民银行备案。

2. 办理信用评级

信用评级是由专家、学者组成专门的机构，运用科学的综合分析方法，对企业及金融工具的信用情况进行评定和估价。根据规定，我国企业在发行短期融资券时，应当由在中国境内注册且具备债券评级资质的评级机构进行信用评级。

短期融资券信用评级的主要步骤可以分为：

（1）由发行企业将与融资券发行相关的基础性资料提交给评级机构。

（2）评级机构在对基础材料的真实性、可靠性、一致性进行核定的基础上，对发行企业的信用质量以及融资券本身的特点和实际情况进行分析、评定，将评级结论归结到发债人对短期融资券本息的偿付能力上，并出具信用评级报告。

(3) 评级机构在遵守保密原则并征得发行人同意的前提下，通过报刊、网络等信息平台向投资者与资本市场发布信用评级报告。

3. **向审批机关提出申请**

中国人民银行总行与各省、自治区、直辖市分行是我国企业发行融资券的审批、管理机关。企业发行短期融资券，必须通过其主承销商向各级人民银行的金融管理部门提出申请，经过批准后才能发行。在申请书及其附件中必须提供如下内容：

(1) 发行融资券的备案报告；

(2) 董事会同意发行融资券的决议或具有相同法律效力的文件；

(3) 主承销商推荐函（附尽职调查报告）；

(4) 融资券募集说明书（附发行方案）；

(5) 信用评级报告全文及跟踪评级安排的说明；

(6) 经注册会计师审计的企业近三个会计年度的资产负债表、利润表、现金流量表及审计意见全文；

(7) 律师出具的法律意见书（附律师工作报告）；

(8) 偿债计划及保障措施的专项报告；

(9) 关于支付融资券本息的现金流分析报告；

(10) 承销协议及承销团协议；

(11)《企业法人营业执照》（副本）复印件；

(12) 中国人民银行要求提供的其他文件。

4. **审批机关审查和批准**

中国人民银行的金融管理部门接到企业申请后，要对如下内容进行认真审查：

(1) 对发行资格进行审查。其主要包括：审查发行单位是否在工商行政管理部门办理登记并领取营业执照；审查发行单位是否有足够的自有资产；审查发行单位是否有可靠的还款来源；审查信用担保人的资格和担保契约书的内容。

(2) 对资金用途进行审查。企业发行融资券所筹集的资金只能用于解决企业季节性流动资金不足，不能用于企业资金的长期周转和固定资产投资。

(3) 审查财务报表的内容。其主要包括：审查财务报表是否经注册会计师签字；审查财务报表中的资金来源和资金占用是否合理；审查企业盈利情况如何；审查企业的主要财务比率是否健全。

(4) 审查融资券的票面内容。融资券票面一般要载明如下内容：企业名称、地址；融资券票面金额；票面利率；还本期限和方式；利息支付方式；融资券的发行日期和编号；发行企业签章和企业法人代表签章等。

审查通过后，中国人民银行将根据规定的条件和程序向企业下达备案通知书，并核定该企业发行融资券的最高余额。

5. **正式发行，取得资金**

经审查机关审查同意后，发行企业便可正式发行短期融资券。

在承销发行方式下，主要发行步骤包括：

(1) 发行融资券的企业与经纪人协商融资券的有关事项，并签订委托发行协议；

(2) 经纪人按协议中的有关条件和承销方式，发布公告并进行其他宣传活动；

(3) 投资者购买融资券，资金存入经纪人账户；

(4) 经纪人将资金划转至发行融资券的企业账户中，并按协议中的规定处理未售完的融资券。

五、短期融资券的成本

短期融资券的主要成本为利息费用，其成本高低通过发行利率来反映。短期融资券的发行利率主要受央行票据利率、市场供应量、主承销商议价能力、企业信用评级水平、规模大小、从事行业、所有制性质、是否为上市公司等因素影响，它将随市场变化而变动。短期融资券的利率与融资主体的评级有很大关系，评级越高则融资成本越低。通常情况下，短期融资券的成本要低于基准利率。

由于短期融资券的利息是在贴现的基础上支付的，因此短期融资券的资本成本率的计算公式如下：

$$短期融资券的资本成本率=\frac{r}{1-r\cdot\frac{n}{360}}$$

式中，r 表示票面利率；n 表示票据期限。

除了利息费用之外，发行短期融资券还会产生承销费、律师费、评级费、会计师费用等一些中介机构费用。承销费是支付给承销商的手续费，央行规定承销费率不得低于发行金额的 0.4%；律师费和会计师费用是由于律师及会计师为企业出具相关法律意见书和财务报告承诺书而应支付的服务费；评级费用是由于评级公司为企业出具满足央行要求的评级报告而需支付的服务费用。综合起来，直接费用约占债券发行金额的 5‰～6‰。

【例 8-7】某企业以 5% 的票面利率发行了 50 亿元为期 90 天的优等短期融资券。另外，其他直接费用率为每年 0.5%，则该企业的短期融资券总成本率是多少？

先计算资本成本率，然后计算总成本率：

$$短期融资券的资本成本率=\frac{r}{1-r\cdot\frac{n}{360}}=\frac{5\%}{1-5\%\times\frac{90}{360}}=5.06\%$$

$$短期融资券的总资本成本率=5.06\%+0.5\%=5.56\%$$

六、短期融资券的评级

《短期融资券管理办法》中规定，企业发行融资券，均应经过在中国境内工商注册且具备债券评级能力的评级机构的信用评级，并将评级结果向银行间债券市场公示。中国证监会在 2005 年 9 月颁布的《关于货币市场基金投资短期融资券有关问题的通知》中规定，货币市场基金不应投资于信用评级低于 A-1 级的短期融资券；在持有短期融资券期间，如果其信用等级下降、不再符合投资标准，应在规定期限内全部减持。

信用评级主要评定的是发债主体按时偿还本息的能力和意愿。由于短期融资券不强制要求担保，但必须进行信用评级并公示评级结果，所以信用评级对企业短期融资券发行的成功与否具有重要意义。

投资者对债券评级结果的信赖程度在很大程度上依赖于对评级机构的信任，因此对于企业来说，选择高水平的信用评级机构为其发行的短期融资券进行信用评级至关重要，不仅要求信用评级机构具有必要的资质、科学的评级方法、严格的评级标准和完整的操作流程，还要有长期的专业积累、较高的市场知名度和社会公信力。

信用评级机构是自1909年穆迪投资者服务公司对铁路债券进行信用评级之后才发展起来的。美国主要的信用评级机构有穆迪投资者服务公司（Moody's）、标准普尔公司（Standard &. Poor's）、达夫与菲尔普斯公司（Duff & Phelps）以及菲奇投资者服务公司（Fitch）。随着资本市场的发展，我国信用评级业务也得到了一定的发展，先后成立了中诚信国际、联合资信、大公国际等专业评级机构，对国内资本市场的各类证券进行信用评级。

通常，评级机构在分析、评定并形成评级结论的过程中，主要会考虑以下因素：

（1）企业外部因素，如宏观经济状况、产业发展趋势、政策及监管环境等；

（2）企业自身因素，如经营状况、管理水平、财务状况等，企业自身的流动性水平尤其是信用评级机构关注的重点；

（3）短期融资券的相关条款与保障措施，如发行规模、筹资期限、债务保障措施等。

在此基础上，评级机构将以符号的形式将融资券归为几类。

《中国人民银行信用评级管理指导意见》（银发〔2006〕95号）明确规定，银行间债券市场短期债券信用等级划分为四等六级，用符号表示分别为A-1、A-2、A-3、B、C、D。具体含义见表8-1。

表8-1　**我国短期融资券信用等级符号及其定义**

信用等级符号	含义
A-1	最高短期信用等级，还本付息能力很强，安全性很高
A-2	还本付息能力较强，安全性较高
A-3	还本付息能力一般，安全性易受不利环境变化的影响
B	还本付息能力较低，有一定的违约风险
C	还本付息能力很低，违约风险较高
D	不能按期还本付息

七、短期融资券筹资的优缺点

1. 短期融资券筹资的优点

（1）短期融资券筹资成本低。短期融资券的利率加上发行成本率，通常要低于银行的同期贷款利率。这是因为，在采用短期融资券筹资时，筹资者与投资者直接往来，绕开了银行中介，节省了一笔原应付给银行的筹资费用。

（2）短期融资券筹资数额比较大。银行一般不会向企业发放巨额的流动资金。例如，在一些国家，商业银行贷给企业的最大金额不能超过该公司资本的10%。因而，对于需要巨额资金的企业，短期融资券这一方式尤为适用。

（3）短期融资券筹资能提高企业的信誉。由于能在货币市场上发行短期融资券的公司都是著名的大公司，因而一家公司如果能在货币市场上发行自己的短期融资券，就说明该公司的信誉很好。

2. **短期融资券筹资的缺点**

（1）发行短期融资券的风险比较大。短期融资券到期必须归还，一般不会有延期的可能。到期不归还，会产生严重后果。

（2）发行短期融资券的弹性比较小。只有当企业的资金需求达到一定数量时才能使用短期融资券，如果数量小，则不宜采用短期融资券方式。另外，短期融资券一般不能提前偿还，因此，即使公司资金比较宽裕，也要到期才能还款。

（3）发行短期融资券的条件比较严格。并不是任何公司都能发行短期融资券，必须是信誉好、实力强、效益高的企业才能发行短期融资券，而一些小企业或信誉不太好的企业则不能利用短期融资券来筹集资金。

【例 8-8】（2010 年中级会计师职称考试真题）下列关于短期融资券筹资的表述中，不正确的是（　　）。

A. 发行对象为公众投资者　　B. 发行条件比短期银行借款苛刻

C. 筹资成本比公司债券低　　D. 一次性筹资数额比短期银行借款大

参考答案：A。本题主要考核短期融资券。短期融资券发行和交易的对象是银行间债券市场的机构投资者，不向社会公众发行和交易。所以选项 A 的说法不正确；发行短期融资券的条件比较严格，必须是具备一定信用等级的实力强的企业，才能发行短期融资券筹资，所以选项 B 的说法正确；相对于发行公司债券筹资而言，发行短期融资券的筹资成本较低，所以选项 C 的说法正确；相对于短期银行借款筹资而言，短期融资券一次性筹资数额比较大，所以选项 D 的说法正确。

第五节　营运资本筹资政策

一、营运资本筹资政策的确定

营运资本筹资策略是指如何确定企业资金总额中短期资金和长期资金所占的比例。短期资金是指企业的流动负债，长期资金是指企业的非流动负债和股东权益。

从生产经营的角度看，企业对流动资产的需求有波动性与稳定性两个特征，这就形成了临时性流动资产和永久性流动资产两大部分，而营运资本筹资策略正是如何安排临时性流动资产和永久性流动资产的资金来源。根据企业流动资产需求的特征，营运资本筹资策略有稳健型、保守型和激进型三种。

（一）稳健型筹资策略

稳健型筹资策略也称配合型筹资策略，是指对于临时性流动资产，运用临时性负债筹资满足其资金需要；对于永久性流动资产和固定资产（统称永久性资产，下同），运用长期负债、自发性负债和权益资本（统称长期资金，下同）筹资满足其资金需求，其基本思想是将资产与负债的期间相配合，以降低企业不能偿还到期债务的风险和尽可能减少由于过多地借入长期资金而支付的高额利息。稳健型筹资策略如图 8-1 所示。

例如，某企业在生产经营的淡季仍需占用 200 万元的永久性流动资产和 500 万元的固

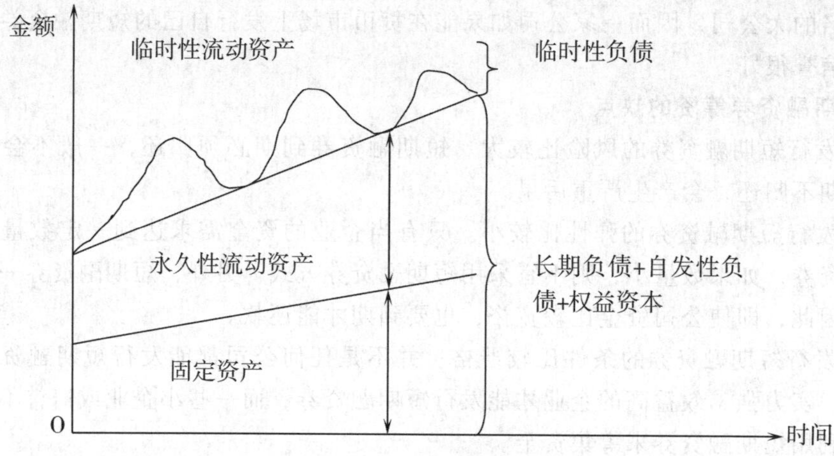

图 8-1　稳健型筹资策略

定资产，在生产经营的旺季会额外增加 150 万元的临时性流动资产。如该企业采用稳健型筹资策略，那么企业的 700 万元永久性资产则由长期负债、自发性负债和权益资本解决其资金需要，只有在生产经营的旺季才借入 150 万元的短期借款。

这种筹资策略要求企业临时性负债筹资计划严密，实现现金流动与预期安排相一致。在季节性低谷时，企业除了自发性负债外没有其他流动负债，当出现季节性资产需求时，将进行短期借款筹资，并用由于最近融得的临时性资产的减少而释放出来的现金偿还这些短期借款。比如，春节期间销售旺季出现的季节性存货和应收账款的扩张通过短期借款筹资，随着存货因销售而减少，应收账款将逐渐增加，之后通过应收账款的收回而带来的现金收入，则可用于偿还先前的短期借款。这样，融资活动就只会在需要的时候才进行。

企业如果能确切地知道它的未来销售需求量、应收账款回收情况和生产情况，就可以使用稳健型营运资本筹资策略，将债务的到期日与企业未来的净现金流量准确地对应起来。结果是，利润可以被最大化，因为企业不必持有多余的（或相对收益较低的）流动资产，也不必进行不是绝对必要的长期筹资。但是，事实上，由于企业存在经营风险，净现金流量通常与期望现金流量不一致，往往达不到资产与负债的完全配合。如本例中，一旦企业生产经营高峰期的销售不理想，未能取得足够的现金收入，便会发生难以偿还临时性负债的情况。因此，稳健型筹资策略是一种理想的、对企业有着较高资金使用要求的营运资本筹资策略。

（二）保守型筹资策略

采用保守型筹资策略的企业，临时性负债只满足部分临时性流动资产的资金需求，另一部分临时性流动资产和永久性资产则以长期负债、自发性负债和权益资本为资金来源，如图 8-2 所示。

从图 8-2 中可以看出，与稳健型筹资策略相比，保守型筹资策略下临时性负债占企业全部资产来源的比例较小。沿用前例，假设企业在生产经营旺季借入的资金低于 150 万元，而无论何时，长期资金都高于 700 万元，比如达到 750 万元，那么旺季的临时性流动资产只有一部分靠短期借款解决，其余部分的临时性流动资产和全部永久性资金则需要由长期资金提供。如果期望净现金流量按预测实际发生了，企业在季节性波谷期将为多余的

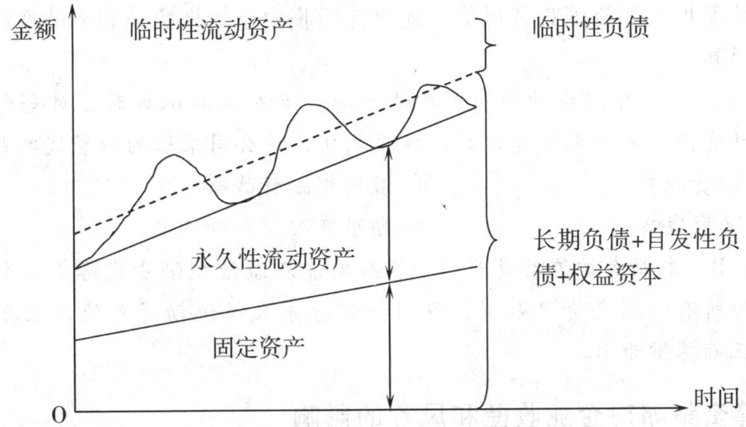

图 8-2　保守型筹资策略

债务支付利息，尽管此时并不需要这部分资金。一方面，由于临时性负债所占比重较小，所以企业无法偿还到期债务的风险较低，同时蒙受短期借款利率变动的风险也较低；另一方面，企业会因为长期负债的资本成本高于临时性负债的资本成本，以及经营淡季仍需负担长期负债利息，导致企业收益降低。

（三）激进型筹资策略

激进型筹资策略与保守型筹资策略恰好相反，其临时性负债不但能满足临时性流动资产的资金需求，还能解决部分永久性资产的资金需求，如图 8-3 所示。

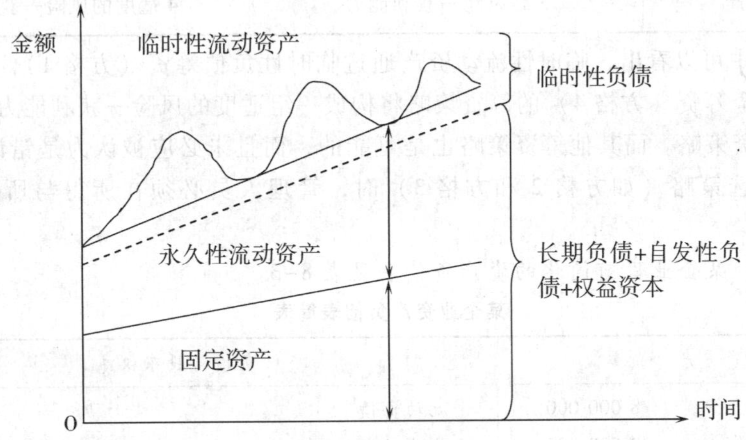

图 8-3　激进型筹资策略

从图 8-3 中可以看出，激进型筹资策略下临时性负债在企业全部资金来源中所占比重大于稳健型筹资策略。沿用前例，假设该企业只用 500 万元长期资金满足永久性资产的需要，而另外 200 万元永久性资产和经营旺季所需的 150 万元临时性流动资产由临时性负债筹资解决，这种情况表明该企业实行的是激进型筹资策略。一方面，由于临时性负债的资本成本一般低于长期负债的资本成本，而激进型筹资策略下临时性负债所占的比重较大，所以该策略下企业的资本成本较低。另一方面，为了满足永久性资产的长期资金需要，企业必然要在临时性负债到期后重新举债或申请债务展期，这样企业便会更为经常地举债和还债，从而加大筹资困难和风险，还可能面临由于短期负债利率的变动导致企业资本成本增加的风险。

【例 8-9】（2011 年中级会计师职称考试真题）某公司在融资时，对全部固定资产和部分永久性流动资产采用长期融资方式，据此判断，该公司采取的融资战略是（　　）。

A. 保守型融资战略　　B. 激进型融资战略

C. 稳健型融资战略　　D. 期限匹配型融资战略

参考答案：B。本题考核流动资产的融资战略。在激进型融资战略中，企业以长期负债和权益资本为所有的固定资产融资，仅对一部分永久性流动资产使用长期融资方式融资，所以本题正确答案为 B。

二、不同的筹资策略对企业收益和风险的影响

通过上面的分析可以看出，不同的筹资策略可以影响企业的收益和风险。我们将前面分析的结果通过表 8-2 进行归纳总结。

表 8-2　不同的筹资策略对企业收益和风险的影响

融资方式 / 资产类型	临时性负债	长期资金
临时性流动资产	1 适度的风险—获利能力	2 低风险—获利能力
永久性资产	3 高风险—获利能力	4 适度的风险—获利能力

从表 8-2 中可以看出，临时性流动资产通过临时性负债筹资（方格 1），和永久性资产通过长期资金筹资（方格 4）的筹资策略将构成一组适度的风险—获利能力组合，这也就是稳健的筹资策略。而其他筹资策略也是可能的，而且未必应被认为是错误的。但是，在采用其他可选策略（如方格 2 和方格 3）时，管理人员必须在所得与所失之间进行权衡。

【例 8-10】某企业目前简化的资产负债表见表 8-3。

表 8-3　某企业资产负债表简表　单位：元

资产		负债与股东权益	
流动资产	8 000 000	流动负债	4 000 000
非流动资产	22 000 000	非流动负债	8 000 000
		股东权益	18 000 000
资产总计	30 000 000	负债与股东权益总计	30 000 000

假设该企业税前利润为 5 000 000 元，流动负债利息率为 6%，非流动负债利息率为 10%，所得税税率为 30%。若企业在资产状况不变、息税前利润不变的情况下改变其筹资组合，增加短期资金比例，减少长期资金比例，则企业股东的收益与风险状况的变化见表 8-4。

表 8-4　　**不同筹资组合对企业股东风险和收益的影响**　　金额单位：元

项目	保守型筹资策略	激进型筹资策略
筹资组合		
流动负债（短期资金）	4 000 000	10 000 000
非流动负债（长期资金）	8 000 000	2 000 000
股东权益（长期资金）	18 000 000	18 000 000
资金总额	30 000 000	30 000 000
息税前利润	5 000 000	5 000 000
减：利息支出		
流动负债利息	4 000 000×0.06＝240 000	10 000 000×0.06＝600 000
非流动负债利息	8 000 000×0.10＝800 000	2 000 000×0.10 ＝200 000
税前利润	3 960 000	4 200 000
减：所得税费用	3 960 000×0.30＝1 188 000	4 200 000×0.30＝1 260 000
税后利润	2 772 000	2 940 000
股东权益收益率	2 772 000÷18 000 000＝15.4%	2 940 000÷18 000 000＝16.3%
流动比率	8 000 000÷4 000 000＝2	8 000 000÷10 000 000＝0.8

从表 8-4 可以看出，由于采用了激进型筹资策略，也就是使用了比较多的成本较低的流动负债，在息税前利润不变的情况下其税后利润由保守型筹资策略的 2 772 000 元增加至 2 940 000 元，股东权益收益率也由 15.4% 上升至 16.3%，但是流动负债占总资金的比重从 4/30 上升到 10/30，即从 13.3% 上升到 33.3%，流动比率也由 2 降至 0.8，这表明公司偿债能力下降，财务风险增大。因此，企业需要根据自己的风险承受能力和经营效率以及公司股东的要求，在收益和风险之间进行认真的权衡，选择合适的筹资策略。

课后习题

一、单项选择题

1.（2009 年中级会计师职称考试真题）信用标准是客户获得企业商业信用所具备的最低条件，通常表示为（　　）。

A. 预期的现金折扣率　　B. 预期的坏账损失率

C. 现金折扣期限　　D. 信用期限

2.（2009 年中级会计师职称考试真题）某企业需要借入资金 60 万元，由于贷款银行要求将贷款金额的 20% 作为补偿性余额，故企业需要向银行申请的贷款数额为（　　）万元。

A. 75　　B. 72　　C. 60　　D. 50

3.（2014 年注册会计师考试真题）甲公司向银行借款 900 万元，年利率为 8%，期限 1 年，到期还本付息，银行要求按借款金额的 15% 保持补偿性余额（银行按 2% 付息）。该借款的有效年利率为（　　）。

A. 7.70%　　B. 9.06%　　C. 9.41%　　D. 10.10%

4.（2010 年中级会计师职称考试真题）下列各项中，属于非经营性负债的是(　　)。

A. 应付账款　　B. 应付票据

C. 应付债券　　D. 应付销售人员薪酬

5.（2013 年中级会计师职称考试真题）下列关于短期融资券的表述中，错误的是(　　)。

A. 短期融资券不向社会公众发行

B. 必须具备一定信用等级的企业才能发行短期融资券

C. 相对于发行公司债券而言，短期融资券的筹资成本较高

D. 相对于银行借款筹资而言，短期融资券的一次性筹资数额较大

二、多项选择题

1.（2009 年中级会计师职称考试真题）企业如果延长信用期限，可能导致的结果有(　　)。

A. 扩大当期销售　　B. 延长平均收账期

C. 增加坏账损失　　D. 增加收账费用

2.（2014 年注册会计师考试真题）与采用激进型营运资本筹资政策相比，企业采用保守型营运资本筹资政策时（　　）。

A. 资金成本较高　　B. 易变现率较高

C. 举债和还债的频率较高　　D. 蒙受短期利率变动损失的风险较高

三、计算题

（2012 年中级会计师职称考试真题）D 公司是一家服装加工企业，2011 年营业收入为 3 600 万元，营业成本为 1 800 万元，日购货成本为 5 万元。该公司与经营有关的购销业务均采用赊账方式。假设一年按 360 天计算。D 公司简化的资产负债表见表 8-5。

表 8-5　　**资产负债表简表（2011 年 12 月 31 日）**　　单位：万元

资产	金额	负债和所有者权益	金额
货币资金	211	应付账款	120
应收账款	600	应付票据	200
存货	150	应付职工薪酬	255
流动资产合计	961	流动负债合计	575
固定资产	850	非流动负债合计	300
非流动资产合计	850	负债合计	875
		实收资本	600
		留存收益	336
		所有者权益合计	936
资产总计	1 811	负债和所有者权益总计	1 811

要求：

(1) 计算 D 公司 2011 年的营运资金数额。

（2）计算 D 公司 2011 年的应收账款周转期、应付账款周转期、存货周转期以及现金周转期（为简化计算，应收账款、应付账款、存货的平均余额均以期末数据代替）。

（3）在其他条件相同的情况下，如果 D 公司利用供应商提供的现金折扣，则对现金周转期会产生何种影响？

（4）在其他条件相同的情况下，如果 D 公司增加存货，则对现金周转期会产生何种影响？

四、综合题

1.（2011 年中级会计师职称考试真题）F 公司是一个跨行业经营的大型集团公司，为开发一种新型机械产品，拟投资设立一个独立的子公司，该项目的可行性报告草案已起草完成。你作为一名有一定投资决策能力的专业人员，被 F 公司聘请参与复核并计算该项目的部分数据。

（1）经过复核，确认该投资项目预计运营期各年的成本费用均准确无误。其中，运营期第 1 年成本费用估算数据见表 8-6。假定本期所有要素费用均转化为本期成本费用。

表 8-6　**运营期第 1 年成本费用估算数据**　单位：元

项目	直接材料	直接人工	制造费用	管理费用	销售费用	合计
外购原材料	4 000		1 000	50	150	5 200
外购燃料动力	800		200	10	90	1 100
外购其他材料			10	2	8	20
职工薪酬		1 600	150	200	50	2 000
折旧额			300	60	40	400
无形资产和其他资产摊销额				5		5
修理费			15	3	2	20
其他			35	5	5	45
合计	4 800	1 600	1 710	335	345	8 790

（2）尚未复核完成的该投资项目流动资金投资估算表见表 8-7。其中，有确定数额的栏目均已通过复核，被省略的数据用“ * ”表示，需要复核并填写的数据用带括号的字母表示。一年按 360 天计算。

（3）预计运营期第 2 年的存货需用额（即平均存货）为 3 000 万元，全年销售成本为 9 000 万元；应收账款周转期（按营业收入计算）为 60 天；应付账款需用额（即平均应付账款）为 1 760 万元，日均购货成本为 22 万元。上述数据均已得到确认。

（4）经过复核，该投资项目的计算期为 16 年，包括建设期的静态投资回收期为 9 年，所得税前净现值为 8 800 万元。

（5）假定该项目所有与经营有关的购销业务均采用赊账方式。

表 8-7　　**流动资金投资估算表**　　金额单位：元

项目		第1年				第2年需用额	第3年及以后各年需用额
		全年周转额	最低周转天数	1年内最多周转次数	需用额		
存货	外购原材料	5 200	36	10	520	*	*
	外购燃料动力	(A)	*	20	55	*	*
	外购其他材料	20	*	40	(B)	*	*
	在产品	*	*	*	696.25	*	*
	产成品	*	60	(C)	*	*	*
	小计	—	—	—	2 600	*	*
应收账款（按经营成本计算）		(D)	*	*	1 397.50	*	*
预付账款		*	*	*	*	*	*
现金		*	*	*	*	*	*
流动资产需用额					4 397.50	5 000	*
应付账款		(E)	*	*	*	*	*
预付账款		*	(F)	4	*	*	*
流动负债需用额					2 000	2 400	*
流动资金需用额					*	(H)	2 600
流动资金投资额					(G)	(I)	(J)

要求：

(1) 计算运营期第1年不包括财务费用的总成本费用和经营成本（付现成本）。

(2) 确定表 8-7 中用字母表示的数据（不需列出计算过程）。

(3) 计算运营期第2年日均销货成本、存货周转期、应付账款周转期和现金周转期。

(4) 计算终结点发生的流动资金回收额。

(5) 运用相关指标评价该投资项目的财务可行性并说明理由。

2.（2012 年中级会计师职称考试真题）F 公司是一家制造类上市公司，公司部分产品外销欧美，2012 年该公司面临市场和成本的巨大压力。公司管理层决定出售丙产品生产线，扩大具有良好前景的丁产品的生产规模。为此，公司财务部进行了财务预测与评价，相关资料如下：

资料一：2011 年 F 公司营业收入为 37 500 万元，净利润为 3 000 万元。该公司 2011 年简化的资产负债表见表 8-8。

表 8-8　　**资产负债表简表（2011 年 12 月 31 日）**　　单位：万元

资产	金额	负债和股东权益	金额
货币资金	5 000	应付账款	7 500
应收账款	10 000	短期借款	2 500
存货	15 000	长期借款	9 000
流动资产合计	30 000	负债合计	19 000
固定资产	20 000	股本	15 000
在建工程	0	资本公积	11 000
非流动资产合计	20 000	留存收益	5 000
		股东权益合计	31 000
资产总计	50 000	负债和股东权益总计	50 000

资料二：预计 F 公司 2012 年营业收入会下降 20%，销售净利率会下降 5%，股利支付率为 50%。

资料三：F 公司运用逐项分析的方法进行营运资金需求量预测，相关资料如下：

（1）F 公司近 5 年现金与营业收入之间的关系见表 8-9。

表 8-9　　**F 公司近 5 年现金与营业收入之间的关系**　　单位：元

	2007 年	2 008 年	2009 年	2010 年	2011 年
营业收入	26 000	32 000	36 000	38 000	37 500
现金占用	4 140	4 300	4 500	5 100	5 000

（2）根据对 F 公司近 5 年的数据分析，存货、应付账款与营业收入保持固定比例关系，其中存货与营业收入的比例为 40%，应付账款与营业收入的比例为 20%，预计 2012 年上述比例保持不变。

资料四：2012 年，F 公司将丙产品线按固定资产账面净值 8 000 万元出售，假设 2012 年全年计提折旧 600 万元。

资料五：F 公司为扩大丁产品的生产规模新建一条生产线，预计投资 15 000 万元，其中 2012 年年初投资 10 000 万元，2013 年年初投资 5 000 万元，项目建设期为 2 年，运营期为 10 年，运营期各年净现金流量均为 4 000 万元。项目终结时可收回净残值 750 万元。假设基准折现率为 10%，相关货币时间价值系数见表 8-10。

表 8-10　　**相关货币时间价值系数表**

	1	2	4	10	12
（P/F，10%，n）	0.9091	0.8264	0.6830	0.3855	0.3186
（P/A，10%，n）	0.9091	1.7355	3.1699	6.1446	6.8137

资料六：为了满足运营和投资的需要，F 公司计划按面值发行债券筹资，债券年利率为 9%，每年年末付息，筹资费率为 2%，该公司适用的企业所得税税率为 25%。

要求：

（1）运用高低点法测算F公司现金需要量：①单位变动资金（b）；②不变资金（a）；③2012年现金需要量。

（2）运用销售百分比法测算F公司的下列指标：①2012年存货资金需要量；②2012年应付账款需要量。

（3）测算F公司2012年固定资产期末账面净值和在建工程期末余额。

（4）测算F公司2012年留存收益增加额。

（5）进行丁产品生产线投资项目可行性分析：①计算包括项目建设期的静态投资回收期；②计算项目净现值；③评价项目投资可行性并说明理由。

（6）计算F公司拟发行债券的资本成本。

第九章　利润分配

学习目标

（1）掌握股利分配的基本概念和理论；

（2）掌握股利分配的方法；

（3）正确理解不同股利分配方法对企业价值和股票价值的影响。

在本章中，我们先介绍有关股利的理论，然后讨论现金股利和股票股利对公司的影响，并通过讨论来介绍公司实施股利政策的策略。

第一节　国有企业利润分配

企业利润，又称企业实现的利润总额，是劳动者的剩余劳动所创造的剩余产品价值的一部分。利润分配是企业财务管理的重要内容。一方面，利润分配是企业与企业所有者之间利益关系的集中表现，企业所有者的利益可以通过利润分配加以实现；另一方面，利润分配对企业来说既是分配过程又是筹资过程。对国有企业而言，盈利分配实质上就是利用货币形式对这部分产品进行分配，即企业实现的利润总额在国家与企业之间分配，这是国家与国有企业分配关系的核心。

一、国有企业利润分配制度的演变

（一）统收统支的利润分配制度

我国国有企业的利润分配制度，经历了一个曲折的演变过程。从1949年新中国成立到1978年这段时期出现了许多分配制度。这一时期的分配制度基本是按照前苏联的利润分配模式，实行高度集中的计划经济体制，企业的利润上缴，亏损由财政补贴，企业没有自主权，不能使责权利相结合。由于分配制度的问题，严重挫伤了企业生产经营的积极性，影响了经济的发展。这种利润分配制度经历了以下几个阶段：①企业利润全部上交（1949—1951年）；②企业奖励基金（1952—1957年）；③利润分成（1958—1961年）；④企业奖金（1962—1968年）；⑤企业利润全部上交（1969-1977年）。

以上分配方法在不同的年代有不同的特点和实施办法，但总体上是统收统支的分配制度。从1978年十一届三中全会召开后，先后实行了企业基金制度、利润留成制度、利改税制度、承包经营责任制和税利分流制度。

（二）企业基金制度和利润留成制度

从1978年开始，在国有企业中试行企业基金制度，这一制度的实施只是历史的一个瞬间，是国家对扩大企业自主权，调动企业和职工生产积极性的一种尝试，1979年在前一年试行的基础上又作了一些改进，并在全国推广企业基金制度。

1979年国家决定在一部分企业进行“全额利润留成”试点，但由于1979年在全国实行的企业基金制度实际上并未达到理想效果，因此，为了进一步调动企业的生产积极性，客观上要求企业有更大的财权，于是1980年进行“基数利润留成加增长利润留成”试点，并逐步扩大实行范围，后来还实行了各种形式的盈亏包干办法。

（三）利改税制度

1980年实行的利润留成制度在扩大企业财力、调动企业和职工生产经营积极性方面起到了一定的作用，但是，也存在许多不足之处，主要是企业的情况千差万别，利润留成基数难以确定，国家和企业之间的分配关系也难以稳定。因此，为了将国家和企业之间的分配关系建立在一定的基础之上，从1983年6月开始试行了利改税制度。

利改税制度是由企业向国家上交利润改为纳税的办法，税后利润归企业支配。利改税分两步进行：第一步，从1983年6月，国家首先在部分企业实行利改税制度，由原来上交利润变为按利润总额的一定百分比向国家缴纳税金，主要税种是工商税；从1984年第四季度起，开始实行第二步利改税。利改税既是企业利润分配制度的改革，也是国家税收制度的改革。

（四）承包经营责任制

随着改革开放的进一步深入和外资企业进入中国市场，国有企业财力不足的问题就显得非常突出。1986年，为了克服企业财力不足的困难，增强企业活力，国家又普遍推行了承包经营责任制。承包经营责任制是根据所有权与经营权分离的原则，完善企业的经营机制，使企业真正做到自主经营、自负盈亏，这是完善企业经营机制的一项重要措施。

承包经营的形式有多种，主要形式是“两包一挂”，即一包上交国家利润，二包技术改造任务，工资总额同上交利润挂钩。这种制度一般是在上交所得税之前承包，也就是把利改税后企业缴纳的所得税和调节税改为上交国家利润的形式。承包经营责任制分配利润的原则是：包死基数，确保上交，超收多留，欠收自补。其关键问题是承包基数的核定，承包基数是承包企业上交国家利润的包干数额，承包基数确定得合理与否，直接影响到国家的财政收入、企业的留利和职工个人的收入。承包基数的确定方法有两种：一是基数法，即以上年上交的利润额为准，将承包前一年上交的所得税和调节税作为承包的基数，对于受客观因素影响而使利润变化较大的企业，可以把承包前2～3年上交利润的平均数作为承包基数；二是系数法，即以行业的平均利润率为基础，根据企业的资金占用额计算出承包利润额，并结合企业实际情况进行调整，从而确定承包基数。

（五）税利分流制度

实行企业承包经营责任制，对调动企业经营者和生产者的积极性、促进生产力的发展、增强企业活力，都起到了一定的积极作用。但是，它也存在一些弊端，主要是承包企业实际上负盈不负亏，国家与企业的分配关系不规范，分配向企业倾斜，并且由于承包期限较短，一般是三年一轮承包，容易诱发企业短期行为，难以建立企业自我约束机制。其具体内容可以概括为：税利分流、税后承包、税后还贷。

以上就是新中国成立以后我国国有企业利润分配制度的历史沿革，这也是我国经济体制走过的一个重要历程。特别是1978年十一届三中全会之后，随着我国经济体制改革的不断深化，我国国有企业的改革正沿着逐步扩大经营自主权、转换企业经营机制、完善国家与企业之间的分配关系的道路一步步前进。

二、国有企业利润分配原则

（一）盈利确认原则

利润分配的盈利确认原则，要求进行利润分配的企业当年必须要有可确认盈余利润，或有历年未分配利润结余及留存收益。凡在年终会计核算中没有确认的账面盈利或没有留存收益的企业，不得分配利润。所以，确认盈利是企业利润分配的前提。

（二）资本（金）保全原则

资本（金）保全原则，实际上是在盈利确认原则基础上对利润分配的进一步限制。因为所谓利润分配，必然是投资者资本增值部分的分配，而不是投资者资本金的返回。利润分配中绝不允许在企业不盈利或亏损的情况下用资本金向投资者分配，此种分配已不属于原来意义上的利润分配，而应该将其看作一种自动清算行为。这一点与盈利确认原则是一致的。只有这样才能理顺企业的产权关系，充分保护投资者的权益。

（三）依法理财原则

利润分配涉及各种利益，是一项十分敏感的工作，因此必须坚持合法性，做到依法纳税，并遵守国家财经法规，确保国家利益不受侵犯。遵守国家财经法规，在企业利润分配中主要表现在两个方面：一是企业在实行利润分配之前，首先应按国家税法规定依法缴纳所得税，然后才能进行税后利润的分配，对于影响国家税收的各种项目的计算和调整，必须严格遵守国家规定的财务制度和有关法规要求，保证国家财政收入；二是企业税后利润的分配必须遵守国家的各种法规和行业财务制度等的要求，应按财经法规要求合理确定税后利润分配的项目、有关分配的顺序和比例等，必须按规定提取最低法定比例的盈余公积金。

（四）保护债权人权利原则

利润分配中要体现对债权人利益的充分保护，这就要求企业在利润分配之前，必须要偿清所有债权人的到期债务，不能故意拖欠债权人债务，而企业进行利润分配以后还应保持一定的偿债能力，不能因为利润分配而造成企业的财力枯竭，在日后产生财务危机，损害债权人的利益。企业在与债权人签订某些长期债务契约的情况下，其利润分配政策还应征得债权人的同意或审核方能执行。

（五）利益兼顾原则

企业税后利润分配的合理与否，直接关系到企业投资者、经营者和职工等各方面的经济利益。所以，在利润分配中既要注意与企业各有关方面的共同经济利益，又要注意各方面局部利益的调整，任何可能挫伤投资者、经营者和职工积极性，影响企业长远发展后劲的利润分配政策都是不可取的。

企业作为法人参与企业税后利润的分配，是经营者参与市场竞争的必然结果，这种形式从本质上讲是为了保护投资者利益，防止出现只注重近期利益、放弃长远利益的财务制约手段。如果企业不考虑长远发展，一味追求投资者的近期利益，没有充足的留存收益，作为企业经营和扩大再生产的资本积累，便可能会使企业经营受阻、财力缺乏、后劲不足，从而影响偿债能力和融资能力乃至应付各种风险的能力，最后损害的是投资者本身的利益。所以，在企业利润分配中，必须要充分考虑企业积累的部分，遵循经济发展和市场竞争的规律，注意调动职工的积极性，使企业有更强的发展后劲和经营能力。因此，利润分配要贯彻优先积累的方针，合理确定提取盈余公积金和分配给投资者利润的比例，使利益分配真正成为促进企业发展的有效手段。

【例 9-1】（2009 年中级会计师职称考试真题）“为充分保护投资者的利益，企业必须在有可供分配留存收益的情况下才进行收益分配”所体现的分配原则是（　　）。

A. 资本保全原则　　B. 利益兼顾原则

C. 依法理财原则　　D. 投资与收益对等原则

参考答案：A。根据资本保全原则的规定，企业必须在有可供分配留存收益的情况下进行收益分配，只有这样才能充分保护投资者的利益。

三、国有企业利润分配的基本程序

（一）国有企业利润分配的基本程序

利润分配就是对企业所实现的经营成果在各个方面之间进行分配。作为分配基础的企业利润可以有两个层次的含义：一是企业的利润总额，即税前利润；二是净利润，即企业缴纳所得税后的利润。在实行税利分流制度之前的利润分配基本上是对企业利润总额的分配，也就是将缴纳的所得税也纳入了利润分配的范围内。现在财务管理上的利润分配主要是指企业净利润的分配。按照我国《企业财务通则》的规定，国有企业实现的利润总额，首先应按国家税法的规定作相应的调整，然后依法缴纳企业所得税。税后利润的分配应当按下列基本程序进行：

（1）用于抵补被没收的财物损失，支付违反税法规定的各项滞纳金和罚款。

（2）弥补超过用所得税前利润弥补期限、按规定可用税后利润弥补的亏损。

（3）向投资者分配利润。企业以前年度未分配的利润，可以并入本年度向投资者分配。

【例 9-2】（2014 年中级会计师职称考试真题）下列净利润分配事项中，根据相关法规和制度，应当最后进行的是（　　）。

A. 向股东分配股利　　B. 提取任意盈余公积金

C. 提取法定盈余公积金　　D. 弥补以前年度亏损

参考答案：A。净利润的分配顺序为弥补以前年度亏损、提取法定盈余公积金、提取任意盈余公积金、向股东（投资者）分配股利（利润），选项 A 正确。

（二）利润分配的项目

1. 抵补被没收的财物损失及支付滞纳金和罚款

被没收的财物损失包括违反经营范围、违反合同、走私等被罚款或没收财物的损失。违反税法规定包括偷税、漏税、抗税、欠税等，违反税法规定通常被处以罚款或交纳滞纳金。按税法规定，这些支出不允许在税前利润中支付。按照有关会计制度规定，不同类型的企业有不同的处理方法。对于外商投资企业和股份制企业，以上支出可在“营业外支出”中核算，但需要在计算应纳税所得额时予以调整，也就是将利润总额加上上述支出后调整为应纳税所得额。对于其他类型的企业，要求在利润分配中作为一项特殊的分配项目，在企业税后利润中支付。

2. **弥补亏损**

弥补亏损可以划分为两种不同情况：税前弥补和税后弥补。《企业财务通则》规定："企业发生年度亏损，可以用下一年度的利润弥补：下一年度不足弥补的，可以在五年内用所得税前利润延续弥补，延续五年未弥补的亏损，用缴纳所得税后的利润弥补。"这表明，税前弥补与税后弥补以五年为界限。亏损延续未超过五年的，用税前利润弥补，弥补亏损后有剩余利润的，才需要缴纳所得税；延续期限超过五年的亏损，只能用税后利润弥补。

3. **提取公积金**

公积金是企业从税后利润中提取的积累资金，是企业用于防范和抵御风险、补充资本的重要资金来源。公积金从性质上看属于企业所有者的权益。公积金包括法定盈余公积金和任意盈余公积金两种。法定盈余公积金是按税后利润扣除利润分配基本程序中的第一、二两项后的余额的10%计提的，但企业的法定盈余公积金达到注册资本的50%时，可以不再提取。任意盈余公积金是企业为了满足经营管理的需要，在计提法定盈余公积金以后，按照企业章程或股东会议决议提取的公积金，股份有限公司的任意盈余公积金应在支付优先股股利之后提取，其提取比例或金额由股东大会确定。企业提取的公积金主要可以用于以下几个方面：

（1）用于弥补企业的亏损。企业以前年度的亏损按税法规定不能用税前利润弥补时，可用税后利润弥补，也可用公积金来弥补。

（2）用于增加企业注册资本。企业的公积金经股东大会特别决议后，也可以用于增加企业的注册资本，但增加注册资本之后，法定盈余公积金不得低于企业注册资本的25%。

4. **向投资者分配利润**

向投资者分配的利润，是投资者从企业获取的投资收益。企业应当在弥补亏损、提取公积金之后才能向投资者分配利润。如果企业当年无利润，一般不得向投资者分配利润。但是，股份有限公司在弥补完亏损以后，如果当年利润以及以前年度累计未分配利润不够分配股利时，经股东大会特别决议也可以用公积金向股东支付股利，但其支付金额不得超过股票面值的6%，且在支付股利后企业法定盈余公积金不能低于企业注册资本的25%。

【例9-3】（2012年中级会计师职称考试真题）下列关于提取任意盈余公积的表述中，不正确的是（　　）。

A. 应从税后利润中提取　　　　B. 应经股东大会决议

C. 满足公司经营管理的需要　　　　D. 达到注册资本的50%时不再计提

参考答案：D。根据公司法的规定，法定盈余公积金的提取比例为当年税后利润（弥补亏损后）的10%，当法定盈余公积金的累积额达到注册资本的50%时，可以不再提取。

第二节　股份制企业利润分配

股份公司作为现代企业中理想的组织形式，其利润分配方式从国际范围来看经过上百年的发展已经比较完善。在利润分配过程中，曾经出现过不少有关利润分配的理论，下面简要进行介绍。

一、股利分配政策和内部筹资

(一) 股利理论

对于股份公司是否应当发放股利（dividend）、发放股利是否对公司价值产生影响、发放股利占全部净利润的百分比、何时发放股利、发放什么形式的股利等，有许多理论流派，概括起来分为两类：股利无关理论与股利相关理论。

1. **股利无关理论**

股利无关理论的主要观点是股利分配对公司的市场价值（或股票价格）不会产生影响。该理论是美国财务学家莫迪格利尼（Modigliani）和米勒（Miller）首先于20世纪50年代提出的，一般又称之为MM理论。股利无关理论认为，投资者并不关心公司股利的分配，公司分配较少的利润，留存较多的利润可用于更好的投资机会，会导致公司股票价格上升，此时尽管发放的股利较少，但由于股价上升，需用现金的投资者可以出售股票换取现金。若公司发放较多的股利，投资者又可以用现金去寻找一些新的投资机会，比如再买一些股票以扩大投资。也就是说，投资者不管获得股利还是通过交易获得资本利得，都不会有任何偏好。同样，公司在发放股利后，可以在股票市场通过发行新股获得新的资金。

既然投资者不关心股利的分配，公司价值就完全由其投资的获利能力所决定，公司的盈余在股利和留存收益之间的分配并不影响公司价值，这是因为即使公司有理想的投资机会而又支付了高额股利，也可以募集新股，新投资者会认可公司的投资机会。

【例9-4】（2014年中级会计师职称考试真题）下列股利政策中，根据股利无关理论制定的是（　　）。

A. 剩余股利政策

B. 固定股利支付率政策

C. 稳定增长股利政策

D. 低正常股利加额外股利政策

参考答案：A。剩余股利政策的理论依据是股利无关理论，选项A正确。

2. **股利相关理论**

与股利无关理论相反，股利相关理论认为，企业的股利政策会影响股票价格和公司价值。

（1）主要观点

①“手中鸟”理论。该理论认为，用留存收益再投资给投资者带来的收益具有较大的不确定性，并且投资的风险随着时间的推移会进一步加大，厌恶风险的投资者由于偏好确定的股利收益，因而不愿将收益留存在公司内部，去承担未来的投资风险。因此，公司的股利政策与公司的股票价格是密切相关的，即当公司支付较高的股利时，公司的股票价格会上升，公司价值将随之提高。

②信号传递理论。该理论认为，在信息不对称的情况下，公司可以通过股利政策向市场传递有关公司未来获利能力的信息，从而影响公司的股价。一般来讲，预期未来获利能力强的公司，往往愿意通过相对较高的股利支付水平吸引更多的投资者。对于市场上的投资者来讲，股利政策的差异或许是反映公司预期获利能力的有价值的信号。如果公司连续

保持较为稳定的股利支付水平，那么投资者会对公司未来的盈利能力与现金流量抱有乐观的预期；如果公司的股利支付水平突然发生变动，那么股票市价也会对这种变动做出反应。

③所得税差异理论。该理论认为，由于普遍存在的税率和纳税时间的差异，资本利得收入比股利收入更有助于实现收益最大化目标，公司应当采用低股利政策。一般来说，对资本利得收入征收的税率低于对股利收入征收的税率。即使两者没有税率上的差异，由于投资者对资本利得收入的纳税时间选择更具有弹性，因此投资者仍可以享受延迟纳税带来的收益差异。

④代理理论。该理论认为，股利政策有助于减缓管理者与股东之间的代理冲突，即股利政策是协调股东与管理者之间代理关系的一种约束机制，而股利的支付能够有效地降低代理成本。首先，股利的支付减少了管理者对自由现金流量的支配权，这在一定程度上可以抑制公司管理者的过度投资或在职消费行为，从而保护外部投资者的利益；其次，较多的现金股利发放，减少了内部融资，导致公司进入资本市场寻求外部融资，这将使公司接受资本市场上更多的、更严格的监督，这样便通过资本市场的监督减少了代理成本。因此，高水平的股利政策降低了企业的代理成本，但同时增加了外部融资成本，理想的股利政策应当使两种成本之和最小。

（2）影响因素

在现实生活中，不存在股利无关理论提出的假定前提。公司的股利分配是在种种制约因素下进行的，公司不可能摆脱这些因素的影响。影响股利分配的因素有：

①法律因素

为了保护债权人和股东的利益，各国有关法规对公司的股利分配经常作如下限制：

一是资本保全。《公司法》规定，公司只能用当年的盈余或上年结余的利润发放股利，不能用公司发行的股票筹集的资金发放股利，这样就能有效地保护投资者。

二是企业积累。许多法律法规对公司自身积累做出规定，要求公司每年按净利润的10%提取法定盈余公积金，并鼓励企业按一定的百分比提取任意盈余公积金后再向投资者分配利润，这样可以在提高企业抵抗风险能力的同时留有充裕的发展资金。

三是净利润。按照“有利则分，无利不分”的原则，相关的法律法规规定企业只有弥补完以前年度亏损以后，若还有剩余利润则可以分配股利，否则不能分配股利。

四是超额累积利润。由于股东接受股利缴纳的所得税高于其进行股票交易的资本利得税，于是许多国家规定公司不得超额累积利润，一旦公司的留存收益超过法律认可的水平，将被加征额外税额。

【例9-5】（2011年中级会计师职称考试真题）处于衰退期的企业在制定收益分配政策时，应当优先考虑企业积累。（　　）

参考答案：×。

②股东因素

股东（stock holders）从自身需要出发，对公司的股利分配往往产生下列影响：

一是稳定的收入和避税。一些依靠股利维持生活的股东、认为股利对公司价值没有影响的股东以及要求能够获得即期收入以减少预期风险的股东，往往要求公司支付稳定的股利，若公司留存较多的利润，将受到这部分股东的反对。另外，因为股利收益税高于股票交易的资本利得税，所以控制公司较多股份的股东和一些高股利收入的股东出于避税的考虑，往往反对公司发放较多的股利。

二是控制权的稀释。对于持有公司较多股份或持有比例较大的股东，往往担心自己的控制权会被稀释。公司支付较高的股利，就会导致留存盈余减少，特别是发放现金股利以后，可能会造成未来资金的短缺。由于发行债券会增加公司的财务风险，这又意味着将来发行新股的可能性加大，而发行新股很可能稀释公司的控制权。因此，如果他们拿不出更多的资金购买新股以满足公司的需要，宁可不分配股利，也反对募集新股。

③公司因素

就公司的经营需要来讲，也存在下列影响股利分配的因素：

一是盈余（earnings）的稳定性。公司是否能获得长期稳定盈余，是其股利决策的重要基础。盈余相对稳定的公司能够较好地把握自己，支付的股利有可能高于盈余不稳定的公司。而盈余不稳定的公司一般采取低股利政策，以应对由于盈余下降而造成的股利无法支付、股价急剧下降的风险，还可能将更多的盈余再投资，以提高公司权益资本比重，减少财务风险。

二是现金流量（cash flow）和投资机会。公司在生产经营中必须有充足的现金。较多地支付现金股利，会减少公司的现金持有量，使资产的流动性降低，影响未来的支付能力，甚至造成财务危机。投资机会也是影响股利政策的一个重要因素。有着良好投资机会的公司，需要有强大的资金支持，因而往往少发放股利，将大部分盈余用于投资；缺乏良好投资机会的公司，保留大量现金会造成资金的闲置，于是倾向于支付较高的股利。正因为如此，处于成长中的公司多采取低股利政策，没有良好投资机会的公司多采取高股利政策。

三是举债（liabilities）能力。每个公司的举债能力各不相同，在发放现金股利后，具有较强举债能力（与公司资产的流动性相关）的公司因为能够及时筹措到所需的现金，有可能采取较宽松的股利政策；而举债能力较弱的公司则要少分配现金股利，留下较多的留存收益，往往采取比较谨慎的股利政策。另一种情况是债务需要，具有较高债务偿还需要的公司，可以通过举借新债、发行新股筹集资金偿还债务，也可以直接用经营积累偿还债务。如果公司认为后者适当的话（比如前者资本成本高或受其他限制难以进入资本市场），将会减少股利的支付。

四是资本成本。与负债筹资和发行新股相比，留存收益不需花费筹资费用，是一种比较经济的筹资渠道。而发行新股则往往要承担公告、招股、签证等费用，程序也比较麻烦。如果用债券筹资也同样要承担筹资费用，而且还要承担利息。所以，从资本成本的角度考虑，如果公司有扩大资金的需要，也应当采取低股利政策。

④其他因素

一是债务合同约束。债务合同，特别是长期债务合同，往往有限制公司现金支付程序的条款，即保护性契约，目的是防止公司过多发放股利，影响偿债能力，增加债务风险，这使得公司只能采取低股利政策。

二是通货膨胀。在通货膨胀的情况下，货币贬值，购买力水平下降，会导致公司没有足够的资金进行生产经营。这时盈余会被当作提高购买力水平的资金来源，因此在通货膨胀时期，公司股利政策往往偏紧。

由于存在上述种种影响股利分配的因素，股利政策与股票价格并不是无关的，公司价值或者说股票价格不会仅由其投资的获利能力所决定。

【例 9-6】（2011 年注册会计师考试真题）下列关于股利分配的说法中，错误的是（　　）。

A. 税差理论认为，当股票资本利得与股票交易成本之和大于股利收益税时，应采用高现金股利支付率政策

B. 客户效应理论认为，对于高收入阶层和风险偏好投资者，应采用高现金股利支付率政策

C. “一鸟在手”理论认为，由于股东偏好当期股利收益胜过未来预期资本利得，应采用高现金股利支付率政策

D. 代理理论认为，为解决控股股东和中小股东之间的代理冲突，应采用高现金股利支付率政策

参考答案：B。客户效应理论认为，对于高收入阶层和风险偏好投资者，由于其税负高，并且偏好资本增长，他们希望公司少发放现金股利，并希望通过获得资本利得适当避税，因此，公司应实施低现金分红比例甚至不分红的股利政策。

（二）股利分配政策与内部筹资

由于不同的股利分配政策会影响企业价值和股票价格，因此确定合理的股利分配政策对任何公司来说都是非常重要的。支付给股东的股利与留在企业的留存收益，存在此消彼长的关系。减少股利分配，会增加留存收益，减少外部筹资需求。股利决策同时也是内部筹资决策。

在进行股利分配的实务中，不同的公司有不同的股利政策。一般来讲，经常采用的股利政策有以下几种：

1. 剩余股利政策

在公司经营的过程中，投资机会和资本结构是两个重要方面，把握新的投资机会进行投资，一般要求有较低的资金成本，同时资金成本又影响资本结构，所以要先确定项目合理的资本成本，再确定使用内部资金还是外部资金。

采用剩余股利政策时，应遵循以下四个步骤：

（1）设定目标资本结构，即确定权益资本与债务资本的比率，在此资本结构下，加权平均资本成本将达到最低水平；

（2）确定目标资本结构下投资所需的股东权益数额；

（3）最大限度地使用留存收益来满足投资方案所需的权益资本数额；

（4）投资方案所需的权益资本已经满足后若有剩余盈余，再将其作为股利发放给股东。

这一政策符合企业价值最大化的理财目标，使企业的综合资金成本最低。

【例 9-7】假定某公司某年提取了公积金后的税后净利润为 800 万元，第二年的投资计划所需资金为 1 000 万元，公司的目标资本结构为权益资本占 60%、债务资本占 40%，

那么，按照目标资本结构的要求，公司投资方案所需的权益资本数额为：

1 000×60% =600（万元）

公司当年全部可用于分配股利的盈余为800万元，可以满足上述投资方案所需的权益资本数额并有剩余，剩余部分再作为股利发放。当年发放的股利额即为：

800-600=200（万元）

假定该公司当年流通在外的普通股为100万股，那么每股股利即为：

200÷100=2（元/股）

奉行剩余股利政策，意味着公司只将剩余的盈余用于发放股利。这样做的根本理由是为了保持理想的资本结构，使加权平均资本成本最低。如上例，如果公司不按剩余股利政策发放股利，将可向股东分配的800万元全部留用于投资（当年将不发放股利），或全部作为股利发放给股东（当年每股股利将达到8元/股），然后再去筹借债务，这两种做法都会破坏目标资本结构，导致加权平均资本成本的提高，不利于提高公司价值（股票价格）。

【例9-8】（2010年注册会计师考试真题）某公司采用剩余股利政策分配股利，董事会正在制订2009年度的股利分配方案。在计算股利分配额时，不需要考虑的因素是（　　）。

A. 公司的目标资本结构　　B. 2009年年末的货币资金

C. 2009年实现的净利润　　D. 2010年需要的投资资本

参考答案：B。分配股利的现金问题，是营运资金管理问题，与筹集长期资本无直接关系。

2. 固定或持续增长的股利政策

这一股利政策是将每年发放的股利维持在某一固定的水平上并在较长的时期内不变，只有当公司认为未来盈余会显著地、不可逆转地增长时，才提高年度股利发放额。这种政策要求企业盈余发生变化时，股利保持稳定不变，不过，在通货膨胀的情况下，股利的支付率应相应提高以抵消通货膨胀的不利影响。

固定或持续增长的股利政策主要是为了避免出现由于经营不善而削减股利的情况。采用这种股利政策的理由在于：

（1）稳定的股利向市场传递着公司正常发展的信息，说明公司的经营业绩比较稳定，经营风险较少，会减少投资者对公司经营状况的担心，有利于树立公司良好形象，增强投资者对公司的信心，能够将资金长期稳定地投资于该公司。

（2）稳定的股利有利于投资者安排股利收入和支出，特别是对那些对股利有着很高依赖性的股东更是如此。而股利忽高忽低的股票，则不会受这些股东的欢迎，他们会抛售那些股利不稳定的股票，股票价格会因此而下降。

（3）稳定的股利政策有时会令某些投资方案暂时偏离目标资本结构，或使投资方案延期，甚至出现发行债券等情况，但考虑到股票市场会受到多种因素的影响，如股东的心理状态和其他要求，因此为了使股利维持在稳定的水平上，即使推迟某些投资方案或者暂时偏离目标资本结构，也可能要比降低股利或降低股利增长率更为有利，这是因为忽高忽低的股利政策容易使人们认为公司的经营不稳健。

该股利政策的缺点在于股利的支付与盈余相脱节。当盈余较低时同样要支付固定的股利，这可能导致资金短缺、财务状况恶化，给公司造成较大的财务压力，因此这种政策适用于经营比较稳健的公司。

3. 固定股利支付率政策

固定股利支付率政策，实际上是变动的股利政策，即公司确定一个股利占盈余的固定比率，并长期按此比率支付股利。公司的每年盈余都有可能是变动的，因此这种股利政策也随着盈余的变化而发生变化，即获利多的年份就多分股利，获利少的年份就少分股利。

主张实行固定股利支付率的人认为，实行固定股利支付率政策能使股利与公司盈余紧密配合，以体现“多盈多分、少盈少分、无盈不分”的股利分配原则，这样才算真正公平地对待了每一位股东。但是，在这种政策下，各年的股利变动较大，极易造成公司经营不稳健的感觉，对于稳定股票价格不利，不利于公司树立良好的公司形象。

【例 9-9】（2013 年中级会计师职称考试真题）下列各项政策中，最能体现“多盈多分、少盈少分、无盈不分”股利分配原则的是（　　）。

A. 剩余股利政策　　　　B. 低正常股利加额外股利政策

C. 固定股利支付率政策　　　　D. 固定或稳定增长的股利政策

参考答案：C。采用固定股利支付率政策，股利与公司盈余紧密配合，体现了“多盈多分、少盈少分、无盈不分”的股利分配原则。

4. 低正常股利加额外股利政策

这种股利政策是一种折中的股利分配政策。按照这种政策，公司一般情况下每年只支付固定的、数额较低的股利；在盈余多的年份，再根据实际情况向股东发放额外股利。用公式表示如下：

当年股利 = 低固定股利 + 额外股利

需要指出的是，额外股利并不固定化，不意味着公司永久地提高了规定的股利率。

这种股利政策使公司具有较大的灵活性。当公司盈余较少或投资需用较多资金时，可维持较低但正常的股利，股东不会有股利跌落感；而当盈余有较大幅度增加时，则可适度增发股利，把经济繁荣的部分利益分配给股东，使他们增强对公司的信心，这有利于稳定股票的价格。

这种股利政策既灵活又固定，因而许多企业都采用。该政策可使那些依靠股利度日的股东每年至少能得到虽然较低但比较稳定的股利收入，从而吸引住这部分股东。

以上各种股利政策各有所长，公司在分配股利时应借鉴其基本决策思想，制定适合自身实际情况的股利政策。

【例 9-10】（2012 年注册会计师考试真题）下列关于股利分配政策的说法中，错误的是（　　）。

A. 采用剩余股利分配政策，可以保持理想的资本结构，使加权平均资本成本最低

B. 采用固定股利支付率分配政策，可以使股利和公司盈余紧密配合，但不利于稳定股票价格

C. 采用固定股利分配政策，当盈余较低时，容易导致公司资金短缺，增加公司风险

D. 采用低正常股利加额外股利政策，股利和盈余不匹配，不利于增强股东对公司的

信心

参考答案：D。采用低正常股利加额外股利政策具有较大的灵活性。当公司盈余较少或投资需用较多资金时，可维持较低但正常的股利，股东不会有股利跌落感；而当盈余有较大幅度增加时，则可适度增发股利，把经济繁荣的部分利益分配给股东，使他们增强对公司的信心，这有利于稳定股票的价格。所以，选项D的说法不正确。

【例9-11】（2010年中级会计师职称考试真题）F公司为一家稳定成长的上市公司，2009年度公司实现净利润8 000万元。公司上市3年来一直执行稳定增长的现金股利政策，年增长率为5%，吸引了一批稳健的战略性机构投资者。公司投资者中个人投资者持股比例占60%。2 008年度每股派发0.2元的现金股利。公司2010年计划新增一投资项目，需要资金8 000万元。公司目标资产负债率为50%。由于公司良好的财务状况和成长能力，公司与多家银行保持着良好的合作关系。公司2009年12月31日资产负债表有关数据见表9-1。

表9-1　　F公司资产负债表有关数据　　单位：万元

货币资金	12 000
负债	20 000
股本（面值1元，发行在外10 000万股普通股）	10 000
资本公积	8 000
盈余公积	3 000
未分配利润	9 000
股东权益总额	30 000

2010年3月15日公司召开董事会会议，讨论了甲、乙、丙三位董事提出的2009年度股利分配方案：

(1) 甲董事认为考虑到公司的投资机会，应当停止执行稳定增长的现金股利政策，将净利润全部留存，不分配股利，以满足投资需要。

(2) 乙董事认为既然公司有好的投资项目，有较大的现金需求，应当改变之前的股利政策，采用每10股送5股的股票股利分配政策。

(3) 丙董事认为应当维持原来的股利分配政策，因为公司的战略性机构投资者主要是保险公司，他们要求固定的现金回报，且当前资本市场效率较高，不会由于发放股票股利使股价上涨。

要求：

(1) 计算维持稳定增长的股利分配政策下公司2009年度应当分配的现金股利总额。

(2) 分别计算甲、乙、丙三位董事提出的股利分配方案的个人所得税税额。

(3) 分别站在企业和投资者的角度，比较分析甲、乙、丙三位董事提出的股利分配方案的利弊，并指出最佳股利分配方案。

参考答案：

(1) 公司2009年度应当分配的现金股利总额=0.2×（1+5%）×10 000=2 100（万元）

(2) 甲董事提出的股利分配方案的个人所得税税额为零。

乙董事提出的股利分配方案下，股东可以获得的股票股利面值为 1 500 万元（10 000 ×60%÷10×5×50%），应缴纳的个人所得税税额为 300 万元（1 500×20%）。

丙董事提出的股利分配方案下，股东可以获得的现金股利为 630 万元（2 100×60%×50%），应缴纳的个人所得税税额为 126 万元（630×20%）。

（3）就甲董事提出的股利分配方案而言，站在企业的角度，在公司面临较好的投资机会时可以迅速获取所需资金；但是站在投资者的角度，不利于投资者安排收入与支出，不能确保公司股价的稳定，不利于公司树立良好的形象。

就乙董事提出的股利分配方案而言，站在企业的角度：①不需要向股东支付现金，在再投资机会较多的情况下，可以为公司再投资保留所需资金；②可以降低公司股票的市场价格，既有利于促进股票的交易和流通，又有利于吸引更多的投资者成为公司股东，进而使股权更为分散，有效地防止公司被恶意控制；③可以传递公司未来发展前景良好的信息，从而增强投资者的信心，在一定程度上稳定股票价格。站在投资者的角度：①既可以获得股利，又可以获得股票价值相对上升的好处；②由于股利收入和资本利得税率的差异，如果投资者把股票股利出售，还会给他带来资本利得纳税上的好处（注：此问考察的是股票股利的优点）。

就丙董事提出的股利分配方案而言，站在企业的角度，该方案向市场传递着公司正常发展的信息，有利于树立公司的良好形象，增强投资者对公司的信心，稳定股票的价格，而且稳定的股利有利于吸引那些打算进行长期投资并对股利有很高依赖性的股东，但在公司面临新的投资机会时，不能为公司提供所需资金；站在投资者的角度，稳定的股利有助于投资者安排股利收入和支出。

综上，根据现阶段该公司的情况，选择乙董事的方案较为合适。

二、股利支付的方式和程序

（一）股利支付的方式

股利支付的方式多种多样，常见的有以下几种：

1. 现金股利

现金股利（cash dividend）是以现金支付的股利，它是股利支付的主要方式。公司支付现金股利除了要累计盈余（特殊情况下可用弥补亏损后的盈余公积金支付）外，还要有足够的现金，因此公司在支付现金股利前需筹备充足的现金。

2. 财产股利

财产股利（property dividend）是以现金以外的资产支付的股利，主要是以公司所拥有的其他企业的有价证券（如股票、债券、商品等）作为股利支付给股东。

3. 负债股利

负债股利（liability dividend）是公司以负债支付的股利，通常以公司的应付票据支付给股东，不得已的情况下也有发行公司债券抵付股利的情况。债券持有者可以向企业索要债权和相关的利息收入。

4. 股权式股利

股权式股利包括股票股利（stock dividend）和认股权证（stock warrant），股票股利是公司以增发的股票作为股利的支付方式；而认股权证则是股份公司发放给股东的在未来可以凭之以约定的价格购入公司股票的选择权凭证，当然，认股权证也可以在证券市场上进行交易或转让，从中获得收益。

（二）股利支付的程序

股份有限公司在获得盈余以后，经过董事会决议，向股东支付股利。其过程主要经历：股利宣告日、股权登记日和股利支付日。

1. **股利宣告日**

股利宣告日即公司董事会将股利支付情况予以公告的日期。公司董事会一般根据股东大会关于发放股利的决定进行公告，同时通知股东办理必要的手续，届时领取股利。公告中将宣布每股支付的股利、股权登记期限、除去股息的日期和股利支付日期。

2. **股权登记日**

股权登记日即公司规定有资格获得股利的最后登记截止日，也称为除权日。公司在宣布股利后，通常会规定一段时间让股东进行登记或过户，只有在股权登记日前在公司股东名册上登记的股东，才有权分享股利。

3. **股利支付日**

股利支付日即向股东发放股利的日期。股利的支付以登记在册的股东为准，即使股东在股利发放前已将股票出售但仍有权获得股利。

假定C公司2014年11月15日发布公告："本公司董事会在2014年11月15日的会议上决定，本年度发放每股5元的股利；本公司将于2015年1月2日将上述股利支付给已在2014年12月15日登记为本公司股东的人士。"2014年11月15日为C公司的股利宣告日；2014年12月15日为其股权登记日；2015年1月2日则为其股利支付日。

【例9-12】（2014年中级会计师职称考试真题）在股利支付程序中，除息日是指领取股利的权利与股票分离的日期，在除息日购买股票的股东有权参与当次股利的分配。（　　）

参考答案：×。除息日是指领取股利的权利与股票分离的日期，在除息日之前购买股票的股东才能领取本次股利。

三、股票股利

企业的利润分配通常采用支付现金的形式。对于股份公司以外的企业来说，企业利润分配政策主要是确定各项分配比例，在支付形式上没有选择的余地。然而，对于股份公司来说，情况就完全不同。我国有关法律规定，股份公司支付股利，除了采取现金支付形式外，还可以采取股票股利形式。事实上，我国股份公司股利支付的形式主要是股票股利，现金股利仅作为股利分配的补充手段。因此，股票股利是股份公司利润分配管理的一项特殊的重要内容。

1. **股票股利分配的条件**

股票股利是指以本公司的股票作为股利分配给股东。支付股票股利既是利润分配的过程，又是股票发行的过程。因此，股票股利分配既要满足利润分配的条件，又要满足股票发行的条件。

（1）利润分配方面的条件

作为利润分配的过程，发放股票股利必须拥有相应的可分配利润。尽管发放股票股利时公司并不需要拿出相应的税后利润支付给股东，但支付股票股利时必须将相应金额从其他权益账户转入股本账户。因此，可发放股票股利的最大值取决于公司的可分配利润。

（2）股票发行方面的条件

作为股票发行的过程，发放股票股利需要满足以下条件：

①需要履行有关法律程序和审批手续。首先由董事会制订方案，经股东大会通过增加资本和修改章程决议，并按规定向国家有关证券发行管理部门办理申请发行股票手续。

②距离上一次发行股票的时间不少于 12 个月。

③公司最近两年未发生过盈利不足以支付优先股股利，或支付优先股股利后两年内未支付普通股股利的情况。

2. 股票股利实务

股票股利是公司以发放的股票作为股利的支付方式。股票股利并不直接增加股东的财富，不会导致公司资产的流出或负债的增加，因而不是公司资金的使用，同时也并不因此增加公司的财产，但会引起所有者权益各项目的结构发生变化。

【例 9-13】某公司在发放股票股利前的股东权益情况见表 9-2。

表 9-2　**某公司在发放股票股利前的股东权益情况**　单位：元

普通股股本（面额 8 元，已发行 250 000 股）	2 000 000
资本公积	1 600 000
未分配利润	8 400 000
股东权益合计	12 000 000

假设股票当期市价是每股 60 元。

（1）假定该公司宣布发放 10% 的股票股利，股东权益账户和普通股股数将会发生什么变化？

（2）假定上述公司本年利润为 750 000 元，计算发放股票股利后，每股市价和每股收益各为多少？

（3）假设某股东发放前拥有 25 000 股股票，占全部股份的 10%，则发放股票股利后，该股东的持股比例和所持股份总价值会发生什么样的变化？

参考答案：

（1）原来的普通股股数 = 2 000 000÷8 = 250 000（股）

发行 10% 的股票股利后新增股数 = 250 000×10% = 25 000（股）

从未分配利润中划拨出的股利 = 60×25 000 = 1 500 000（元）

新增股本 = 8×25 000 = 200 000（元）

新增资本公积 =（60-8）×25 000 = 1 300 000（元）

发放股票股利后，公司股东权益各项目见表 9-3。

表 9-3　　　　公司股东权益各项目　　　　单位：元

普通股股本（面额 8 元，已发行 275 000 股）	2 200 000
资本公积	2 900 000（1 600 000+1 300 000）
未分配利润	6 900 000（8 400 000-1 500 000）
股东权益合计	12 000 000

可见，发放股票股利，不会对公司股东权益总额产生影响，只是资金在股东权益内部项目中发生再分配。

（2）发放股利前和发放股利后每股收益及每股市价对比如下：

	发放前	发放后
每股收益（元/股）	750 000÷250 000＝3	750 000÷275 000＝2.73
每股市价（元/股）	60	60÷（1+10%）＝54.55

（3）发放股利前和发放股利后对股东持股比例和所持股票总价值的对比如下：

	发放前	发放后
持股比例	25 000÷250 000＝10%	27 500÷275 000＝10%
股份总价值（元）	25 000×60＝1 500 000	27 500×60÷（1+10%）＝1 500 000

上面的计算也可以直接用以下公式推出：

$$发放股票股利后的每股收益=\frac{E_0}{1+D_s}$$

式中，E_0 为发放股票股利前的每股收益；D_s 为股票股利发放率。

$$发放股票股利后的每股市价=\frac{M}{1+D_s}$$

式中，M 为股利分配权转移日的每股市价；D_s 为股票股利发放率。

依上例资料：

$$发放股票股利后的每股收益=\frac{3}{1+10\%}=2.73\ （元/股）$$

$$发放股票股利后的每股市价=\frac{60}{1+10\%}=54.55\ （元/股）$$

尽管股票股利不直接增加股东的财富，也不增加公司价值，但对股东和公司都有特殊意义。

3. 股票股利对公司的影响

对于公司来说，发放股票股利既没有支出任何资金，也没有收到任何资金。公司的资产、负债及股东权益的总额均没有变化，仅仅是股东权益的结构发生变化：股本和资本公积增加，未分配利润或公积金减少。

从表面上看，发放股票股利对公司没有显著影响。但实际上，股票股利既是公司利润分配的主要方式，又是筹集资金的重要手段。股票股利对公司的影响主要有以下两方面：

第一，股票股利是积累和扩大再生产的有效手段。用股票股利代替现金股利，能将可分配利润保留下来，成为公司的永久性资金，扩大公司生产经营能力，有利于公司的长期发展。这是公司发展壮大的重要手段之一。公司采取自身积累的方式筹集资金，与外部筹资相比，手续更为简便、代价更为低廉、时间更为迅速。

第二，在盈余和现金股利不变的情况下，发放股票股利可以降低每股价值，从而吸引更多的投资者。发放股票股利往往向社会传递公司将会继续发展的信息，从而提高投资者对公司的信心，在一定程度上稳定股票价格。

但在某些情况下，发放股票股利也会被认为是公司资金周转不灵的征兆，从而降低投资者对公司的信心，加剧股价的下跌。降低每股的账面价值，同时也相应降低每股的盈利额。发放股票股利引起股票总量增加，但股东权益总额不变或者没有按相同比例增加，使每股账面价值降低。在资本利润率不变的情况下，每股盈利水平相应降低。虽然由于股东手中股票数量相应增加，股东的收益并不会降低，但股东的一种普遍心理是，在比较各年收益时并不认真考虑各年发放股票股利对股票总量的影响，而仅拿每股盈利进行比较，如果每股盈利比上年减少，就认为公司的效益下降。对于公司来说，也不愿意看到每股盈利比上年减少。所以，发放股票股利将增大公司经营压力，如果过度发放，将使公司难以承受。另外，发放股票股利的费用比发放现金股利的费用大，会增加公司的负担。因此，发放股票股利应保持适度的原则。

4. **股票股利对股东的影响**

既然公司发放股票股利并没有向股东支付任何资金，股东也就不可能直接从公司手中收到任何财富。股票股利发放后与发放前相比，尽管股东手中的股票数量增加，但每一股东对公司权益占有的份额并没有丝毫改变。

【例 9-14】某公司在发放股票股利前股东权益的构成见表 9-4。

表 9-4　**发放股票股利前股东权益的构成**　单位：万元

普通股股本（1 000 万股）	1 000
资本公积	4 000
未分配利润	1 000
股东权益合计	6 000

在股票股利发放前，每股价值为 6 元（6 000÷1 000）假设公司近期发放股票股利，发放股票股利后股东权益的构成见表 9-5。

表 9-5　**发放股票股利后股东权益的构成**　单位：万元

普通股股本（2 000 万股）	2 000
资本公积	4 000
未分配利润	0
股东权益合计	6 000

发放股票股利后，每股的账面价值为 3 元（6 000÷2 000）。假定某股东原来持有该公司股票 800 股，总的账面价值为 4 800 元（6×800）。收到股票股利后，该股东持有的股票增加到 1 600 股，总的账面价值仍为 4 800 元（3×1 600）。

从表面上看，股东并没有得到任何好处，实际上并非如此。股东通常会得到以下两方面好处：

第一，少付个人所得税。假定上例中公司不是发放股票股利，而是先将 1 000 万元以每股1元的现金股利发给股东，然后再向股东按1：1比例配售股票，每股价格1元。当股东收到1元现金股利时，按照现行税法规定，需要向国家缴纳20%的个人所得税。个人实得现金股利0.8元，当股东再向公司认购1股股票要交款1元。因此，采用直接发放股票股利的方式就节省了股东的个人所得税。如果公司在发放股票股利后同时发放现金股利，股东会因所持股数的增加而得到更多的现金。例如，公司宣布发放10%的股票股利，同时每股支付现金股利2元，拥有100股股票的股东可得现金股利为220元（2×100×(1+10%)），若不发放股票股利，该股东所得现金股利只有200元（2×100）。事实上，有时公司发放股票股利后其股价并不成比例下降。一般在发放少量股票股利（如2%～3%）后，大体不会引起股价的立即变化。这可使股东得到股票价值相对上升的好处。发放股票股利通常由成长中的公司所为，因此投资者往往认为发放股票股利预示着公司将会有较大发展，利润将大幅度增长，足以抵消增发股票带来的消极影响。

第二，通过股票市场价格上升使股东得到价差收益。一般来说，假如没有其他因素影响股票价格，公司在宣布发放股票股利后，该公司股票价格会相应上升，并且在股票除权后，由于股票数量增加使得每股价格相应调低，既提高了股票的流通性，又刺激了股价上升，表现为填权行情，使股东得到更大收益。在股东需要现金时，还可以将分得的股票股利出售，有些国家税法规定出售所需缴纳的资本利得价值增值部分的所得税税率比收到现金股利所需缴纳的所得税税率低，这使得股东可以从中获得纳税上的好处。

【例9-15】（2013年中级会计师职称考试真题）下列关于发放股票股利的表述中，正确的有（　　）。

A. 不会导致公司现金流出

B. 会增加公司流通在外的股票数量

C. 会改变公司股东权益的内部结构

D. 会对公司股东权益总额产生影响

参考答案：ABC。本题考核的是股利支付形式。发放股票股利，不会对公司股东权益总额产生影响，所以D不正确。

四、股票分割与股票回购

（一）股票分割

股票分割（stock splits）又称股票拆细，是指将面额较大的股票交换成面额较小的股票的行为。例如，将原来的每股面值200元的股票按照1：4分割成4股每股面值为50元的股票。通过股票分割使股票总数增加，但总额不变，这样更有利于股票上市流通。股票分割不属于股票股利方式，但其所产生的效果与发放股票股利近似，故对其作简要介绍。

股票分割时，发行在外的股数增加，使得每股面值降低，每股盈余下降；但公司价值不变，股东权益总额、权益各项目的金额及相互间的比例也不会改变。这与发放股票股利时的情况既有相同之处，又有不同之处。

【例9-16】某公司原发行面额为2元的普通股100 000股，若按1股换成2股的比例进行股票分割，分割前后的股东权益项目见表9-6、表9-7。请计算分割前后的每股盈余。

表 9-6　**股票分割前的股东权益**　单位：元

普通股股本（面额 2 元，已发行 100 000 股）	200 000
资本公积	600 000
未分配利润	6 000 000
股东权益合计	6 800 000

表 9-7　**股票分割后的股东权益**　单位：元

普通股股本（面额 1 元，已发行 200 000 股）	200 000
资本公积	600 000
未分配利润	6 000 000
股东权益合计	6 800 000

假定公司本年净利润为 440 000 元，那么股票分割前的每股收益为 4.4 元/股(440 000 ÷100 000)，股票分割后的每股收益为 2.2 元/股（440 000÷200 000）。

对于公司来讲，实行股票分割的主要目的在于通过增加股票数量降低每股市价，从而吸引更多的投资者。此外，股票分割往往是成长中公司的行为，所以宣布股票分割后容易给人一种“公司正处于发展之中”的印象，这种有利信息会对公司有所帮助。

股票分割从严格意义上说不是一种股利，其动机也只是想让股票市价下降。从表面上看，股票分割并不会对公司产生显著影响，股东也不会因股票分割而直接获利。但事实上对公司是有益的，股票分割后股价下降，有助于吸引更多的投资者购买，从而使整体股票价格上升，使原始投资者获利，增加股东财富。另外，对于股东来讲，股票分割后各股东持有的股数增加，但持股比例不变，持有股票的总价值不变。不过，只要股票分割后每股现金股利的下降幅度小于股票分割幅度，股东仍能多获得现金股利。例如，假定某公司股票分割前每股现金股利 2 元，某股东持有 100 股，可分得现金股利 200 元（2×100）；公司按 1 换 2 的比例进行股票分割后，该股东股数增为 200 股（100×2），若现金股利降为每股 1.1 元，该股东可得现金股利 220 元（1.1×200），仍大于其股票分割前所得的现金股利。

尽管股票分割与发放股票股利都能达到降低公司股价的目的，但一般来讲，只有在公司股价急剧上涨且预期难以下降时才采用股票分割的办法降低股价。

与股票分割相比，在国外的公司实务中，公司如果认为股票市价低于其所希望保持的价格，有时也会通过将已发行的数股面额较低的股票合并为一股面额较高的股票，以此增加股票的面值，从而使股票市价回升到一个合理的水平，这时称为“反分割”，也称股票合并。例如，若将上例中原面额为 2 元、发行 100 000 股、按 2 股换成 1 股的比例进行反分割，该公司的股票面额将变为 4 元，股数将变为 50 000 股，市价也将上升。

【例 9-17】（2009 年中级会计师职称考试真题）在其他条件不变的情况下，股票分割会使发行在外的股票总数增加，进而降低公司资产负债率。（　　）

参考答案：×。股票分割会使发行在外的股票总数增加，但并没有改变公司的权益总额，没有改变公司的资本结构，公司的资产负债率不变。

（二）股票回购

1. **股票回购的含义及方式**

股票回购是指上市公司出资将其发行在外的普通股以一定价格购买回来予以注销或作为库存股的一种资本运作方式。公司不得随意收购本公司的股份，只有满足相关法律规定的情形才允许股票回购。

股票回购的方式主要包括公开市场回购、要约回购和协议回购三种。其中，公开市场回购是指公司在公开交易市场上以当前市价回购股票；要约回购是指公司在特定期间向股东发出的以高出当前市价的某一价格回购既定数量股票的要约；协议回购则是指公司以协议价格直接向一个或几个主要股东回购股票。

2. **股票回购的动机**

在证券市场上，股票回购的动机多种多样，主要有以下几点：

（1）替代现金股利。现金股利政策会对公司产生未来的派现压力，而股票回购不会。当公司有富余资金时，通过回购股东所持股票将现金分配给股东，这样，股东就可以根据自己的需要选择继续持有股票或出售获得现金。

（2）改变公司的资本结构。无论是现金回购还是举债回购股份，都会提高公司的财务杠杆水平，改变公司的资本结构。当公司认为权益资本在资本结构中所占比例较大时，为了调整资本结构而进行股票回购，可以在一定程度上降低整体资本成本。

（3）传递公司信息。由于信息不对称和预期差异，证券市场上的公司股票价格可能被低估，而过低的股价将会对公司产生负面影响。一般情况下，投资者会将股票回购看作公司认为其股票价值被低估而采取的应对措施。

（4）基于控制权的考虑。控股股东为了保证其控制权不被改变，往往采取直接或间接的方式回购股票，从而巩固既有的控制权。另外，股票回购使流通在外的股份数减少，股价上升，从而可以有效地防止敌意收购。

3. **股票回购的影响**

股票回购对上市公司的影响主要表现在以下几个方面：

（1）股票回购需要大量资金支付回购成本，容易造成资金紧张，降低资产流动性，影响公司的后续发展。

（2）股票回购无异于股东退股和公司资本的减少，从而不仅在一定程度上削弱了对债权人利益的保护，而且忽视了公司的长远发展，损害了公司的根本利益。

（3）股票回购容易导致公司操纵股价。公司回购自己的股票容易导致其利用内幕消息进行炒作，加剧公司行为的非规范化，损害投资者的利益。

课后习题

一、单项选择题

1.（2009 年中级会计师职称考试真题）某公司近年来经营业务不断拓展，目前处于成长阶段，预计现有的生产经营能力能够满足未来 10 年稳定增长的需要，公司希望其股利与公司盈余紧密配合。基于以上条件，最为适宜该公司的股利政策是（　　）。

A. 剩余股利政策　　　　B. 固定股利政策

C. 固定股利支付率政策　　D. 低正常股利加额外股利政策

2.（2010 年中级会计师职称考试真题）企业的收益分配有狭义和广义之分，下列各项中，属于狭义收益分配的是（ ）。

A. 企业收入的分配　　B. 企业净利润的分配

C. 企业产品成本的分配　　D. 企业职工薪酬的分配

3.（2010 年中级会计师职称考试真题）下列关于股利分配政策的表述中，正确的是（ ）。

A. 公司盈余的稳定程度与股利支付水平负相关

B. 偿债能力弱的公司一般不应采用高现金股利政策

C. 基于控制权的考虑，股东会倾向于较高的股利支付水平

D. 债权人不会影响公司的股利分配政策

4.（2012 年中级会计师职称考试真题）下列各项中，不影响股东权益总额变动的股利支付形式是（ ）。

A. 现金股利　　B. 股票股利

C. 负债股利　　D. 财产股利

5.（2012 年注册会计师考试真题）甲公司是一家上市公司，2011 年的利润分配方案如下：每 10 股送 2 股并派发现金红利 10 元（含税），资本公积每 10 股转增 3 股。如果股权登记日的股票收盘价为每股 25 元，除权（息）日的股票参考价格为（ ）元。

A. 10　　B. 15

C. 16　　D. 16. 67

6.（2013 年注册会计师考试真题）实施股票分割与发放股票股利产生的效果相似，它们都会（ ）。

A. 改变股东权益结构　　B. 增加股东权益总额

C. 降低股票每股价格　　D. 降低股票每股面值

7.（2011 年中级会计师职称考试真题）股利的支付可减少管理层可支配的自由现金流量，在一定程度上抑制管理层的过度投资或在职消费行为。这种观点体现的股利理论是（ ）。

A. 股利无关理论　　B. 信号传递理论

C. "手中鸟"理论　　D. 代理理论

二、多项选择题

1.（2009 年中级会计师职称考试真题）企业在确定股利支付率水平时，应当考虑的因素有（ ）。

A. 投资机会　　B. 筹资成本

C. 资本结构　　D. 股东偏好

2.（2009 年中级会计师职称考试真题）下列各项中，属于上市公司股票回购动机的有（ ）。

A. 替代现金股利　　B. 提高每股收益

C. 规避经营风险　　D. 稳定公司股价

3. （2010 年中级会计师职称考试真题）处于初创阶段的公司，一般不宜采用的股利分配政策有（　　）。

A. 固定股利政策　　B. 剩余股利政策

C. 固定股利支付率政策　　D. 稳定增长股利政策

4. （2012 年中级会计师职称考试真题）股利发放率是上市公司财务分析的重要指标，下列关于股利发放率的表述中，正确的有（　　）。

A. 可以评价公司的股利分配政策

B. 反映每股股利与每股收益之间的关系

C. 股利发放率越高，盈利能力越强

D. 是每股股利与每股净资产之间的比率

5. （2013 年中级会计师职称考试真题）根据股票回购对象和回购价格的不同，股票回购的主要方式有（　　）。

A. 要约回购　　B. 协议回购

C. 杠杆回购　　D. 公开市场回购

6. （2009 年注册会计师考试真题）下列关于股票股利、股票分割和股票回购的表述中，正确的有（　　）。

A. 发放股票股利会导致股价下降，因此股票股利会使股票总市场价值下降

B. 如果发放股票股利后股票的市盈率增加，则原股东所持股票的市场价值增加

C. 发放股票股利和进行股票分割对企业的所有者权益各项目的影响是相同的

D. 股票回购本质上是现金股利的一种替代选择，但是两者带给股东的净财富效应不同

7. （2014 年中级会计师职称考试真题）下列各项股利政策中，股利水平与当期盈利直接关联的有（　　）。

A. 固定股利政策　　B. 稳定增长股利政策

C. 固定股利支付率政策　　D. 低正常股利加额外股利政策

三、判断题

（2013 年中级会计师职称考试真题）股票分割会使股票的每股市价下降，可以提高股票的流动性。（　　）

四、综合题

（2013 年中级会计师职称考试真题）戊公司是一家上市公司，为了综合分析上年度的经营业绩，确定股利分配方案，公司董事会召开专门会议进行讨论。公司相关资料如下：

资料一：戊公司资产负债表简表见表 9-8。

表 9-8　**戊公司资产负债表简表**（2012 年 12 月 31 日）　单位：万元

资产	年末金额	负债和股东权益	年末金额
货币资金	4 000	流动负债合计	20 000
应收账款	12 000	非流动负债合计	40 000
存货	14 000	负债合计	60 000

续表

资产	年末金额	负债和股东权益	年末金额
流动资产合计	30 000	股东权益合计	40 000
非流动资产合计	70 000		
资产合计	100 000	负债和股东权益总计	100 000

资料二：戊公司及行业标杆企业部分财务指标见表 9-9（财务指标的计算如需年初、年末平均数时使用年末数代替）。

表 9-9　**戊公司及行业标杆企业部分财务指标**（2012 年）

项目	戊公司	行业标杆企业
流动比率	（A）	2
速动比率	（B）	1
资产负债率	*	50%
销售净利率	*	（F）
总资产周转率（次）	*	1.3
总资产净利率	（C）	13%
权益乘数	（D）	（G）
净资产收益率	（E）	（H）

注：表中“＊”表示省略的数据。

资料三：戊公司 2012 年销售收入为 146 977 万元。净利润为 9 480 万元。2013 年投资计划需要资金 15 600 万元。公司的目标资产负债率为 60%，公司一直采用剩余股利政策。

要求：

（1）确定表 9-9 中 5 个英文字母代表的数值（不需要列示计算过程）。

（2）计算戊公司 2012 年净资产收益率与行业标杆企业的差异，并使用因素分析法依次测算总资产净利率和权益乘数变动对净资产收益率差异的影响。

（3）计算戊公司 2012 年度可以发放的现金股利金额。

第十章　财务报表分析

学习目标

（1）了解财务报表分析的目的和财务报表分析的使用者；

（2）熟悉主要的财务报表信息和财务报表分析的局限性；

（3）重点掌握五种财务比率分析方法，特别是偿债能力比率分析和盈利能力比率分析；

（4）掌握综合指数法和杜邦分析法的应用。

财务报表分析旨在使读者对财务报表熟练阅读的基础上，掌握财务报表分析的基本方法和常用财务指标，进而达到综合分析、全面评价企业财务状况和经营绩效的目的，为进一步全面学习财务管理打下良好的基础。

第一节　财务报表分析概述

财务报表（financial statements）是一幅企业的缩略图，浓缩了企业经营的方方面面。只有真正了解它、剖析它，才能从中找到我们所需要的信息。财务管理中对财务报表分析的研究，主要是借助主要财务报表的相关数据，运用一定的方法分析和评价企业的财务状况，为信息使用者提供相关的信息。

一、财务报表分析的目的及财务报表的使用者

（一）财务报表分析的目的

由于不同的信息使用者所关心问题的侧重点不同，因此，进行财务报表分析的目的也各不相同。综合起来，进行财务报表分析主要出于以下目的：

1. 评价企业的偿债能力

通过对企业的财务报表等相关资料进行分析，可以了解企业资产的流动性、负债水平以及偿还债务的能力，从而评价企业的财务状况和经营风险，为企业经营管理者、投资者特别是债权人提供有关偿债能力的财务信息。

2. 评价企业的营运能力

企业营运能力反映了企业管理层对资产加以利用和管理的能力。企业的生产经营过程就是利用所有资产取得收益的过程。资产是企业生产经营活动的经济资源，资产的合理利用和有效管理直接影响到企业的总收益，它体现了企业的整体素质。进行财务报表分析，可以了解到企业资产的保值和增值情况，分析企业资产的利用效率、管理水平、资金周转状况、现金流量情况等，为评价企业的经营管理水平提供依据。

3. 评价企业的盈利能力

盈利作为企业的主要经营目标之一，也反映了企业的综合素质。企业要生存和发展，必须争取获得较高的利润，这样才能在竞争中立于不败之地。投资者和债权人都十分关心企业的盈利能力。盈利能力强，企业偿还债务的能力就强，企业的信誉就好；盈利能力弱，企业就有可能走向破产。

4. **评价企业的发展趋势**

无论是企业的经营管理者，还是投资者、债权人，都十分关注企业的发展趋势，这关系到他们的切身利益。通过对企业进行财务分析，可以判断出企业未来的发展趋势，预测企业的经营前景，从而为企业经营管理者和投资者进行经营决策和投资决策提供重要的依据，避免决策失误给其带来重大的经济损失。

（二）财务报表的使用者

1. **股权投资者**

股权投资者为决定是否投资，需要分析企业的盈利能力；为决定是否转让股份，需要分析企业的盈利状况、股价变动和发展前景；为考察经营者业绩，需要分析企业的盈利水平、破产风险和竞争能力；为决定股利分配政策，需要分析筹资状况。

2. **债权人**

债权人为决定是否给企业贷款，需要分析贷款的报酬和风险；为了解债务人的短期偿债能力，需要分析其流动状况；为了解债务人的长期偿债能力，需要分析其盈利状况和资本结构。

3. **供应商**

供应商为决定是否建立长期合作关系，需要分析企业的长期盈利能力和偿债能力；为决定采用何种信用政策，需要分析企业的短期偿债能力和营运能力。

4. **客户**

客户为决定是否建立长期合作关系，需要分析企业的经营风险和破产风险。

5. **政府**

政府为履行政府职能，需要了解企业的纳税情况、遵守法律法规和市场秩序的情况，以及职工收入和就业情况等。

6. **注册会计师**

注册会计师为减少审计风险，需要评估企业的经营风险和财务风险；为确定审计重点，需要分析财务数据和异常变动等。

二、基本财务报表及其关系

企业的财务报表多种多样，可分为基本财务报表和附表两大部分。基本财务报表主要包括资产负债表、利润表、现金流量表及股东权益变动表等，它们从不同角度分别反映企业的财务状况、经营成果、现金流量和股东权益变动等信息。本章主要以资产负债表、利润表和现金流量表这三张重要的财务报表举例说明财务报表分析的各种方法。

（一）资产负债表

资产负债表（balance sheet）是反映企业一定日期财务状况的财务报表。它以“资产=负债+所有者权益”这一会计等式为依据，按照一定的分类标准反映企业在某一个时点上资产、负债及所有者权益的基本状况。

【例 10-1】A 公司资产负债表的结构及格式详见表 10-1。

表 10-1 **资产负债表** 会企 01 表

编制单位：A 公司 20×3 年 12 月 31 日 单位：万元

资产	期末余额	年初余额	负债和所有者权益（或股东权益）	期末余额	年初余额
流动资产：			流动负债：		
货币资金	100	80	短期借款	80	60
以公允价值计量且其变动计入当期损益的金融资产	0	0	以公允价值计量且其变动计入当期损益的金融负债	0	0
应收票据	20	40	应付票据	100	80
应收账款	180	140	应付账款	150	130
预付款项	30	40	预收款项	60	50
应收利息	0	0	应付职工薪酬	20	10
应收股利	0	0	应交税费	10	5
其他应收款	90	80	应付利息	0	0
存货	280	220	应付股利	10	15
持有待售资产	0	0	其他应付款	30	20
一年内到期的非流动资产	0	0	持有待售负债	0	0
其他流动资产	0	0	一年内到期的非流动负债	80	40
流动资产合计	700	600	其他流动负债	0	0
非流动资产：			流动负债合计	540	410
可供出售金融资产	0	0	非流动负债：		
持有至到期投资	0	0	长期借款	500	400
长期应收款	60	65	应付债券	0	0
长期股权投资	0	0	长期应付款	0	0
投资性房地产	0	0	专项应付款	30	20
固定资产	1 300	1 200	预计负债	0	0
在建工程	540	400	递延所得税负债	50	30
工程物资	0	0	其他非流动负债	60	40
固定资产清理	0	0	非流动负债合计	640	490
生产性生物资产	0	0	负债合计	1 180	900
油气资产	0	0	所有者权益（或股东权益）：		
无形资产	90	95	实收资本（或股本）	600	600

续表

资产	期末余额	年初余额	负债和所有者权益（或股东权益）	期末余额	年初余额
开发支出	60	0	资本公积	200	155
商誉	0	0	减：库存股	0	0
长期待摊费用	30	32	盈余公积	200	195
递延所得税资产	20	28	未分配利润	620	570
其他非流动资产	0	0	所有者权益（或股东权益）合计	1 620	1 520
非流动资产合计	2 100	1 820			
资产总计	2 800	2 420	负债和所有者权益（或股东权益）总计	2 800	2 420

资产负债表是一张静态的报表。它是以企业某个会计期末的资产、负债及所有者权益项目的余额为依据编制的，用以反映资产、负债及所有者权益的期末状况。从资产负债表的结构来看，主要包括资产、负债及所有者权益三大类项目。资产负债表的左方反映企业的资产状况，资产按其流动性从大到小分项列示；资产负债表的右方反映企业的负债及所有者权益状况，说明了企业资金的来源情况，即有多少来源于债权人，有多少来源于企业所有者的投资。

（二）利润表

利润表（income statement）也称损益表，是一张动态的报表，反映企业在一定时期的全部收入、成本和费用，以及营业利润、利润总额和净利润的情况，是对企业一定时期经营成果的反映。利润表是以“利润=收入-费用”这一会计等式为依据编制而成的。

沿用【例 10-1】，A 公司利润表的格式及结构详见表 10-2。

表 10-2　　**利润表**　　会企 02 表

编制单位：A 公司　　20×3 年度　　单位：万元

项目	本期金额	上期金额
一、营业收入	2 200	1 700
减：营业成本	1 200	800
营业税金及附加	100	80
销售费用	80	50
管理费用	150	100
财务费用	80	70
资产减值损失	0	0
加：公允价值变动收益（损失以“-”号填列）	0	0
投资收益（损失以“-”号填列）	-5	20

续表

项目	本期金额	上期金额
其中：对联营企业和合营企业的投资收益	0	0
二、营业利润（亏损以“-”号填列）	585	620
加：营业外收入	300	100
减：营业外支出	30	80
其中：非流动资产处置损失	0	0
三、利润总额（亏损总额以“-”号填列）	855	640
减：所得税费用	230	160
四、净利润（净亏损以“-”号填列）	625	480
五、其他综合收益		
（一）以后会计期间不能重分类进损益的其他综合收益		
其中：重新计量设定受益计划净负债或净资产导致的变动的税后净额		
按照权益法核算的在被投资单位以后会计期间不能重分类进损益的其他综合收益中所享有的份额税后净额		
（二）以后会计期间在满足规定条件时将重分类进损益的其他综合收益		
其中：按照损益法核算的在被投资单位以后会计期间在满足规定条件时将重分类进损益的其他综合收益中所享有份额的税后净额		
可供出售金融资产公允价值变动形成的利得（损失以“-”号填列）的税后净额		
持有至到期投资重分类为可供出售进入资产形成的利得（损失以“-”号填列）的税后净额		
现金流量套期工具产生的利得（损失以“-”号填列）中属于有效套期部分的税后净额		
外币财务报表折算差额的税后净额		
其他综合收益税后净额		
六、综合收益总额		
七、每股收益：		
（一）基本每股收益	0.625	0.48
（二）稀释每股收益		

企业的收入主要包括主营业务收入、其他业务收入、投资收益以及营业外收入。费用支出主要包括主营业务成本、其他业务成本、营业税金及附加、销售费用、管理费用、财务费用、投资损失以及营业外支出等，总收入减去总费用就是利润总额。企业的利润因收入与费用的不同配比，可以分为四个层次：毛利润、营业利润、利润总额和净利润。毛利润是营业收入减去营业成本后的利润，反映了企业的产品售价与生产成本的差额；营业利

润是毛利润扣除营业税金及附加、销售费用、管理费用、财务费用、资产减值损失再加上投资收益后的利润，主要反映企业的经营所得；营业利润加上营业外收支净额后就是利润总额，是计算所得税的基础；利润总额扣除应缴纳的所得税费用后就是企业的净利润，这是企业所有者可以得到的实际收益。

通过利润表可以考核企业利润计划完成情况，分析企业的获利能力以及利润增减变化的原因，预测企业利润的未来发展趋势，为投资者及企业经营管理者等各方面提供相关的财务信息。

（三）现金流量表

现金流量表（cash flow statement）是以现金及现金等价物为基础编制的财务状况变动表，是企业对外报送的一张重要财务报表。它为财务报表使用者提供企业一定会计期间内现金和现金等价物流入与流出的信息，以便报表使用者了解和评价企业获取现金和现金等价物的能力，并据以预测企业未来的现金流量。

沿用【例 10-1】，A 公司现金流量表的格式及结构详见表 10-3。

表 10-3　　　　**现金流量表**　　　　会企 03 表

编制单位：A 公司　　　　20×3 年度　　　　单位：万元

项目	本期金额	上期金额
一、经营活动产生的现金流量		
销售商品、提供劳务收到的现金	1 950	1 765
收到的税费返还	25	36
收到其他与经营活动有关的现金	348	320
经营活动现金流入小计	2 323	2 121
购买商品、接受劳务支付的现金	1 280	1 160
支付给职工以及为职工支付的现金	126	108
支付的各项税费	102	95
支付其他与经营活动有关的现金支出	132	106
经营活动现金流出小计	1 640	1 469
经营活动产生的现金流量净额	683	652
二、投资活动产生的现金流量		
收回投资收到的现金	52	0
取得投资收益收到的现金	0	15
处置固定资产、无形资产和其他长期资产收回的现金净额	168	170
处置子公司及其他营业单位收到的现金净额	0	0
收到其他与投资活动有关的现金	0	15
投资活动现金流入小计	220	200
购建固定资产、无形资产和其他长期资产支付的现金	400	300

续表

项目	本期金额	上期金额
投资支付的现金	180	165
取得子公司及其他营业单位支付的现金净额	0	0
支付其他与投资活动有关的现金	45	65
投资活动现金流出小计	625	530
投资活动产生的现金流量净额	-405	-330
三、筹资活动产生的现金流量		
吸收投资收到的现金	365	226
取得借款收到的现金	70	50
收到其他与筹资活动有关的现金	66	63
筹资活动现金流入小计	501	339
偿还债务支付的现金	85	69
分配股利、利润和偿付利息支付的现金	128	108
支付其他与筹资活动有关的现金	25	18
筹资活动现金流出小计	238	195
筹资活动产生的现金流量净额	263	144
四、汇率变动对现金及现金等价物的影响	0	0
五、现金及现金等价物净增加额	541	466
加：期初现金及现金等价物余额（略）		
六、期末现金及现金等价物余额（略）		

根据《企业会计准则》的要求，企业应在年末编制年报时编报现金流量表。为了正确地分析现金流量表，必须明确现金流量表中几个重要的概念：现金、现金等价物、现金流量。现金流量表中的现金是指企业的库存现金以及可以随时用于支付的存款，包括库存现金、银行存款和其他货币资金。但是，应注意的是，银行存款和其他货币资金中不能随时用于支付的存款不应作为现金，而应作为投资，如不能随时支取的定期存款等。现金等价物是指企业持有的期限短、流动性强、易于转换为已知金额现金、价值变动风险很小的短期投资。现金等价物虽然不是现金，但其支付能力与现金的差别不大，可以视为现金。一项投资被确认为现金等价物必须同时具备四个条件：期限短、流动性强、易于转换为已知金额现金、价值变动风险很小。其中，期限短一般是指从购买日起，三个月内到期。现金流量是某一段时期内企业现金流入和流出的数量，主要包括经营活动产生的现金流量、投资活动产生的现金流量和筹资活动产生的现金流量三类。

这三张主要财务报表之间存在着一定的勾稽关系。“资产＝负债+所有者权益”这一等式是编制资产负债表的主要依据；“利润＝收入-成本费用”这一等式是编制利润表的基本原理；“资产＝负债+所有者权益+（收入-成本费用）”这一等式揭示了资产负债表与利润表之间的关系。资产负债表与利润表之间最简单的关系就是利润表的附表，利润分配表中的“未分配利润”项所列数字，等于资产负债表中“未分配利润”项数字。除了这一简单的对等外，由第三个会计等式可以看出，收入与成本费用之差即利润并不是一个虚无的数字，它最终要表现为资产的增加或负债的减少，这也就是两个报表之间深层次的联系。企业很多的经济业务不仅会影响到资产负债表，也会影响到利润表。比如，对于销售业务收入，不将其记入“主营业务收入”而将其记入公司的往来账项，如“应收账款”贷方，这样在资产负债表上反映出应收账款有贷方金额，同时隐瞒收入，使利润表净利润减少，而未分配利润减少，反过来又会影响资产负债表的“未分配利润”项目。对于投资者而言，在了解了简单的对应关系之后，通晓这一深层次的联系是很有必要的。

现金流量表与资产负债表、利润表的关系主要表现在现金流量表的编制方法之中。现金流量表的一种编制方法是工作底稿法，即以工作底稿为手段，以利润表和资产负债表数据为基础，对每一项目进行分析并编制调整分录，从而编制出现金流量表。现金流量表与其他两个报表之间的勾稽关系也较为复杂而隐蔽，需要投资者在深入了解三个报表的基础上才能理解其中的关系。

三、财务报表分析的基本方法

为了全面反映公司的财务状况和经营成果，通常采用以下几种基本方法进行财务报表分析：

（一）定性分析

定性分析就是根据分析者所掌握的情况和资料，凭分析者的知识和经验，对分析对象及结果作财务状况优劣评价。例如，某企业的资本利润率比其他企业高，且历年呈上升趋势，则评价者就可以做出企业资本盈利能力较强、发展前景光明的结论。

（二）定量分析

定量分析就是采用一定的科学方法和计量模型，对财务报告中的有关财务信息资料进行分析、研究、解释，从经济指标上分析评价企业的财务状况。常用的技术方法有：

1. 比较分析法

比较分析法是目前使用最普遍、易懂的方法。通过对比实际指标与计划指标，得到两者的差异，分析计划指标的完成程度；通过本期指标与上年同期或特定历史时期指标对比，确定不同时期的差异，借以分析企业生产经营活动变动的规律，并根据这种规律来预测今后的发展趋势；通过本企业指标与同行业先进企业指标对比，找出与先进企业在经营管理上的差距，客观地评价企业的管理工作。

比较分析按比较对象分为：

（1）与本企业历史比较，即不同时期（2～10 年）指标对比，也称“趋势分析”。

（2）与同类企业比较，即与行业平均水平或竞争对手比较，也称“横向比较”。

（3）与计划预算比较，即实际执行结果与计划指标比较，也称“预算差异分析”。

2. 比率分析法

比率分析就是通过计算财务报告中有关数据之间的比率，将各种报表中的数据有机联系起来，以揭示各个相关数据之间的内在联系及其经济意义。比率分析法是评价和分析企业财务状况与经营成果的主要手段，主要有相关比率分析、结构比率分析和动态比率分析。

（1）相关比率分析，是指将两个不同但相关的财务指标的数值进行对比，计算出相关比率，进而对财务活动状况进行分析。常用的比率指标有流动比率、速动比率、负债比率、净资产收益率、总资产收益率等。

（2）结构比率分析，是指计算财务指标的各个组成部分占总体的比重，分析其构成的变动规律以及对财务指标的影响程度。结构比率主要有流动资产结构比率、负债结构比率、利润结构比率、销售结构比率和存货资产结构比率等。

（3）动态比率分析，是指将不同时期同类财务比率指标进行动态分析，以揭示财务指标的变化轨迹及其发展趋势。动态比率分析通常是对发展速度和增长速度两类指标进行分析。

3. 因素分析法

因素分析是指利用各种因素之间的依存关系、依次测定各种因素的变动对总财务指标影响程度的分析方法。在企业的经营活动过程中，财务指标具有高度的综合性，某一财务指标的变动往往是由多种因素共同影响的结果。因此，在进行财务分析时，不能仅仅满足于通过财务指标的对比作一般性的分析评价，还需要分析财务指标受各有关因素的影响程度，从而肯定成绩、找出差距、明确方向、改进工作等。

四、财务报表分析的局限性

财务报表是企业经济信息的载体，是财务分析的基本依据。然而，现行财务报表也有自身的局限性。首先，财务报表只能提供财务性的（可以用货币计量的）信息，对于那些非财务信息，如管理层及员工的素质、产品质量、品牌形象、工艺技术等，尽管对企业价值的影响也非常重要，但在报表中无法体现。其次，随着新经济时代的到来，企业人力资源在全部资产中的地位越来越重要，而现行财务报表中缺少这些内容。再次，由于传统的财务报表主要用于财富分配，信息的提供较多重视事后反映，对于未来可能或将要发生的重大经济事项等前瞻性信息在报表中较少体现，这种以提供历史资料为主的报表，对于信息使用者准确判断企业未来发展前景有很大的局限。最后，由于受现行会计制度制约，财务报表所提供的信息是在权责发生制原则下，大多数是以历史成本为计量属性确定的，并且有许多信息（如折旧、摊销、在建工程等）多是近似计算的结果，有一定的人为因素，甚至是有意操纵的结果。以上情况对于财务分析的准确性及决策的科学性都将产生重大的影响。

在具体运用三个主要财务报表进行财务分析时，我们应特别注意存在的一些问题：

1. 利用资产负债表进行财务分析时应注意的问题

（1）资产、负债的确认和计量都涉及人为估计、判断，很难做到绝对客观真实。

（2）企业使用的会计程序与方法具有很大的选择性，这导致报表信息在不同企业之间的可比性。

（3）对于不同的资产项目采用不同的计价方法，使报表上得出的合计数失去了可比基础，从而影响财务信息的相关性。

（4）有些无法或难以用货币计量的资产或负债完全被遗漏、忽略，而此类信息均具有决策价值，比如公司自创的商誉、人力资源、管理人员的报酬合约、信用担保等。

（5）物价变动使以历史成本为计量属性的资产与负债严重偏离现实，可能出现历史成本大大低于现行重置成本，使资产的真实价值得不到反映，形成虚盈实亏状况。

（6）资产负债表不能直接披露企业的偿债能力，比如存货只反映了它的数额，而不能披露它的质量等。为了利用资产负债表做出正确的财务分析，财务分析人员必须利用各种知识、经验去判断，甚至需要搜集其他相关的非会计信息。

2. 利用利润表进行财务分析时应注意的问题

（1）利润表只反映已实现的利润，不包括未实现的收益，而后者往往是对报表使用者进行决策更有用的信息。

（2）会计利润只考虑对原始投入货币资本的保全，在物价变动时并不能使实物资本得以保全，从而有可能造成虚盈实亏的现象。

（3）利润表是以权责发生制为基础编制的，因而从此表无法得到以收付实现制为基础的现金流动信息，利润多的企业其现金流动状况不一定良好。

3. 利用现金流量表进行财务分析时应注意的问题

（1）现金流量表虽然按经营活动、投资活动、筹资活动反映了各项活动现金净流量，但并不能据此判断各项活动的效果好坏。因为各项活动的当期现金流入并不与当期现金流出相配比，尤其是投资活动和筹资活动，其当期现金流入和当期现金流出基本不相关。当期投资活动产生的现金流入是以前投资现金支出的结果，而当期筹资活动的现金流出则是以前筹资现金流入的还本和付息额。

（2）对不同企业或同一企业不同时期的现金流量表进行比较分析时，要注意其可比性。几个不相同的企业，其资产、负债和损益状况可能比较相近，但现金流量的差别却可能很大，这与企业不同的财务政策、理财方针有关。即使同一企业在不同时期现金流量的变化也不能说明其财务状况的变化趋势。如在筹建期或投产期，经营活动现金流量较少，筹资活动现金流量较多，而在成熟期则相反。

（3）要注意从过程和结果的结合中来分析现金流量的变化。在对现金流量进行分析的过程中，总会遇到当期内的期末与期初在现金净变化量方面的确定问题。但是，对于任何一个企业来说，在确定当期期末与期初的现金净变化量的时候，无非会遇到这样三种情况，即现金及现金等价物的净增加额或者大于零，或者小于零，或者等于零。不过，无论是哪种情况，都不能从期末与期初数量的简单对比中来判断企业现金流动状况是出现“好转”，还是“恶化”，或是维持不变。而要揭示现金状况变化的原因，就必须对影响现金流量的各种因素进行全面分析，区分出预算或计划中安排的与因偶发性原因而引起的不同情况，并对由此产生的实际与预算的差异展开分析。从这种意义上来说，分析现金流量的变化过程，甚至比对现金流量变化结果进行分析更为重要。

第二节　财务比率分析

以报表为基础的财务比率分析大致可以分为短期偿债能力比率分析、长期偿债能力比率分析、资产管理比率分析、盈利能力比率分析、市价测定比率分析、发展能力比率分析等。值得特别说明的是，本章在进行以下财务比率分析中以 20×3 年为本年，以 20×2 年为上年。

一、短期偿债能力比率分析

短期偿债能力（short-term liquidity）主要是指企业流动资产及时足额偿付流动负债的能力。也就是说，当企业短期债务到期时，有多少流动资产可以变现作为偿还流动负债的保证。

短期偿债能力的好坏，直接影响一个企业的短期存活能力，它是企业健康与否的重要指标。短期偿债能力的分析对透视企业的财务状况有重大的价值和影响，一个盈利不错的企业很可能仅仅因为不能偿还当前债务而陷入危机，甚至可能破产或被兼并。如果一个企业缺乏短期偿债能力，不但无法获取有利的进货折扣的机会，公司的信用等级降低，融资能力减弱，而且由于无力支付其短期债务，势必会被迫出售长期资产，甚至因无力偿还债务而导致破产。其主要的比率有营运资本、流动比率、速动比率、现金比率和经营现金净流量比率。

（一）营运资本

营运资本是指企业流动资产超过流动负债的部分，即可由企业自由支配的资金。它是一个绝对数指标，由企业某一时点流动资产减去流动负债后的余额表示。其公式为：

营运资本=流动资产-流动负债

由表 10-1 可知：

A 公司本年营运资本=700-540=160（万元）

A 公司上年营运资本=600-410=190（万元）

这说明 A 公司本年可由其自由支配的资金比上年略有下降，短期偿债能力比上年要弱。

（二）流动比率

流动比率是企业流动资产与流动负债的比率，即：

$$流动比率=\frac{流动资产}{流动负债}$$

流动比率表示一定量的流动负债有多少相应的流动资产作为偿还保障。对于债权人而言，流动比率越高，企业以流动资产偿付流动负债的保障程度越高，说明企业的短期偿债能力越强；但对于企业经营者来说，流动比率过高，则意味着流动资产在总资产中所占比率过大，企业资产的盈利性较差，还可能表示企业的应收账款或存货量过大，隐含着应收账款回收困难或存货滞销等风险。因此，保持适中的流动比率对企业的健康经营极为重要。

流动比率在不同的行业有不同的标准。一般来说，经营周期越短、资金周转越快的行业流动比率就越小；反之，则需要维持较高的流动比率。根据西方的经验，一般认为，流动比率保持在 2 左右较好，下限不能低于 1。

由表 10-1 可知：

$$A 公司本年流动比率=\frac{700}{540}=1.296$$

$$A公司上年流动比率=\frac{600}{410}=1.463$$

由此可见，A公司流动比率虽不高，但还高于1；本年比上年略低，说明其短期偿债能力较弱，比上年更弱一些。当然也不绝对，要针对具体情况具体分析，有时流动比率较高，但其短期偿债能力也未必很强，因为可能是存货积压或滞销的结果，而且，企业也很容易伪造这个比率，以掩饰其偿债能力。如年终时故意将借款还清，下年初再借入，这样就可以人为地提高流动比率。假设某一公司拥有流动资产100万元，流动负债50万元，则流动比率为2；如果该公司在年终编制财务报表时，故意还清25万元短期借款，待下年初再借入，则该公司的流动资产就变成了75万元，流动负债就变成了25万元，流动比率为3。这样，流动比率提高，粉饰了短期偿债能力。因此，利用流动比率来评价企业短期偿债能力存在一定的局限性，为了更进一步分析企业的短期偿债能力，我们引入下一个比率——速动比率。

【例10-2】（2014年中级会计师职称考试真题）下列比率指标的不同类型中，流动比率属于（　　）。

A. 构成比率　　B. 动态比率

C. 相关比率　　D. 效率比率

参考答案：C。相关比率是以某个项目和与其相关但又不同的项目加以对比所得的比率，流动比率=流动资产/流动负债，流动资产与流动负债具有相关性，所以选项C正确。

（三）速动比率

速动比率是速动资产与流动负债的比例，即：

$$速动比率=\frac{速动资产}{流动负债}$$

其中，速动资产是指流动资产扣除存货后的余额。速动比率是进一步衡量企业短期偿债能力的一项重要指标。速动资产有两种计算办法：一是从流动资产中直接减去存货；二是将各项速动资产相加。由于速动资产中已将存货等变现能力较差的资产扣除，因此，速动比率比流动比率更能准确地反映企业的短期偿债能力，一般在西方国家也称酸性测试比率。通过速动比率来判断企业短期偿债能力比用流动比率更进了一步，因为它剔除了变现能力较差的存货。速动比率越高，说明企业的短期偿债能力越强，从债权人角度看，希望该比率越大越好，但从债务人角度看，速动比率不宜过大，否则资产盈利能力将受到影响。由表10-1可知：

$$A公司本年速动比率=\frac{700-280}{540}=0.778$$

$$A公司上年速动比率=\frac{600-220}{410}=0.927$$

根据西方的经验，一般认为速动比率为1时比较合适，A公司本年的速动比率为0.778，比上年低，说明A公司的速动比率较低，短期偿债能力较弱。但在实际分析时，应根据企业性质和其他因素综合判断，不可一概而论。通常影响速动比率可信度的重要因素是应收账款的变现能力，如果企业的应收账款中有较大部分不能及时收回，可能会成为坏账，那么速动比率就不能真实地反映企业的偿债能力。因此，利用速动比率进行短期偿债能力分析也存在一定的局限性。为了更好地分析企业的短期偿债能力，我们又引入一个比率——现金比率。

【例 10-3】（2014 年中级会计师职称考试真题）下列各项中，不属于速动比率的是（　　）。

A. 现金　　B. 产成品

C. 应收账款　　D. 交易性金融资产

参考答案：B。构成流动资产的各项目，流动性差别很大。其中，货币资金、交易性金融资产和各项应收账款可以在较短时间内变现，称为速动资产。

（四）现金比率

现金比率是现金及现金等价物与流动负债之比，即：

$$现金比率=\frac{现金+现金等价物}{流动负债}$$

其中，现金包括库存现金和银行存款；现金等价物是指企业持有的期限较短、流动性较强、易于转换为已知金额的有价证券，包括短期投资和一年内到期的长期证券投资。现金比率是在稳健性原则指导下对企业短期偿债能力的考查，主要用于应收账款和存货的变现能力存在问题的企业，或存在财务困难的企业，因为这些企业的应收账款和存货变现困难，经营活动的投机性和风险性较大，所以更应重视现金比率的分析。一般来说，现金比率越高，企业短期偿债能力越强，债权人越希望如此；但从企业（债务人）的角度看，持有现金会发生相应的机会成本，企业没有必要总是保留太多的现金，此比率不宜过大，一般不应大于 1。

由表 10-1 可知：

$$A公司本年现金比率=\frac{100}{540}=0.185$$

$$A公司上年现金比率=\frac{80}{410}=0.195$$

A 企业本年现金比率为 0.185，比上一年略有下降，说明该企业直接支付现金的能力下降，如果企业现金缺乏，就可能发生支付困难，将面临财务危机，因而现金比率低，说明企业的支付能力弱，对偿付债务是没有保障的。当然也要具体情况具体分析，如果该企业的应收账款和存货的变现能力强，现金比率低也不会过于影响企业的短期偿债能力。

上面四个比率都是依据资产负债表得出的短期偿债能力比率分析，为了更好地分析企业的短期偿债能力，我们有必要把资产负债表和现金流量表有机结合起来，从而得出下一个比率——经营现金净流量比率。

（五）经营现金净流量比率

经营现金净流量比率是指企业某一时期的经营现金净流量与流动负债的比率，它反映企业实现的经营现金净流量对流动负债的保障程度。其公式为：

$$经营现金净流量比率=\frac{年经营现金净流量}{年末流动负债}$$

其中，经营现金净流量可以从现金流量表中获得，年末流动负债从资产负债表获得。与流动比率、速动比率相比，该比率更能准确地反映企业的短期偿债能力。站在债权人的角度看，该比率越大越好，说明企业偿还短期债务的能力越强；站在债务人（企业）的角度看，该比率不宜过大，应保持适中，因为该比率过大说明企业流动资金利用不充分，将直接影响企业盈利能力的发挥。

由表10-1和表10-3可知：

$$A\text{公司本年经营现金净流量比率}=\frac{683}{540}=1.265$$

$$A\text{公司上年经营现金净流量比率}=\frac{652}{410}=1.590$$

A公司本年和上年的经营现金净流量比率都大于1，说明该公司的短期偿债能力是足够的，不用担心到期无力支付短期债务的风险。

上述短期偿债能力比率都是根据财务报表中的资料计算的。还有一些表外因素也会影响企业的短期偿债能力，甚至影响相当大。财务报表使用者应尽可能了解这方面的信息，有利于做出正确的判断。

增强短期偿债能力的因素主要有：①可动用的银行贷款指标；②准备很快变现的非流动资产；③偿债能力的声誉。

降低短期偿债能力的因素主要有：①与担保有关的或有负债；②经营租赁合同中承诺的付款，很可能是需要偿付的义务；③建造合同、长期资产购置合同中的分阶段付款，也是一种承诺，应视同需要偿还的债务。

【例10-4】（2013年注册会计师考试真题）现金流量比率是反映企业短期偿债能力的一个财务指标。在计算年度现金流量比率时，通常使用流动负债的（　　）。

A. 年初余额　　　　B. 年末余额

C. 年初余额和年末余额的平均值　　　　D. 各月末余额的平均值

参考答案：B。该比率中的流动负债采用期末数而非平均数，因为实际需要偿还的是期末金额，而非平均金额。

【例10-5】（2009年注册会计师考试真题）下列业务中，能够降低企业短期偿债能力的是（　　）。

A. 企业采用分期付款方式购置一台大型机械设备

B. 企业从某国有银行取得3年期500万元的贷款

C. 企业向战略投资者进行定向增发

D. 企业向股东发放股票股利

参考答案：A。

二、长期偿债能力比率分析

长期偿债能力（long-term liquidity）是指企业偿还长期负债的能力，它不仅取决于企业在长期内的盈利能力，还取决于企业的资本结构。盈利水平的高低是企业偿还债务的根本保障，而资本结构则反映企业债务的风险程度。当企业现有资本结构合理并且有较高的未来收益水平时，表明企业在未来相当长的时间内具有较强的偿付债务的能力。

在评价企业资本结构、分析长期偿债能力时，一般用资产负债率、股东权益比率等；在评价企业盈利水平、分析长期偿债能力时，一般用利息保障倍数等。

（一）资产负债率

资产负债率是企业负债总额与资产总额的比率，也称为负债比率或举债经营比率，它反映企业的资产总额中有多少是通过举债得到的。其计算公式为：

$$资产负债率=\frac{负债总额}{资产总额}\times 100\%$$

资产负债率反映了企业资产的贡献水平，也体现了企业债权人利益的保障程度。对债权人来说，这个比率越低，负债在总资产中所占比例越小，债权保障程度越高，长期偿债能力越强，财务风险就越小；但对企业经营者来说，这个比率较低，则说明企业举债能力较差，财务杠杆作用较小，不利于提高企业的投资报酬率。因此，该比率应保持适当的水平，国际上一般公认的合理的标准水平是50%，但也不是绝对的。不同行业、不同类型的企业都有较大的差异，应当具体情况具体分析。

由表10-1可知：

$$A公司本年资产负债率=\frac{1\ 180}{2\ 800}\times 100\%=42.14\%$$

$$A公司上年资产负债率=\frac{900}{2\ 420}\times 100\%=37.19\%$$

A公司本年和上年的资产负债率都小于50%，没有达到合理的标准水平。这一方面说明该公司债权保障程度较高，长期偿债能力较强，财务风险较小；另一方面也说明经营者没有合理利用财务杠杆提高投资报酬率。

（二）股东权益比率、权益乘数与产权比率

这三个比率是对资产负债率的补充，其中股东权益比率是股东权益总额与资产总额的比率。该比率反映企业资产中有多少是所有者投入的，其计算公式为：

$$股东权益比率=\frac{股东权益总额}{资产总额}\times 100\%$$

由上述公式可知，股东权益比率与负债比率之和等于1，它反映了所有者投入的资金在企业全部资金中所占的比例。这个比率越大，企业偿债能力越强，财务风险越小，它和资产负债率互为补数。

由表10-1可知：

A公司本年股东权益比率=1-42.14%=57.86%

A公司上年股东权益比率=1-37.19%=62.81%

股东权益比率的倒数，称作权益乘数，即资产总额除以股东权益总额的倍数。该乘数越大，说明股东投入的资本在资产中所占比重越小。其计算公式为：

$$权益乘数=\frac{资产总额}{股东权益总额}$$

由表10-1可知：

$$A公司本年末权益乘数=\frac{2\ 800}{1\ 620}=1.728$$

$$A公司上年末权益乘数=\frac{2\ 420}{1\ 520}=1.592$$

产权比率是负债总额在股东权益中所占的比重。其公式为：

$$产权比率=\frac{负债总额}{股东权益总额}$$

由表 10-1 可知：

$$A公司本年产权比率=\frac{1\ 180}{1\ 620}=0.728$$

$$A公司上年产权比率=\frac{900}{1\ 520}=0.592$$

产权比率表明 1 元股东权益借入的债务数额，表明债权人投入的资本受股东权益的保障程度，或者说企业清算时对债权人利益的保障程度。

产权比率与资产负债率和权益乘数成正比关系，资产负债率越高，产权比率越高，权益乘数越大；产权比率与股东权益比率成反比关系。它们之间的关系可用如下公式表示：

$$权益乘数=\frac{资产总额}{股东权益总额}=1+产权比率=\frac{1}{1-资产负债率}$$

（三）利息保障倍数

利息保障倍数也称利息周转倍数或已获利息倍数，是税前利润加利息费用之和与利息费用的比率。其计算公式为：

$$利息保障倍数=\frac{税前利润+利息费用}{利息费用}$$

根据表 10-2 的有关数据（假定 A 公司的财务费用都是利息费用，并且固定资产成本中不含资本化利息）可知：

$$A公司本年利息保障倍数=\frac{855+80}{80}=11.688$$

$$A公司上年利息保障倍数=\frac{640+70}{70}=10.143$$

公式中的税前利润是指缴纳所得税之前的利润总额，利息费用不仅包括财务费用中的利息费用，还包括计入固定资产成本的资本化利息。这个比率反映企业已获得的收益支付利息费用的能力。该比率越大，说明企业支付债务利息的能力越强。从国际通行的标准来看，这一指标一般大于 3 较为合适，至少也应大于 1，否则企业将面临较大的财务风险；但在某个较短的期间，企业也可能在该比率低于 1 的情况下仍有能力支付利息费用，因为有些费用不必当期付现。

上述衡量长期偿债能力的财务比率都是根据财务报表中的相关数据计算的，还有一些表外因素也会影响企业的长期偿债能力，必须引起足够的重视。财务报表使用者应尽可能了解这方面的信息，有利于做出正确的判断。影响长期偿债能力的因素主要有：

（1）长期经营租赁。租赁包括融资租赁和经营租赁，融资租赁形成的负债大多会反映于资产负债表中，而经营租赁则不会反映于资产负债表中。当企业的经营租赁量比较大、期限比较长或具有经常性时，就形成了一种长期筹资。这种长期筹资在到期时必须支付租金，因此会对企业的偿债能力产生影响。如果企业经常发生经营租赁业务，应考虑租赁费用对偿债能力的影响。

（2）债务担保。担保项目的时间长短不一，有的涉及长期负债，有的涉及流动负债，在分析企业长期偿债能力时，应根据有关资料判断担保责任带来的潜在长期负债问题。

（3）未决诉讼。未决诉讼一旦判决败诉，便会影响企业的偿债能力，因此在评价企业长期偿债能力时要考虑其潜在的影响。

（4）或有负债。

【例 10-6】（2009 年注册会计师考试真题）下列各项中，影响企业长期偿债能力的事项有（　　）。

A. 未决诉讼　　B. 债务担保

C. 长期租赁　　D. 或有负债

参考答案：ABCD。

三、资产管理比率分析

资产管理比率（asset management ratios）分析也是反映企业营运能力的重要比率分析，它表明企业管理人员经营管理、运用资金的能力。企业生产经营资金周转的速度越快，表明企业资金利用的效果越好、效率越高，企业管理人员的经营能力越强。

评价资产管理能力的主要比率指标有应收账款周转率、存货周转率、流动资产周转率、固定资产周转率、总资产周转率等。

（一）应收账款周转率和应收账款周转期

反映企业应收账款管理效率的财务比率指标主要有应收账款周转率和应收账款周转期，这两个指标是互逆的，其计算公式分别为：

$$\text{应收账款周转率}=\frac{\text{赊销收入净额}}{\text{平均应收账款余额}}$$

$$\text{应收账款周转期}=\frac{360}{\text{应收账款周转率}}$$

其中：

赊销收入净额=营业收入-现销收入-销售退回、折让、折扣

$$\text{平均应收账款余额}=\frac{\text{期初应收账款}+\text{期末应收账款}}{2}$$

理论上讲，应收账款周转率的分子应按赊销收入净额计算较为准确，但外部人分析时，由于公司的赊销与现销资料是商业机密，所以不易获取，在实务中，通常采用赊销与现销总额，即营业净收入（或者营业收入）来代替，把现销看成是赊销时间为零的赊销。

由表 10-1 和表 10-2 可知：

$$\text{A 公司本年应收账款周转率}=\frac{2\ 200}{(180+140)\div 2}=13.75\text{（次）}$$

$$\text{A 公司本年应收账款周转期}=\frac{360}{13.75}=26.182\text{（天）}$$

一般来说，应收账款周转率越高，应收账款周转期（平均收账期）越短，表明应收账款回收速度越快，企业在应收账款方面的管理工作效率越高，而且越有利于提高企业资产的流动性和变现能力。否则，应收账款将占用过多的企业营运资金，严重影响正常的资金周转，且极易发生坏账损失，出现“账面有利润，银行无存款”的现象。A 公司本年应收账周转率高达 13.75 次，应收账款平均收账期只占了 26.182 天，说明该公司管理应收账款的能力较好。但是，如果应收账款周转率过高，可能是因为企业奉行了比较严格的信用政策、信用标准和付款条件。所以，我们在运用这个指标分析时应具体问题具体分析，结合不同行业、不同信用标准综合分析。

【例 10-7】（2011 年注册会计师考试真题）假设其他条件不变，下列计算方法的改变会导致应收账款周转天数减少的有（　　）。

A. 从使用赊销额改为使用销售收入进行计算

B. 从使用应收账款平均余额改为使用应收账款平均净额进行计算

C. 从使用应收账款全年日平均余额改为使用应收账款旺季的日平均余额进行计算

D. 从使用已核销应收账款坏账损失后的平均余额改为核销应收账款坏账损失前的平均余额进行计算

参考答案：AB。应收账款周转天数＝360/应收账款周转率，选项 A 和选项 B 会导致应收账款周转率增加，从而导致应收账款周转天数减少；选项 C 和选项 D 的影响正好与选项 A 和选项 B 相反。

（二）存货周转率和存货周转期

反映企业存货管理效率的财务比率指标主要是存货周转率（也称存货利用率）与存货周转期，这两个指标也是互逆的，它们的公式分别为：

$$存货周转率=\frac{营业成本}{平均存货}$$

$$存货周转期=\frac{360}{存货周转率}$$

公式中的营业成本可以从利润表中得知，平均存货是期初存货余额与期末存货余额的算术平均数，可以根据资产负债表计算得出。根据表 10-1 和表 10-2 可知：

$$A公司本年存货周转率=\frac{1\ 200}{(280+220)\div 2}=4.8（次）$$

$$A公司本年存货周转期=\frac{360}{4.8}=75（天）$$

存货周转率说明了一定时期内企业存货周转的次数，可以用来测定企业存货的变现速度，衡量企业的销售能力及存货是否过量。在正常情况下，如果企业经营顺利，存货周转率越高，说明存货周转速度越快，企业的销售能力越强，营运资金占用在存货上的金额越少，存货的周转天数越短。但是，如果存货周转率过高，也可能说明企业在管理方面存在一些问题，如存货水平太低，甚至经常缺货，或者采购次数过于频繁、批量太小等，因此，对存货周转率的分析，要深入调查企业存货的构成，结合不同行业的实际情况做出正确判断。

【例 10-8】（2014 年中级会计师职称考试真题）一般而言，存货周转次数增加，其所反映的信息有（　　）。

A. 盈利能力下降　　　　B. 存货周转期延长

C. 存货流动性增强　　　D. 资产管理效率提高

参考答案：CD。存货周转次数是衡量和评价企业购入存货、投入生产、销售收回等各环节管理效率的综合性指标。一般来讲，存货周转速度越快，存货占用水平越低，流动性越强，存货转化为现金或应收账款的速度就越快，这样会增加企业的短期偿债能力及盈利能力。

（三）流动资产周转率和流动资产周转期

反映企业流动资产管理效率的财务比率指标主要有流动资产周转率和流动资产周转期，这两个指标也是互逆的。它们的公式分别为：

$$流动资产周转率=\frac{营业收入}{流动资产平均余额}$$

$$流动资产周转期=\frac{360}{流动资产周转率}$$

公式中的营业收入可以从利润表中获得，流动资产平均余额是期初流动资产与期末流动资产的算术平均数。

由表 10-1 和表 10-2 可知：

$$A公司本年流动资产周转率=\frac{2\ 200}{(700+600)\div 2}=3.385（次）$$

$$A公司本年流动资产周转期=\frac{360}{3.385}=106.352（天）$$

流动资产周转率表明流动资产在一年中周转的次数，或者说是每 1 元流动资产所支持的营业收入。流动资产周转期表明流动资产周转一次所需要的时间，也就是期末流动资产转换成现金平均需要的时间。一般来说，流动资产周转得越快，流动资金的占用越少，资金的利用效率越高。但是，流动资产周转率究竟多少是合适的，并没有一个确定的标准，在分析时应比较企业历年的数据并结合行业特点。

（四）固定资产周转率和固定资产周转期

反映企业固定资产管理效率的财务比率指标主要是固定资产周转率和固定资产周转期，这两个指标也是互逆的。它们的公式分别为：

$$固定资产周转率=\frac{营业收入}{固定资产平均净值}$$

$$固定资产周转期=\frac{360}{固定资产周转率}$$

其中：

$$固定资产平均净值=\frac{期初固定资产净值+期末固定资产净值}{2}$$

$$固定资产净值=固定资产原值-累计折旧$$

由表 10-1 和表 10-2 可知：

$$A公司本年固定资产周转率=\frac{2\ 200}{(1\ 300+1\ 200)\div 2}=1.76（次）$$

$$A公司本年固定资产周转期=\frac{360}{1.76}=204.545（天）$$

固定资产周转率主要用于分析对厂房、设备等固定资产的利用效率。该比率越高，说明固定资产的利用率越高，管理水平越好。如果固定资产周转率与同行业平均水平相比偏低，说明企业的生产效率较低，可能会影响企业的获利能力。

（五）总资产周转率和总资产周转期

反映企业总资产管理效率的财务比率指标主要是总资产周转率和总资产周转期，这两个指标也是互逆的。它们的公式分别为：

$$总资产周转率=\frac{营业收入}{期末总资产}$$

$$总资产周转期=\frac{360}{总资产周转率}$$

由表 10-1 和表 10-2 可知：

$$A公司本年总资产周转率=\frac{2\ 200}{2\ 800}=0.786（次）$$

$$A公司本年总资产周转期=\frac{360}{0.786}=458.015（天）$$

$$A公司上年总资产周转率=\frac{1\ 700}{2\ 420}=0.702（次）$$

$$A公司上年总资产周转期=\frac{360}{0.702}=512.821（天）$$

一般来说，总资产周转率越高，总资产周转期越短，企业的资产使用效率越高，企业的经营效率就越高。对于一个企业总资产周转情况的评价，需要以本期总资产周转率指标同历史同期指标相对比，以观察企业总资产周转效率的变化趋势；也需要以本期总资产周转指标与同行业平均值进行对比，以观察企业在行业竞争中所处的位置，确定企业的优势与劣势，进而制定并实施改进资产周转效率的经营措施。

四、盈利能力比率分析

盈利能力（profitability）是企业经营过程中获取利润的能力。企业的目标是企业价值最大化，而利润是这种价值最基本的表现形式。不论是债权人、所有者、管理层，还是企业员工和其他利益相关者，都非常关注企业的盈利能力。一般来说，评价企业盈利能力的比率主要有：营业利润率、销售净利率、成本费用利润率、权益净利率、总资产收益率、净收益营运指数、剩余权益收益等。

（一）营业利润率

营业利润率是用来衡量企业营业收入的获利水平。其计算公式为：

$$营业利润率=\frac{营业利润}{营业收入净额}\times100\%$$

公式中，营业利润可以直接从利润表获得，营业收入净额是指扣除销售折让、销售折扣和销售退回之后的营业净额，表示每 1 元的营业收入净额可以为企业带来多少元的营业利润，这个比率不管站在谁的角度来看都是越大越好，表示企业的盈利能力强。

由表 10-2 可知：

$$A公司本年营业利润率=\frac{585}{2\ 200}\times100\%=26.591\%$$

$$A公司上年营业利润率=\frac{620}{1\ 700}\times100\%=36.471\%$$

这说明 A 公司本年营业利润率比上年大幅度下降了，我们要针对具体情况来分析是什么原因导致下降，是营业收入的增长幅度小于营业成本的增长幅度，还是管理费用、财务费用、销售费用大幅提高或投资亏损，或是各种因素的综合影响所致。当然，营业利润率指标不仅要跟历史同期指标比较还要跟同行业比较，这样才能更加科学合理地分析问题。只有找出下降的原因，才能据此提出解决问题的方案，并拟订下一年度营业利润率的目标规划。

（二）销售净利率

销售净利率是指净利润与销售收入的比率。其计算公式为：

$$销售净利率=\frac{净利润}{销售收入}\times100\%$$

公式中的净利润可以直接从利润表中获得，销售收入则一般用营业收入来代替。

由表 10-2 可知：

$$A公司本年销售净利率=\frac{625}{2\ 200}\times100\%=28.409\%$$

$$A公司上年销售净利率=\frac{480}{1\ 700}\times100\%=28.235\%$$

它表明每 1 元销售收入与其成本费用之间可以“挤”出来的净利润。该比率越大，企业的盈利能力越强，因此不管站在谁的角度来看，该比率都是越大越好。

（三）成本费用利润率

成本费用利润率是净利润占成本费用总额的百分比。其公式为：

$$成本费用利润率=\frac{净利润}{成本费用总额}\times100\%$$

公式中的净利润可以直接从利润表中获得，成本费用总额则包括营业成本和三项期间费用。

由表 10-2 可知：

$$A公司本年成本费用利润率=\frac{625}{1\ 200+80+150+80}\times100\%=41.391\%$$

$$A公司上年成本费用利润率=\frac{480}{800+50+100+70}\times100\%=47.059\%$$

该比率越高，说明企业为取得收益而付出的代价越小，企业的盈利能力越强。因此，通过这一比率，不仅可以评价企业盈利能力的高低，也可以评价企业对成本费用的控制能力和经营管理水平。从 A 公司成本费用利润率来看，本年比上年下降了近 6 个百分点。要根据具体情况具体分析，是企业的真实盈利能力下降了，还是整个市场经济环境变化所致，如原材料成本、人工成本大幅度涨价。既要跟历史同期比较还要跟同行业比较，这样才能得出更为科学合理的分析结论。

（四）权益净利率

权益净利率也称净资产收益率或权益报酬率，是指公司运用投资者投入资本获得收益的能力。其计算公式为：

$$权益净利率=\frac{净利润}{净资产}\times100\%$$

公式中的净利润可以直接从利润表中获得，净资产可以从资产负债表中获得。如果要更准确地反映权益净利率的水平，公式中的分母也可以用平均净资产来计算。由表 10-1 和 10-2 可知：

$$A公司本年权益净利率=\frac{625}{1\ 620}\times100\%=38.58\%$$

权益净利率是反映企业盈利能力的核心指标，这是因为企业的根本目标是所有者权益或股东价值最大化，而权益净利率既可以直接反映资本的增值能力，又影响着公司股东价值的大小。该指标越高，反映企业盈利能力越强。同样，这个比率指标不仅要跟历史同期比较还要跟同行业比较，这样才能得出较为科学的分析结论。

【例 10-9】(2009 年中级会计师职称考试真题) 某企业 2007 年和 2008 年的营业净利润分别为 7%和 8%，资产周转率分别为 2 和 1.5，两年的资产负债率相同，与 2007 年相比，2008 年的净资产收益率变动趋势为（ ）。

A. 上升　　B. 下降

C. 不变　　D. 无法确定

参考答案：B。净资产收益率=营业净利润×资产周转率×权益乘数，因为资产负债率不变，所以权益乘数不变。2007 年的净资产收益率=7%×2×权益乘数=14%×权益乘数；2008 年的净资产收益率=8%×1.5×权益乘数=12%×权益乘数。所以 2008 年的净资产收益率下降了。

（五）总资产收益率

总资产收益率也称总资产报酬率或总资产净利率，是用于衡量企业运用全部资产获利的能力。其计算公式为：

$$\text{总资产收益率}=\frac{\text{净利润}}{\text{总资产}}\times 100\%$$

公式中的净利润可以直接从利润表中获得，总资产可以直接从资产负债表中获得。如果要更为准确地反映总资产获取净利润的水平，公式中的分母也可以使用平均总资产来代替。

由表 10-1 和 10-2 的有关数据可知：

$$\text{A 公司本年总资产收益率}=\frac{625}{2\ 800}\times 100\%=22.321\%$$

总资产收益率越高，说明公司资产的运用效率越高，也意味着公司的资产盈利能力越强。评价总资产收益率时，需要与公司历史同期及同行业其他公司的这一比率等进行比较，并进一步找出影响该指标的不利因素，以便加强经营管理。

（六）净收益营运指数

净收益营运指数是指经营净收益与净利润的比值。通过将该指标与历史指标和行业平均指标比较，可以考察一个公司的收益质量情况。如果一个公司的利润总额在不断上升，但是经营利润比重逐年下降，非经营利润比重逐年上升，其实这已经是净收益质量越来越差的征兆了。其计算公式为：

$$\text{净收益营运指数}=\frac{\text{经营净收益}}{\text{净利润}}=\frac{\text{净利润}-\text{非经营净收益}}{\text{净利润}}$$

由表 10-2 可知：

$$\text{A 公司本年净收益营运指数}=\frac{625-270\times 75\%}{625}=0.676\text{（次）}$$

$$\text{A 公司上年净收益营运指数}=\frac{480-20\times 75\%}{480}=0.969\text{（次）}$$

从 A 公司的净收益营运指数可知，本年比上年净收益营运指数大幅下降，说明该公司虽然净利润比上年增长，但收益质量不高，大部分不是由经营活动带来的，而是由非经营活动带来的，因为非经营活动是很难长期维持的业务活动，所以该公司收益质量的下降应引起管理层的重视。

【例 10-10】（2014 年中级会计师职称考试真题）丁公司 2013 年 12 月 31 日总资产为 600 000 元，其中流动资产为 450 000 元，非流动资产为 150 000 元；股东权益为 400 000 元。

丁公司年度运营分析报告显示，2013 年的存货周转次数为 8 次。销售成本为 500 000 元，净资产收益率为 20%，非经营净收益为-20 000 元。期末流动比率为 2.5。

要求：

（1）计算 2013 年存货平均余额。

（2）计算 2013 年末流动负债。

（3）计算 2013 年净利润。

（4）计算 2013 年经营净收益。

（5）计算 2013 年净收益营运指数。

参考答案：

（1）2013 年的存货平均余额＝500 000÷8＝62 500（元）

（2）2013 年末流动负债＝450 000÷2.5＝180 000（元）

（3）2013 年净利润＝400 000×20%＝80 000（元）

（4）2013 年经营净收益＝80 000+20 000＝100 000（元）

（5）2013 年净收益营运指数＝100 000÷80 000＝1.25

（七）剩余权益收益

剩余权益收益是指归属于权益投资人的剩余收益。剩余权益收益概念强调应扣除会计上未加确认但事实上存在的权益资本成本。其计算公式如下：

剩余权益收益＝净收益-权益投资人要求的报酬率×平均权益的账面价值

＝权益净利率×平均权益的账面价值-权益投资人要求的报酬率×平均权益的账面价值

＝平均权益的账面价值×（权益净利率-权益投资人要求的报酬率）

假设权益投资人要求的报酬率为 20%，根据表 10-1 和表 10-2 可知：

$$\text{A 公司本年剩余权益收益}=625-\left(20\%\times\frac{1\ 620+1\ 520}{2}\right)=311\ （万元）$$

从 A 公司的剩余权益收益可知，该公司的净收益扣除权益投资人要求的报酬率之后还有 311 万元的剩余，说明管理层经营过程中不仅满足了权益投资人要求的报酬率，还让投资人实现了超出要求报酬率之外的报酬率，这不仅能说明管理层经营管理业绩良好，也能说明权益投资人投入的资本既实现了保值又实现了增值。

五、市价测定比率分析

（一）每股收益（EPS）

每股收益也称每股盈余或每股利润，该指标反映每股普通股的盈余情况。其计算公式为：

$$\text{普通股每股收益}=\frac{\text{税后净利}-\text{优先股股利}}{\text{流通在外普通股的加权平均股数}}$$

其中：

$$\frac{\text{流通在外普通股的}}{\text{加权平均股数}}=\frac{\text{期初流通在外的}}{\text{普通股股数}}+\frac{\text{当期新发行}}{\text{普通股股数}}\times\frac{\text{已发行时间}}{\text{报告期时间}}-\text{当期回购普通股股数}\times\frac{\text{已回购时间}}{\text{报告期时间}}$$

假设A公司只有发行在外的普通股1 000万股，没有优先股，本年既没有发行新股也没有回购旧股，由表10-2可知：

$$\text{A公司本年普通股每股收益}=\frac{625}{1\ 000}=0.625\text{（元/股）}$$

$$\text{A公司上年普通股每股收益}=\frac{480}{1\ 000}=0.48\text{（元/股）}$$

每股收益是衡量上市公司盈利能力最重要的财务指标。显然，每股收益越高，说明企业的盈利能力越强。在分析企业的盈利能力时，应将不同企业或者同一企业不同时期的每股收益进行比较，才能得出正确的判断。

在使用每股收益分析企业盈利性时，要注意以下几个方面的问题：

（1）每股收益不反映股票所含有的风险。例如，假设某公司原来经营日用品的生产和销售，最近转向房地产投资，公司的经营风险大大增加，但该公司每股收益不变或略有提高，并没有反映风险增加的不利变化。

（2）股票是一个“份额”概念，不同股票的每一股在经济上是不等量的，它们所含有的净资产和市价不同，即换取每股收益的“成本”不相同，限制了每股收益在公司间的比较。

（3）每股收益多，不一定意味着多分红，还要看公司股利分配政策。为了克服每股收益指标的局限性，可以结合每股股利、股利支付率、市盈率、市净率、每股经营现金净流量等财务比率来进一步分析。

（二）每股股利（DPS）

每股股利反映每股普通股获得现金股利的情况。其计算公式为：

$$\text{每股股利}=\frac{\text{支付给普通股的现金股利}}{\text{流通在外普通股股数}}$$

如果A公司决定本年发放现金股利200万元，则：

$$\text{A公司每股股利}=\frac{200}{1\ 000}=0.2\text{（元/股）}$$

在一般情况下，每股收益越高，公司股票对投资者越有吸引力，公司的财务形象越好。单就每股股利和股利发放率而言，很难说明公司每股股利或股利发放率怎样才算比较合理，它取决于公司的股利政策。提高股利发放率，会向市场传递不同的信号，既可能表明公司的盈利能力强，也可能表明公司没有更好的投资机会。因此，应结合公司的投资、融资政策分析每股股利对股东财富的影响。

（三）股利支付率（DPR）

股利支付率也称股利发放率，是每股股利与每股收益之间的比率，反映净利润中股利发放的程度。其计算公式为：

$$\text{股利支付率}=\frac{\text{每股股利}}{\text{每股收益}}\times100\%$$

由上面的计算可知：

$$\text{A公司本年股利支付率}=\frac{0.2}{0.625}\times100\%=32\%$$

股利支付率表明公司的净利润中有多少用于股利的分配，反映了公司的股利分配政策和支付股利的能力。同样，没有一个具体的标准来判断股利发放率是大好还是小好。一般而言，如果一家公司的现金流量比较充裕，并且目前没有更好的投资项目，则可能会倾向于发放现金股利；如果公司有较好的投资项目，则可能会少发放现金股利，而将资金用于投资。

【例 10-11】(2011 年中级会计师职称考试真题）下列各项财务指标中，能够揭示公司每股股利与每股收益之间关系的是（　　）

A. 市净率　　B. 股利支付率

C. 每股市价　　D. 每股净资产

参考答案：B。股利支付率=股利支付额/净利润=每股股利/每股收益。

（四）市盈率（PE）

市盈率反映的是投资者对单位收益愿意支付的价格。其计算公式为：

$$市盈率=\frac{普通股每股市价}{每股收益}$$

假设 A 公司当前每股市价为 26 元，则：

$$A公司本期市盈率=\frac{26}{0.625}=41.6$$

这一比率是投资者在市场上买卖股票时分析股价与上市公司净收益之间关系的一个重要尺度。据此可以衡量某种股票相对于其公司利润而言是定价太高、定价适中还是定价太低。一般来说，经营前景良好、很有发展前途的高科技公司股票的市盈率通常要高一些；反之，发展机会不多、经营前景黯淡的公司，其股票市盈率处于较低的水平。但市盈率既不能过高，过高意味着该公司股票具有较高的投资风险，也不能过低，过低说明投资者对该公司股票不感兴趣，不愿出更高的价格来购买，所以正常的市盈率水平一般为 5 ~ 25 倍。

【例 10-12】(2011 年中级会计师职称考试真题）下列各项财务指标中，能够综合反映企业成长性和投资风险的是（　　）

A. 市盈率　　B. 每股收益

C. 销售净利率　　D. 每股净资产

参考答案：A。一方面，市盈率越高，意味着企业未来成长的潜力越大，即投资者对该股票的评价越高；市盈率越低，意味着投资者对该股票的评价越低。另一方面，市盈率越高，说明投资于该股票的风险越大；市盈率越低，说明投资于该股票的风险越小。

（五）市净率（PB）

市净率是指每股市价除以每股净资产的比值，说明市场对公司资产质量的评价。其计算公式为：

$$市净率=\frac{每股市价}{每股净资产}$$

根据上述有关数据和表 10-1 可知：

$$A公司本年股票市净率=\frac{26}{1\ 620\div 1\ 000}=16.049$$

公式中每股净资产的多少是由股份公司经营状况决定的。股份公司的经营业绩越好，其资产增值越快，每股净资产越高，因此股东所拥有的权益也越多。一般来说，市净率较低的股票，投资价值较高；反之，则投资价值较低，风险较大。在判断投资价值时还要考虑当时的市场环境以及公司的经营情况、盈利能力等因素。

（六）每股经营现金净流量（CPS）

每股经营现金净流量是指经营活动现金净流量中可供普通股享有的部分与发行在外普通股股数之比。由于每股收益是用权责发生制计算的税后利润除以发行在外的普通股总股数计算而来的，故有时有可能存在收益虽实现而现金未收回的情况。每股经营现金净流量可作为每股收益的补充说明，其计算公式为：

$$每股经营现金净流量=\frac{经营活动现金净流量-优先股股利}{发行在外的普通股股数}$$

假设A公司没有发行优先股，本年流通在外的普通股股数为1 000万股，由表10-3可知：

$$A公司本年每股经营现金净流量=\frac{683}{1\ 000}=0.683（元/股）$$

A公司每股收益是0.625元/股。当公司每股经营现金流量大于每股收益时，说明公司的盈利质量高；反之，则说明公司的盈利质量较低，有可能会发生现金短缺的情况。

六、发展能力比率分析

企业要盈利，就需要不断发展、不断创新。在财务分析时，除了根据上述指标对企业过去的情况做出一般性评价外，还要依据现有的报表资料对企业的未来做出准确判断，观察和预测其未来的发展趋势和扩张潜力。企业发展能力分析包括盈利增长能力分析、资产增长能力分析、资本增长能力分析和技术投入增长能力分析等。

对于增长能力分析，一般采用本期与基期同一数据（包括营业收入、利润或资产等）相除减去1的公式计算。其理论计算公式为：

$$某种收入（或资产等）增长率=\frac{本年该种收入（或资产等）}{基期该种收入（或资产等）}\times100\%-1$$

有时，我们还需要分析企业连续几年的平均增长率，以便分析其发展趋势。这种平均增长率不是几年的增长率相加后的算术平均数，而是要用开方的形式表示。这是因为，每一年的增长都是在上一年的基础上进行的，各年的增长率是连乘的形式，或者说，用当期实现的营业收入或盈利数减去基期数值后除以基期数值即可。其理论公式如下：

$$某种收入（或资产等）n期平均增长率=\left(\sqrt[n]{\frac{本年该种收入（或资产等）}{基期该种收入（或资产等）}}-1\right)\times100\%$$

（一）盈利增长能力比率分析

盈利增长能力是企业价值增长的主要来源，因而企业盈利增长率是反映企业发展能力的重要方面。用盈利能力指标的前后期数据进行对比分析，就可以反映出企业总的发展趋势。由于营业收入是企业实现利润的主要来源，营业收入的增长反映了企业的主营业务方面及产品的市场占有率情况。所以，不断增加营业收入是企业生存和发展的条件。营业收入增长率指标大于0，表示企业本年营业收入有所增长。该指标越大，表示增长速度越快，企业发展前景越好。如果该指标小于 0，说明该企业产品或服务要么没有适销对路，要么质次价高，要么售后服务有问题等，导致市场份额萎缩。由表 10-2 可知：

$$A公司本年营业收入增长率=\frac{2\,200}{1\,700}\times100\%-1=29.412\%$$

这说明 A 公司的营业收入比上年增长了 29.412%，然而，营业收入增长快，不一定表示企业的营业利润增长也快。有时由于营业成本和管理费用、财务费用以及销售费用增长幅度的影响，致使营业利润有可能与基期相同甚至比基期还有所下降。营业利润增长越快，说明其主营业务越突出，业务扩张能力越强。所以，具体分析和比较营业利润增长率更能准确反映企业利润来源的真实情况。由表 10-2 可知：

$$A公司本年营业利润增长率=\frac{585}{620}\times100\%-1=-5.645\%$$

可见，A 公司虽然营业收入增长，但营业利润却出现负增长，说明 A 公司的主营业务不突出，业务扩张能力萎缩，获利能力减弱。

净利润是指企业利润总额中缴纳了所得税后留归所有者的部分。企业的净利润越大，表明企业的经营业绩越好，为所有者做出的贡献越大。

（二）资产增长能力比率分析

资产增长是企业发展的一个重要标志，在某种程度上可以反映企业规模的扩张。分别分析固定资产和流动资产的扩张情况，还可以发现企业价值增长的主要原因。因为固定资产的增长代表了企业生产条件的改善、生产能力的提高；而流动资产规模的扩大，表示企业在现在条件下尽可能利用和充分挖掘了生产潜力。资产增长能力比率分析常用总资产增长率来反映。其计算公式如下：

$$总资产增长率=\frac{本年资产总额}{年初资产总额}\times100\%-1$$

由表 10-1 可知：

$$A公司总资产增长率=\frac{2\,800}{2\,420}\times100\%-1=15.702\%$$

可见，该企业资产增长能力虽然出现了正增长，但增长能力不是很强，还有待提高。

（三）资本增长能力比率分析

资本增长能力是企业发展的另一个重要指标，是企业扩大再生产的源泉，也是评价企业发展能力的重要方面。这方面的衡量指标主要有资本积累率、资本保值增值率以及资本三年平均增长率。

1. **资本积累率**

资本积累率的计算公式为：

$$资本积累率=\frac{本年所有者权益增值额}{年初所有者权益总额}\times100\%$$

该指标反映了所有者权益当年变化水平，体现了企业资本的积累情况，它是企业强盛的重要标志，使企业看到真实的积累源泉。同时，企业积累越多，持续发展的潜力越大。该指标如果为负，则说明企业的资本受到侵蚀，所有者利益受到损害，应该给予重视。由表 10-1 可知：

$$A公司本年资本积累率=\frac{1\,620-1\,520}{1\,520}\times100\%=6.579\%$$

这说明 A 公司本年资本积累情况一般，有待加强。

2. 资本保值增值率

资本保值增值率的计算公式为：

$$资本保值增值率=\frac{扣除客观因素后的年末所有者权益总额}{年初所有者权益总额}\times100\%$$

公式中，年末所有者权益总额应按扣除客观因素后的余额计算，即由于非主观因素使本年所有者权益增减的部分要扣除。如果资本保值增值率等于 100%，为资本保值；如果资本保值增值率大于 100%，为资本增值；如果资本保值增值率小于 100%，为资本减值。

由表 10-1 可知：

$$A公司本年资本保值增值率=\frac{1\ 620}{1\ 520}\times100\%=106.579\%$$

这说明 A 公司本年资本处于增值状态，也进一步说明企业的经营管理者管理资产的能力不是很强，有待改进。

3. 资本三年平均增长率

资本三年平均增长率的计算公式为：

$$资产三年平均增长率=\left(\sqrt[3]{\frac{年末所有者权益总额}{年初所有者权益总额}}-1\right)\times100\%$$

由表 10-1 可知：

$$A公司资本三年平均增长率=\left(\sqrt[3]{\frac{1\ 620}{1\ 520}}-1\right)\times100\%=2.15\%$$

这说明该企业连续三年一直保持着不是很好的发展趋势，管理层应给予重视。

第三节 财务状况综合分析

单独分析任何一类财务指标，都不足以全面地评价企业的财务状况和经营效果，只有对各种财务指标进行系统、综合的分析，才能对企业的财务状况做出全面、合理的评价。要对企业进行综合的财务分析，需要采用专门的方法，常用的方法主要有综合指数分析法和杜邦分析法等。

一、综合指数分析法

综合指数分析法（composite index analysis method）也称沃尔分析法，是亚历山大·沃尔在 20 世纪提出的一种综合分析方法。该方法的运用步骤如下：首先，选定影响企业财务状况的关键财务指标；其次，根据各指标的重要程度分别确定各指标的权重（各项关键指标重要性权重之和为 100）；再次，依据各指标的行业平均数或经验数确定其标准值，然后计算出企业分析期各项指标完成情况的实际值，将实际值与标准值相对比，确定相对比率；之后，以相对比率乘以其权重即为该指标的实际得分值；最后，将各指标实际得分值相加，得出综合指数，并以该综合指数作为评价企业财务状况的依据。

下面仍以 A 公司为例，运用以下 8 项指标对该公司 20×3 年末财务状况进行综合评价，详见表 10-4。

表 10-4 综合指数计算表

指标	比重 (1)	标准值 (2)	实际值 (3)	相对比率 (4) = (3) ÷ (2)	实际得分 (5) = (4) × (1)
流动比率	8	2.0	1.296	58.685% *	4.695
总资产周转率	15	1.5	0.786	52.4%	7.86
资产负债率	10	50%	42.14%	92.71% *	9.271
资本保值增值率	8	108%	106.579%	98.684%	7.895
存货周转率	9	3	4.8	160%	14.4
总资产净利率	20	20%	22.321%	111.605%	22.321
营业利润率	15	25%	26.591%	106.364%	15.955
净资产收益率	15	35%	38.58%	110.229%	16.534
合计（综合指数）	100				98.931

注：* 表示对于适度指标要用 $y=\frac{1}{1+|q-x_i j|}$ 予以归一化处理，其中 q 为该指标的标准值。此处，流动比率和资产负债率均按此公式处理。

在采用综合指数分析法时应注意：①所选择的指标性质必须一致，一般均为正向指标。如果其中有个别指标为反向或适度指标，则要用归一化方法进行处理之后才能和其他指标加权处理，如流动比率和资产负债率等。②选定的关键指标不宜太多，一般以 8～10 个为宜，这是因为过多的指标可能不便于查找出关键影响因素。③由于关键指标的选择以及权重、标准值的确定都与分析者的主观意向及偏好有一定的关系，所以评价结果也可能会出现一定的偏差，分析者只有经过不断摸索、长期实践，才能积累丰富的经验，取得较好的分析结果。

由于该分析方法选择的关键指标都按正向指标趋向处理，且各项权重合计为 100，所以综合指数越趋于 100，企业财务状况越好。经计算，A 公司本年财务指标的综合得分为 98.931，说明该企业经营状况和财务质量非常好。

二、杜邦分析法

杜邦分析法（Dupont analysis method）是美国杜邦公司财务管理人员在 1915 年首创的一种很有影响力的企业业绩评价方法。它的基本原理是将权益净利率分解为多个不同的财务比率，这些财务比率反映了企业经营的各个侧面。通过对每个财务比率横向（同行业）与纵向（历史同期）的比较，可以找出影响权益净利率变化的业绩要求，为公司各部门改善经营业绩、提高未来的权益净利率提供参考方向。可以说，同样是综合分析法，综合指数分析法是一种由分到总的综合分析方法，而杜邦分析法则是一种由总到分的综合分析方法，侧重点各有不同。

（一）杜邦分析法的核心比率

权益净利率是杜邦分析法的核心比率，具有很好的可比性，可用于不同企业之间的比较。由于市场的竞争，各企业的权益净利率比较接近。同时，权益净利率还有很强的综合性，为了提高权益净利率，管理者可从以下三个分解指标入手：

$$权益净利率=\frac{净利润}{销售收入}\times\frac{销售收入}{总资产}\times\frac{总资产}{股东权益}$$

即：

权益净利率=销售净利率×总资产周转率×权益乘数

无论提高其中的哪个比率，权益净利率都会提高。其中，“销售净利率”是利润表的概括；“权益乘数”是资产负债表的概括，表明资产、负债和股东权益的比例关系，可以反映最基本的财务状况；“总资产周转率”把利润表和资产负债表联系起来，使权益净利率可以综合整个企业经营成果和财务状况。

【例 10-13】（2010 年中级会计师职称考试真题）在上市公司杜邦财务分析体系中，最具有综合性的财务指标是（　　）。

A. 营业净利率　　B. 净资产收益率

C. 总资产净利率　　D. 总资产周转率

参考答案：B。净资产收益率即权益净利率，是一个综合性最强的财务分析指标，是杜邦分析体系的起点。

（二）杜邦分析体系的基本框架

我们仍以 A 公司本年相关财务比率分析的数据来介绍传统杜邦分析法，其基本框架如图 10-1 所示。

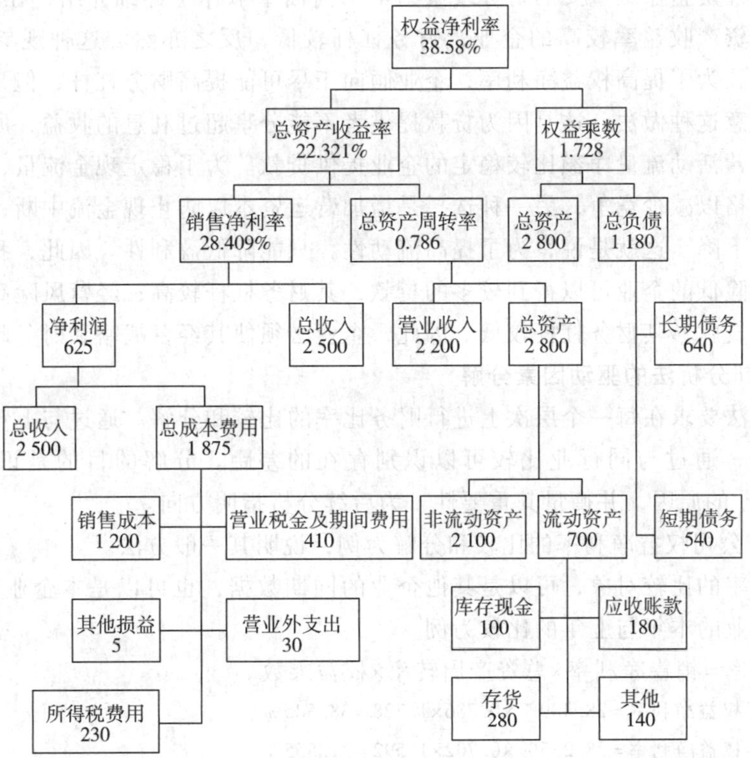

图 10-1　杜邦分析法的基本框架

该体系是一个多层次的财务比率分解体系。各项财务比率可在每个层次上与本企业历史同期或同行业财务比率进行比较，然后逐级向下分解，逐步覆盖企业经营活动的每个环节，以实现系统、全面评价企业经营成果和财务状况的目的。

权益净利率可以被分解为销售净利率、总资产周转率和权益乘数，这三个比率在各企业之间存在显著差异，通过对差异的比较，可以观察本企业与其他企业的经营战略和财务政策的异同。

分解出来的销售净利率和总资产周转率，可以反映企业的经营战略。一些企业销售净利率较高而总资产周转率较低；另一些企业则与之相反，总资产周转率较高而销售净利率较低，两者经常是反方向变化，这种现象不是偶然的。企业要提高销售净利率，就要增加产品附加值，这往往需要增加投资，从而引起资产周转率下降；与此相反，企业为了加快资产周转，就要降低价格，引起销售净利率下降。因此，采取"高盈利、低周转"还是"低盈利、高周转"的方针，是企业根据外部环境和自身资源做出的战略选择。正因为如此，仅从销售净利率的高低不能看出企业业绩好坏，应把它与总资产周转率联系起来考察企业的经营战略，真正重要的是两者共同作用得到的总资产收益率，总资产收益率可以反映管理者运用受托资产赚取盈利的业绩，是最重要的盈利能力评价指标。

分解出来的权益乘数是企业财务杠杆的重要指标，体现了企业的财务政策，在总资产收益率不变的情况下，提高财务杠杆可以提高权益净利率，但同时也会增加财务风险。如何配置财务杠杆是企业最重要的财务政策，本书前面章节作了详细介绍，在此不作讨论。一般来说，总资产收益率较高的企业，财务杠杆较低，反之亦然。这种现象也不是偶然的。可以设想，为了提高权益净利率，企业倾向于尽可能提高财务杠杆，但是，贷款提供者不一定会同意这种做法，这是因为贷款提供者不能分享超过利息的收益，所以更倾向于为预期未来经营活动流量净额比较稳定的企业提供贷款。为了稳定现金流量，企业的一种选择是降低价格以减少竞争，另一种选择是增加营运资本以防止现金流中断，这都会导致总资产净利率下降。这就是说，为了提高流动性，只能降低盈利性。因此，我们实际看到的是，经营风险低的企业可以得到较多的贷款，其财务杠杆较高；经营风险高的企业，只能得到较少的贷款，其财务杠杆较低。因此，企业必须使其经营战略和财务政策相匹配。

（三）杜邦分析法的驱动因素分解

该分析方法要求在每一个层次上进行财务比率的比较和分解。通过与上年比较可以识别变动的趋势，通过与同行业比较可以识别存在的差距。分解的目的是识别引起变动（或产生差距）的原因，并衡量其重要性，为后续分析指明方向。

下面以A公司权益净利率的比较和分解为例，说明其一般方法。

权益净利率的比较对象，可以是其他企业的同期数据，也可以是本企业的历史数据，这里仅以本企业的本年与上年的比较为例。

权益净利率=销售净利率×总资产周转率×权益乘数

A公司本年权益净利率=28.409%×0.786×1.728=38.585%

A公司上年权益净利率=28.235%×0.702×1.592=31.555%

权益净利率变动=38.585%-31.555%=7.03%

与上年相比，股东的报酬率上升了7.03%，说明公司的整体业绩好于上年，影响权益净利率变动的有利因素是销售净利率、总资产周转率和权益乘数。

利用连环替代法来定量分析它们分别对权益净利率变动的影响程度：

（1）销售净利率变动的影响：

按本年销售净利率计算的上年权益净利率=28.409%×0.702×1.592=31.749%

销售净利率变动的影响=31.749%-31.555%=0.194%

（2）总资产周转率的影响：

按本年的销售净利率、总资产周转率计算的上年权益净利率=28.409%×0.786×1.592=35.549%

总资产周转率变动的影响=35.549%-31.749%=3.8%

（3）财务杠杆变动的影响：

财务杠杆变动的影响=38.585%-35.549%=3.036%

通过分析可知，三个有利因素的共同作用导致权益净利率提高了7.03%。其中，销售净利率做出了0.194%的贡献；总资产周转率做出了3.8%的贡献；权益乘数做出了3.036%的贡献。因此，该企业的整体业绩状况同上年相比还是比较理想的，应继续保持并发展下去。

总之，从杜邦分析法可以看出，企业的获利能力涉及生产经营活动的方方面面。权益净利率与企业的筹资结构、销售规模、成本水平、资产管理等因素密切相关，这些因素共同构成一个完整的系统，系统内部各个因素之间相互作用。只有协调好系统内部各个因素之间的关系，才能使权益净利率得到提高，从而实现股东财富最大化的理财目标。

课后习题

一、单项选择题

1.（2009年中级会计师职称考试真题）下列指标中，其数值大小与偿债能力大小同方向变动的是（　）。

A. 产权比率　　B. 资产负债率

C. 已获利息倍数　　D. 带息负债比率

2.（2013年中级会计师职称考试真题）某公司2012年初所有者权益为1.25亿元，2012年末所有者权益为1.50亿元。该公司2012年的资本积累率是（　　）。

A. 16.67%　　B. 20%

C. 25%　　D. 120%

3.（2013年中级会计师职称考试真题）假定其他条件不变，下列各项经济业务中，会导致公司总资产净利率上升的是（　　）。

A. 收回应收账款　　B. 用资本公积转增股本

C. 用银行存款购入生产设备　　D. 用银行存款归还银行借款

4.（2009年注册会计师考试真题）甲公司2008年的营业净利率比2007年下降5%，总资产周转率提高10%，假定其他条件与2007年相同，那么甲公司2008年的净资产收益率比2007年提高（　　）。

A. 4.5%　　B. 5.5%

C. 10%　　D. 10.5%

5.（2010年注册会计师考试真题）下列事项中，有助于提高企业短期偿债能力的是（　　）。

A. 利用短期借款增加对流动资产的投资

B. 为扩大营业面积，与租赁公司签订一项新的长期房屋租赁合同

C. 补充长期资本，使长期资本的增加量超过长期资产的增加量

D. 提高流动负债中的无息负债比率

6.（2013年注册会计师考试真题）甲公司2012年每股收益0.8元，每股分配现金股利0.4元。如果公司每股收益增长率预计为6%，股权资本成本为10%，股利支付率不变，公司的预期市盈率是（　　）。

A. 8.33　　B. 11.79

C. 12.50　　D. 13.25

7.（2014年注册会计师考试真题）甲公司的生产经营存在季节性，每年的6月到10月是生产经营旺季，11月到次年5月是生产经营淡季。如果使用应收账款年初余额和年末余额的平均数计算应收账款周转次数，计算结果会（　　）。

A. 高估应收账款周转速度　　B. 低估应收账款周转速度

C. 正确反映应收账款周转速度　　D. 无法判断对应收账款周转速度的影响

8.（2012年注册会计师考试真题）甲公司上年净利润为250万元，流通在外的普通股的加权平均股数为100万股，优先股为50万股，优先股股息为每股1元。如果上年末普通股的每股市价为30元，甲公司的市盈率为（　　）。

A. 12　　B. 15

C. 18　　D. 22.5

二、多项选择题

1.（2013年中级会计师职称考试真题）在一定时期内，应收账款周转次数多、周转天数少表明（　　）。

A. 收账速度快　　B. 信用管理政策宽松

C. 应收账款流动性强　　D. 应收账款管理效率高

2.（2009年注册会计师考试真题）企业的下列经济活动中，影响经营现金流量的有（　　）。

A. 经营活动　　B. 投资活动

C. 分配活动　　D. 筹资活动

三、判断题

1.（2009年中级会计师职称考试真题）负债比率越高，则权益乘数越低，财务风险越大。（　　）

2.（2010年中级会计师职称考试真题）上市公司盈利能力的成长性和稳定性是影响其市盈率的重要因素。（　　）

3.（2010年中级会计师职称考试真题）财务分析中的效率指标，是某项财务活动中所费与所得之间的比率，反映投入与产出的关系。（　　）

4.（2012年中级会计师职称考试真题）通过横向和纵向对比，每股净资产指标可以

作为衡量上市公司股票投资价值的依据之一。（　）

5.（2012 年中级会计师职称考试真题）在财务分析中，企业经营者应对企业财务状况进行全面的综合分析，并关注企业财务风险和经营风险。（　）

6.（2013 年中级会计师职称考试真题）净收益营运指数是收益质量分析的重要指标，一般而言，净收益营运指数越小，表明企业收益质量越好。（　）

7.（2014 年中级会计师职称考试真题）市盈率是反映股票投资价值的重要指标，该指标数值越大，表明投资者越看好该股票的投资预期。（　）

四、计算题

1.（2011 年中级会计师职称考试真题）D 公司为一家上市公司，已公布的公司 2010 年财务报告显示，该公司 2010 年净资产收益率为 4.8%，较 2009 年大幅降低，引起了市场各方的广泛关注，为此，某财务分析师详细搜集了 D 公司 2009 年和 2010 年的有关财务指标，见表 10-5。

表 10-5　**相关财务指标**

项目	2009 年	2010 年
销售净利率（%）	12	8
总资产周转率（次）	0.6	0.3
权益乘数	1.8	2

要求：

（1）计算 D 公司 2009 年净资产收益率。

（2）计算 D 公司 2010 年净资产收益率与 2009 年净资产收益率的差异。

（3）利用因素分析法依次测算销售净利率、总资产周转率和权益乘数的变动对 D 公司 2010 年净资产收益率下降的影响。

2.（2014 年注册会计师考试真题）甲公司是一个材料供应商，拟与乙公司建立长期合作关系，为了确定对乙公司采用何种信用政策，需要分析乙公司的偿债能力和营运能力。为此，甲公司收集了乙公司 2013 年度的财务报表，相关的财务报表数据以及财务报表附注中披露的信息如下：

（1）资产负债表项目见表 10-6。

表 10-6　**资产负债表项目**　单位：万元

项目	期末余额	年初余额
流动资产合计	4 600	4 330
其中：货币资金	100	100
交易性金融资产	500	460
应收账款	2 850	2 660
预付账款	150	130
存货	1 000	980
流动负债合计	2 350	2 250

（2）利润表项目见表 10-7。

表 10-7　　**利润表项目**　　单位：万元

项目	本期金额	上期金额（略）
营业收入	14 500	
财务费用	500	
资产减值损失	10	
所得税费用	32.50	
净利润	97.50	

（3）乙公司的生产经营存在季节性，每年 3 月份至 10 月份是经营旺季，11 月份至次年 2 月份是经营淡季。

（4）乙公司按照应收账款余额的 5% 计提坏账准备，2013 年年初坏账准备余额 140 万元，2013 年年末坏账准备余额 150 万元。最近几年乙公司的应收账款回收情况不好，截至 2013 年年末账龄 3 年以上的应收账款已达到应收账款余额的 10%。为了控制应收账款的增长，乙公司在 2013 年收紧了信用政策，减少了赊销客户的比例。

（5）乙公司 2013 年资本化利息支出 100 万元，计入在建工程。

（6）计算财务比率时，涉及到的资产负债表数据均使用其年初和年末的平均数。

要求：

（1）计算乙公司 2013 年的速动比率。评价乙公司的短期偿债能力时，需要考虑哪些因素？具体分析这些因素对乙公司短期偿债能力的影响。

（2）计算乙公司 2013 年的利息保障倍数。分析并评价乙公司的长期偿债能力。

（3）计算乙公司 2013 年的应收账款周转次数。评价乙公司的应收账款变现速度时，需要考虑哪些因素？具体分析这些因素对乙公司应收账款变现速度的影响。

第十一章　企业价值评估

学习目标

(1) 了解企业价值评估的概念、目的和应用范围;

(2) 理解企业价值评估的对象及评估的步骤;

(3) 重点掌握现金流量折现模型和相对价值法的应用与评价;

(4) 熟悉期权估价的相关内容。

企业价值评估是财务估价原理的一种应用形式。其作为财务管理的重要工具之一，具有广泛的用途。

第一节　企业价值评估概述

一、企业价值评估的概念

企业价值评估（enterprise value assessment）简称企业估值，是指注册资产评估师对评估基准日特定目的下企业整体价值股东全部权益价值或部分权益价值进行分析、估算并发表专业意见的行为和过程。它不同于企业资产评估，因为企业资产评估可以是评估某个或某些单项资产的价值，也可以是评估企业的价值。国外的企业价值评估，主要包括三个方面的评估内容：一是评估一个整体企业的价值（也称公司估价）；二是评估企业股权（所有者权益）的价值，可能是全部股权，也可能是部分股权，但在实践中大部分情况是评估部分股权的价值；三是评估企业无形资产的价值。这三个方面都是与整个企业紧密相关的，既与企业拥有的资产及债务有关，更与企业的经营有关。

二、企业价值评估的目的及主要应用

（一）企业价值评估的目的

企业价值评估的目的是分析和衡量一个企业或一个经营单位的公平市场价值，并提供有关信息以帮助投资人和管理层改善决策。

（二）企业价值评估的主要应用

由于企业价值评估的应用领域广，所以在金融、证券和财务的一些书籍里面通常都有应用企业价值评估的内容。

1. 在证券投资市场中的应用

一般来说，证券市场上的证券分析师们采用企业价值评估方法对市场上的一些上市公司进行价值评估，然后观察这些由公司财务指标反映出来的“真实价值”是否与该股票的市场价值一致，从而评估这个公司的股票是否被市场低估或高估。

2. 在企业并购中的应用

无论是收购公司还是目标公司都要对被并购的目标公司进行价值评估从而得出公司的合理价位，因此企业价值评估对并购决策起到十分重要的影响作用。

3. **在公司财务管理中的应用**

既然公司的目标就是价值最大化，那么公司的财务决策和公司战略都与公司的价值有着千丝万缕的联系。因此，正确评估公司的价值有助于公司更好地创造价值。

4. **在法定评估业务领域中的应用**

应用企业价值评估的另外一个领域就是法定评估业务领域，也是职业评估师主要提供服务的领域。根据目前大多数国家的情况，职业评估师提供服务的方式主要有三种：价值评估、评估审核和评估咨询。其中价值评估的主要对象是非上市的封闭持股公司的股权，且主要是针对企业整体交易、企业股权交易或课税等目的的法定评估。

三、企业价值评估的对象

企业价值评估的首要问题是明确“要评估的是什么”，也就是价值评估的对象是什么。价值评估的一般对象是企业整体经济价值，即企业作为一个整体的公平市场价值。

（一）企业的整体价值

企业的整体价值观念主要体现在以下四个方面：

1. **整体不是各部分的简单相加**

企业作为整体虽然是由各部分组成的，但是并不是各部分的简单相加，而是有机结合。这种有机结合，使得企业总体具有各部分所没有的整体功能，所以整体价值不同于各部分的价值，企业单项资产价值的总和也不等于企业整体价值。企业整体之所以能够具有价值，就在于它可以为投资人带来现金流量，这些现金流量是所有资产联合起来运用的结果，而不是资产分别出售获得的现金流量。

2. **整体价值来源于要素的结合方式**

企业的整体价值来源于各部分之间的联系。只有各部分之间建立起有机联系，才能使企业成为一个有机整体。各部分之间的有机联系是企业形成整体的关键。例如，厂房、机器、原材料和人简单加在一起不能称之为企业，关键是要按一定的要求与方式将它们组合起来，方式不同，组合起来的企业的功能与效率也就不同。

3. **部分只有在整体中才能体现其价值**

企业是整体和部分的统一。部分依赖于整体，整体支配部分。部分只有在整体中才能体现出它的价值，一旦离开整体，这个部分就失去了作为整体中一部分的意义。因此，企业的一个部分被剥离出来，其功能会有别于它原来作为企业一部分时的功能和价值，剥离后的企业也会不同于原来的企业。

4. **整体价值只有在运行中才能体现出来**

企业的整体功能，只有在运行中才能得以体现。企业是一个运行着的有机体，一旦成立就有了独立的“生命”和特征，并维持它的整体功能。如果企业停止运营，整体功能随之消失，不再具有整体的价值，它就只剩下一堆机器、存货和厂房，此时企业的价值是这些财产的变现价值，即清算价值。

（二）企业的经济价值

经济价值是指一项资产的公平市场价值，通常用该资产所产生的未来现金流量的现值来计算。在使用过程中，我们要注意区分会计价值与市场价值、现时市场价值与公平市场价值。

1. **区分会计价值与市场价值**

会计价值是指资产、负债和所有者权益的账面价值，会计价值采用的是历史成本计量属性，而市场价值是指一项资产在交易市场上的价格，即买卖双方竞价后产生的双方都能接受的价格。内在价值与市场价值有密切关系，如果市场是有效的，即所有资产在任何时候的价格都反映了公开可得的信息，则内在价值与市场价值应当相等。如果市场不是完全有效的，一项资产的内在价值与市场价值会在一段时间里不相等。投资者估计了一种资产的内在价值并与其市场价值进行比较，如果内在价值高于市场价值则认为资产被市场低估了，他会决定买进。投资者购进被低估的资产，会使资产价格上升，回归到资产的内在价值。市场越有效，市场价值向内在价值的回归越迅速。这两者是有区别的，会计价值一旦确认，一般不会轻易改变，所以也叫历史成本，而市场价值则会随时根据市场的状况发生改变。

2. **区分现时市场价值与公平市场价值**

企业价值评估的目的是确定一个企业的公平市场价值。所谓"公平市场价值"，是指在公平的交易中，熟悉情况的双方自愿进行资产交换或债务清偿的金额。资产被定义为未来的经济利益，而经济利益其实就是现金流入，资产就是未来可以带来现金流入的资源。由于不同时间的现金不等价，需要折现，因此，资产的公平市场价值就是未来现金流入的现值。

所谓"现时市场价值"，是指按现行市场价格计量的资产价值，它可能是公平的，也可能是不公平的。因此，需要注意的有几个方面：

（1）作为交易对象的企业，通常没有完善的市场，也没有现成的市场价格。非上市企业或者它的一个部分，由于没有在市场上出售，其价格也就不得而知。对上市企业来说，每天参加交易的只是少数股权，多数股权不参加交易，因此，市价只是少数股东认可的价格，未必代表公平价值。

（2）以企业为对象的交易双方，存在比较严重的信息不对称。人们对于企业的预期会有很大的差距，故成交的价格不一定是公平的。

（3）评估的目的之一是寻找被低估的企业，也就是价格低于价值的企业。如果用现时市价作为企业的估价，则企业的价值与价格相等，那么我们将不能获得任何有意义的信息。

（三）企业整体经济价值的类别

前面的介绍已经明确了价值评估的对象是企业的整体价值，但这还不够，还需要进一步明确是"哪一种"整体价值，所以我们有必要对企业整体经济价值进行分类。

企业整体经济价值可以分为实体价值与股权价值、持续经营价值与清算价值、少数股权价值与控股权价值等类别。

1. **实体价值与股权价值**

企业全部资产的总体价值，称为"企业实体价值"。企业实体价值是股权价值与净债务价值之和，即：

企业实体价值=股权价值+净债务价值

公式中的股权价值和净债务价值都是指公平市场价值，而不是指账面价值。

大多数企业并购是以购买股份的形式进行的，因此，评估的最终目标是卖方的股权价值，而买方的实际收购成本则等于股权资本成本加上所承接的债务。

2. **持续经营价值与清算价值**

企业能够给所有者提供价值的方式有两种：一种是由营业活动所产生的未来现金流量的现值，称为持续经营价值（简称经营价值）；另一种是停止经营，出售资产产生的现金流量，称为清算价值。我们必须明确拟评估的企业是一个持续经营的企业还是一个清算的企业，评估的价值是其持续经营价值还是其清算价值。在大多数情况下，评估的是企业的持续经营价值。而一个企业的公平市场价值，应当是其持续经营价值与清算价值中较高的一个，因为一个企业持续经营的基本条件是其持续经营价值超过清算价值，依据理财的"自利原则"，当未来现金流量大于清算价值时，投资人会选择持续经营；反之，投资人会选择清算。如果一个企业的持续经营价值已经低于其清算价值，就应当进行清算，但也有例外，那就是控制企业的人拒绝清算，企业得以持续经营，但这种持续经营摧毁了股东本来可以通过清算得到的价值。

3. **少数股权价值与控股权价值**

在股票市场上交易的只是少数股权，大多数股权并没有参加交易。掌握控股权的股东，不参加日常的交易。我们看到的股价，通常只是少数已经交易的股票价格，它们衡量的只是少数股权价值。少数股权与控股权的价值差异，明显地出现在收购交易当中，一旦控股权参加交易，股价会迅速飙升，甚至达到少数股权价值的数倍。在评估企业价值时，必须明确拟评估的对象是少数股权价值，还是控股权价值。

总之，在进行企业价值评估时，首先要明确拟评估的对象是什么，搞清楚是企业实体价值还是股权价值，是持续经营价值还是清算价值，是少数股权价值还是控股权价值，它们作为不同的评估对象，有不同的用途，需要使用不用的方法进行评估。

【例 11-1】（2012 年注册会计师考试真题）下列关于企业价值的说法中，错误的有（ ）。

A. 企业的实体价值等于各单项资产价值的总和

B. 企业的实体价值等于企业的现时市场价格

C. 企业的实体价值等于股权价值和净债务价值之和

D. 企业的股权价值等于少数股权价值和控股权价值之和

参考答案：ABD。企业虽然是由部分组成的，但不是各部分的简单相加，而是有机的结合，所以选项 A 的说法不正确；企业价值评估的目的是确定一个企业的公平市场价值，而不是现时市场价格，所以选项 B 的说法不正确；在评估企业价值时，必须明确拟评估的对象是少数股权价值还是控股权价值，两者是不同的概念，所以选项 D 的说法不正确。

四、企业价值评估的步骤

企业价值评估通常分为三个步骤：了解评估对象的背景、对企业进行估值和根据评估价值进行决策。

（一）了解评估对象的背景

如果打算投资一个企业，就必须了解这个企业的背景。要想了解一个企业的背景，首先要对其进行总体的战略分析。战略分析是企业价值评估的基础，通常包括以下方面：

1. **宏观环境分析**

宏观环境分析包括对企业的政治和法律环境、经济环境、社会文化环境和技术环境等进行分析。

2. **行业环境分析**

行业环境分析包括对企业所在行业的生命周期、竞争状况等进行分析。

3. **经营环境分析**

经营环境分析包括对企业的产品市场状况、资本市场状况和劳动力市场状况等进行分析。

4. **企业资源分析**

企业资源分析包括对企业的有形资源、无形资源和组织资源等进行分析。

5. **企业能力分析**

企业能力分析包括对企业的研发能力、生产管理能力、营销能力、财务能力和经营管理能力等进行分析。

（二）对企业进行估值

对企业进行估值，又可以分解为三个部分：

1. **收集信息**

估值所需要的信息有多种形式和多种来源。通常可以从财务报表分析开始，从中提取有用的预测信息。除此之外，还需要收集表外信息，包括市场份额的变化、企业技术的变化等信息。

2. **预测损益**

预测损益包括定义损益（使用现金流量还是净利润）和预测未来若干年的损益。

3. **将预测转化为估值**

将预测转化为估值包括估计时间价值和风险价值，以及将损益转化为企业价值。

（三）根据评估价值进行决策

估值的最终目的是改善决策。外部投资者通过比较估值和市场价格，决定是否需要进行交易，例如购买股票；内部投资者通过比较估值和成本，决定是否进行投资，例如收购。

决策时要考虑估值的假设前提与现实的区别，合理使用估值结果。此外，决策时还要考虑非计量因素和非财务因素的影响。

第二节　现金流量折现模型

现金流量折现模型（discount cash flow model）是企业价值评估使用最广泛、理论上也较健全的模型，主导着当前实务。它的基本思想是增量现金流量原则和时间价值原则，即任何资产的价值都是其产生的未来现金流量按照含有风险的折现率计算的现值。

一、现金流量折现模型的参数

任何资产都可以使用现金流量折现模型来估价：

$$价值 = \sum_{t=1}^{n} \frac{现金流量_t}{(1+资本成本)^t}$$

该模型有三个参数：现金流量$_t$、资本成本和时间序列（n）。

模型中的“现金流量$_t$”，是指各期的预期现金流量。对于投资者来说，企业现金流量有三种：股利现金流量、股权现金流量和实体现金流量。

模型中的“资本成本”，是计算现值使用的折现率。折现率是现金流量风险的函数，风险越大则折现率越大。因此，折现率和现金流量要相互匹配。

模型中的“时间序列（n）”，是指产生现金流量的时间，通常用年数来表示。

二、现金流量折现模型的种类

1. 股利现金流量折现模型

$$股权价值 = \sum_{t=1}^{n} \frac{股利现金流量_t}{(1+股权资本成本)^t}$$

股利现金流量是企业分配给股权投资人的现金流量。

2. 股权现金流量折现模型

$$股权价值 = \sum_{t=1}^{n} \frac{股权现金流量_t}{(1+股权资本成本)^t}$$

股权现金流量是一定时期企业可以提供给股权投资人的现金流量，等于企业实体现金流量扣除对债权人支付后剩余的部分，也可以称为“股权自由现金流量”。

股权现金流量=实体现金流量-债务现金流量

有多少股权现金流量会作为股利分配给股东，取决于企业的筹资和股利分配政策。如果把股权现金流量全部作为股利分配，则上述两个模型相同。

3. 实体现金流量折现模型

$$实体价值 = \sum_{t=1}^{n} \frac{实体自由现金流量_t}{(1+加权平均资本成本)^t}$$

股本价值=实体价值-净债务价值

$$净债务价值 = \sum_{t=1}^{n} \frac{偿还债务现金流量_t}{(1+等风险债务成本)^t}$$

实体现金流量是企业全部现金流入扣除成本费用和必要的投资后的剩余部分，是企业一定期间可以提供给所有投资人（包括股权投资人和债权投资人）的税后现金流量。

股利现金流量折现模型和实体现金流量折现模型各有千秋。从预测现金流量的角度看，在我国上市公司的评估中，实体现金流量折现模型优于股利现金流量折现模型。这主要是因为，股利通常被认为是上市公司返还现金给股东的一种方式，股利现金流量折现模型是对一家公司股权价值最保守的估计；实体现金流量作为企业在满足了再投资需要之后剩余的现金流量，是在不影响公司持续发展的前提下可供分配给企业资本供应者的最大现金额。就我国上市公司而言，它们大多支付极低的股利，甚至很多公司不发放股利，导致股利现金流量折现模型将低估上市公司的价值。从选择合适的折现率角度看，股利现金流量折现模型比实体现金流量折现模型更直观。股利现金流量折现模型可以比较准确地估计收益率；而与公司自由现金流量对应的公司加权平均资本成本的估计则要考虑不断变化的财务杠杆。

在数据假设相同的情况下，三种模型的评估结果是相同的。不过，由于股利分配政策时常有较大变动，股利现金流量很难预计，所以，股利现金流量折现模型在实务中很少被使用。如果假设企业不保留多余的现金，而将股权现金全部作为股利发放，则股权现金流量等于股利现金流量，股权现金流量折现模型可以取代股利现金流量折现模型，避免了对股利政策进行估计的麻烦。因此，大多数的企业估价使用股权现金流量折现模型或实体现金流量折现模型。下面就以大多数企业在估价中经常使用的股权现金流量折现模型和实体现金流量折现模型来介绍具体应用。

三、现金流量折现模型的应用

1. **股权现金流量折现模型**

根据现金流量分布的特征，股权现金流量折现模型分为两种类型：永续增长模型和两阶段增长模型。

（1）永续增长模型

永续增长模型假设企业未来长期稳定、可持续增长。在永续增长的情况下，企业价值是下期现金流量的函数。

永续增长模型的一般表达式如下：

$$股权价值=\frac{下期股权现金流量}{股权资本成本-永续增长率}$$

永续增长模型的特例是永续增长率等于零，即零增长模型，用公式表示为：

$$股权价值=\frac{下期股权现金流量}{股权资本成本}$$

永续增长模型的适用于处于永续增长状态的企业。所谓永续增长状态是指企业有永续的增长率和投资资本回报率。使用永续增长模型，企业价值对增长率的估计很敏感，当增长率接近折现率时，股票价值趋于无限大。因此，对于增长率和股权资本成本的预测质量要求很高。

【例 11-2】某公司是一个规模较大的跨国公司，目前处于稳定增长状态，20×3 年每股收益为 13.7 元/股，根据全球经济预期，长期增长率为 6%。预计该公司的长期增长率与宏观经济相同。为维持每年 6% 的增长率，需要每股股权本年净投资 11.2 元，据估计，该企业的股权资本成本为 10%。请计算该公司 20×3 年每股股权现金流量和每股股权价值。

每股股权现金流量＝每股收益－每股股权本年净投资

＝13.7－11.2＝2.5（元/股）

每股股权价值＝（2.5×1.06）÷（10%－6%）＝66.25（元/股）

（2）两阶段增长模型

两阶段增长模型的一般表达式为：

股权价值=预测期股权现金流量现值+后续期价值的现值

假设预测期为n，则：

$$股权价值 = \sum_{t=1}^{n}\frac{股权现金流量_t}{(1+股权资本成本)^t}+\frac{股权现金流量_{n+1}/(股权资本成本-永续增长率)}{(1+股权资本成本)^n}$$

两阶段增长模型适用于增长呈两个阶段的企业。第一个阶段为超常增长阶段，增长率明显快于永续增长阶段；第二个阶段具有永续增长的特征，增长率比较低，是正常的增长率。

2. **实体现金流量折现模型**

在实务中，大多数企业使用实体现金流量折现模型，主要原因是股权资本成本受资本结构的影响较大，估计起来比较复杂。债务增加时，风险上升，股权资本成本上升，而上升的幅度不容易测定。加权平均资本成本受资本结构的影响较小，比较容易估计。债务成本较低，增加债务比重使加权平均资本成本下降。与此同时，债务增加使风险增加，股权资本成本上升，使得加权平均资本成本上升。在无税和交易成本的情况下，两者可以完全抵消，这就是资本结构无关论；在有税和交易成本的情况下，债务成本的下降也会大部分被股权资本成本的上升所抵消，平均资本成本对资本结构变化不敏感，估计起来比较容易。

实体现金流量折现模型如同股权现金流量折现模型一样，也可以分为两种：

（1）永续增长模型

$$实体价值=\frac{下期实体现金流量}{加权平均资本成本-永续增长率}$$

（2）两阶段增长模型

实体价值=预测期实体现金流量现值+后续期价值的现值

设预测期为n，则：

$$实体价值 = \sum_{t=1}^{n}\frac{实体现金流量_t}{(1+加权平均资本成本)^t}+\frac{实体现金流量_{n+1}/(加权平均资本成本-永续增长率)}{(1+加权平均资本成本)^n}$$

【例11-3】（2009年注册会计师考试真题）下列关于企业价值评估的表述中，正确的有（　　）。

A. 现金流量折现模型的基本思想是增量现金流量原则和时间价值原则

B. 实体自由现金流量是企业可提供给全部投资人的税后现金流量之和

C. 在稳定状态下实体现金流量增长率一般不等于销售收入增长率

D. 在稳定状态下股权现金流量增长率一般不等于销售收入增长率

参考答案：AB。

四、现金流量折现模型的评价

虽然现金流量折现模型有着深厚的财务理论基础和严密的数学推导，但其条件比较苛刻，仅适用于给定的情况下，被估价企业当前的现金流量为正，并且可以比较可靠地估计未来现金流量发生的时间和数量，同时根据现金流量的风险特性又能够确定恰当的折现率。

第三节　相对价值法

现金流量折现模型在理论上较为完善，但在应用时会遇到许多技术问题。有一种相对容易的估价方法——相对价值法（relative value method），也叫可比交易价值法或价格乘数法等。

一、相对价值法的定义和基本步骤

相对价值法是将目标企业与可比企业对比，用可比企业的价值衡量目标企业的价值，如果可比企业的价值被低估了，则目标企业也会被低估。实际上，所得结论是相对于可比企业来说的，以可比企业价值为基准，是一种相对价值，而非目标企业的内在价值。简言之，这种方法就是利用类似企业的市场定价来估计目标企业价值的一种方法。

其基本步骤是：首先，寻找一个影响企业价值的关键变量（如净利）；其次，确定一组可以比较的类似企业，计算可比企业的市价/关键变量的平均值（如平均市盈率）；最后，根据目标企业的关键变量（如净利）乘以得到的平均值（如平均市盈率），计算出目标企业的评估价值。

现金流量法的假设是明确显示的，而相对价值法的假设是隐含在比率内部的。因此，它看起来简单，实际应用时并不简单。

【例 11-4】假如你准备购买商品住宅，出售者报价 90 万元，你如何评估这个报价？

一个简单的办法就是寻找一个类似地段、类似质量的商品住宅，计算每平方米的价格（价格与面积的比率），假设是 1 万元/平方米，你准备购置的住宅是 80 平方米，利用相对价值法评估它的价值是 80 万元，于是你认为出售者的报价高了。你对报价高低的判断是相对于类似商品住宅而言的，它比类似住宅的价格高，实际上也可能是类似住宅的价格偏低所致。

这种做法很简单，真正使用起来却并不简单。因为类似商品住宅与你准备购置的商品住宅总有“不类似”的地方，类似商品住宅的价格也不一定是公平市场价格。准确的评估还需要对计算结果进行另外的修正，而这种修正比一般人想象得要复杂，它涉及每平方米价格的决定因素等问题。

二、三种重要的相对价值模型

相对价值模型主要分为两大类：一是以股票市价为基础的模型；二是以企业实体价值为基础的模型。下面只讨论三种最重要也最经常使用的股票市价比率模型：市盈率模型、市净率模型和收入乘数模型。

（一）市盈率模型

1. 基本模型

每股市价与每股收益的比率，称为市盈率。

$$市盈率=\frac{每股市价}{每股收益}$$

该模型假设股票市价是每股收益的一定倍数。每股收益越大，则股票价值越大。同类企业有类似的市盈率，所以目标企业的价值可以用目标企业每股收益乘以可比企业平均市盈率计算：

目标企业每股价值=目标企业每股收益×可比企业平均市盈率

2. 模型的驱动因素

影响市盈率高低的基本因素有哪些?

根据股利现金流量折现模型，处于稳定状态企业的股权价值为：

$$股权价值\ P_0=\frac{股利_1}{股权资本成本-增长率}$$

两边同时除以每股收益$_0$：

$$\frac{P_0}{每股收益_0}=\frac{\dfrac{股利_1}{每股收益_0}}{股权资本成本-增长率}$$

$$=\frac{\dfrac{每股收益_0\times(1+增长率)\times股利支付率}{每股收益_0}}{股权资本成本-增长率}$$

$$=\frac{股利支付率\times(1+增长率)}{股权资本成本-增长率}$$

$$=本期市盈率$$

上述根据当前市价和同期净收益计算的市盈率，称为本期市盈率，简称市盈率。

这个公式表明，市盈率的驱动因素是企业的增长潜力、股利支付率和风险（股权资本成本的高低与其风险有关）。这三个因素类似的企业，才会具有类似的市盈率。可比企业实际上应当是这三个比率类似的企业，同行业企业不一定都有这种类似性。

如果把公式两边同时除以预期下期的“每股收益$_1$”，其结果称为“内在市盈率”或“预期市盈率”：

$$\frac{P_0}{每股收益_1}=\frac{\dfrac{股利_1}{每股收益_1}}{股权资本成本-增长率}$$

$$预期市盈率=\frac{股利支付率}{股权资本成本-增长率}$$

如果用预期市盈率为股票定价，其结果应与现金流量折现模型一致。

3. 模型的适用性

（1）市盈率模型的优点

①计算市盈率的数据容易取得，且计算简单；

②市盈率把价格和收益联系起来，更能直观反映投入与产出的关系；

③市盈率涵盖了风险补偿率、增长率、股利支付率的影响，具有很高的综合性。

（2）市盈率模型的局限性

①如果收益为负值，市盈率就失去了意义；

②市盈率除了受企业本身基本面的影响以外，还受到整个经济景气程度的影响。在整个经济繁荣时市盈率上升，整个经济衰退时市盈率下降。

【例 11-5】A 企业今年的每股收益是 0.75 元，分配的股利是 0.525 元/股，该企业净利润和股利的增长率都是 7%，β 值为 0.88，政府长期债券利率为 8%，股票的风险附加率为5%。问该企业的本期净利市盈率和预期净利市盈率各是多少？

假定B企业与A企业是类似企业，今年实际每股收益为1.2元，根据A企业的本期净利市盈率对B企业估价，其股票价值是多少？如果B企业预期明年每股收益为1.4元，根据A企业的预期净利市盈率对B企业估价，其股票价值是多少？

A企业的股利支付率=每股股利÷每股收益

=0.525÷0.75

=70%

A企业股权资本成本=无风险利率+β·风险附加率

=8%+0.88×5%

=12.4%

A企业本期市盈率=[股利支付率×（1+增长率）]÷（资本成本-增长率）

=[70%×（1+7%）]÷（12.4%-7%）

=13.87

A企业预期市盈率=股利支付率÷（资本成本-增长率）

=70%÷（12.4%-7%）

=12.96

B企业股票价值=目标企业本期每股收益×可比企业本期市盈率

=1.2×13.87

=16.644（元/股）

B企业股票预期价值=目标企业预期每股收益×可比企业预期市盈率

=1.4×12.96

=18.144（元/股）

（二）市净率模型

1. 基本模型

每股市价与每股净资产的比率，称为市净率。

市净率=每股市价÷每股净资产

这种方法假设股权价值是净资产的函数，类似企业有相同的市净率，净资产越大则股权价值越大。因此，股权价值是净资产的一定倍数，目标企业的价值可以用目标企业每股净资产乘以可比企业平均市净率计算：

股权价值=可比企业平均市净率×目标企业每股净资产

2. 模型的驱动因素

市净率是由哪些因素影响的呢？

如果把股利现金流量折现模型的两边同时除以同期股权账面价值，就可以得到市净率：

$$\frac{P_0}{\text{股权账面价值}_0}=\frac{\dfrac{\text{股利}_0\times(1+\text{增长率})}{\text{股权账面价值}_0}}{\text{股权资本成本}-\text{增长率}}$$

$$=\frac{\dfrac{\text{股利}_0}{\text{每股收益}_0}\times\dfrac{\text{每股收益}_0}{\text{股权账面价值}_0}\times(1+\text{增长率})}{\text{股权资本成本}-\text{增长率}}$$

$$=\frac{\text{股东权益收益率}_0\times\text{股利支付率}\times(1+\text{增长率})}{\text{股权资本成本}-\text{增长率}}$$

$$=\text{本期市净率}$$

该公式进一步表明，驱动市净率的因素有股东权益收益率、股利支付率、增长率和风险（股权资本成本），其中股东权益收益率是关键因素。这四个比率类似的企业，会有类似的市净率。不同企业市净率的差别，也是由于这四个比率不同引起的。

如果把公式中的"股权账面价值$_0$"换成预期下期的"股权账面价值$_1$"，则可以得到内在市净率，或称预期市净率。

$$\frac{P_0}{\text{股权账面价值}_1}=\frac{\dfrac{\text{股利}_0\times(1+\text{增长率})}{\text{股权账面价值}_1}}{\text{股权资本成本}-\text{增长率}}$$

$$=\frac{\dfrac{\text{股利}_0}{\text{每股收益}_1}\times\dfrac{\text{每股收益}_1}{\text{股权账面价值}_1}\times(1+\text{增长率})}{\text{股权资本成本}-\text{增长率}}$$

$$=\frac{\text{股利支付率}\times\text{股东权益收益率}_1}{\text{股权资本成本}-\text{增长率}}$$

$$=\text{内在市净率}$$

3. **模型的适用性**

（1）市净率估价模型的优点

① 净利为负值的企业能用市净率估价，而市净率极少为负值，可用于大多数企业。

② 净资产账面价值的数据容易取得，并且容易理解。

③ 净资产账面价值比净利稳定，不像利润存在被人为操纵的可能。

④ 如果会计标准合理并且各企业会计政策一致，市净率的变化可以反映企业价值的变化。

（2）市净率估价模型的局限性

① 账面价值受会计政策选择的影响，如果各企业执行不同的会计标准或会计政策，市净率会失去可比性。

② 固定资产很少的服务性企业和高科技企业，净资产与企业价值的关系不大，比较市净率没有什么实际意义。

③ 少数企业的净资产是负值，市净率没有意义，无法用于比较。

因此，这种方法主要适用于需要拥有大量资产、净资产为正值的企业。

【例 11-6】表 11-1 中列出了某年度飞机制造业 7 家飞机公司的市盈率、市净率以及全年平均股价。请你用这 7 家飞机公司的平均市盈率和市净率评价 H 飞机公司的股价，哪一个更接近实际价格？为什么？

表 11-1　　　**7 家企业的相关财务数据**

企业名称	每股收益（元/股）	每股净资产（元/股）	平均股价（元/股）	市盈率	市净率
A 飞机公司	1.58	8.83	22.01	13.93	2.49
B 飞机公司	1.37	6.84	20.32	14.83	2.97

续表

企业名称	每股收益（元/股）	每股净资产（元/股）	平均股价（元/股）	市盈率	市净率
C飞机公司	1.54	7.28	18.50	12.01	2.54
D飞机公司	0.89	6.46	15.89	17.85	2.46
E飞机公司	0.78	4.21	8.92	11.44	2.12
F飞机公司	1.86	8.53	16.83	9.05	1.97
G飞机公司	0.76	4.20	9.89	13.01	2.35
平均				13.16	2.41
H飞机公司	1.32	5.83	14.86		

按市盈率估价＝1.32×13.16＝17.37（元/股）

按市净率估价＝5.83×2.41＝14.05（元/股）

市净率的评价更接近实际价格。因为飞机制造业是一个需要大量资产的行业。由此可见，合理选择模型的种类对于正确估价是很重要的。

（三）收入乘数模型

1. 基本模型

收入乘数模型也叫市销率模型，是每股市价与每股销售收入的比率。

收入乘数模型＝每股市价÷每股销售收入

这种方法是假设影响企业价值的关键变量是销售收入，企业价值是销售收入的函数，销售收入越大则企业价值越大。既然企业价值是销售收入的一定倍数，那么目标企业的价值可以用目标企业每股销售收入乘以可比企业平均市销率估计：

目标企业股权价值＝可比企业平均市销率×目标企业每股销售收入

2. 模型的驱动因素

收入乘数模型是由哪些因素影响的呢？

如果将股利现金流量折现模型的两边同时除以每股销售收入，则可以得出收入乘数：

$$\frac{P_0}{\text{每股销售收入}_0}=\frac{\dfrac{\text{股利}_0\times(1+\text{增长率})}{\text{每股销售收入}_0}}{\text{股权资本成本}-\text{增长率}}$$

$$=\frac{\dfrac{\text{股利}_0}{\text{每股净利}_0}\times\dfrac{\text{每股净利}_0}{\text{每股销售收入}_0}\times(1+\text{增长率})}{\text{股权资本成本}-\text{增长率}}$$

$$=\frac{\text{销售净利率}_0\times\text{股利支付率}\times(1+\text{增长率})}{\text{股权资本成本}-\text{增长率}}$$

$$=\text{本期收入乘数}$$

根据上述公式可以看出，收入乘数模型的驱动因素是销售净利率、股利支付率、增长率和股权资本成本。其中，销售净利率是关键因素。

如果把公式中的“每股销售收入$_0$”换成预期下期的“每股销售收入$_1$”，则可以得出内在收入乘数的计算公式：

$$\frac{P_0}{\text{每股销售收入}_1}=\frac{\dfrac{\text{股利}_1}{\text{每股销售收入}_1}}{\text{股权资本成本}-\text{增长率}}$$

$$=\frac{\dfrac{\text{股利}_1}{\text{每股净利}_1}\times\dfrac{\text{每股净利}_1}{\text{每股销售收入}_1}}{\text{股权资本成本}-\text{增长率}}$$

$$=\frac{\text{销售净利率}_1\times\text{股利支付率}}{\text{股权资本成本}-\text{增长率}}$$

$$=\text{内在收入乘数}$$

3. 模型的适用性

（1）收入乘数模型的优点

① 收入乘数不会出现负值，对于亏损企业和资不抵债的企业，也可以计算出一个有意义的价值乘数。

②收入乘数比较稳定、可靠，不容易被操纵。

③收入乘数对价格政策和企业战略变化敏感，可以反映这种变化的后果。

（2）收入乘数模型的局限性

收入乘数不能反映成本的变化，而成本是影响企业现金流量和价值的重要因素之一。因此，该模型主要适用于销售成本率较低的服务类企业，或者销售成本率趋同的传统行业的企业。

【例 11-7】（2013 年注册会计师考试真题）下列关于相对价值估价模型适用性的说法中，错误的是（　　）。

A. 市盈率估价模型不适用于亏损的企业

B. 市净率估价模型不适用于资不抵债的企业

C. 市净率估价模型不适用于固定资产较少的企业

D. 收入乘数估价模型不适用于销售成本率较低的企业

参考答案：D。收入乘数估价模型主要适用于销售成本率较低的服务类企业，或者销售成本率趋同的传统行业的企业。

三、相对价值法的应用

（一）可比企业的选择

相对价值法在应用过程中的主要困难是选择可比企业。通常的做法是选择一组同行业的上市企业，计算出它们的平均市价比率，作为估计目标企业价值的乘数。需要说明的是，市盈率的平均数通常采用简单算术平均数。

根据前面的分析可知，市盈率取决于增长潜力、股利支付率和风险（股权资本成本）。选择可比企业时，需要先估计目标企业的这三个比率，然后按此条件选择可比企业。在三个因素中，最重要的驱动因素是增长率，应给予格外重视。处在生命周期同一阶段的同行业企业大体上有类似的增长率，可以作为判断增长率是否类似的主要依据。如果符合条件的企业较多，可以根据规模的类似性进一步筛选，以提高可比性的质量。

【例 11-8】A 企业是一个汽车制造企业，其每股收益为 1 元/股，股票价格为 30

元/股。假设汽车制造业上市企业中，增长率、股利支付率和风险与A企业类似的企业有5家，它们的市盈率见表11-2。用市盈率法评估，A企业的股价被市场高估了还是低估了？

表11-2 5家企业的市盈率

企业名称	市盈率
B1	18.5
B2	26.4
B3	15.3
B4	22.6
B5	35.7
算术平均数	23.7

由于A企业股票价值为23.7元/股（1×23.7），实际股票价格是30元/股，所以A企业的股票被市场高估了。

在使用市净率模型时，选择可比企业的方法与市盈率类似，只是它们的驱动因素有别。

（二）修正的市价比率

在要求的可比企业条件较严格或同行业上市企业很少的情况下，经常会因为找不到足够的可比企业，解决此问题的办法之一是采用修正的市价比率。

1. 修正市盈率

增长率的差异是市盈率差异的主要驱动因素。因此，我们可以用增长率修正实际市盈率，把增长率不同的同行业企业纳入可比范围。

修正市盈率=实际市盈率÷（预期增长率×100）

修正市盈率，排除了增长率对市盈率的影响，剩下的部分是由股利支付率和股权资本成本决定的市盈率，可以称为"排除增长率影响的市盈率"。

依【例11-8】数据，各可比企业的预期增长率见表11-3。

表11-3 各可比企业的预期增长率

企业名称	市盈率	预期增长率（%）
B1	18.5	8
B2	26.4	13
B3	15.3	10
B4	22.6	23
B5	35.7	16
算术平均数	23.7	14

A企业的每股收益是1元/股，假设预期增长率是16.5%。

修正平均市盈率=可比企业平均市盈率÷（平均预期增长率×100）

=23.7÷（14%×100）

=1.693

A 企业每股价值 = 修正平均市盈率×目标企业预期增长率×100×目标企业每股收益

= 1.693×16.5%×100×1

= 27.93（元/股）

根据修正平均市盈率法可以得出，修正市盈率之后的 A 企业每股价值为 27.93 元/股，它介于未修正前的市盈率模型估价的 23.7 元/股和实际股票价格 30 元/股之间，说明它的价格更加公允合理。

2. **修正市净率**

市净率的修正方法与市盈率类似。市净率的驱动因素有增长率、股利支付率、风险和股东权益净利率。其中，关键因素是股东权益净利率。因此：

修正市净率 = 实际市净率÷（预期股东权益净利率×100）

目标企业每股价值 = 修正平均市净率×目标企业预期股东权益净利率×100×目标企业每股净资产

3. **修正市销率（收入乘数）**

市销率的修正方法与市盈率类似。市销率的驱动因素是增长率、股利支付率、销售净利率和风险。其中，关键因素是销售净利率。因此：

修正市销率 = 实际市销率÷（预期销售净利率×100）

目标企业每股价值 = 修正平均市销率×目标企业预期销售净利率×100×目标企业每股销售收入

【例 11-9】（2011 年注册会计师考试真题）使用股权市价比率模型进行企业价值评估时，通常需要确定一个关键因素，并用此因素的可比企业平均值对可比企业的平均市价比率进行修正。下列说法中，正确的是（　　）。

A. 修正市盈率的关键因素是每股收益

B. 修正市盈率的关键因素是股利支付率

C. 修正市净率的关键因素是股东权益净利率

D. 修正收入乘数的关键因素是增长率

参考答案：C。市净率的驱动因素有增长率、股利支付率、风险和股东权益净利率。其中，关键因素是股东权益净利率。

第四节　期权估价

期权最初是作为避险工具产生的，但在资本市场日益发达的当今社会，期权理论已经成为人们认识企业价值，进行战略设计、并购重组、重大投融资决策、业绩评价与激励决策的重要工具。

一、期权概述

（一）期权的产生与发展

1973 年 4 月 26 日世界上第一个期权交易所——芝加哥期权交易所成立，标志着期权交易的正式开始。合约的标准化使原来买卖期权的交易者可以在期权到期日前对冲平仓，这样大大增加了市场的流动性。更为重要的是，芝加哥期权交易所增设了一个结算所，保证买卖双方合约的履行，交易者则无须担心卖方信用风险，因此吸引了大量的期权经纪商以及投资者。

在交易所刚成立时，交易量非常小，可供交易的只有16种普通股的看涨期权。当时的交易场所是芝加哥期货交易所的一个吸烟室，大多数投资者对交易推出的期权品种能否成功抱有怀疑态度，但是这一疑虑很快被消除。同年，著名的布莱克-舒尔斯期权定价模型被交易所采用。由于该模型很好地解决了期权的定价问题，因而期权交易量迅速增加，使得美国成为世界期权交易中心。美国期权交易的迅速崛起和成功，带动了世界期权交易的形成与发展。

（二）期权的定义及分类

1. 定义

期权（option）是指对特定标的物的选择权。具体地说，期权就是按事先约定的价格在将来或某天之前购买或出售某标的物的权利合约。对期权拥有方来说，享有既可以履行也可以不履行的自由；而对期权出售方来说，只有被动接受期权拥有方的选择。可见，期权是一种权利与义务不对等的合约。

2. 分类

期权按不同的标准有不同的分类方式：

（1）按标的物的内容不同，期权可分为股票期权、外汇期权、指数期权、期货期权等。股票期权的标的物是上市公司的股票；外汇期权是指以某种外币或外汇期货合约为标的物的期权；指数期权是以股票指数为标的物的期权；期货期权的标的物为期货合约。

（2）按执行时间不同，期权可分为欧式期权与美式期权。欧式期权只允许期权的购买者在到期日当天进行买卖；而美式期权则允许期权购买者在到期日之前的任何一天或到期日当天进行交易。

（3）按交易方式不同，期权可分为买方期权和卖方期权。买方期权，又称看涨期权、择购权或买权。期权的买方向期权的卖方支付一定数额的权利金（又称保证金）后，即拥有在期权合约有效期内按事先商定的价格向期权卖方买进某一特定数量相关标的资产的权利，但不负有必须买进的义务。卖方期权，又称看跌期权、择售权或卖权。期权的卖方向期权的买方支付一定数额的权利金（保证金）后，即拥有在期权合约有效期内按事先商定的价格向期权买方卖出某一特定数量相关标的资产的权利，但不负有必须卖出的义务。值得说明的是，证券期权的卖方未必拥有该种证券，也不必是该企业的法人，即可以“卖空”，不一定进行实物交割。

由此可见，期权投资是一种高风险的投资活动。期权是有价值的，出售人在出售时收取价款（权利金，或称保证金），同时承担了义务。但期权交易本身是一种零和对策，它并不产生新的价值，期权购买者所得便是期权出售者所失，期权出售者所得即是期权购买者所失。

（三）期权的相关概念

在进行期权交易前，必须先了解以下基本概念：

（1）标的物，即期权合约交易的对象。例如，股票期权的标的物是股票，期货期权的标的物是期货，指数期权的标的物是股票指数。

（2）执行价格，即在期权合约中约定的某种标的物买进或卖出时的价格。

（3）到期日，即合约中约定的期权可买进或卖出的操作或交易时间。

(4) 期权金，也称权利金、保证金，即期权多头为获取购进或卖出某种标的物的权利而支付的费用，即期权的市场价格。

(5) 市场价格，即期权标的物的市场价格。如股票某日在股票市场上的价格。

(6) 实值、平值与虚值。对于多头买权来说，如果到期日期权标的物的市场价格高于其约定价，则对多头买方有利，他所持有的买方期权就有实值；如果到期日期权标的物的市场价格等于其约定价，则对多头来说不赚不赔，他所持有的买方期权就是平值；如果到期日期权标的物的市场价格低于其约定价，则多头所持有的买方期权就没有任何价值，称为虚值。在多头买权为虚值的状态下，他可以不作为，损失的只是付给空头买权的期权金。同理，对于多头卖权来说，如果到期日期权标的物的市场价格低于其约定价，则对持有人来说不赚不赔，他所持有的卖权就是平值；如果到期日期权标的物的市场价格高于其约定价，则多头卖权所持有的卖权就没有任何价值，称为虚值。同理，在多头卖权为虚值的状态下，他可以不作为，损失的只是付给空头卖权的期权金。

(7) 内在价值与时间价值。期权的内在价值是指期权立即执行（到期）时的价值，也即期权当期处在实值时的价值。若期权当期处于虚值，则其内在价值为零。如果美式期权的价值比其内在价值低，那么可以通过购买其期权立即执行而获得套利收益，因此，美式期权的价值不会低于其内在价值。这是由于美式期权在等待中随时可能有机会执行期权，因此它不会低于到最后一天才能执行的欧式期权，这本身就说明等待中的时间是有价值的。这种等待中可能产生的价值就是期权的时间价值。这样，期权的价值就由内在价值和时间价值所组成。期权的价值如果大于其市场价格（期权金），期权买方就获得了利润。

二、期权在执行日的价值

现以股票交易为例，进行买权和卖权的买进与卖出，可以形成以下四种头寸：

(1) 多头买权，即持有或买进买权。

(2) 空头买权，即卖出买权。

(3) 多头卖权，即持有或买进卖权。

(4) 空头卖权，即卖出卖权。

三、期权价值的影响因素

影响期权价值的因素很多，下面介绍几个主要因素：

1. 标的物的市场价格

期权的价格取决于其标的物的价格。标的物的市场价格变化会引起其价值的变化。对于买权而言，随着该标的物市场价格的上升，期权价值也会逐渐上升；对于卖权而言，随着该标的物市场价格的下跌，期权价值将会上升。

2. 期权的期限

在期权的价值中起重大作用的还有期权的期限。如果其他因素保持不变，距到期日越远，市场价格变动的可能性越大，意味着期权买方掌握有利市价的机会越多，而期权卖方的风险也越大，因而卖方会要求较高的期权金以抵消自身在期权到期时买权（或卖权）

执行价低于（或高于）即期市价的风险，这说明期权中蕴含的时间价值越大；当期权到期时，其时间价值等于零。这样，就得到期权的价值等于内在价值加时间价值，即：

期权价值=内在价值+时间价值

3. **期权的执行价**

期权的执行价也称约定价、协议价。期权标的物的市场价与执行价之差反映了期权买方履约后所得到的利润，称之为期权的内在价值。在期权的有效期内，其内在价值是随着市场即期价格的变动而变动的。执行价与即期价的差额越大，期权内在价值越高，即期执行合约所能实现的利润越大，从而权利金要求必然越昂贵，期权价格也越高。

4. **无风险利率**

利率对于期权价格的影响是比较复杂的。一种简单而不全面的解释是：假设股票价格不变，高利率会导致执行价格的现值降低，从而增加看涨期权的价值。还有一种理解是：投资于股票需要占用投资人一定的资金，投资于同样数量的该股票的看涨期权需要较少的资金。在高利率的情况下，购买股票并持有到期的成本越大，购买期权的吸引力越大。因此，无风险利率越高，看涨期权的价格越高。对于看跌期权来说，情况正好与此相反。

5. **市场的易变性**

市场的易变性一般是指标的物价格的变动。期权的持有者在期权溢价时会获得利润。例如，当黄金价格预期上涨12%时，期权交易商们会买进买方期权；而当黄金价格预期上涨25%时，交易商们将蜂拥抢购买方期权，而且必定抬高期权价格。但是，市场价格的变动方向是很难预测的，市场的易变性只是计量了市场变动的幅度。市场的易变程度越大，潜在的机会越多，对期权价格的影响越大。

6. **现金红利**

现金红利主要会对股票期权的价格产生很大的影响。股票的价格是随着红利支付日期的变化而变化的。随着红利支付日期的临近，股票的市场价格也趋于上升，股票买方期权的内在价值趋于升高，卖方期权的内在价值趋于降低。因此，红利越高，买方期权的市场价格越高，卖方期权的市场价格越低。而当红利支付日期过后，人们预期股票价格将下跌，买权的市场价格会降低，卖权的市场价格会升高。

四、期权的定价方法

期权的定价方法有多种，在这里主要介绍几种主要的期权定价方法。

（一）买权等价法

由于期权投资具有较大的风险，因此也有较高的期望回报率。以股票这种标的物为例，期权风险超过股票风险的程度，主要取决于股票价格与执行价格之差。当股票价格上升时，导致买权价格上升，同时其风险降低；当股票价格下降时，买权价格下降，同时其风险增加。风险的大小不同，期权投资者要求的回报率也不同。卖权也是同样道理。

为了解决这一问题，可以寻求嫁接的方法，如建立买权等价方案，即购买股票并借入一部分资本。购买买权等价的成本必定等于买权的价值，而买权等价的成本是容易确定的。

【例 11-10】假设A公司的股票现价为60元/股，假定一年内股票价格只能升到66

元/股，或降到54元/股，即股票价格只有两个可能的结果（实际应为多种可能）。还假定无风险利率为8%，一年期股票买权的执行价格为62元/股。我们比较下列两个方案：

方案一：购买A公司1股股票的买权；

方案二：购买买权等价，即购买A公司1/3股股票，并借入现金16.67元。

(1) 如果在执行日，股票价格降至54元/股，则：

买权（方案一）无任何收益但投资者手中有1股股票。

买权等价（方案二）的收益=股票收入-偿还债务=54×1/3-16.67×1.08=0

即当A公司股票价格变为54元/股时，购买1股股票的买权（方案一）与购买买权等价（方案二）具有相等的报酬。

(2) 如果在执行日，股票价格上升为66元/股，则：

买权（方案一）的收益=66-62=4（元）

买权等价（方案二）的收益=股票收入-偿还债务=66×1/3-16.67×1.08=4（元）

计算说明，当执行日股票价格为66元/股时，购买买权（方案一）与购买买权等价（方案二）有相等的报酬。

结论：在任何情况下，购买买权（方案一）与购买买权等价（方案二）都有相等的报酬，即买权等价与买权是真正等价的。此处公式转换为：

买权价值 V_c =购买股票的价值-借款数量

=1/3×60-16.67

=3.33（元）

这说明买权等价应为购买1/3股股票价值和借入现金16.67元之差。

（二）风险中性方法

风险中性方法是假设投资者对风险的态度都是中性的，既不愿意冒高风险取得高回报，也不会承受过低的风险以取得过低的回报。这就意味着金融市场中所有的证券（包括股票、债券）的报酬率都将等于无风险利率。

现在用风险中性方法重新求解A公司股票买权的价值。既然投资者对待不同风险是无差异的，他们对股票投资的期望回报率当然就应当等于无风险利率8%。

沿用【例11-10】中的资料，一年内股票价格或者上升10%（由60元到66元，或者下降10%（由60元到54元），期望回报率是8%，这就可以计算出上升和下降的概率：

期望回报率=上升概率×10%+下降概率×（-10%）

$= q_{up}\times 10\% + (1-q_{up})\times(-10\%)$

=8%（无风险利率）

据此，可求出：

股票价格上升的概率 $q_{up}=0.90$

股票价格下降的概率 $1-q_{up}=0.10$

从而在1年后买权价值的期望值为：

(66-62)×0.9+0×0.10=3.6（元）

$$\frac{\text{未来期望值}}{1+\text{无风险利率}}=\frac{3.6}{1.08}=3.33\text{（元）}$$

买权的现值为 3.33 元，这与买权等价方法求得的结果完全一样。

（三）B-S 模型

布莱克-舒尔斯模型（B-S 模型）是由美国芝加哥大学教授费舍尔·布莱克与斯坦福大学教授梅隆·舒尔斯在 1 973 年提出的。

1. B-S 模型的理论假设

B-S 模型的理论是基于不存在无风险套利机会的论断之上的。投资者可利用股票和期权构造无风险投资组合，而此组合的收益必须等于无风险利率。这样的无风险投资组合之所以得以构成，是因为股价与期权价格是受同一个不确定因素（即股价变动）影响的。在一段很短的时期内，一个看涨期权的价格与作为期权标的物的股票价格完全正相关，而一个看跌期权的价格会与股票价格完全负相关。在这两种情况下，在以期权和股票构成的投资组合里，两者的收益与损失就会互相抵消，因而投资组合在这个短时期内的价值几乎是确定可知的。

B-S 模型建立在以下基本假设的基础上：

（1）交易成本及税率为零，所有证券为无限可分；

（2）股价变动呈对数正态分布，其期望值与方差一定；

（3）投资者可以无风险利率进行借贷；

（4）期权有效期内无股息分配或有已知的红利；

（5）无风险利率是恒定的；

（6）证券交易为连续性的，不存在无风险套利机会。

尽管在现实中这些假设并不一定完全可以实现，即模型有一定的局限性，但这并不影响模型的使用，况且其中一些假设条件是可以放宽的。例如假设（4）中的期权有效期内无股息分配就可以被调整为存在股息，并在此情况下进行期权价格计算。该模型问世之后，许多研究人员针对这些假设条件进行改进和修正，使该模型的适用条件更加接近实际，而且至今未发现模型有根本性错误。因此，该模型是一种前所未有的有效计算期权的工具。

2. B-S 模型的定价方程

布莱克和舒尔斯提出的期权定价方程为：

$$V_c = S \cdot N(d_1) - X \cdot e^{-r_f T} \cdot N(d_2)$$

$$V_P = X \cdot e^{-r_f T} \cdot N(-d_2) - S \cdot N(-d_1)$$

其中：

$$d_1 = \frac{\ln\left(\frac{S}{X}\right) + \left(r + \frac{\sigma^2}{2}\right) T}{\sigma\sqrt{T}}$$

$$d_2 = \frac{\ln\left(\frac{S}{X}\right) + \left(r - \frac{\sigma^2}{2}\right) T}{\sigma\sqrt{T}} = d_1 - \sigma\sqrt{T}$$

式中，$N(d_1)$、$N(d_2)$ 指的是累积的正态分布的概率，也就是一个呈现标准正态分布的变量小于 d_1 及 d_2 的概率，可以通过查阅相关表格得到；V_c 和 V_P 分别代表欧式买权和卖权的价值；S 代表股票（或其他标的物）的市场价，X 表示期权的执行价；r_f 表示无风险利率；T 表示期权距到期日的时间；σ 表示股票价格的波动率。

期权的概念及其定价方法在财务管理中已经得到了广泛的应用，许多问题在引入期权理论后变得更加容易理解。随着期权的进一步创新和财务管理理论的持续发展，人们或许能在期权的框架下解决更多的财务问题。

课后习题

计算题

1.（2012 年注册会计师考试真题）甲公司是一家尚未上市的机械加工企业。公司目前发行在外的普通股股数为 4 000 万股，预计 2012 年的销售收入为 18 000 万元，净利润为 9 360 万元。公司拟采用相对价值评估模型中的收入乘数（市价/收入比率）估价模型对股权价值进行评估，并收集了三个可比公司的相关数据，具体见表 11-4。

表 11-4　**可比公司的相关数据**

可比公司	预计销售收入（万元）	预计净利润（万元）	普通股股数（万股）	当前股票价格（元/股）
A 公司	20 000	9 000	5 000	20.00
B 公司	30 000	15 600	8 000	19.50
C 公司	35 000	17 500	7 000	27.00

要求：

（1）计算三个可比公司的收入乘数，使用修正平均收入乘数法计算甲公司的股权价值。

（2）分析收入乘数估价模型的优点和局限性，该种估价方法主要适用于哪类企业？

2.（2014 年注册会计师考试真题）甲公司是一家尚未上市的高科技企业，固定资产较少，人工成本占销售成本的比重较大。为了进行以价值为基础的管理，公司拟采用相对价值评估模型对股权价值进行评估，有关资料如下：

（1）甲公司 2013 年度实现净利润 3 000 万元，年初股东权益总额为 20 000 万元，年末股东权益总额为 21 800 万元，2013 年股东权益的增加全部源于利润留存。公司没有优先股，2013 年年末普通股股数为 10 000 万股，公司当年没有增发新股，也没有回购股票。预计甲公司 2014 年及以后年度的利润增长率为 9%，权益净利率保持不变。

（2）甲公司选择了同行业的三家上市公司作为可比公司，并收集了相关数据（见表 11-5）。

表 11-5　**可比公司的相关数据**

可比公司	每股收益（元）	每股净资产（元）	权益净利率（%）	每股市价（元）	预期利润增长率（%）
A 公司	0.4	2	21.2	8	8
B 公司	0.5	3	17.5	8.1	6
C 公司	0.5	2.2	24.3	11	10

要求：

（1）使用市盈率模型下的修正平均市盈率法计算甲公司的每股股权价值。

（2）使用市净率模型下的修正平均市净率法计算甲公司的每股股权价值。

（3）判断甲公司更适合使用市盈率模型和市净率模型中的哪种模型进行估值，并说明原因。

3.（2009年注册会计师考试真题）甲公司有关资料如下：

（1）甲公司的利润表和资产负债表主要数据见表11-6。其中，2008年为实际值，2009年至2011年为预测值（其中资产负债表项目为期末值）。累计折旧在2008年为20万元，在2009年至2011年预期分别为62.42万元、107.81万元、155.47万元。

表11-6　**利润表和资产负债表主要数据**　单位：万元

	实际值	预测值		
	2008年	2009年	2010年	2011年
利润表项目：				
一、营业收入	1 000.00	1 070.00	1 134.20	1 191.49
减：营业成本	600.00	636.00	674.16	707.87
二、营业利润	400.00	434.00	460.04	483.62
减：销售和管理费用（不包含折旧费用）	200.00	214.00	228.98	240.43
折旧费用	40.00	42.42	45.39	47.66
财务费用	20.00	21.40	23.35	24.52
三、利润总额	140.00	156.18	162.32	171.01
减：所得税费用（40%）	56.00	62.47	64.93	68.40
四、净利润	84.00	93.71	97.39	102.61
加：年初未分配利润	100.00	116.80	140.09	159.30
五、可供分配的利润	184.00	210.51	237.48	261.91
减：应付普通股股利	67.20	70.42	78.18	82.09
六、未分配利润	116.80	140.09	159.30	179.82
资产负债表项目：				
营业流动资产	60.00	63.63	68.09	71.49
固定资产	440.00	466.63	499.29	524.26
资产总计	500.00	530.26	567.38	595.75
短期借款	118.20	127.45	141.28	145.52
应付账款	15.00	15.91	17.02	17.87
长期借款	50.00	46.81	49.78	52.54
股本	200.00	200.00	200.00	200.00
年末未分配利润	116.80	140.09	159.30	179.82
股东权益合计	316.80	340.09	359.30	379.82
负债和股东权益总计	500.00	530.26	567.38	595.75

（2）甲公司2009年和2010年为高速成长时期，年增长率在6%～7%之间；2011年

销售市场将发生变化，甲公司调整经营政策和财务政策，销售增长率下降为5%；2012 年进入均衡增长期，其增长率为5%（假设可以无限期持续）。

（3）甲公司的加权平均资本成本为10%，甲公司的所得税税率为40%。

要求：

（1）根据给出的利润表和资产负债表预测数据，计算并填列甲公司预计自由现金流量表（见表11-7）的相关项目金额，必须填写“息税前利润”、“净营运资本增加”、“固定资本支出”和“自由现流量”等项目。

（2）假设债务的账面成本与市场价值相同，根据加权平均资本成本和自由现金流量评估2008 年末甲公司的企业实体价值和股权价值（均指持续经营价值，下同），结果填入甲公司企业估价计算表（见表11-8）中，必须填列“预测期期末价值的现值”、“公司实体价值”、“有息债务价值”和“股权价值”等项目。

表11-7 **甲公司预计自由现金流量表** 单位：万元

	2009 年	2010 年	2011 年
利润总额			
财务费用			
息税前利润（EBIT）			
EBIT×60%			
营业流动资产			
营业流动负债			
净营运资本			
净营运资本增加			
累计折旧			
当期计提的折旧			
固定资本支出			
自由现金流量			

表11-8 **甲公司企业估价计算表** 金额单位：万元

	现值	2009 年	2010 年	2011 年
自由现金流量				
折现系数				
预测期现金流量现值				
预测期期末价值的现值				
公司实体价值				
有息债务价值				
股权价值				

4.（2010 年注册会计师考试真题）A 公司是一家制造医疗设备的上市公司，每股净资产是 4.6 元/股，预期股东权益净利率是 16%，当前股票价格是 48 元/股。为了对 A 公司当前股价是否偏离价值进行判断，投资者收集了四个可比公司的有关数据（见表 11-9）。

表 11-9 可比公司的有关数据

可比公司名称	市净率	预期股东权益净利率
甲	8	15%
乙	6	13%
丙	5	11%
丁	9	17%

要求：

（1）使用市净率（市价/净资产比率）模型估计目标企业股票价值时，如何选择可比企业？

（2）使用修正市净率的股价平均法计算 A 公司的每股价值。

（3）分析市净率估价模型的优点和局限性。

第十二章　企业并购

学习目标

（1）掌握并购的定义、分类、动因；

（2）掌握并购的理论基础；

（3）掌握并购现值和成本计算；

（4）掌握反并购策略与公司控制措施及并购陷阱防范。

通过本章学习，掌握企业并购的相关理论，并能运用适当的方法计算并购价值。那么，究竟什么是并购呢？在公司理财中的作用是什么？如何防范并购失败风险呢？带着这些问题，我们进入本章。

第一节　企业并购的相关理论

一、企业并购概述

国际上习惯将兼并和收购合在一起使用，统称为企业并购（mergers and acquisitions, M&A）。企业并购是企业法人在平等自愿、等价、有偿的基础上，以一定的经济方式取得其他法人产权的行为，是企业进行资本运作和经营的一种主要形式。企业并购主要有公司合并、资产收购、股权收购三种形式。

近年来，随着我国社会主义市场经济体制的逐步建立，以及现代企业制度的确立，资本集中已经是企业进行外延扩张的内在要求，并购正是达到这一要求的现实路径。在市场经济条件下，企业产权已然成为一种特殊商品，可以在特定市场（如产权交易市场、证券市场）上交易，遵循价值规律、供求规律和竞争规律，使生产要素流向最需要、最能产生效益的地区和行业。企业通过产权交易获取股份，从而取得对其他企业的重大经营和财务决策的控制权或施加一定的影响力，以增强自身的经济实力，实现财务管理目标。并购必须讲求经济效益，一项成功的企业并购活动能够产生扩大生产规模、增强对市场的控制能力、进入新行业或新市场等多种协同效应，有助于提高企业的整体素质。获得诺贝尔经济学奖的史蒂格尔教授在研究中发现，世界五百强企业全都是通过资产联营、兼并、收购、参股、控股等手段发展起来的，也就是说，并购已成为企业超常规发展的重要途径。因此，无论是上市公司、中介机构、政府监管部门，还是投资者，都应当密切注意并购行为。

并购在推动我国经济发展的过程中起到了一定的作用，比如扩大证券市场对全体企业和整体经济的辐射力，强化政府和企业家的市场意识，为投资者创造盈利机会，调整产业结构，优化资源配置等，但是总体来看并未达到预期，原因固然表现在定位失误、行政干预、忽视整合等方面，但是财务会计工作滞后也是一个不容忽视的重要问题。目前，国内针对企业并购的财务问题研究主要集中于并购动机、企业价值评估、并购融资等相关问题，对财务预期、价值增值等财务动因研究较少。具体来说，在并购动机方面，主要是从企业管理角度出发，重点探讨规模经济、买壳上市、提高管理效率等经营管理动机；在并购的财务分析方面，理论界的焦点在于企业定价，提出了自由现金流、折现现金流、拉巴波特模型、不同支付方式的定价模型以及市场法等多种复杂的定价方法，而对企业价值的组成内容、现金流量的构成、风险衡量等涉及较少；在并购后的整合方面，多数探讨制度创新和企业文化，很少探讨风险防范的问题；在并购融资方面，多为借鉴西方理论，未紧密结合我国实际；在并购绩效评价方面，通常采用多指标的回归分析，应用较为复杂。

二、企业并购的理论基础

竞争优势理论、规模经济理论、交易成本理论、代理理论、价值低估理论等理论的长足发展，使得企业并购的发展非常迅速，成为目前西方经济学最活跃的领域之一。

（一）竞争优势理论

将并购动机的出发点归结于竞争优势理论，主要原因在于以下三个方面：

第一，并购的动机根源于竞争的压力，并购方在竞争中通过消除或控制对方来提高自身的竞争实力。

第二，企业竞争优势的存在是企业并购产生的基础，企业通过并购从外部获得竞争优势。

第三，并购动机的实现过程是竞争优势的双向选择过程，并产生新的竞争优势，并购方在选择目标企业时正是由于目标企业的特定优势为并购方所需。

（二）规模经济理论

古典经济学和产业组织理论分别从不同的角度对规模经济的追求给予解释。

古典经济学主要从成本的角度论证企业经济规模的确定取决于多大的规模能使包括各工厂成本在内的企业总成本最小。

产业组织理论主要从市场结构效应的理论方面论证行业规模经济，同一行业内的众多生产者应考虑竞争费用和效用的比较。企业并购可以获得企业所需要的产权及资产，实行一体化经营，获得规模效益。

（三）交易成本理论

在适当的交易条件下，企业的组织成本有可能低于在市场上进行同样交易的成本，市场为企业所替代。当然，企业规模扩大，组织费用将增加，考虑并购规模的边界条件是企业边际组织费用的增加额等于企业边际交易费用的减少额。在资产专用性的情况下，需要某种中间产品投入的企业倾向于对生产中间产品的企业实施并购，使作为交易对象的企业可以转入企业内部。在决策与职能分离的基础上，各部门组织管理不相关的经济活动，其管理成本低于这些不相关经济活动通过市场进行交易的成本，因此，把多部门的组织者看作一个内部化的资本市场，在管理协调取代市场协调后，资本市场得以内在化，通过统一的战略决策，使得不同来源的资本能够集中起来投向高盈利部门，从而大大提高资源利用效率。现代财务理论和实践的发展以及相关信息处理技术促进了企业并购财务理论的发展，也为量化并购对各种经济要素的影响、实施一系列盈亏财务分析、评估企业并购方案提供了有效的手段。

（四）代理理论

詹森和麦克林（1976）从企业所有权结构入手提出了代理成本，包括所有者与代理人订立契约的成本、对代理人进行监督与控制的成本等。通过公平收购或代理权争夺，公司现任管理者将会被代替，兼并机制下的接管威胁可以降低代理成本。

（五）价值低估理论

企业并购的发生主要是因为目标公司的价值被低估。低估的主要原因有三个方面：一是经济管理能力并未发挥应有的潜力；二是并购方有外部市场所没有的有关目标公司真实价值的内部信息，认为并购会得到收益；三是由于通货膨胀等原因造成目标企业资产的市场价值与重置成本之间存在差异，如果当时目标企业的股票市场价格小于该企业全部重置成本，并购的可能性就大。价值低估理论预言，在技术变化快、市场销售条件及经济不稳定的情况下，企业的并购活动频繁。

三、企业并购的形式

（一）按并购涉及的行业划分

1. **横向并购**

横向并购是指同属于一个产业或行业，或者产品处于同一市场的企业之间发生的并购行为。横向并购可以扩大同类产品的生产规模，降低生产成本，消除竞争，提高市场占有率。

2. **纵向并购**

纵向并购是指生产过程或经营环节紧密相关的企业之间的并购行为。纵向并购可以加速生产流程，节约运输、仓储等费用。

3. **混合并购**

混合并购是指生产和经营彼此没有关联的产品或服务的企业之间的并购行为。混合并购的主要目的是分散经营风险，提高企业的市场适应能力。

（二）按并购的付款方式划分

1. **用现金购买资产**

用现金购买资产是指并购公司使用现金购买目标公司绝大部分资产或全部资产，以实现对目标公司的控制。

2. **用现金购买股票**

用现金购买股票是指并购公司用现金购买目标公司的大部分或全部股票，以实现对目标公司的控制。

3. **用股票购买资产**

用股票购买资产是指并购公司向目标公司发行并购公司自己的股票以交换目标公司的大部分或全部资产。

4. **用股票交换股票**

用股票交换股票又称换股，是指并购公司直接向目标公司的股东发行股票以交换目标公司的大部分或全部股票，通常要达到控股的股数。通过这种形式并购，目标公司往往会成为并购公司的子公司。

5. **债权转股权**

债权转股权又称债转股，是指最大债权人在企业无力归还债务时，将债权转为投资，从而取得企业的控制权。资产管理公司进行阶段性持股，并最终将持有的股权转让变现。我国金融资产管理公司控制的企业大部分为债转股而来。

6. **间接控股**

间接控股主要是战略投资者通过直接并购上市公司的第一大股东来间接获得上市公司的控制权。例如，2009 年北京万辉药业集团以承债方式兼并了双鹤药业的第一大股东北京制药厂，从而持有双鹤药业 17 524 万股，占双鹤药业总股本的 57.33%，成为双鹤药业第一大股东。

7. **承债式并购**

承债式并购是指并购企业以全部承担目标企业债权债务的方式获得目标企业的控制权。此类目标企业多为资不抵债的企业，并购企业将其收购后，注入流动资产或优质资产，使目标企业扭亏为盈。

8. 无偿划拨

无偿划拨是指地方政府或主管部门作为国有股的持股单位直接将国有股在国有投资主体之间进行划拨的行为。这种方式有助于减少国有企业内部竞争，形成具有国际竞争力的集团企业，带有极强的政府色彩，如一汽集团并购金杯公司的国家股。

（三）按并购企业的行为划分

1. **善意并购**

善意并购主要通过双方友好协商，互相配合，签订并购协议。

2. **敌意并购**

敌意并购是指并购企业秘密收购目标企业股票等，最后使目标企业不得不接受出售条件，从而实现控制权的转移。

四、企业并购动因

企业并购作为企业发展的内在动力和外在压力的表现形式，就其直接动因而言，一是使现有股东持有股权的市场价值最大化，二是使现有管理者的财富最大化，而增加企业价值是实现这两个目的的根本所在。但是，就各个企业的并购行为而言，由于发展战略和承受的竞争压力程度不同，并购的动因和具体表现形式有所差异。

（一）企业并购的效应动因

1. **韦斯顿协同效应**

该理论认为并购会带来企业生产经营效率的提高，最明显的作用表现为规模经济效益的取得，常称为 1+1>2 的效应。

2. **市场份额效应**

通过横向并购，企业可以达到行业特定的最低限度的规模，改善行业结构、提高行业的集中程度，使行业内的企业保持较高的利润率水平；通过纵向并购，企业可以通过对原料和销售渠道的控制，有力地控制竞争对手的活动；通过混合并购，企业的绝对规模和充足的财力将会对其相关领域中的企业形成较大的竞争威胁。

3. **经验成本曲线效应**

经验成本曲线效应中的经验包括企业在技术、市场、专利、产品、管理和企业文化等方面的优势。由于经验无法复制，通过并购可以分享目标企业的经验，减少企业为积累经验所付出的学习成本，节约企业发展费用。在一些对劳动力素质要求较高的企业，经验往往是一种有效的进入壁垒。

4. 协同效应

协同效应主要来自于经营协同效应和财务协同效应。

经营协同效应即企业的总体效益超过并购前两个独立企业效益之和，具体表现在以下领域：在生产领域，可接受新技术，充分利用未使用生产能力，减少供给短缺的可能性；在市场及分配领域，可借此进入新市场，扩展现存分布网，增加产品市场控制力；在财务领域，可通过有效的财务活动使效率得到提高，开发未使用的债务能力，并有可能产生超常利益；在人事领域，可吸收关键的管理技能，可使多个研究与开发部门融合。

财务协同效应即由于税法、会计处理惯例、证券市场投资理念及证券交易内在规定等作用而产生的货币效益，主要体现在以下两个方面：一是税收效应，即通过并购可以实现合理避税；二是股价预期效应，即股票收购传递目标公司被低估的信息，会引起并购方和目标公司股票上涨。

（二）企业并购的一般动因

1. 获取战略机会

并购方的战略动因之一是实现企业的主营业务转移等发展战略。当一个企业决定将主营业务转移至另一个特定行业时，一个重要的战略选择就是并购那个行业中的现有企业，而不是依靠自身内部发展。原因在于：第一，直接获得正在经营的企业，可以享有时间优势，避免工厂建设延误的时间；第二，减少一个竞争者，并直接获得其在行业中的位置。

此外，通过企业并购，企业可以运用市场力。当两个企业采用统一的价格政策时，它们得到的收益将会高于竞争时的收益。

在发现战略机会的过程中，财务会计信息可能起到关键作用，如会计收益数据，既可以被用于评价行业内各个企业的盈利能力，又可以被用于评价、行业盈利能力的变化等，这对于企业并购十分有意义。

2. 提高管理效率

在以非标准方式经营的企业被更有效率的企业收购后，管理者被更换或者其自身利益与现有股东的利益得以协调时，管理效率会得到提升。如采用杠杆购买的形式，现有的管理者的财富构成取决于企业的财务成功程度，这时管理者将集中精力于实现企业市场价值最大化。

如果一个企业兼并另一个企业，然后出售部分资产收回全部购买价值，结果将以零成本取得剩余资产，使企业从资本市场中获益。

3. 实现规模经济

企业的规模经济是由生产规模经济和管理规模经济两个层次组成的。

生产规模经济主要表现在：企业通过并购对生产资本进行补充和调整，达到规模经济的要求；在保持整体产品结构不变的情况下，在各子公司实行专业化生产。

管理规模经济主要表现在：由于管理费用可以在更大范围内分摊，使单位产品的管理费用大大减少；可以集中人力、物力和财力，致力于新技术、新产品的开发。

4. **买壳上市**

上市资格也是一种资源。某些并购不是为获得目标企业本身，而是为获得目标企业的上市资格。通过到国外买壳上市，企业可以在国外筹集资金进入外国市场。此外，并购还降低了企业进入新行业、新市场的障碍。

（三）企业并购的财务动因

1. **避税因素**

由于股息收入、利息收入、营业收益与资本收益之间的税率差别较大，在并购中采取恰当的财务处理方法可以达到合理避税的效果。在税法中规定了亏损递延的条款，拥有较大盈利的企业往往考虑把那些拥有相当数量累积亏损的企业作为并购对象，纳税收益作为企业现金流入的增加可以提升企业的价值。企业现金流量的盈余使用方式有增发股利、证券投资、回购股票、收购其他企业。如发放红利，股东将为此支付较企业证券市场并购所支付的证券交易税更高的所得税，有价证券收益率不高，回购股票易提高股票市价，加大成本，而用多余资金收购企业对企业和股东都将产生一定的纳税收益。在换股收购中，收购公司既未收到现金也未收到资本收益，因而这一过程是免税的。企业通过资产流动和转移使资产所有者实现追加投资和资产多样化的目的，并购方通过发行可转换债券换取目标企业的股票，这些债券在一段时间后再转换成股票。这样一来，发行债券的利息可先从收入中扣除，再以扣除后的盈余计算所得税，而企业则可以保留这些债券的资本收益直至其转换为股票为止，资本收益的延期偿付可使企业少付资本收益税。

2. **筹资**

并购一家有大量资金盈余但股票市价偏低的企业，可以同时获得其资金以弥补自身资金不足。筹资是迅速成长的企业共同面临的一个难题，设法与一个资金充足的企业联合是一种有效的解决办法。由于资产的重置成本通常高于其市价，在并购中企业热衷于并购其他企业而不是重置资产。有效市场条件下，反映企业经济价值的是以企业盈利能力为基础的市场价值而非账面价值，被并购企业资产的卖出价值往往出价较低，并购后企业管理效率提高，职能部门改组降低有关费用，这些都是并购筹资的有利条件。当前，许多国有企业实施的技术改造急需大量发展资金投入，因此，采取产权流动形式可以使企业资产在不同方式下重新组合，盘活存量以减少投入，迅速形成新的生产力。举例来说，在香港地区注册上市的上海实业控股有限公司斥资 6 000 万元收购了上海霞飞日化公司，为我国企业探索了一条间接利用外资发展国产品牌的新路。霞飞公司虽然拥有驰名商标的优势，但是由于缺乏资金，仍然发展缓慢，并购完成后，在香港地区注册的公司成为其向海外融资的途径。

3. **企业价值增值**

通常被并购企业股票的市盈率偏低，低于并购方，这样并购完成后市盈率维持在较高的水平上，股价上升使每股收益得到改善，提高了股东财富价值，因此，在实施企业并购后，企业的绝对规模和相对规模都得到扩大，控制成本价格、生产技术、资金来源及顾客购买行为的能力得以增强，能够在市场发生突变的情况下降低企业风险，提高安全程度和盈利总额。同时，企业资信等级上升，筹资成本下降，反映在证券市场上则使并购双方股价上扬，企业价值增加，并产生财务预期效应。

4. **有利于企业进入资本市场**

我国金融体制改革和国际经济一体化进程加速，使筹资渠道大大扩展到证券市场和国际金融市场，许多业绩良好的企业出于壮大势力的考虑往往转向资本运营而寻求并购。

5. **投机**

企业并购的证券交易、会计处理、税收处理等所产生的非生产性收益，可改善企业财务状况，同时也助长了投机行为。在我国出现的外资并购中，投机现象日渐增多，它们以大量举债的方式通过股市收购目标企业股权，再将部分资产出售，然后对目标公司进行整顿再以高价卖出，充分利用被低估的资产获取并购收益。

6. **预期效应**

由于并购时股票市场对企业股票评价发生改变而影响股价，成为股票投机的基础，而股票投机又促使并购发生。股价在短时期内一般不会有很大变动，只有在企业的市盈率或盈利增长率有很大提高时，价格收益比才会有所提高，但是一旦出现企业并购，市场对公司评价提高就会引发双方股价上涨。企业可以通过并购具有较低价格收益比但是有较高每股收益的企业，提高企业每股收益，让股价保持上升的势头。在美国的并购热潮中，预期效应的作用使企业并购往往伴随着投机和剧烈的股价波动。

7. **追求最大利润和扩大市场**

企业利润的实现有赖于市场，只有当企业提供的商品和服务在市场上为顾客所接受，实现了商品和服务向货币转化，才能真正实现利润。与利润最大化相联系的必然是企业市场份额最大化。由于生产国际化、市场国际化和资本国际化的发展，一些行业的市场日益扩大，并购方可以并购这些行业的企业，以迎接开放的国际市场的挑战。

五、制定并购决策时应遵循的主要原则

制定并购决策时应遵循的主要原则有：并购目的上的主次分明原则；并购后行为主体的企业化原则；实施方案上的科学论证原则；并购机理上的以资产为核心原则；并购行业选择上的产业政策导向原则；并购容量上的整合显著有效原则；并购进程上的渐进原则；并购重组与生产经营有机结合原则等。其中，整合是指并购方所拥有的与调整包括被并购企业在内的所有生产经营要素与环节的能力；以资产为核心是指集团通过控股、参股等形式与其他企业建立起紧密的资产联系，并购双方的资产可否建立起一种有助于提高整体效益的关系以及并购方的地位取决于净资产的多少和整体资产的获利能力。总之，在制定并购决策时，应当以上述原则为依据，保持企业的长期可持续发展。

第二节　企业并购的财务分析

一、并购成本效益分析

企业并购是兼并和收购的简称，泛指在市场机制作用下，并购方为获得其他公司的经营决策控制权的经济行为。企业并购是一种典型的产权交易行为，即以产权转让为内容，以获取资本控制权为目的的一种正常的市场行为，是一种产权大改组。

是否进行并购决策首先取决于并购的成本与效益。关于并购成本有广义和狭义之分。

下面主要采用狭义的并购成本概念。

并购收益是指并购后新公司的价值超过并购前各公司价值之和的差额。例如，A 公司并购 B 公司，并购前 A 公司的价值为 V_a，B 公司的价值为 V_b，并购形成的新公司的价值为 V_{ab}，则并购收益（S）为：

$S=V_{ab}-(V_a+V_b)$

如果 S>0，表示并购在财务方面具有协同效应。

在一般情况下，并购方将以高于被并购方价值的价格 P_b 作为交易价，以促使被并购方股东出售其股票，$P=P_b-V_b$ 被称为并购溢价。并购溢价反映了获得对目标公司控制权的价值，并取决于被并购方前景、股市走势和并购双方讨价还价的情况。

对于并购方来说，并购净收益（NS）等于并购收益减去并购完成成本、实施并购前并购方公司价值的差额。设 F 表示并购费用，则：

$NS=S-P-F=V_{ab}-V_a-P_b-F$

【例 12-1】A 公司的市场价值为 5 亿元，拟收购 B 公司，B 公司的市场价值为 1 亿元。A 公司估计合并后新公司价值达到 7 亿元。B 公司股东要求以 1.5 亿元价格成交。并购交易费用为 0.2 亿元。由此得到：

并购收益 S=7-（5+1）=1（亿元）

并购完成成本=1.5+0.2=1.7（亿元）

并购溢价 P=1.5-1=0.5（亿元）

并购净收益 NS=S-P-F=1-0.5-0.2=0.3（亿元）

或　　$=V_{ab}-V_a-P_b-F=7-5-1.5-0.2=0.3$（亿元）

上述并购使 A 公司股东获得净收益 0.3 亿元。可以说这一并购活动对 A、B 两个公司都有利。这是并购活动能够进行的基本条件。

二、并购目标企业的价值评估

所谓价值评估，是指买卖双方对标的物（股权或资产）做出的价值判断。

对目标企业进行估价一般可以使用以下方法：

（一）资产价值基础法

资产价值基础法是指通过对目标企业的资产进行评估来评估其价值的方法。确定目标企业资产的价值，关键是选择合适的资产价值评估标准。目前国际上通行的资产价值评估标准主要有以下两种：

1. 账面价值

账面价值是指会计核算中账面记载的资产价值。例如，对于股票来说，资产负债所揭示的企业某时点所拥有的资产总额减去负债总额即为普通股价值。这种估价方法不考虑现时资产市场价格的波动，也不考虑资产的收益状况，因而是一种静态的股价标准。我国企业并购活动中有不少收购方以账面价值作为收购价格的实例。账面价值取数方便，但其缺点是只考虑了各种资产在入账时的价值而脱离现实的市场价值。

2. 市场价值

市场价值与账面价值不同，是指把该资产视为一种商品在市场上公开竞争，在供求关系平衡状态下确定的价值。当公司的各种证券在证券市场上进行交易时，它们的交易价格就是这种证券的市场价值，它高于或低于账面价值。

市场价值法通常将股票市场上与企业经营业绩相似的企业最近平均实际交易价格作为估算参照物，或以企业资产和其市值之间的关系为基础对企业进行估值。其中最著名的是托宾 Q 值（Tobin's Q），即一个企业的市值与其资产重置成本的比率。

Q＝企业价值/资产重置成本

企业价值＝资产重置成本+增长机会价值＝Q · 资产重置成本

一个企业的市场价值超过其重置成本，意味着该企业拥有某些无形资产，拥有保证企业未来增长的机会。超出的价值被认为是利用这些机会的期权价值。但是 Q 值的选择比较困难。即使企业从事相同的业务，其资产结构也会有很大的不同。此外，对企业增长机会的评价并非易事，如在世界不同地区运营的两家石油开发和生产企业就会有不同的增长机会。在其他一些部门，例如房地产，尽管企业单项资产的评估更容易，但增长机会仍是一个问题。在实践中，被广泛使用的 Q 值的近似值是“市净率”，它等于股票市价与每股净资产的比率。

（二）收益法（市盈率模型）

收益法就是根据目标企业的收益和市盈率确定其价值的方法，也可称为市盈率模型。因为市盈率的含义非常丰富，它可能暗示着企业股票收益的未来水平、投资者投资于企业希望从股票中得到的收益、企业投资的预期回报、企业在其投资上获得的收益超过投资者要求收益的时间长短。

应用收益法（市盈率模型）对目标企业进行估值的步骤如下：

1. **检查、调整目标企业近期的利润业绩**

收益法使用的收益指标在性质上是目标企业在被收购以后持续经营可能取得的净利润。对目标企业净利润的分析，应该考虑下列因素并进行适当调整：（1）并购企业必须仔细考虑目标企业所使用的会计政策。关注目标企业是否存在滥用会计政策的行为，或者随意调整会计政策使企业利润缺乏必要的可比性。若有必要，需调整目标企业已公布的利润，使其与买方企业的会计政策一致。（2）剔除非常项目和特殊业务对净利润的影响。（3）调整由于不合理的关联交易造成的利润增减金额。

2. **选择、计算目标企业估价收益指标**

一般来说，最简单的估价收益指标可采用目标企业最近一年的税后利润，因为其最贴近目标企业的当前状况。但是，考虑到企业经营中的波动性，尤其是经营活动具有明显周期性的目标企业，采用其最近三年税后利润的平均值作为估价收益指标将更为恰当。实际上，对目标企业的估价还应当更多地注重其被收购后的收益状况。比如，当并购企业在管理方面具有很强的优势时，假设目标企业被并购后在有效的管理下，也能获得与并购企业同样的资本收益率，那么以据此计算出目标企业被并购后的税后利润作为估价收益指标，可能对企业并购决策更具有指导意义。

3. **选择标准市盈率**

通常可选择的标准市盈率有如下几种：在并购时点目标企业的市盈率、与目标企业具有可比性的企业的市盈率或目标企业所处行业的平均市盈率。选择标准时必须确保在风险和成长性方面的可比性，该标准应当是目标企业并购后的风险、成长性结构，而不应仅仅是历史数据。同时，实际运用中通常需要依据预期的结构对上述标准加以调整，因为难以完全准确地把握市盈率与风险、成长性之间的关系。

4. **计算目标企业的价值**

利用选定的估价收益指标和标准市盈率，就可以比较方便地计算出目标企业的价值，公式如下：

目标企业的价值=估价收益指标×标准市盈率

【例 12-2】A 公司拟横向兼并同行业的 B 公司，假设双方公司的非流动负债利息率均为 10%，所得税税率均为 50%。按照 A 公司现行会计政策对 B 公司的财务数据进行调整后，双方的基本情况见表 12-1 和表 12-2。表 12-1 是 A、B 公司 2013 年 12 月 31 日的简化资产负债表。

表 12-2 是 A、B 公司 2013 年度的经营业绩及其他指标。

表 12-1　**资产负债表简表**　单位：万元

资产	A 公司	B 公司	负债与股东权益	A 公司	B 公司
流动资产	2 000	1 000	流动负债	500	250
非流动资产	1 500	500	非流动负债	500	250
			股东权益		
			股本	1 500	600
			留存收益	1 000	400
			股东权益合计	2 500	1 000
资产总计	3 500	1500	负债与股东权益总计	3 500	1500

表 12-2　**经营业绩及其他指标**　单位：万元

指标	A 公司	B 公司
2013 年度经营业绩：		
息税前利润	600	125
减：利息	50	25
税前利润	550	100
减：所得税费用	275	50
税后利润	275	50
其他指标：		
资本收益率=息税前利润÷（非流动负债+股东权益）	20%	10%
利润增长率	20%	14%
近三年平均利润：		
税前	245	88
税后	123	44
市盈率	18	12

由于并购双方处于同一行业，从并购企业的角度出发，预期目标企业未来可达到同样的市盈率是合理的，所以A公司可以选择其自身的市盈率为标准市盈率。在其基础上，若选用不同的估价收益指标，分别运用公式计算目标企业的价值如下：

（1）选用目标企业最近一年的税后利润作为估价收益指标：

B公司最近一年的税后利润＝50万元

同类上市公司（A公司）的市盈率＝18

B公司的价值＝50×18＝900（万元）

（2）选用目标企业近三年税后利润的平均值作为估价收益指标：

B公司近三年税后利润的平均值＝44万元

同类上市公司（A公司）的市盈率＝18

B公司的价值＝44×18＝792（万元）

（3）假设目标企业并购后能够获得与并购企业同样的资本收益率，以此计算出的目标企业并购后税后利润作为估价收益指标：

B公司的资本额＝非流动负债＋股东权益＝250＋1 000＝1 250（万元）

并购后B公司：

资本收益＝1 250×20%＝250（万元）

减：利息＝250×10%＝25（万元）

税前利润＝250－25＝225（万元）

减：所得税费用＝225×50%＝112.5（万元）

同类上市公司（A公司）的市盈率＝18

B公司的价值＝112.5×18＝2 025（万元）

采用收益法估算目标企业的价值，以投资为出发点，着眼于未来经营收益，并在测算方面形成了一套较为完整有效的科学方法，因而为各种并购价值评估广泛使用，尤其适用于通过证券二级市场进行并购的情况。但在该方法的使用中，不同估价收益指标的选择具有一定的主观性，而且我国股市建设尚不完善，投机性较强，股票市盈率普遍偏高，适当的市盈率标准难以取得，所以在我国当前的情况下，很难完全运用收益法对目标企业进行准确估价。

（三）贴现现金流量法

拉巴波特模型（Rappaport model）由美国西北大学阿尔弗雷德·拉巴波特创立，是用贴现现金流量法确定最高可接受的并购价格，这就需要估计由并购引起的期望的增量现金流量和贴现率（或资本成本），即企业进行新投资时市场所要求的最低的可接受的报酬率。拉巴波特认为有五个重要因素决定目标企业价值：销售和销售增长率；销售利润；新增固定资产投资；新增营运资本；资本成本率。运用贴现现金流量模型对目标企业进行估价的步骤是：

1. 预测自由现金流量

在理论上，自由现金流量（free cash flow）作为一个术语，与经营现金流量、现金净流量（NCF）不同，一般是指企业在持续经营的基础上除了在库存、厂房、设备、长期股权等类似资产上所需投入外，企业能够产生的额外现金流量。

从外延上判断，自由现金流量分类方法很多，依据现金流量的口径不同，可将现金流量分为企业自由现金流量和股东自由现金流量两大类。为了便于理解，我们也同时界定企业经营性现金流量的概念。

（1）企业经营性现金流量，是指经营活动（包括商品销售和提供劳务）所产生的现金流量。它不反映筹资性支出、资本性支出或营运资本净增加等变动。其基本公式为：

经营性现金流量=营业收入-营业成本费用（付现性质）-所得税费用

=息税前利润加折旧（EBITDA）-所得税费用

（2）企业自由现金流量（经营实体自由现金流量），是指扣除税收、必要的资本性支出和营运资本增加后能够支付给所有清偿者（债权人和股东）的现金流量。其基本公式为：

企业自由现金流量=息税前利润加折旧（EDITDA）-所得税费用-资本性支出-营运资本净增加

=债权人自由现金流量+股东自由现金流量

（3）股东自由现金流量，是指满足债务清偿、资本支出和营运资本等所有需要之后剩下的可作为股利发放的现金流量，也是企业自由现金流量扣除债权人自由现金流量的余额。其基本公式为：

股东自由现金流量=企业自由现金流量-债权人自由现金流量

=息税前利润加折旧（EBITDA）-所得税费用-资本性支出-营运资本净增加+（发行的新债-清偿的债务）

在持续经营的基础上，公司除了维持正常的资产增长外，还可以产生更多的现金流量，这意味着该公司有正的自由现金流量。

对目标企业现金流量的预测期一般为5～10年。预测期越长，预测的准确性越差。根据并购企业的管理水平预测目标企业现金流量时还应先检查目标企业历史现金流量表，并假定并购后目标企业运营将发生变化。需要指出的是，自由现金流量（即增量现金流量或剩余现金流量）是指目标企业在履行了所有财务责任（如偿付债务本息、支付优先股股息等）并满足了企业再投资需要之后的“现金流量”。即使这部分现金流量全部支付给普通股股东也不会危及目标企业的生存与发展。拉巴波特建立的自由现金流量预测模型如下：

$$CF_t = S_{t-1}(1+g_t) \cdot P_t(1-T_t) - (S_t - S_{t-1}) \cdot (F_t + W_t)$$

式中，CF_t 为 t 时期现金流量；S_t 为 t 时期年销售额；g_t 为 t 时期销售额年增长率；P_t 为 t 时期销售利润率；T_t 为 t 时期所得税税率；t 为预测期内某一年度；F_t 为 t 时期销售额每增加 1 元所需追加的固定资本投资；W_t 为 t 时期销售额每增加 1 元所需追加的营运资本投资。

2. **估计贴现率或加权平均资本成本**

假设目标公司的未来风险与并购企业总的风险相同，则可以把目标公司现金流量的贴现率作为并购企业的资本成本。但是，当并购会导致并购企业总风险发生变动时，则需要对各种各样的长期资本要素进行估计，包括普通股、优先股和债务等。考虑到股票、市盈率、股票获利率不能全面反映股本机会成本，资本资产定价模型可用于估计目标公司的历史股本资本成本。

预测股本成本率=市场无风险报酬率+市场风险报酬率×目标企业的风险程度

或 $K_S = R_F + \beta \cdot R_R = R_F + \beta(R_M - R_F)$

对目标企业并购前预期的股本收益需要根据并购后目标企业β值的可能变化加以调整。估计债务成本更加困难，因为债务通常不进行交易，可将各种借贷中税后实际利息支付作为债务成本的近似值。类似问题也出现在优先股的情况中。在估计了各单个元素的资本成本后，即可根据并购企业期待的并购后资本结构计算加权平均资本成本。

$$WACC = \sum K_i \cdot b_i$$

式中，WACC 为加权平均资本成本；K_i 为各单项资本成本；b_i 为各单项资本所占的比重。

3. **计算现金流量现值，估计购买价格**

根据目标企业自由现金流量对其进行估价的计算公式：

$$TV_a = \sum \frac{FCF_t}{(1 + WACC)^t} + \frac{V_t}{(1 + WACC)^t}$$

式中，TV_a 为并购后目标企业价值；V_t 为 t 时期目标企业的终值；FCF_t 为 t 时期内目标企业自由现金流量；WACC 为加权平均资本成本。

4. **贴现现金流量估值的敏感性分析**

由于预测过程中存在不确定性，并购企业还应检查目标企业的估价对各变量预测值的敏感性。这种分析可能会揭示出现金流量预测中存在的缺陷以及一些需要并购企业关注的重大问题。

【例 12-3】假定甲公司拟在 2016 年初收购目标企业乙公司。经测算，收购后有 6 年的自由现金流量。2015 年乙公司的销售额为 150 万元，收购后前 5 年的销售额每年增长 8%，第 6 年的销售额保持第 5 年的水平。销售利润率（含税）为 4%，所得税税率为 25%，固定资产增长率和营运资本增长率为 8%，加权平均资本成本为 11%，求目标企业的价值。

依据上述资料，计算自由现金流量（见表 12-3）。

表 12-3 **甲公司相关财务指标** 单位：万元

项目	2016 年	2017 年	2018 年	2019 年	2020 年	2021 年
销售额	162	174.96	188.96	204.07	220.4	220.4
销售利润	6.48	7	7.56	8.16	8.82	8.82
所得税费用	1.62	1.75	1.89	2.04	2.205	2.205
增加固定资产	2.04	2.2	2.38	2.57	2.78	0
增加营运资本	0.48	0.52	0.56	0.6	0.65	0
自由现金流量	2.34	2.53	2.73	2.95	3.185	6.615

则：

$$TV = \frac{2.34}{(1+11\%)^1} + \frac{2.53}{(1+11\%)^2} + \frac{2.73}{(1+11\%)^3} + \frac{2.95}{(1+11\%)^4} + \frac{3.185}{(1+11\%)^5} + \frac{6.615}{(1+11\%)^6} = 13.53\ (\text{万元})$$

因此，如果甲公司能够以 13.53 万元或更低的价格购买乙公司，那么这一并购活动从价格上看将是合理的。或者说，通过上述估值分析，求出了并购方能接受的最高价格。

总之，贴现现金流量法以现金流量预测为基础，充分考虑了目标公司未来创造现金流量能力对其价值的影响，在日益崇尚“现金至尊”的现代理财环境中，对企业并购决策具有现实的指导意义。但是，这一方法的运用对决策条件与能力的要求较高，且易受预测人员主观意识（乐观或悲观）的影响。所以，合理预测未来现金流量以及选择贴现率（加权平均资本成本）的困难与不确定性可能影响贴现现金流量法的准确性。

以上各种对目标企业的估价方法，并无绝对的优劣之分。并购企业对不同方法的选用应主要根据并购动机而定，而且在实践中可将各种方法交叉使用，从多角度评估目标企业的价值，以降低估价风险。

第三节　企业并购的支付方式

现金支付是早期并购交易的主要支付方式，但随着资本市场的发展及各种金融支付工具的出现，纯粹的现金支付已经越来越少了，各种金融支付工具不断创新，如股权支付、杠杆支付、综合证券支付等日益成为并购交易中的主要支付手段。除此之外，我国企业并购支付方式还有承债收购、政府无偿划拨等。

一、现金支付

现金支付是指收购方通过支付一定数量的现金来购买目标公司的资产或股权，从而实现并购交易。它是许多中小型企业并购中最常用的支付方式，也是并购活动中最为直接、简单、迅速的一种支付方式。

并购方在决定是否用现金方式进行支付时，应考虑以下几个因素：流动性；企业融资能力；货币的流动性。

现金支付的优点主要表现在：（1）对目标公司的股东来讲，不必承担任何证券风险，可即时得利（在公司价值没有被低估的情况下）；（2）对并购方而言，支付方式简单明了，可减少决策时间，避免错过最佳并购时机，而且用现金收购目标公司不会改变现有股东权益的结构，也不会导致股权稀释和控制权转移等问题；（3）对并购方未来的发展而言，现金支付可以向市场传递一个信号，表明其现有资产可以产生较大的现金流量，企业有足够的未来现金流抓住投资机会；（4）现金支付还可能反映出收购者对收购的赢利性拥有秘密信息。

现金支付的缺点主要表现在：（1）目标公司的股东无法推迟资本利得的确认时间，不能享受税收上的优惠政策，也不能拥有新公司的股东权益，这会影响具有持股偏好的股东接受并购的意愿与积极性；（2）对并购方而言，现金支付是一项比较沉重的即时负担，要求并购方确实有足够的现金头寸和筹资能力，交易规模也受到获现能力的制约；（3）在跨国并购中，采用现金支付方式还意味着收购方必须面对货币的可兑换性风险及汇率变动风险。

二、股权支付

股权支付也称换股并购，是指收购公司按一定比例将目标公司的股权换成本公司的股权，目标公司从此终止或成为收购公司的子公司。

并购方在决定是否用股票方式进行支付时，应考虑以下几个因素：股权结构；每股收益、股票价格和每股净资产的变化；公司股价水平；证券监管部门的相关规定。

换股并购的优点表现在：（1）对于目标公司股东而言，既可以推迟收益的确认时间，达到延迟纳税的目的，又可以分享联合公司价值增值的好处。（2）对并购方而言，换股并购使其免于即付现金的压力，不会挤占营运资金，减少了支付成本。同时，股权支付不受并购方获现能力的制约，可使并购交易的规模相对较大。近年来，并购交易的目标公司规模越来越大，若使用现金支付来完成并购交易，对并购公司的即时获现能力和并购后的现金回收情况都要求很高，而采用换股并购，并购方则无须另行筹资来支付并购交易，轻而易举地克服了这一瓶颈约束。（3）换股并购具有规避估价风险的效用。由于信息不对称，在并购交易中，并购方很难准确地对目标公司进行估价。如果并购后发现目标公司内部有一些问题，那么，在现金支付的情况下，由此造成的全部风险都将由并购方股东承担；但在换股并购的情况下，这些风险则同样转嫁给原目标公司股东，使其与并购方股东共同承担风险。

其缺点在于：（1）换股并购在某种程度上改变了公司的资本结构，稀释了原有股东的权益及对公司的控制权。同时，可能招来风险套利者，他们抬高目标公司的股价，打压并购方估价，以便在并购后对冲抵补获利，这种情况必然会导致并购方收购成本增加。（2）换股并购由于受上市规则制约，其处理程序相对复杂，这会延误并购时机，给怀有敌对情绪的目标公司管理者组织反并购提供喘息之机，也会使竞争对手有机会参与并购竞争，从而导致并购成本增加，加大并购交易风险。（3）就并购方未来的发展而言，会向市场传递一个信号，即并购方的股价被高估或者企业预期未来现金流量会有不利变化，兼并后的企业利用内部资金抓住投资机会的能力较弱。

在换股并购中，一些国家允许采用证券包销的方式，即目标公司股东先接受收购公司的股票，而后把它们出售给商业银行变现，这种方式比认股权证的发行更加灵活。由于提前终止收购，会增加对目标公司的压力，从而增加成功收购的机会。此外，对于目标公司股东而言，证券包销更具有减税的功效。

三、杠杆支付

杠杆支付是指并购方以目标公司的资产或将来的现金收入作为抵押，向金融机构贷款，再用贷款收购目标公司的支付方式。

杠杆支付在本质上属于一种债务融资的现金支付方式，因为它以债务融资取得的现金来支付并购所需的大部分价款。所不同的是，杠杆支付的债务融资是以目标公司的资产和未来现金收入为担保来获取贷款的，或是通过目标公司发行高风险高利率债券来筹集资金的。在这一过程中，并购方自己所需支付的现金很少（一般占收购资金的 5% ~20%）。并且，债务主要由目标公司的资产或现金流量来偿还，所以它是一种典型的金融支持型支付方式。

另外还有一种杠杆收购方式正得到越来越频繁的运用，就是一小群投资者主要通过大量的债务融资，收购上市公司拥有的股票或资产。在这种收购中，管理层往往是主要推动力，目的是进一步取得公司控制权，防御他人的接管，因此又被称作管理层收购。杠杆收购的债务融资包括银行借款或者证券化负债（即债券）。在杠杆收购中，股东的收益通常都很高。

杠杆支付在融资方面最重要的考虑就是并购方偿还债务的能力，即定期支付利息与资本再支付的能力。为此，并购方收购公司可能依赖两种可供选择的财源：（1）营运现金流量；（2）变卖目标公司资产的现金收入。

运用杠杆支付的主要优点是：并购方只需较少的自有资金就可完成并购，具有杠杆效应，而且并购过程中的负债利息可起到合理避税、减轻税负的作用。

但其缺点也显而易见，主要是会导致并购方资本结构中的债务比重过大，贷款利率过高，一旦经营不善极有可能被债务压垮。

四、综合证券支付

综合证券支付又叫混合并购支付方式，为了避免单项支付方式为并购方带来的种种不利，并购方的出资不仅有现金、股票，还有认股权证、可转换证券、公司债券等多种混合方式。此种方式将多种支付工具组合在一起使用，可以发挥各自的优点，克服其缺陷，如能根据实际情况搭配得当，不仅可避免支出更多的现金而造成财务结构恶化，而且可有效防止并购方原股东股权稀释而造成的控制权转移等问题。

在企业并购中，支付是十分关键的一环。选择合理的支付方式，不仅关系到并购能否成功，而且关系到并购双方的收益、企业权益结构的变化及财务安排。事实上，各种支付方式各有利弊，企业并购应以获得最佳并购效益为宗旨，结合企业自身特点与其所处的市场地位，合理选择支付方式，以便设计出最佳的并购支付方案。

第四节　企业的反收购

一、上市公司反收购的含义与价值

上市公司反收购称为上市公司收购的防御，通常发生在敌意收购中，是指目标公司所采取的旨在抵御乃至挫败收购人行为的措施。收购人可以通过协议收购、要约收购或证券交易所集中竞价交易方式进行市场收购。

反收购的本质是防止公司控制权的转移。收购的防御行为包括目标公司对善意收购计划的拒绝，以及目标公司在面临竞价收购时对竞价各方实行差别待遇，对公司选定的收购方实行特殊优惠，从而在客观上形成对其他竞价方的不利。

当前，上市公司反收购的价值体现在以下几个方面：

1. 反收购行为保护目标公司的利益

反收购多发生在目标公司收到恶意收购要约，或者收购要约明显低于公司真正价值的时候采取的措施。反收购措施可以帮助目标公司提高要价，增加收购难度，并且可以引起其他外来竞价者的注意，提高收购价格，从而有力地维护企业利益。美国学者的研究表明，1962—1981 年发生的 48 起收购案中，最终出价都高出初始出价的 23%。

2. 股东利益的最大化是企业反收购的最基本原则

反收购过程中有着复杂的利益关系，但目标公司实施反收购计划最重要的原则就是保护股东利益，特别是中小股东的利益。我国《上市公司收购管理办法》也明确规定：“被收购公司董事、监事、高级管理人员针对收购行为所做出的决策以及采取的措施，不得损害公司及其股东的合法利益。”

目标公司的中小股东是在收购过程中最容易被忽视的，因为他们限于时间、精力和专业性的不足，往往处于收购中的弱势地位。而在反收购中，目标公司会将最新的经营情况提供给股东，为他们的决策提供有效帮助。

3. **反收购行为促进公司股权分散模式的形成**

股权分散是公司法的重要目标之一。如果企业在公司章程中加入反收购条款或者赋予董事会一定的决定权，这样会有助于公司的股权分散。公司股权分散对于公司的管理有诸多好处。此外，股权分散在流通性和降低公司经营风险方面都会产生积极作用。

4. **反收购行为可以防御行业垄断**

反收购对于行业垄断起到有效的抑制作用，很多反收购案例都是以行业垄断为由，进行收购反击。我国上市公司规模较大，处于行业领先地位，大部分上市公司还没有建立起反收购的意识。跨国公司主要是通过先合资合作，后独立建厂，最后大举兼并我国的企业。从娃哈哈与达能之争中，我们不难发现其行业垄断的意图。而反收购恰恰可以利用各种手段尽量阻止目标公司被恶意收购，从而维持行业竞争的有效水平。

二、常见的反收购策略

目标公司进行反收购的技术策略有很多种，根据企业反收购行为的强烈程度不同，可分为防御型反收购、对抗型反收购、进攻型反收购等类别。

（一）防御型反收购

这种反收购策略主要以防御为主，通过设置种种障碍来阻止收购公司的进攻，但不能完全消除被收购的危险。

1. **“黄金降落伞”**

目标公司为防止被暗中收购，可事先与金融机构合作，在订立贷款合同时，约定公司若被收购，贷款立即偿还，或在雇佣合约中规定，控制权转移时即为雇佣终止，公司必须付给职员巨额补偿金等，迫使收购者欲收不能、欲罢不忍，这种方法被称为“黄金降落伞”。

2. **“分期分级董事会”**

这种方法事先规定公司每年只能变换少部分董事。因而，收购者对此类目标公司的收购要冒如下风险：即使收购者持有目标公司一半以上的股权，也仍然无法控制企业。对于此种局面，并购方一时难以改变。因此，这一策略得到广泛应用。在标准普尔500家公司中，有一半公司采取了这种防卫措施。例如，一个由9人组成的董事会可以被分成3组，每年只有3名成员当选，任期3年。这样一来，新的大股东（袭击者）在理论上就要至少等两届，才能取得董事会的控制权。

3. **双重资本结构**

其主要内容是将公司股票按所享受的投票权分为两个等级。通常，低等股票只能享有一股一权，而高等股票却能享有一股十权，高等股票能够转换成低等股票。同时，按规定，高等股票只派发较低股息，市场流动性差，这就会促使普通股东将其手中的高等股票转换成低等股票，当这部分高等股票集中到公司管理层手中时，公司的投票权就发生了转移，即使出价方收购了流通在外的所有普通股，也无法控制董事会。

4. **“毒丸”**

“毒丸”是由美国最出名的反恶意收购律师事务所沃奇泰尔律师事务所的一位律师马丁·利浦顿发明的，无非是想提高恶意收购的成本，使对方知难而退。目标公司的老股东手中拥有一些特殊证券，如果袭击者想以大量收购公司股份的办法达到兼并的目的，那么袭击者以外的任何人手中的特殊证券都立即转化为公司的股票，从而使袭击者的股份明显降低。该毒丸又被称为“空白支票优先股”，被作为股利发放给股东。当发行者被兼并后，这些优先股将以1∶40的比例转换为公司的股票，从而极大地冲淡并购方的所有权比例。这种方案又叫翻反（flip-over）计划。在随后的几年里，利浦顿又对这种战略进行了一些改进，并得到了美国最著名的审判并购案的法院——特拉华法院的认可。从此之后，利浦顿和他的“毒丸”成为众人追逐的对象。

（二）对抗型反收购

当收购方已发出公告进行公开收购时，目标公司可针锋相对地采取以下收购技术：

1. MBO

MBO（management buy-out）是杠杆收购的一种特殊形式，又称“绿色邮件”（greenmail），是指目标公司通过私下协商从特定股东手里溢价购回其大量股份。当目标公司得知将被收购的消息时，其管理层可立即与外界金融机构合作，大举借债，然后向公司股东发出股票回购通知，同收购方展开竞争。通过这种回购竞争，有可能迫使收购者停止收购，或者在升水的诱惑下将已收购的股票转卖给管理层获利了结。溢价回购的目的是消除恶意并购者的敌意接管威胁。绿色邮件曾经是恶意袭击者的主要动力，他们可以用这种方法迅速获利。有人认为，恶意并购者利用袭击者的公司表决权给予其自身过分的奖励和津贴，通过绿色邮件使其股份获得显著高于市价的溢价，或以某些非特定形式“抢掠”公司财富。因此，许多公司都制定了反绿色邮件条款，它们通常修改公司章程，限制公司以溢价回收股票的能力。有的条款还规定，如果一个股东持有的股份超过特定比例，公司回购他的股票必须经股东大会表决通过。美国国会修改了《国家税收法》第5881条款，对绿色邮件支付的接受者征收50%的交易税。从此以后，绿色邮件的使用就大受限制同时也大为减少了。

2. **邀请“白衣骑士”**

收购者的收购行动开始后，与目标公司有良好关系的公司（即所谓的“白衣骑士”）在目标公司的邀请下，以“第三者”的身份出现，以较高的价格对付此项收购要约。这将导致目标公司股价上升，加大了收购难度，使收购者自动打消收购念头。

3. **收购与剥夺**

目标公司在面临收购危险时，也可采取调整公司资产结构的办法来抵制收购，如购进一项可以引起反托拉斯或其他法律诉讼的资产，或者卖出一项出价方想得到的资产。

（三）进攻型反收购

目标公司面对气焰嚣张的收购者，也可以采取对其主动进攻的策略来抵制收购。

1. **帕克曼战略**

在可采取的积极防御战略中，最咄咄逼人而又行之有效的方法是帕克曼战略，该方法类似于孙子兵法中的“围魏救赵”，往往能起到出奇制胜的效果。这种方法就是针锋相对，以牙还牙，及时对进攻者发动反攻，提出标购还盘，以此来打退对方的进攻。当然，这种方法要求目标公司有较强的经济实力作后盾。

2. **提起诉讼**

目标公司也可以主动出击，利用反托拉斯法等对收购者提起诉讼，对其“反咬一口”。采用诉讼方式至少可以起到两方面的作用：（1）使收购者迫于法律的威严，主动停止收购；（2）迫使收购者抬高出价，以期目标公司撤回起诉，从而减少诉讼费。

三、外国关于目标公司反收购措施的立法模式

对目标公司反收购的规制首先面临的立法问题是反收购决定权归属的选择。从当前世界各国的情况看，主要有美国的立法模式和英国的立法模式，而欧盟的立法规定与英国的立法模式相似。

（一）美国的立法模式

1. **各州的反收购立法**

美国不存在联邦统一的公司法，对反收购措施的调整主要是由各州的公司法来承担。第一代立法主要表现为对收购的严格限制。第二代立法的反收购条款主要有：（1）禁止合并条款：禁止收购公司在收购之后的特定期内，将目标公司并入收购公司，目的是防止收购人利用目标公司财产作为杠杆收购的担保。（2）限制投票权：规定当收购者拥有的股份超过一定界限时，除非得到其他股东在特别大会上的投票同意，新购买的股份将不享有投票权。（3）特别估价权：当某人获得目标公司的股份超过一定界限时，其余股东有按一定价格向其出售股份的权利，出售股份的价格通过合理估价产生。（4）选民条款：要求董事在考虑是否采取反收购措施时，除考虑股东利益外，还要考虑公司雇员、债权人、顾客及地方社区的利益。这就实际上赋予了董事广泛的反收购权力。美国已有31个州制定了含有选民条款的法律。以上规定为董事反收购提供了广阔的空间，但是这种空间仍受到判例法信托义务和经营判断准则的一定限制。

2. **公司董事的信托义务及经营判断准则**

董事的信托义务包括注意义务和忠实义务。注意义务是指一个一般的谨慎之人在相同的情况下对他们自己的生意所能尽到的勤勉、注意和熟练程度。忠实义务是指董事必须严格按照公司及股东的利益行事，不得进行导致其获得不适当的个人利益的活动。如果董事在采取反收购措施时没有尽到注意义务，或是为自己的利益阻挠收购而违反忠实义务，就要承担相应的责任。

经营判断准则的经典定义是美国法学研究所《公司治理原则》第4.01（c）条款的规定：做出经营判断的董事或高级职员，在符合下列条件时，就被认为是诚实地履行了本条款所规定的义务：（1）他与该经营判断无利害关系；（2）他有正当理由相信他掌握的与上述经营判断相关的信息在当时的情形下是妥当的；（3）他有理由相信该经营判断是与公司的最佳利益相符合的。

（二）英国的立法模式

在管理层采取反收购措施的自由度这一问题上，英国比美国严厉。英国的反收购措施

主要受《城市法典》的规制。《城市法典》基本原则第 7 条明款确规定：“当一项真正的要约已经向受要约公司的董事会传达，或受要约公司董事会有理由相信一项真正的要约可能即将发出，受要约公司董事会不得在未经股东大会批准的情况下，就公司事务采取任何行动，从而在效果上使该项真正的要约受到阻挠，或使股东没有机会根据要约利弊做出决定。”第 21 条款进一步规定：“在要约期间，甚至在收购发生以前，如果目标公司的董事有理由认为一次真正的要约即将发生，目标公司董事除了履行更早时期签订的合同之外，不经股东大会批准，不得从事以下任何行为：（1）发行任何已被授权但未发行的股份；（2）发行或授予任何与未发行股份有关的选择权；（3）创设或发行，或者承认创设或发行任何拥有转换或认购股份的权利和证券；（4）出售、处置、购买或同意出售、处置、购买大量财产；（5）除了正常的经营之外，签订任何合同。《城市法典》第 37.3 条款还规定，受要约公司不经股东大会同意不得赎回或回购本公司股份。可见，英国在原则上禁止反收购，并且把实施反收购措施的权力赋予股东大会。

欧洲大陆法系国家的公司法大多允许公司限制其股份的转让，发行无投票权的股票，这为反收购提供了可能。但 20 世纪 90 年代以后，欧洲大陆国家出现了放宽对公司收购的法律限制，消除欧盟内部收购障碍的倾向。1996 年欧共体第 13 号公司法指引草案第 8（a）条款规定：“目标公司董事会的义务自接获有关要约的信息之时起到要约结果公布，除非得到股东大会预先做出的特别授权，受要约公司董事会不得从事任何可能会使要约受到阻挠的行为，尤其不得发行股票以使要约人控制受要约公司的努力遭遇持久的障碍。”这项规定明显借鉴了英国《城市法典》的做法，将是否采用反收购措施的权力赋予股东大会，从而限制了管理层权力。但该草案迟迟未获通过，这也说明欧洲大陆法系国家对敌意收购仍持警惕态度。

四、我国关于目标公司反收购措施的法律规定

《上市公司收购管理办法》第 8 条规定：“被收购公司的董事、监事、高级管理人员对公司负有忠实义务和勤勉义务，应当公平对待收购本公司的所有收购人。被收购公司董事会针对收购所做出的决策及采取的措施，应当有利于维护公司及其股东的利益，不得滥用职权对收购设置不适当的障碍，不得利用公司资源向收购人提供任何形式的财务资助，不得损害公司及其股东的合法权益。”

课后习题

一、单项选择题

1. 最容易受到各国有关反垄断法律政策限制的并购行为是（　　）。

A. 横向并购　　B. 纵向并购　　C. 混合并购　　D. 敌意并购

2. 若甲企业要并购乙企业，目前甲企业的每股收益是 3 元/股，乙企业的每股收益是 1.4 元/股，两家企业的收益额合计是 2 400 万元。甲企业的股数为 600 万股，乙企业的股数为 300 万股。并购后要保持甲企业每股收益不变的股票交换比率为（　　）。

A. 0.8　　B. 0.75　　C. 0.667　　D. 0.587

3. A 公司和 B 公司流通在外的普通股分别为 3 000 万股和 600 万股，现有净利分别为

6 000 万元和 900 万元，市盈率分别为 15 和 10。A 公司拟采用增发普通股的方式收购 B 公司，并计划支付给 B 公司高于其市价 20% 的溢价，则 A 公司需增发的普通股股数为（　　）。

A. 600 万股　B. 300 万股　C. 360 万股　D. 240 万股

4. 企业在并购中大量向银行借款以筹集所需收购资金，并以目标企业资产或将来的现金流入作担保，此种资金筹措方式属于（　　）。

A. 股权置换　B. 卖方融资　C. 杠杆收购　D. 金融机构信贷

5. 某房地产公司拟剥离效益较好的下属计算机公司，以缩小公司规模，提高企业价值，这种做法符合以下理论中的（　　）。

A. 选择权学说　B. "主业突出"偏好学说

C. 管理效率学说　D. 债权人的潜在损失学说

6. 公司回购股票后，可能使股价下跌的情况是（　　）。

A. 拥有库藏股　B. 股价等于每股净资产

C. 股价高于每股净资产　D. 股价低于每股净资产

7. 收购的实质是为了取得对被收购方的（　　）。

A. 经营权　B. 管理权　C. 控制权　D. 债权

8. 在我国目前条件下，很难完全选用收益法对目标企业进行准确估价的原因是，这种方法对（　　）要求较高。

A. 证券市场　B. 估价收益指标　C. 估价人员　D. 估价时机

9. 运用贴现现金流量法对目标企业价值进行评估，它确定的是并购企业愿意接受的（　　）。

A. 最低价格　B. 平均价格　C. 最高价格　D. 中间价格

10. 如果并购方以承担债务为条件对目标企业实施并购，那么它将来需支付的债务本息属于（　　）。

A. 直接成本　B. 间接成本　C. 营运成本　D. 机会成本

二、多项选择题

1. 一般认为，股份回购所产生的效果有（　　）。

A. 稀释公司控制权　B. 提高每股收益

C. 改变资本结构　D. 增强负债能力

E. 抵御被收购

2. 企业在进行反收购时可以采用的经济手段有（　　）。

A. 提高收购者的收购成本　B. 降低收购者的收购收益

C. 收购收购者　D. 在公司章程中规定董事会轮选制

3. 控股公司的优点主要有（　　）。

A. 以较少的产权投资控制下属公司的巨大资产

B. 风险较小

C. 防止企业被并购

D. 获得税收上的利益

4. 并购溢价反映了获得目标公司控制权的价值，它取决于（　　）。

A. 并购公司的价值　　B. 被并购公司的前景

C. 被并购公司的价值　　D. 股市走势

E. 并购双方议价情况

5. 并购净收益是指（　　）。

A. 并购后新公司的价值超过并购前各公司价值之和的差额

B. 并购收益减去并购溢价、并购费用的差额

C. 并购后新公司的价值减去并购完成成本、实施并购前并购方公司价值的差额

D. 并购交易价减去被并购方的价值的差额

6. 控股公司欲对下属公司的财务经营决策发挥控制作用，就必须拥有相应的权限并保证落实，如（　　）。

A. 最高主管的任命权和财务总监的委派

B. 重大财务事项的审批权

C. 业务控制权

D. 财务预算、决算的审核权

E. 财务经营信息反馈权与内部审计监督权

7. 下列说法中，正确的有（　　）。

A. 股票回购不会削弱对公司债权人的财务保障

B. 股票回购也可以作为一种反收购策略

C. 股票回购会使公司与股东的法律地位出现同一

D. 股票回购会出现人为操纵现象，从而加剧公司行为的非规范化

E. 股票回购会引起股价的变化

8. 目标公司可以通过提高收购者的收购成本进行反收购，其措施是（　　）。

A. 实施毒丸计划　　B. 采取焦土战术

C. 实施股份回购　　D. 寻找白衣骑士

三、计算题

甲公司为一家从事房地产开发的上市公司，2015 年有关资料如下：

（1）甲公司为取得 B 公司拥有的正在开发的 X 房地产项目，2015 年 3 月 1 日，以公允价值为 15 000 万元的非货币性资产作为对价购买了 B 公司 40% 有表决权股份；在 2015 年 7 月 1 日，又以公允价值为 16 000 万元的非货币性资产作为对价购买了 B 公司 40% 有表决权股份。B 公司董事会成员为 8 人，其中甲公司派出 5 人。

（2）甲公司为进入西北市场，2015 年 6 月 30 日，以现金 2 200 万元作为对价购买了 C 公司 90% 有表决权股份。C 公司为 2015 年 4 月 1 日新成立的公司，截至 2015 年 6 月 30 日，C 公司持有货币资金 2 400 万元，实收资本 2 000 万元，资本公积 500 万元，未分配利润 -100 万元。

（3）甲公司 2014 年持有 D 公司 70% 有表决权股份，基于对 D 公司市场发展前景的分析判断，2015 年 8 月 1 日，甲公司以现金 5 000 万元作为对价向乙公司购买了 D 公司 10% 有表决权股份，从而持有 D 公司 80% 有表决权股份。

要求：

根据企业会计准则规定，逐项分析、判断甲公司 2015 年上述业务是否形成合并？如不形成企业合并，请简要说明理由。

四、案例分析题

某大型商贸企业集团具有较高的知名度，其主业之一是汽车销售，并与国内多家大型汽车生产企业签订战略合作协议。集团提出要加大实业投资以提升竞争力。2015 年上半年，集团投资部门经过多次调研形成可行性研究报告，建议投资 1.3 亿元兼并控股乙汽车零部件生产企业（简称乙公司），以汽车销售为核心控制零部件生产业务。

集团总经理主持召开兼并乙公司项目评定会，请相关部门发表意见。

投资部提出，应当尽快签署兼并协议，主要理由是：

（1）中国汽车零部件市场潜力巨大。国内成熟的零部件生产企业的净资产收益率平均在 9% 左右，投资零部件行业可获得较大的收益。

（2）乙公司 2014 年实现净利润 1 000 万元，年末净资产 1.8 亿元，经营状况较好。

（3）乙公司有员工 500 人，其中 50% 具有中级以上职称。可采用补偿方式将乙公司员工身份置换为合同制，有利于经营机制和人才制度的改革，引进优秀人才，促进企业进一步做大做强。进行员工身份置换，每人平均补偿金额为 8 万元。

（4）收购乙公司可以充分发挥集团与国内多家大型汽车生产企业战略合作优势，通过产销联动，将汽车生产企业生产车辆所需的零部件采购业务大部分集中在乙公司。按年产 80 万辆汽车计算，预计每年可增加零部件销售收入 10 亿元，利润 7 000 万元。

法律部提出，同意投资部所提兼并乙公司的建议，主要理由是：

（1）兼并乙公司不存在法律障碍。

（2）若兼并乙公司，需要关注可能存在尚未披露的担保等所引起的诉讼风险。

财务部提出，此项兼并应当慎重，主要理由是：

（1）采用国内分行业的加权平均资本成本率 6% 对乙公司 2014 年经济增加值（EVA）进行测算，乙公司创造的经济增加值只有 60 万元。

（2）经咨询有关汽车专家，汽车零部件市场 60% 为外资控股，国内大型汽车生产企业都有自己相对固定的零部件供应商，国内中小汽车零部件生产企业受资金、技术、人才、管理等因素的制约，可持续发展情况普遍不理想。

（3）经过尽职调查发现，乙公司在全国有 10 家子公司，乙公司对所属子公司的控制力很弱，销售业务集中在少数客户经理手中。抽查的子公司存在或有事项没有披露的情况，且相关金额较大，仅对外担保涉及的金额就高达 1 亿元以上。

要求：

假定你是集团公司总会计师，请根据上述资料回答下列问题：

（1）分析兼并乙公司主要存在哪些方面的风险，并简要说明理由。

（2）提出是否兼并乙公司的建议，并简要说明理由。

附录 资金时间价值系数表

附表一 复利终值系数表

期数	1%	2%	3%	4%	5%	6%	7%	8%	9%	10%
1	1.0100	1.0200	1.0300	1.0400	1.0500	1.0600	1.0700	1.0800	1.0900	1.1000
2	1.0201	1.0404	1.0609	1.0816	1.1025	1.1236	1.1449	1.1664	1.1881	1.2100
3	1.0303	1.0612	1.0927	1.1249	1.1576	1.1910	1.2250	1.2597	1.2950	1.3310
4	1.0406	1.0824	1.1255	1.1699	1.2155	1.2625	1.3108	1.3605	1.4116	1.4641
5	1.0510	1.1041	1.1593	1.2167	1.2763	1.3382	1.4026	1.4693	1.5386	1.6105
6	1.0615	1.1262	1.1941	1.2653	1.3401	1.4185	1.5007	1.5869	1.6771	1.7716
7	1.0721	1.1487	1.2299	1.3159	1.4071	1.5036	1.6058	1.7138	1.8280	1.9487
8	1.0829	1.1717	1.2668	1.3686	1.4775	1.5938	1.7182	1.8509	1.9926	2.1436
9	1.0937	1.1951	1.3048	1.4233	1.5513	1.6895	1.8385	1.9990	2.1719	2.3579
10	1.1046	1.2190	1.3439	1.4802	1.6289	1.7908	1.9672	2.1589	2.3674	2.5937
11	1.1157	1.2434	1.3842	1.5395	1.7103	1.8983	2.1049	2.3316	2.5804	2.8531
12	1.1268	1.2682	1.4258	1.6010	1.7959	2.0122	2.2522	2.5182	2.8127	3.1384
13	1.1381	1.2936	1.4685	1.6651	1.8856	2.1329	2.4098	2.7196	3.0658	3.4523
14	1.1495	1.3195	1.5126	1.7317	1.9799	2.2609	2.5785	2.9372	3.3417	3.7975
15	1.1610	1.3459	1.5580	1.8009	2.0789	2.3966	2.7590	3.1722	3.6425	4.1772
16	1.1726	1.3728	1.6047	1.8730	2.1829	2.5404	2.9522	3.4259	3.9703	4.5950
17	1.1843	1.4002	1.6528	1.9479	2.2920	2.6928	3.1588	3.7000	4.3276	5.0545
18	1.1961	1.4282	1.7024	2.0258	2.4066	2.8543	3.3799	3.9960	4.7171	5.5599
19	1.2081	1.4568	1.7535	2.1068	2.5270	3.0256	3.6165	4.3157	5.1417	6.1159
20	1.2202	1.4859	1.8061	2.1911	2.6533	3.2071	3.8697	4.6610	5.6044	6.7275
21	1.2324	1.5157	1.8603	2.2788	2.7860	3.3996	4.1406	5.0338	6.1088	7.4002
22	1.2447	1.5460	1.9161	2.3699	2.9253	3.6035	4.4304	5.4365	6.6586	8.1403
23	1.2572	1.5769	1.9736	2.4647	3.0715	3.8197	4.7405	5.8715	7.2579	8.9543
24	1.2697	1.6084	2.0328	2.5633	3.2251	4.0489	5.0724	6.3412	7.9111	9.8497
25	1.2824	1.6406	2.0938	2.6658	3.3864	4.2919	5.4274	6.8485	8.6231	10.835
26	1.2953	1.6734	2.1566	2.7725	3.5557	4.5494	5.8074	7.3964	9.3992	11.918
27	1.3082	1.7069	2.2213	2.8834	3.7335	4.8223	6.2139	7.9881	10.245	13.110
28	1.3213	1.7410	2.2879	2.9987	3.9201	5.1117	6.6488	8.6271	11.167	14.421
29	1.3345	1.7758	2.3566	3.1187	4.1161	5.4184	7.1143	9.3173	12.172	15.863
30	1.3478	1.8114	2.4273	3.2434	4.3219	5.7435	7.6123	10.063	13.268	17.449
40	1.4889	2.2080	3.2620	4.8010	7.0400	10.286	14.975	21.725	31.409	45.259
50	1.6446	2.6916	4.3839	7.1067	11.467	18.420	29.457	46.902	74.358	117.39
60	1.8167	3.2810	5.8916	10.520	18.679	32.988	57.946	101.26	176.03	304.48

续表

期数	12%	14%	15%	16%	18%	20%	24%	28%	32%	36%
1	1.1200	1.1400	1.1500	1.1600	1.1800	1.2000	1.2400	1.2800	1.3200	1.3600
2	1.2544	1.2996	1.3225	1.3456	1.3924	1.4400	1.5376	1.6384	1.7424	1.8496
3	1.4049	1.4815	1.5209	1.5609	1.6430	1.7280	1.9066	2.0972	2.3000	2.5155
4	1.5735	1.6890	1.7490	1.8106	1.9388	2.0736	2.3642	2.6844	3.0360	3.4210
5	1.7623	1.9254	2.0114	2.1003	2.2878	2.4883	2.9316	3.4360	4.0075	4.6526
6	1.9738	2.1950	2.3131	2.4364	2.6996	2.9860	3.6352	4.3980	5.2899	6.3275
7	2.2107	2.5023	2.6600	2.8262	3.1855	3.5832	4.5077	5.6295	6.9826	8.6054
8	2.4760	2.8526	3.0590	3.2784	3.7589	4.2998	5.5895	7.2058	9.2170	11.703
9	2.7731	3.2519	3.5179	3.8030	4.4355	5.1598	6.9310	9.2234	12.167	15.917
10	3.1058	3.7072	4.0456	4.4114	5.2338	6.1917	8.5944	11.806	16.060	21.647
11	3.4785	4.2262	4.6524	5.1173	6.1759	7.4301	10.657	15.112	21.199	29.439
12	3.8960	4.8179	5.3503	5.9360	7.2876	8.9161	13.215	19.343	27.983	40.038
13	4.3635	5.4924	6.1528	6.8858	8.5994	10.699	16.386	24.759	36.937	54.451
14	4.8871	6.2613	7.0757	7.9875	10.147	12.839	20.319	31.691	48.757	74.053
15	5.4736	7.1379	8.1371	9.2655	11.974	15.407	25.196	40.565	64.359	100.71
16	6.1304	8.1372	9.3576	10.748	14.129	18.488	31.243	51.923	84.954	136.97
17	6.8660	9.2765	10.761	12.468	16.672	22.186	38.741	66.461	112.14	186.28
18	7.6900	10.575	12.376	14.463	19.673	26.623	48.039	85.071	148.02	253.34
19	8.6128	12.056	14.232	16.777	23.214	31.948	59.568	108.89	195.39	344.54
20	9.6463	13.744	16.367	19.461	27.393	38.338	73.864	139.38	257.92	468.57
21	10.804	15.668	18.822	22.575	32.324	46.005	91.592	178.41	340.45	637.26
22	12.100	17.861	21.645	26.186	38.142	55.206	113.57	228.36	449.39	866.67
23	13.552	20.362	24.892	30.376	45.008	66.247	140.83	292.30	593.20	1 178.7
24	15.179	23.212	28.625	35.236	53.109	79.497	174.63	374.14	783.02	1 603.0
25	17.000	26.462	32.919	40.874	62.669	95.396	216.54	478.90	1 033.6	2 180.1
26	19.040	30.167	37.857	47.414	73.949	114.48	268.51	613.00	1 364.3	2 964.9
27	21.325	34.390	43.535	55.000	87.260	137.37	332.96	784.64	1 800.9	4 032.3
28	23.884	39.205	50.066	63.800	102.97	164.84	412.86	1 004.3	2 377.2	5 483.9
29	26.750	44.693	57.576	74.009	121.50	197.81	511.95	1 285.6	3 137.9	7 458.1
30	29.960	50.950	66.212	85.850	143.37	237.38	634.82	1 645.5	4 142.1	10 143
40	93.051	188.88	267.86	378.72	750.38	1 469.8	5 455.9	19 427	66 521	*
50	289.00	700.23	1 083.7	1 670.7	3 927.4	9 100.4	46 890	*	*	*
60	897.60	2 595.9	4 384.0	7 370.2	20 555	56 348	*	*	*	*

附表二　复利现值系数表

期数	1%	2%	3%	4%	5%	6%	7%	8%	9%	10%
1	0.9901	0.9804	0.9709	0.9615	0.9524	0.9434	0.9346	0.9259	0.9174	0.9091
2	0.9803	0.9612	0.9426	0.9246	0.9070	0.8900	0.8734	0.8573	0.8417	0.8264
3	0.9706	0.9423	0.9151	0.8890	0.8638	0.8396	0.8163	0.7938	0.7722	0.7513
4	0.9610	0.9238	0.8885	0.8548	0.8227	0.7921	0.7629	0.7350	0.7084	0.6830
5	0.9515	0.9057	0.8626	0.8219	0.7835	0.7473	0.7130	0.6806	0.6499	0.6209
6	0.9420	0.8880	0.8375	0.7903	0.7462	0.7050	0.6663	0.6302	0.5963	0.5645
7	0.9327	0.8706	0.8131	0.7599	0.7107	0.6651	0.6227	0.5835	0.5470	0.5132
8	0.9235	0.8535	0.7894	0.7307	0.6768	0.6274	0.5820	0.5403	0.5019	0.4665
9	0.9143	0.8368	0.7664	0.7026	0.6446	0.5919	0.5439	0.5002	0.4604	0.4241
10	0.9053	0.8203	0.7441	0.6756	0.6139	0.5584	0.5083	0.4632	0.4224	0.3855
11	0.8963	0.8043	0.7224	0.6496	0.5847	0.5268	0.4751	0.4289	0.3875	0.3505
12	0.8874	0.7885	0.7014	0.6246	0.5568	0.4970	0.4440	0.3971	0.3555	0.3186
13	0.8787	0.7730	0.6810	0.6006	0.5303	0.4688	0.4150	0.3677	0.3262	0.2897
14	0.8700	0.7579	0.6611	0.5775	0.5051	0.4423	0.3878	0.3405	0.2992	0.2633
15	0.8613	0.7430	0.6419	0.5553	0.4810	0.4173	0.3624	0.3152	0.2745	0.2394
16	0.8528	0.7284	0.6232	0.5339	0.4581	0.3936	0.3387	0.2919	0.2519	0.2176
17	0.8444	0.7142	0.6050	0.5134	0.4363	0.3714	0.3166	0.2703	0.2311	0.1978
18	0.8360	0.7002	0.5874	0.4936	0.4155	0.3503	0.2959	0.2502	0.2120	0.1799
19	0.8277	0.6864	0.5703	0.4746	0.3957	0.3305	0.2765	0.2317	0.1945	0.1635
20	0.8195	0.6730	0.5537	0.4564	0.3769	0.3118	0.2584	0.2145	0.1784	0.1486
21	0.8114	0.6598	0.5375	0.4388	0.3589	0.2942	0.2415	0.1987	0.1637	0.1351
22	0.8034	0.6468	0.5219	0.4220	0.3418	0.2775	0.2257	0.1839	0.1502	0.1228
23	0.7954	0.6342	0.5067	0.4057	0.3256	0.2618	0.2109	0.1703	0.1378	0.1117
24	0.7876	0.6217	0.4919	0.3901	0.3101	0.2470	0.1971	0.1577	0.1264	0.1015
25	0.7798	0.6095	0.4776	0.3751	0.2953	0.2330	0.1842	0.1460	0.1160	0.0923
26	0.7720	0.5976	0.4637	0.3607	0.2812	0.2198	0.1722	0.1352	0.1064	0.0839
27	0.7644	0.5859	0.4502	0.3468	0.2678	0.2074	0.1609	0.1252	0.0976	0.0763
28	0.7568	0.5744	0.4371	0.3335	0.2551	0.1956	0.1504	0.1159	0.0895	0.0693
29	0.7493	0.5631	0.4243	0.3207	0.2429	0.1846	0.1406	0.1073	0.0822	0.0630
30	0.7419	0.5521	0.4120	0.3083	0.2314	0.1741	0.1314	0.0994	0.0754	0.0573
35	0.7059	0.5000	0.3554	0.2534	0.1813	0.1301	0.0937	0.0676	0.0490	0.0356
40	0.6717	0.4529	0.3066	0.2083	0.1420	0.0972	0.0668	0.0460	0.0318	0.0221
45	0.6391	0.4102	0.2644	0.1712	0.1113	0.0727	0.0476	0.0313	0.0207	0.0137
50	0.6080	0.3715	0.2281	0.1407	0.0872	0.0543	0.0339	0.0213	0.0134	0.0085
55	0.5785	0.3365	0.1968	0.1157	0.0683	0.0406	0.0242	0.0145	0.0087	0.0053

续表

期数	12%	14%	15%	16%	18%	20%	24%	28%	32%	36%
1	0.8929	0.8772	0.8696	0.8621	0.8475	0.8333	0.8065	0.7813	0.7576	0.7353
2	0.7972	0.7695	0.7561	0.7432	0.7182	0.6944	0.6504	0.6104	0.5739	0.5407
3	0.7118	0.6750	0.6575	0.6407	0.6086	0.5787	0.5245	0.4768	0.4348	0.3975
4	0.6355	0.5921	0.5718	0.5523	0.5158	0.4823	0.4230	0.3725	0.3294	0.2923
5	0.5674	0.5194	0.4972	0.4761	0.4371	0.4019	0.3411	0.2910	0.2495	0.2149
6	0.5066	0.4556	0.4323	0.4104	0.3704	0.3349	0.2751	0.2274	0.1890	0.1580
7	0.4523	0.3996	0.3759	0.3538	0.3139	0.2791	0.2218	0.1776	0.1432	0.1162
8	0.4039	0.3506	0.3269	0.3050	0.2660	0.2326	0.1789	0.1388	0.1085	0.0854
9	0.3606	0.3075	0.2843	0.2630	0.2255	0.1938	0.1443	0.1084	0.0822	0.0628
10	0.3220	0.2697	0.2472	0.2267	0.1911	0.1615	0.1164	0.0847	0.0623	0.0462
11	0.2875	0.2366	0.2149	0.1954	0.1619	0.1346	0.0938	0.0662	0.0472	0.0340
12	0.2567	0.2076	0.1869	0.1685	0.1372	0.1122	0.0757	0.0517	0.0357	0.0250
13	0.2292	0.1821	0.1625	0.1452	0.1163	0.0935	0.0610	0.0404	0.0271	0.0184
14	0.2046	0.1597	0.1413	0.1252	0.0985	0.0779	0.0492	0.0316	0.0205	0.0135
15	0.1827	0.1401	0.1229	0.1079	0.0835	0.0649	0.0397	0.0247	0.0155	0.0099
16	0.1631	0.1229	0.1069	0.0930	0.0708	0.0541	0.0320	0.0193	0.0118	0.0073
17	0.1456	0.1078	0.0929	0.0802	0.0600	0.0451	0.0258	0.0150	0.0089	0.0054
18	0.1300	0.0946	0.0808	0.0691	0.0508	0.0376	0.0208	0.0118	0.0068	0.0039
19	0.1161	0.0829	0.0703	0.0596	0.0431	0.0313	0.0168	0.0092	0.0051	0.0029
20	0.1037	0.0728	0.0611	0.0514	0.0365	0.0261	0.0135	0.0072	0.0039	0.0021
21	0.0926	0.0638	0.0531	0.0443	0.0309	0.0217	0.0109	0.0056	0.0029	0.0016
22	0.0826	0.0560	0.0462	0.0382	0.0262	0.0181	0.0088	0.0044	0.0022	0.0012
23	0.0738	0.0491	0.0402	0.0329	0.0222	0.0151	0.0071	0.0034	0.0017	0.0008
24	0.0659	0.0431	0.0349	0.0284	0.0188	0.0126	0.0057	0.0027	0.0013	0.0006
25	0.0588	0.0378	0.0304	0.0245	0.0160	0.0105	0.0046	0.0021	0.0010	0.0005
26	0.0525	0.0331	0.0264	0.0211	0.0135	0.0087	0.0037	0.0016	0.0007	0.0003
27	0.0469	0.0291	0.0230	0.0182	0.0115	0.0073	0.0030	0.0013	0.0006	0.0002
28	0.0419	0.0255	0.0200	0.0157	0.0097	0.0061	0.0024	0.0010	0.0004	0.0002
29	0.0374	0.0224	0.0174	0.0135	0.0082	0.0051	0.0020	0.0008	0.0003	0.0001
30	0.0334	0.0196	0.0151	0.0116	0.0070	0.0042	0.0016	0.0006	0.0002	0.0001
35	0.0189	0.0102	0.0075	0.0055	0.0030	0.0017	0.0005	0.0002	0.0001	*
40	0.0107	0.0053	0.0037	0.0026	0.0013	0.0007	0.0002	0.0001	*	*
45	0.0061	0.0027	0.0019	0.0013	0.0006	0.0003	0.0001	*	*	*
50	0.0035	0.0014	0.0009	0.0006	0.0003	0.0001	*	*	*	*
55	0.0020	0.0007	0.0005	0.0003	0.0001	*	*	*	*	*

附表三　年金终值系数表

期数	1%	2%	3%	4%	5%	6%	7%	8%	9%	10%
1	1.0000	1.0000	1.0000	1.0000	1.0000	1.0000	1.0000	1.0000	1.0000	1.0000
2	2.0100	2.0200	2.0300	2.0400	2.0500	2.0600	2.0700	2.0800	2.0900	2.1000
3	3.0301	3.0604	3.0909	3.1216	3.1525	3.1836	3.2149	3.2464	3.2781	3.3100
4	4.0604	4.1216	4.1836	4.2465	4.3101	4.3746	4.4399	4.5061	4.5731	4.6410
5	5.1010	5.2040	5.3091	5.4163	5.5256	5.6371	5.7507	5.8666	5.9847	6.1051
6	6.1520	6.3081	6.4684	6.6330	6.8019	6.9753	7.1533	7.3359	7.5233	7.7156
7	7.2135	7.4343	7.6625	7.8983	8.1420	8.3938	8.6540	8.9228	9.2004	9.4872
8	8.2857	8.5830	8.8923	9.2142	9.5491	9.8975	10.260	10.637	11.029	11.436
9	9.3685	9.7546	10.159	10.583	11.027	11.491	11.978	12.488	13.021	13.580
10	10.462	10.950	11.464	12.006	12.578	13.181	13.816	14.487	15.193	15.937
11	11.567	12.169	12.808	13.486	14.207	14.972	15.784	16.646	17.560	18.531
12	12.683	13.412	14.192	15.026	15.917	16.870	17.889	18.977	20.141	21.384
13	13.809	14.680	15.618	16.627	17.713	18.882	20.141	21.495	22.953	24.523
14	14.947	15.974	17.086	18.292	19.599	21.015	22.551	24.215	26.019	27.975
15	16.097	17.293	18.599	20.024	21.579	23.276	25.129	27.152	29.361	31.773
16	17.258	18.639	20.157	21.825	23.658	25.673	27.888	30.324	33.003	35.950
17	18.430	20.012	21.762	23.698	25.840	28.213	30.840	33.750	36.974	40.545
18	19.615	21.412	23.414	25.645	28.132	30.906	33.999	37.450	41.301	45.599
19	20.811	22.841	25.117	27.671	30.539	33.760	37.379	41.446	46.019	51.159
20	22.019	24.297	26.870	29.778	33.066	36.786	40.996	45.762	51.160	57.275
21	23.239	25.783	28.677	31.969	35.719	39.993	44.865	50.423	56.765	64.003
22	24.472	27.299	30.537	34.248	38.505	43.392	49.006	55.457	62.873	71.403
23	25.716	28.845	32.453	36.618	41.431	46.996	53.436	60.893	69.532	79.543
24	26.974	30.422	34.427	39.083	44.502	50.816	58.177	66.765	76.790	88.497
25	28.243	32.030	36.459	41.646	47.727	54.865	63.249	73.106	84.701	98.347
26	29.526	33.671	38.553	44.312	51.114	59.156	68.677	79.954	93.324	109.18
27	30.821	35.344	40.710	47.084	54.669	63.706	74.484	87.351	102.72	121.10
28	32.129	37.051	42.931	49.968	58.403	68.528	80.698	95.339	112.97	134.21
29	33.450	38.792	45.219	52.966	62.323	73.640	87.347	103.97	124.14	148.63
30	34.785	40.568	47.575	56.085	66.439	79.058	94.461	113.28	136.31	164.49
40	48.886	60.402	75.401	95.026	120.80	154.76	199.64	259.06	337.88	442.59
50	64.463	84.579	112.80	152.67	209.35	290.34	406.53	573.77	815.08	1 163.9
60	81.670	114.05	163.05	237.99	353.58	533.13	813.52	1 253.2	1 944.8	3 034.8

续表

期数	12%	14%	15%	16%	18%	20%	24%	28%	32%	36%
1	1.0000	1.0000	1.0000	1.0000	1.0000	1.0000	1.0000	1.0000	1.0000	1.0000
2	2.1200	2.1400	2.1500	2.1600	2.1800	2.2000	2.2400	2.2800	2.3200	2.3600
3	3.3744	3.4396	3.4725	3.5056	3.5724	3.6400	3.7776	3.9184	4.0624	4.2096
4	4.7793	4.9211	4.9934	5.0665	5.2154	5.3680	5.6842	6.0156	6.3624	6.7251
5	6.3528	6.6101	6.7424	6.8771	7.1542	7.4416	8.0484	8.6999	9.3983	10.146
6	8.1152	8.5355	8.7537	8.9775	9.4420	9.9299	10.980	12.136	13.406	14.799
7	10.089	10.731	11.067	11.414	12.142	12.916	14.615	16.534	18.696	21.126
8	12.300	13.233	13.727	14.240	15.327	16.499	19.123	22.163	25.678	29.732
9	14.776	16.085	16.786	17.519	19.086	20.799	24.713	29.369	34.895	41.435
10	17.549	19.337	20.304	21.322	23.521	25.959	31.643	38.593	47.062	57.352
11	20.655	23.045	24.349	25.733	28.755	32.150	40.238	50.399	63.122	78.998
12	24.133	27.271	29.002	30.850	34.931	39.581	50.895	65.510	84.320	108.44
13	28.029	32.089	34.352	36.786	42.219	48.497	64.110	84.853	112.30	148.48
14	32.393	37.581	40.505	43.672	50.818	59.196	80.496	109.61	149.24	202.93
15	37.280	43.842	47.580	51.660	60.965	72.035	100.82	141.30	198.00	276.98
16	42.753	50.980	55.718	60.925	72.939	87.442	126.01	181.87	262.36	377.69
17	48.884	59.118	65.075	71.673	87.068	105.93	157.25	233.79	347.31	514.66
18	55.750	68.394	75.836	84.141	103.74	128.12	195.99	300.25	459.45	700.94
19	63.440	78.969	88.212	98.603	123.41	154.74	244.03	385.32	607.47	954.28
20	72.052	91.025	102.44	115.38	146.63	186.69	303.60	494.21	802.86	1 298.8
21	81.699	104.77	118.81	134.84	174.02	225.03	377.46	633.59	1 060.8	1 767.4
22	92.503	120.44	137.63	157.42	206.34	271.03	469.06	812.00	1 401.2	2 404.7
23	104.60	138.30	159.28	183.60	244.49	326.24	582.63	1 040.4	1 850.6	3 271.3
24	118.16	158.66	184.17	213.98	289.49	392.48	723.46	1 332.7	2 443.8	4 450.0
25	133.33	181.87	212.79	249.21	342.60	471.98	898.09	1 706.8	3 226.8	6 053.0
26	150.33	208.33	245.71	290.09	405.27	567.38	1 114.6	2 185.7	4 260.4	8 233.1
27	169.37	238.50	283.57	337.50	479.22	681.85	1 383.1	2 798.7	5 624.8	11 198
28	190.70	272.89	327.10	392.50	566.48	819.22	1 716.1	3 583.3	7 425.7	15 230
29	214.58	312.09	377.17	456.30	669.45	984.07	2 129.0	4 587.7	9 802.9	20 714
30	241.33	356.79	434.75	530.31	790.95	1 181.9	2 640.9	5 873.2	12 941	28 172
40	767.09	1 342.0	1 779.1	2 360.8	4 163.2	7 343.9	22 729	69 377	207 874	609 890
50	2 400.0	4 994.5	7 217.7	10 436	21 813	45 497	195 373	819 103	*	*
60	7 471.6	18 535	29 220	46 058	114 190	281 733	*	*	*	*

附表四　年金现值系数表

期数	1%	2%	3%	4%	5%	6%	7%	8%	9%	10%
1	0.9901	0.9804	0.9709	0.9615	0.9524	0.9434	0.9346	0.9259	0.9174	0.9091
2	1.9704	1.9416	1.9135	1.8861	1.8594	1.8334	1.8080	1.7833	1.7591	1.7355
3	2.9410	2.8839	2.8286	2.7751	2.7232	2.6730	2.6243	2.5771	2.5313	2.4869
4	3.9020	3.8077	3.7171	3.6299	3.5460	3.4651	3.3872	3.3121	3.2397	3.1699
5	4.8534	4.7135	4.5797	4.4518	4.3295	4.2124	4.1002	3.9927	3.8897	3.7908
6	5.7955	5.6014	5.4172	5.2421	5.0757	4.9173	4.7665	4.6229	4.4859	4.3553
7	6.7282	6.4720	6.2303	6.0021	5.7864	5.5824	5.3893	5.2064	5.0330	4.8684
8	7.6517	7.3255	7.0197	6.7327	6.4632	6.2098	5.9713	5.7466	5.5348	5.3349
9	8.5660	8.1622	7.7861	7.4353	7.1078	6.8017	6.5152	6.2469	5.9952	5.7590
10	9.4713	8.9826	8.5302	8.1109	7.7217	7.3601	7.0236	6.7101	6.4177	6.1446
11	10.3676	9.7868	9.2526	8.7605	8.3064	7.8869	7.4987	7.1390	6.8052	6.4951
12	11.2551	10.5753	9.9540	9.3851	8.8633	8.3838	7.9427	7.5361	7.1607	6.8137
13	12.1337	11.3484	10.6350	9.9856	9.3936	8.8527	8.3577	7.9038	7.4869	7.1034
14	13.0037	12.1062	11.2961	10.5631	9.8986	9.2950	8.7455	8.2442	7.7862	7.3667
15	13.8651	12.8493	11.9379	11.1184	10.3797	9.7122	9.1079	8.5595	8.0607	7.6061
16	14.7179	13.5777	12.5611	11.6523	10.8378	10.1059	9.4466	8.8514	8.3126	7.8237
17	15.5623	14.2919	13.1661	12.1657	11.2741	10.4773	9.7632	9.1216	8.5436	8.0216
18	16.3983	14.9920	13.7535	12.6593	11.6896	10.8276	10.0591	9.3719	8.7556	8.2014
19	17.2260	15.6785	14.3238	13.1339	12.0853	11.1581	10.3356	9.6036	8.9501	8.3649
20	18.0456	16.3514	14.8775	13.5903	12.4622	11.4699	10.5940	9.8181	9.1285	8.5136
21	18.8570	17.0112	15.4150	14.0292	12.8212	11.7641	10.8355	10.0168	9.2922	8.6487
22	19.6604	17.6580	15.9369	14.4511	13.1630	12.0416	11.0612	10.2007	9.4424	8.7715
23	20.4558	18.2922	16.4436	14.8568	13.4886	12.3034	11.2722	10.3711	9.5802	8.8832
24	21.2434	18.9139	16.9355	15.2470	13.7986	12.5504	11.4693	10.5288	9.7066	8.9847
25	22.0232	19.5235	17.4131	15.6221	14.0939	12.7834	11.6536	10.6748	9.8226	9.0770
26	22.7952	20.1210	17.8768	15.9828	14.3752	13.0032	11.8258	10.8100	9.9290	9.1609
27	23.5596	20.7069	18.3270	16.3296	14.6430	13.2105	11.9867	10.9352	10.0266	9.2372
28	24.3164	21.2813	18.7641	16.6631	14.8981	13.4062	12.1371	11.0511	10.1161	9.3066
29	25.0658	21.8444	19.1885	16.9837	15.1411	13.5907	12.2777	11.1584	10.1983	9.3696
30	25.8077	22.3965	19.6004	17.2920	15.3725	13.7648	12.4090	11.2578	10.2737	9.4269
35	29.4086	24.9986	21.4872	18.6646	16.3742	14.4982	12.9477	11.6546	10.5668	9.6442
40	32.8347	27.3555	23.1148	19.7928	17.1591	15.0463	13.3317	11.9246	10.7574	9.7791
45	36.0945	29.4902	24.5187	20.7200	17.7741	15.4558	13.6055	12.1084	10.8812	9.8628
50	39.1961	31.4236	25.7298	21.4822	18.2559	15.7619	13.8007	12.2335	10.9617	9.9148
55	42.1472	33.1748	26.7744	22.1086	18.6335	15.9905	13.9399	12.3186	11.0140	9.9471

续表

期数	12%	14%	15%	16%	18%	20%	24%	28%	32%	36%
1	0.8929	0.8772	0.8696	0.8621	0.8475	0.8333	0.8065	0.7813	0.7576	0.7353
2	1.6901	1.6467	1.6257	1.6052	1.5656	1.5278	1.4568	1.3916	1.3315	1.2760
3	2.4018	2.3216	2.2832	2.2459	2.1743	2.1065	1.9813	1.8684	1.7663	1.6735
4	3.0373	2.9137	2.8550	2.7982	2.6901	2.5887	2.4043	2.2410	2.0957	1.9658
5	3.6048	3.4331	3.3522	3.2743	3.1272	2.9906	2.7454	2.5320	2.3452	2.1807
6	4.1114	3.8887	3.7845	3.6847	3.4976	3.3255	3.0205	2.7594	2.5342	2.3388
7	4.5638	4.2883	4.1604	4.0386	3.8115	3.6046	3.2423	2.9370	2.6775	2.4550
8	4.9676	4.6389	4.4873	4.3436	4.0776	3.8372	3.4212	3.0758	2.7860	2.5404
9	5.3282	4.9464	4.7716	4.6065	4.3030	4.0310	3.5655	3.1842	2.8681	2.6033
10	5.6502	5.2161	5.0188	4.8332	4.4941	4.1925	3.6819	3.2689	2.9304	2.6495
11	5.9377	5.4527	5.2337	5.0286	4.6560	4.3271	3.7757	3.3351	2.9776	2.6834
12	6.1944	5.6603	5.4206	5.1971	4.7932	4.4392	3.8514	3.3868	3.0133	2.7084
13	6.4235	5.8424	5.5831	5.3423	4.9095	4.5327	3.9124	3.4272	3.0404	2.7268
14	6.6282	6.0021	5.7245	5.4675	5.0081	4.6106	3.9616	3.4587	3.0609	2.7403
15	6.8109	6.1422	5.8474	5.5755	5.0916	4.6755	4.0013	3.4834	3.0764	2.7502
16	6.9740	6.2651	5.9542	5.6685	5.1624	4.7296	4.0333	3.5026	3.0882	2.7575
17	7.1196	6.3729	6.0472	5.7487	5.2223	4.7746	4.0591	3.5177	3.0971	2.7629
18	7.2497	6.4674	6.1280	5.8178	5.2732	4.8122	4.0799	3.5294	3.1039	2.7668
19	7.3658	6.5504	6.1982	5.8775	5.3162	4.8435	4.0967	3.5386	3.1090	2.7697
20	7.4694	6.6231	6.2593	5.9288	5.3527	4.8696	4.1103	3.5458	3.1129	2.7718
21	7.5620	6.6870	6.3125	5.9731	5.3837	4.8913	4.1212	3.5514	3.1158	2.7734
22	7.6446	6.7429	6.3587	6.0113	5.4099	4.9094	4.1300	3.5558	3.1180	2.7746
23	7.7184	6.7921	6.3988	6.0442	5.4321	4.9245	4.1371	3.5592	3.1197	2.7754
24	7.7843	6.8351	6.4338	6.0726	5.4509	4.9371	4.1428	3.5619	3.1210	2.7760
25	7.8431	6.8729	6.4641	6.0971	5.4669	4.9476	4.1474	3.5640	3.1220	2.7765
26	7.8957	6.9061	6.4906	6.1182	5.4804	4.9563	4.1511	3.5656	3.1227	2.7768
27	7.9426	6.9352	6.5135	6.1364	5.4919	4.9636	4.1542	3.5669	3.1233	2.7771
28	7.9844	6.9607	6.5335	6.1520	5.5016	4.9697	4.1566	3.5679	3.1237	2.7773
29	8.0218	6.9830	6.5509	6.1656	5.5098	4.9747	4.1585	3.5687	3.1240	2.7774
30	8.0552	7.0027	6.5660	6.1772	5.5168	4.9789	4.1601	3.5693	3.1242	2.7775
35	8.1755	7.0700	6.6166	6.2153	5.5386	4.9915	4.1644	3.5708	3.1248	2.7777
40	8.2438	7.1050	6.6418	6.2335	5.5482	4.9966	4.1659	3.5712	3.1250	2.7778
45	8.2825	7.1232	6.6543	6.2421	5.5523	4.9986	4.1664	3.5714	3.1250	2.7778
50	8.3045	7.1327	6.6605	6.2463	5.5541	4.9995	4.1666	3.5714	3.1250	2.7778
55	8.3170	7.1376	6.6636	6.2482	5.5549	4.9998	4.1666	3.5714	3.1250	2.7778

主要参考文献

[1] 中国注册会计师协会. 财务成本管理[M]. 北京:中国财政经济出版社,2015.

[2] 财政部会计资格评价中心. 财务管理[M]. 北京:中国财政经济出版社,2015.

[3] 荆新,王化成,刘俊彦. 财务管理学[M].6 版. 北京:中国人民大学出版社,2012.

[4] 爱默瑞,芬尼特,斯托. 公司财务管理[M]. 荆新,王化成,李焰,等,译. 北京:中国人民大学出版社,2008.

[5] 陆正飞. 财务管理[M].3 版. 大连:东北财经大学出版社,2007.

[6] 胡玉明. 财务报表分析[M].2 版. 大连:东北财经大学出版社,2012.

[7] 姚晓民. 财务管理[M].2 版. 上海:上海财经大学出版社,2013.